조선 전기의 사림과 〈소학〉

지은이 윤인숙 尹仁淑

성균관대학교 사학과를 졸업하고 동대학원에서 석사와 박사학위를 받았다. 미국 University of Hawaii Manoa의
Center for Korean Studies에서 2년간 방문연구과정을 보냈다. 성균관대, 아주대 등에서 강의를 했다.
지은 책으로『전근대 동아시아 역사상의 士』(공저, 성균관대학교출판부, 2013)가 있다. 논문으로는 「『소학(小學)』의 성
격과 정치론, 그 적용─조선전기 사림파의 정치이론과 적용」(2010), 「김굉필(金宏弼)의 정치네트워크와 소학계(小學
契)」(2011), 「16세기 전반의 향약(鄕約)의 성격과 이해─"소학실천자들"의 향약론을 중심으로」(2011), 「16세기 『小學』
諺解의 사회 정치적 의미와 대중화─『飜譯小學』과 『小學諺解』를 중심으로」(2012) 등 여러 편이 있다.

조선 전기의 사림과 〈소학〉

초판 1쇄 인쇄 2016년 2월 5일
초판 1쇄 발행 2016년 2월 18일

지은이 윤인숙
펴낸이 정순구
책임편집 정윤경
기획편집 조원식 조수정
마케팅 황주영

출력 블루엔
용지 한서지업사
인쇄 한영문화사
제본 우진제책사

펴낸곳 (주) 역사비평사
등록 제300-2007-139호 (2007.9.20)
주소 10497 : 경기도 고양시 덕양구 화중로 100(비전타워21) 506호
전화 02-741-6123~5
팩스 02-741-6126
홈페이지 www.yukbi.com
이메일 yukbi88@naver.com

ISBN 978-89-7696-136-5 94910
978-89-7696-199-0(set)

책값은 표지 뒷면에 표시되어 있습니다.
잘못 만들어진 책은 구입하신 서점에서 바꾸어 드립니다.

역비한국학총서 ㉟

조선 전기의 사림과 〈소학〉

윤인숙 지음

역사비평사

일러두기

이 책은 윤인숙의 박사학위논문인 『조선 전기 사림의 사회정치적 구상과 소학운동』을 저본으로
하였다. 저자의 논지를 보충하기 위하여 「조선 전기(朝鮮前期) 내수사(內需司) 폐지 논쟁과 군
주(君主)의 위상」(『대동문화연구』 84, 2013)과 「17세기 단성현(丹城縣) 엘리트의 조직 형성과 인적
네트워크—단성향안(丹城鄉案)을 중심으로」(『대동문화연구』 87, 2014) 논문 두 편을 각각 제2부와
제4부의 보론으로 추가했다.

책머리에

이 책은 윤인숙의 박사학위논문인 「조선 전기 사림의 사회정치적 구상과 소학운동」과 관련 소논문을 엮은 것이다. 윤인숙 박사는 주희의 『소학』 이념을 바탕으로 조선 전기 사회를 개혁하고자 했던 사림세력의 정치사회적 구상을 연구했다. 다른 한편 그녀의 연구는 주희의 『소학』이 조선사회의 유학을 '지배의 이념'에서 '생활의 가치와 기준'으로 확장시키는 계기를 그리고 있다.

『소학』에서 보이는 주희의 정치사상은 군주의 권력을 제약하고 동시에 충과 효를 분리하여 효를 더욱 중시하는 것이었다. 군주의 권력은 도덕적 질서 아래 편제하여 제약하고, 충과 효는 가家와 국가國家를 엄격히 구분하여 분리한다. 가와 국가를 구분 짓고 그 사이를 중재하는 향鄕을 설정한 뒤, 향에 자율성을 부여한다. 지역사회(향)는 『소학』의 실천을 통해 유교적 가치와 기준을 확대재생산했다. 주희의 『소학』 이념으로부터 이러한 통치구조와 국가운용의 청사진을 마련한 세력이 흔히 '사림'이라 불리는 조선 전기의 '소학실천자'들이었다. '소학실천자'들은 사승師承·동문수학·친구·혼인 네트워크 등을 통해 『소학』 이념을 확산시켰다.

이 책의 장점은 다음 몇 가지로 요약할 수 있다. 첫째, 주희의 정치사상에 대한 이해를 한 단계 높여 동아시아 정치사상 비교연구의 초석을 놓았다. "중국 당나라시대까지의 정치사상과 질적으로 다른 주희 정치사상의 내용을 밝혀 동아시아 각 지역의 통치구조, 국가운용을 연구하는 데" 기본적인 시각을 제공했다(미야지마 히로시, 「방법으로서의 동아시아: 동아시아 연구의 의미와 전망」).

둘째, 조선 전기 정치를 '훈구파'와 '사림파'의 이분법적 구도로 파악하는 시각을 벗어나 대안을 제시했다. 훈구파와 사림파라는 이분법적 도식화의 불합리성을 비판해온 연구들과 그 연구사적 맥락을 계승하면서, 대안으로 『소학』을 통해 주희의 정치사회사상을 실현하고자 했던 '소학실천자'들이라는 개념을 제시했다. '소학실천자'들은 유학을 기층 사회에 침투시키고 생활화한 주체들이기도 했다.

세 번째 장점은 조선 전기 정치사상사 연구방법론을 확장시켰다는 것이다. 이 책은 정치사회세력을 지역적·경제적·사상적 차별성을 부각시켜 구분하던 기존의 정치사적·제도사적 연구방법론을 답습하지 않는다. 대신 '네트워크 제도주의(Network Institutionalism)' 개념을 이용했다. 네트워크 제도주의는 개인과 개인, 개인과 조직, 그리고 조직 간의 상호작용과 교환을 통해 안정적·반복적으로 나타나는 패턴을 제공하는 제도적 장치로 이해된다. 네트워크 제도주의 개념을 바탕으로, 개인과 개인의 네트워크는 사승·동문수학·문인·혼인·친구관계를 통해, 개인과 모임의 네트워크는 계모임을 통해 파악하여 궁극적으로 '소학실천자'들의 실체를 파악할 수 있었다. '소학실천자'들은 이러한 다양한 네트워크를 바탕으로 자신들의 정치사회사상을 실현해 나갔다.

이 책에 대한 학술적 평가는 오롯이 연구자들의 몫이며, 그래야 마땅하다. 하지만 윤인숙 박사와 다양한 '네트워크'로 맺어진 지인들에게 이 책은 길지 않은 시간을 치열하게 살다 간 한 연구자의 삶, 그 자체로 기억될 것이다. 누군가에게는 새로운 방법론을 배우기 위해 하와이대학으로 유학을 감행한 무모하고 과감한 선배로, 자신의 주장을 당당하게 펼치던 당돌한 후배로, 정작 자신은 힘들고 지쳐도 늘 힘내라고 격려해주던 든든한 동료로, 한 편의 논문을 완성하기 위해 수 없는 날들을 연구에 매달리던 성실한 연구자로, 아픈 몸을 이끌고 자신이 맡은 강의를 끝까지 마친 진정한 선생님으로 마음속에 살아 있다. 이 책은 우정의 자취이기도 하다.

　이 책이 나오기까지의 모든 과정은 윤인숙 박사와 우리가 나눴던 우정의 깊이를 다시금 확인하는 시간이었다. 윤인숙 박사의 부모님과 가족들은 이 책의 출간 과정을 묵묵히 함께해주었다. 역사비평사는 어려운 여건에도 이 책의 출판에 적극 나서주었다. 모든 분들에게 감사하지 않을 수 없다. 끝으로 이 책을 읽을 독자들에게 우리의 감성적인 소회가 학술적 평가에 방해되지 않기를 바랄 뿐이다.

2016년 1월 15일
윤인숙 박사 학위논문 간행위원회

목차

표·그림 목차

서론

1. 문제제기와 연구 목적

조선朝鮮의 건국과 함께 이루어진 사상사적 전환은 거시적으로 볼 때 고려高麗의 지배적 사유였던 불교를 극복하고 주자학적 사유가 뿌리내리는 과정으로 인식되고 있다. 이 전환의 기간 동안 유교적 지식인들은 조선사회를 주자학적 질서로 재편하기 위해 노력했으며, 그 노력의 결과 국가의 제도와 문물이 정비되었다.[1]

제도와 문물의 정비 등으로 국가적인 틀이 완성된 조선 전기에는 네 번의 사화士禍가 있었다. 사화는 15, 16세기 조선 전기 정치사에서 큰 의미를 가진다.[2] 그중에서도 기묘사화己卯士禍는 다른 세 사화와 다른 점을 보이고 있다.

---

1 김홍경, 『조선 초기 관학파의 유학사상』, 한길사, 1996, 17쪽.

2 사화에 대한 연구로 다음 논문들이 있다. 申奭鎬, 「己卯士禍의 由來에 관한 一考察」, 『청구사학』 1·3, 1930·1931(『申奭鎬全集』, 신서원, 1996에서 재인용); E. W. Wagner, *The Literati Purges: Political Conflict in Early Yi Korea*, Masseachusetts: Harvard University, 1977; 김돈, 「中宗朝 己卯士禍被禍人의 疏通問題와 政治勢力의 대응」, 『국사관논총』 34, 1992; 김범, 『사화와 반정의 시대』, 역사비평사, 2007.

그것은 기묘사화가 발생하기 이전부터 기묘사화로 피화된 이들에 의해 급진적인 개혁이 진행되고 있었다는 점이다. 이 개혁들 가운데 몇 가지는 『경국대전經國大典』상에 법제화되어 있는 기관을 없애거나 기존의 법제도를 유명무실하게 할 수 있는 것들이었다. 15세기 『경국대전』의 완성과 함께 이미 국가적인 틀이 정비되었다고 여겨지는 상황에서 다시금 이런 개혁을 추진했다는 사실은 많은 의문을 가지게 한다.

그 의문을 해결하기 위한 첫 단추를 기묘사화 발생 이후의 상황을 통해 찾아볼 수 있다. 기묘사화로 피화된 이들은 '소학의 도'를 말하고 행하는 무리였다.[3] '소학의 도'를 말하고 행했다는 것은 주희朱熹의 『소학小學』이라는 텍스트를 읽고 말하고 행했다는 의미다. 다시 말해 '기묘인己卯人'과 '소학의 무리'를 등치할 수 있다. 이를 뒷받침하는 사례는, 개혁을 추진한 세력들이 『근사록近思錄』, 『소학』, 『대학大學』, 『논어論語』 등 다양한 책을 읽었음에도, 기묘사화 이후 유독 『소학』만이 금기시되었다는 점이다.[4] 이러한 사실을 볼 때, 15세기 주자학은 제도와 문물을 정비하는 국가적인 틀을 마련했을 뿐이며, 개혁을 추진한 세력은 실질적인 국가 운영 원리를 『소학』에서 찾고 있었다고 볼 수 있다.

그렇다면, 그들이 보기에 국가 운영 원리에 적합한 책은 왜 하필 『소학』이었을까? 그 실마리는 『소학』의 본질적인 특성에서 찾을 수 있다. 첫째, 『소학』의 내용이다. 주희의 학문체계는 당송변혁기唐宋變革期 이후 거대한 변화에 직면하여 새로운 정치·사회질서의 틀이 필요했던 시기에, 어떻게 사회를 조직하고 운영하여 질서를 창출·유지할 수 있고 이를 위한 권력은 어디서 나오

---

3 『中宗實錄』 卷34, 中宗 13년 8월 戊子.

4 『中宗實錄』 卷82, 中宗 31년 11월 甲辰.

며, 어떻게 여기에 공적 정당성을 부여할 수 있을 것인가 하는 질문에 대해 가장 유력한 새로운 패러다임을 제공한 체계였다는 시각이 최근에 제시되었다.[5]

주희는 북송北宋시대부터 남송南宋시대까지 여러 사상가들의 생각을 종합하여 자신의 학문세계를 구축했다. 송대宋代 사회의 당면과제는 절대적 권위를 지닌 천자天子에 대한 재해석과 도덕적 사회질서의 재편이었다.[6] 주희는 사대부를 중심으로 한 정치질서 재편과 지역의 자치적 자율성 추구에 몰두했다. 정치질서 재편은 군주의 권위를 도덕적 질서 아래 편입시키고자 하는 것이었으며,[7] 지역 자치성 추구란 향약鄕約·서원書院·사창社倉 등의 자율적인 조직을 바탕으로 공동체의 도덕질서를 확립하고자 하는 모색이었다.[8] 『소학』의 내용에는 주희의 이런 생각이 그대로 투영되어 있다. 즉 정치질서 재편의 과제와 지역의 자율성을 바탕으로 한 공동체의 도덕질서 확립이 강조되고 있었다. 이런 주희의 과제가 조선 전기 '소학실천자들'의 과제와 맞닿아 있었던 것이다.

---

5 이 논의의 대표적인 연구는 Peter K. Bol, "The 'Localist Turn' and 'Localist Identity' in Later Imperial China", *Late Imperial China* 24:2, 2003; "Neo-Confucianism and Local Society, Twelfth to Sixteenth Century: A Case Study", Paul J. Smith and Richard von Glahn eds., *The Song-Yuan-Ming Transition in Chinese History*, Cambridge: Harvard University Asia Center, 2003; 閔丙禧, 「朱熹의 사회·정치적 구상으로서의 '學'—功利之學, 空虛之學과의 대조를 중심으로」, 『동양사학연구』 제104집, 2008.

6 Peter K. Bol, *Neo-Confucianism in History*, Cambridge: Harvard University Asia Center, 2008.

7 閔丙禧, 「朱熹의 '大學'과 士大夫의 사회·정치적 권력」, 『중국사연구』 제55집, 2008.

8 Robert Hymes, "Lu Chiu-yuan, Academies, and the Problem of the Local Community", John Chaffee and Wm. Thodore de Bary eds., *Neo-Confucian Education: The Formative Stage*, Berkeley: University of California Press, 1989.

둘째, 『소학』은 주자학의 학문체계인 『사서장구집주四書章句集註』의 첫 단계에 해당하는 주자학 입문서이면서 일상 속에서 실천할 수 있는 실천서이다. 주희는 『소학』 서문에서, 이 책의 목적이 동몽童蒙들을 발달시키기 위한 배움을 재확립하는 것이라고 말했다.[9] 『소학』의 내용은 실제적·의례적인 행동의 특별하고 구체적인 양식으로 구성되어 있다. 예를 들면 청소하고 물 뿌리고 어른과 대화하는 법을 배우고, 다른 사람들과의 효율적인 관계성을 맺는 방법들을 실천하도록 하는 것이다. 이처럼 『소학』은 주자학에 입문하기에 적합한 구체적인 행동사례로 채워짐으로써 주자학적인 정치이념을 실현할 수 있는 근거를 제공했다.

조선은 남송 주자학의 산실인 중국과는 다른 토양과 배경을 가진 이민족 국가였기 때문에, 주자학은 조선에서 생소한 학문일 수 있었다. 주자학은 당송변혁기를 거치면서 북송의 사상가들이 공유하고 있었던 국가와 사회의 관계에 대한 고찰이 남송의 주희에 의해 집대성된 학문이다.[10] 다시 말해 주자학은 태생적으로 송대 사회라는 환경 속에서 배태되고 축적된 사상의 총합이었다. 그럼에도 이 학문은 다소 이질적인 조선사회에도 잘 적용될 수 있는 가능성을 가지고 있었다. 또 다른 이민족 국가로서 몽골인이 세운 원元나라에서 주자학자인 허형許衡이 『소학』을 중요하게 여겼다는 사실과, 조선에서

9 『小學』, 「小學書題」.

10 Peter K Bol, *This Culture of Ours: Intellectual Transitions in T'ang and Sung China*, Stanford: Stanford University Press, 1992; "Government, Society, and State: On the Political Visions of Ssu-ma Kuang and Wang An-Shih", Robert P. Hymes and Conrad Schirokauer eds., *Ordering the World*, Berkeley: University of California Press, 1993; *Neo-Confucianism in History*, Masseachusetts: Havard University Press, 2008.

『소학』이 중시되었던 사실은 같은 맥락에서 이해될 수 있을 것이다.[11]

셋째, 『소학』은 지배층을 넘어 민民까지 주자학적 사회질서로 재편하는데 도움이 될 만한 책이었다. 조선 전기 '소학실천자'들은 『소학』뿐만 아니라 『근사록』 등 주자학의 다른 저서들을 잘 알고 이해했던 당대의 주자학자들이었다. 그럼에도 이들이 주자학 입문서에 해당하는 『소학』을 국가를 운영하기 위한 매개체로 선택한 이유는, 일반 민들까지도 그 내용을 이해하고 실생활에 적용하기에는 『소학』이 가장 적합하다고 생각했기 때문일 것이다.

따라서 이 논문은 주자학 수용 이후 국가 운영의 틀을 만들어가고자 했던 조선 지식인들의 인식을 그들이 선택한 텍스트인 『소학』을 통해 파악해보고자 한다. 특히 '네트워크'의 관점에서 접근해볼 것이다. 왜냐하면 기존 학계는 이들의 행동을 다분히 추상적 사회집단인 '사림파士林派'로 인식했지만, '네트워크'는 그들의 행동 과정과 경향성을 포착할 수 있는 새로운 시각이라고 생각되기 때문이다.

2. 사림파와 『소학』에 관한 연구사 검토

본 연구의 연구사 검토는 두 가지 주제, 즉 사림과 『소학』이라는 주제로

---

11 Wing-tsit Chan, "Chu Hsi and Yüan Neo-Confucianism", Hok-lam Chan and Wm. Theodore de Bary eds., *Yuan Thought: Chinese Thought and Religion Under the Mongols*, New York: Colunbia University Press, 1982. *Yuan Thought*는 이민족이 세운 원나라에 중국의 사상과 종교가 어떻게 적용·변용되었는지 살펴본 책이다. 11명의 영미 학자와 중국 학자들이 주로 원대 주자학자들을 중심으로 그들의 정치사상과 법, 지역의 개혁을 다루었다. 중국 입장에서 볼 때 똑같이 이민족이었던 원과 조선이 주자학을 어떻게 수용하고 변용시켰는지 비교해볼 만하다.

집약해서 논의해보고자 한다.

첫째, '소학의 도'를 행하는 주체세력은 '사림파'라는 시각이다. 조선 전기 두 세력집단인 훈구파와 사림파에 대한 논의는 지금도 여전히 통용되고 있고, 특히 16세기를 연구하는 연구자들이라면 대부분 이 틀을 벗어나 생각하는 것이 쉽지 않다. 그만큼 이 시각이 공고히 정착되어 있기 때문이다.

'훈구파와 사림파'라는 논의를 주도해온 연구자는 이태진李泰鎭, 이수건 李樹健, 이병휴李秉烋 등이다. 그중에서 가장 주요한 논자는 이태진이다. 그는 1972년 「사림파의 유향소留鄕所 복립운동復立運動」(『진단학보』 34·35)을 발표한 이래 사림세력의 형성과 발전을 사회상의 변화와 결부시켜 입증하는 일련의 연구를 진행함으로써 현재의 훈구·사림세력구도를 만드는 데 커다란 영향을 끼쳤다. 그는 사림파에 긍정적인 입장에 서서, 사림파의 주도하에 세종대世宗代 사창제社倉制 실시, 성종대成宗代 유향소 복립, 중종대中宗代 향약鄕約과 소학 보급, 그리고 명종대明宗代 이후 서원書院 설립 등이 추진되었다는 연구를 진행했다.[12] 이수건은 영남사림파를 중심으로 재지사족과 중소지주의 실체를 규명하여 사림파가 성장할 수 있었던 사회경제적 기반을 제시했다.[13] 그리고 이병휴는 조광조趙光祖를 중심으로 한 기호사림파의 정치적 동향, 언론, 정책, 사상적 교류와 결집 등을 살폈다.[14]

이 연구들은 주로 사림·사림파라는 세력의 존재에만 주목하여 그들의 정

12　李泰鎭, 『韓國社會史研究—농업기술 발달과 사회변동』, 지식산업사, 1986; 『朝鮮儒敎社會史論』, 지식산업사, 1989.

13　李樹健, 『嶺南士林派의 形成』, 영남대학교출판부, 1979; 『嶺南學派의 形成과 展開』, 일조각, 1995.

14　李秉烋, 『朝鮮前期 畿湖士林派研究』, 일조각, 1984; 『朝鮮前期 士林派의 現實認識과 對應』, 일조각, 1999.

치·사회적 활동만을 추적했다. 그들이 사림을 주목하여 그 특성을 살피고자 했던 이유는 '조선 초기' 외에 '조선 중기'라는 역사적 시기와도 관련이 있다. 기존 사림파 연구의 시기구분에 따르면, 15세기는 훈척정치의 시기, 16·17세기는 사림정치 또는 붕당정치의 시기, 18세기 이후는 탕평·세도정치의 시기로 설명된다. 그중에서도 16세기는 사림정치의 형성기로서, 사림이 사화를 거쳐 붕당을 형성해가며 정치 주도권을 장악해가는 과정으로 설명되고 있다. 15세기와 16세기 사회의 단절성을 강조하는 한편, 16세기 사회와 17세기 사회의 연결성을 주목하는 이른바 조선 중기 사족지배체제론, 붕당정치론 등으로 구축된 역사상이 그 바탕에 깔려 있는 것이다.[15] 결과적으로 기존 연구는 조선 전기의 지배세력을 훈구파와 사림파로 이분하여 정치활동, 경제규모, 사상적 지향, 출신지역 등 거의 모든 측면에서 준별되는 집단으로 파악했다.[16]

---

15 붕당정치·사림정치 연구는 재지사족의 성장, 즉 15세기 말 이래 사림파라는 새로운 정치적·사회적 주도세력의 대두를 주목하는 데서 출발한다. 따라서 붕당정치·사림정치를 주장하는 논자들은 17세기 정치사를 주요 관심 분야로 하면서 16세기를 붕당정치·사림정치의 형성기로, 그리고 17세기를 그 전형적 구현기로 보고 있다. 여기에는 16세기 사림의 정치·사회활동의 연장선상에서 17세기를 파악하고 양 시기를 동질적인 시대로 인식하는 이른바 '조선중기론'이라는 시기구분론이 전제되어 있다. 붕당정치·공론정치의 연구성과와 한계에 대해서는 다음의 글을 참조하라. 吳洙彰, 「조선 후기 정치 운영 연구의 현황과 과제」, 『韓國中世史會 解體期의 諸問題』(上), 한울, 1987; 鄭萬祚, 「朝鮮時代의 士林政治―17세기의 政治形態」, 『韓國思想의 政治形態』, 일조각, 1993; 鄭萬祚, 「17世紀 政治史의 理解方向」, 『한국의 철학』 22, 1994; 홍순민, 「정치세력과 정치운영」, 『한국역사입문』 ②, 풀빛, 1995; 고영진, 「조선사회의 정치·사상적 변화와 시기구분」, 『역사와 현실』 18, 1995.

16 '훈구파'와 '사림파'라는 용어를 처음으로 사용한 사람은 李丙燾이다(『新修 國史大觀』, 보문각, 1956, 381~383쪽; 『韓國史大觀』, 동방도서, 319~321쪽). 그는 조선 전기의 지배세력을 勳舊派, 節義派, 士林派, 淸談派로 나누고 각각의 특징을 설명했는데, 여기에 적용된

이에 반해, 훈구파와 사림파를 구분하는 이분법적 대립구도에 문제를 제기한 연구자들도 있었다. 대표적인 이가 에드워드 와그너(E. W. Wagner)이다. 그는 조선시대 사림의 특성과 구성, 그리고 '사림'이라는 용어 자체에 대한 문제를 제기했다. 와그너에 의하면 현량과賢良科 출신과 기묘사화로 제거되는 인물들은 '성리학 신봉자들'이었으며 성리학적 정치원칙과 윤리규범에 대한 사명감이 철저했다고 한다. 따라서 '사림'이라는 용어는 조선 초기의 한 중요한 '사상운동의 성격'을 나타내는 데 유용한 용어일 뿐이라는 것이 그의 주장이다.[17] 이와 유사한 견해를 마르티나 도이힐러(Martina Deuchler)도 제시했다. 그녀는 사림세력의 시대를 다루면서 '사림세력'이라는 용어 자체를 사용하지 않았고, 당대의 사회변화 동력을 '신유학'으로 설명하고자 했다.[18] 이들의 주장은 사회경제적 관점에서만 파악되었던 사림파·훈구파의 논의를 사상적 관점에서 재검토하게 했다는 점에서 높이 평가할 수 있다.

와그너의 문제제기는 국내 학자들에게 많은 시사점을 주었다. 정두희鄭杜熙는 성종대 대간臺諫에 대한 분석을 통하여 사림파의 구성 문제를 논의했다.

　훈구파와 사림파의 대립구도는 이후의 학설에 큰 영향을 주었다. 이 책에 대한 평가는 정두희, 『하나의 역사, 두 개의 역사학』, 소나무, 2001, 49-53쪽 참조.

17 Edward W. Wagner, 「李朝 士林問題에 관한 再檢討」, 『전북사학』 4, 1980; 제임스 팔레(James B. Palais)도 사림세력과 관련된 논의에서 특히 이태진의 학설인 재지중소지주론, 사화의 정치적 해석, 유향소 복립 문제 등을 신랄하게 비판했다. James B. Palais, *Confucian Statecraft and Korean Institution-Yu Hyongwon and Late Choson Dynasty*, Seattle: University of Washington Press, 1997.

18 Martina Deuchler, *The Confucian Transformation of Korea: A Study of Society and Ideology*, Cambridge: Harvard University Press, 1992(이훈상 옮김, 『한국사회의 유교적 변환』, 아카넷, 2003). 정두희도 도이힐러의 견해에 동조하면서, 우리 학계는 이 시기 사회변화 동력을 사회경제적 요인에서 찾으려 했지만 자신은 성리학 그 자체를 더 중요한 변화의 동인으로 해석했다고 말했다. 정두희, 『조광조』, 아카넷, 2000, 292-293쪽.

그는 사림파는 새로운 사회계층 출신의 신진 인사가 아니라 조선 초기의 주요 관료가문 출신이었으며, 따라서 훈구파와 사림파를 서로 다른 정치세력이라 할 수 없다고 주장했다.[19] 김범은 훈구파·사림파의 문제를 본격적으로 다룬 논문을 발표해 학계의 관심을 불러일으켰다. 그는 사림이라는 개념의 부정확한 사용, 사림세력의 여러 특징들에 나타나는 문제점, 훈구·사림세력의 도식적 이분의 불합리성이라는 세 가지 논점을 제기했다. 김범은 이런 문제점들이 이분법적 도식 때문에 나타났다고 보고, 훈구·사림 개념을 좀 더 유보적·제한적으로 사용할 것을 제안했다.[20] 그러나 이들의 연구는 기존 연구의 이분법적 도식화를 비판하고 사상적 측면보다는 사회경제적 배경에서만 두 세력을 준별했다는 점을 지적하면서도 그에 대한 대안은 제시하지 못했다.

다음으로 검토할 것은 『소학』에 관한 기존 연구이다. 『소학』에 관한 연구에서 가장 기본적인 시각은 『소학』을 '교화서'로 보는 것이다. 이 시각의 대표적인 연구자는 김준석金駿錫이다. 그는 조선의 경제양식이 고려 후기 국가의 수조권收租權 분급방식인 전주전객제田主佃客制에서 토지의 사적 소유권 위에 성립하는 지주전호제地主佃戶制로 변화되었다고 파악했다. 이는 지배층이 소유권과 수조권이라는 두 가지 방식에 의해 농민과 토지를 지배하다가 점차 소유권의 한 가지 방식으로 전환했다는 의미이다. 이로 인해 귀족·양반관료의 농민에 대한 사적 지배력은 사라지고, 상대적으로 국가권력의 직접적인 공민公民 파악이 보다 철저해졌다는 것이다. 조선 정부는 제도적으로 집권적

---

19 鄭杜熙, 「朝鮮 成宗代 臺諫을 배출했던 主要家門에 관한 檢討」, 『국사관논총』 12, 1990.

20 김범, 「조선 전기 '훈구·사림세력' 연구의 재검토」, 『한국사학보』 15, 2003; 「朝鮮王朝實錄에 나타난 '勳舊'의 用例와 그 분석」, 『동방학지』 134, 2006.

관료기구와 함께 사상 교화 정책을 마련했으며, 『소학』의 보급은 그 시책의 일환으로 추진되었다. 김준석에 따르면, 『소학』의 기본 사상은 사회교화인 인륜人倫에 의한 질서확립과 신분계급의 고착, 그리고 가족주의 사상이었다. 결론적으로 그는 『소학』이 지주전호제의 생산관계를 항구화할 수 있는 관념 체계로서 사상교화 차원에서 보급되고 강조되었다고 하였다.[21]

이에 반해, 『소학』을 교화 차원이 아닌 이학理學의 근본으로서 '위기지학爲 己之學'의 관점에서 보려는 견해가 있다. 윤병희尹炳熹는 신진사류에 의한 사풍 士風의 변화와 도덕정치의 추구 과정에서 『소학』의 역할에 주목했다. 그는 주 자가 당시의 사풍을 광정匡正하기 위해 『소학』을 편찬했고, 이것이 중종대 신 진사류들이 『소학』을 주목한 이유라고 보았다.[22] 교육학적 관점에서 『소학』 을 '위기지학'으로 본 또 다른 연구자는 박연호朴連鎬이다. 그는 『소학』이 학 문의 근본을 배양하는 책이며, 사림파는 『소학』을 행위의 준거로 삼았다고 했다.[23] 하지만 이들 연구 역시 『소학』을 '교화서'로 보는 시각에서는 진일보 했지만, 『소학』이 지닌 근본적인 사상에 접근하지는 못했다.

『소학』에 관한 연구에서 두 번째 시각은 『소학』을 '동몽서'로 보는 것이 다. 주로 교육학 연구서들이 이에 해당한다.[24] 이 외에도 국어학과 서지학적

---

21 金駿錫, 「朝鮮前期의 社會思想—『小學』의 社會的 機能 分析을 중심으로」, 『동방학지』 29, 1981.

22 尹炳熙, 「朝鮮 中宗朝 士風과 『小學』—新進士類들의 道德政治 具現과 관련하여」, 『역사 학보』 103, 1984.

23 朴連鎬, 「朱子學의 根本培養說과 朝鮮前期의 『小學』 教育」, 『청계사학』 2, 1985.

24 金東仁, 「아동용 교재로서의 『孝經』과 『小學』」, 『청계사학』 2, 1992; 韓寬一, 「朝鮮前期의 『小學』 教育研究」, 중앙대학교 박사학위논문, 1992; 황금중, 「성리학에서의 『小學』·『大 學』 교육과정론」, 『한국 사상과 문화』 17, 2002.

연구 분야에서 소학언해小學諺解와 소학판본小學板本에 관한 연구들이 있다.[25]

　이상에서 살펴보았듯이, 지금까지 『소학』은 사림파 연구의 연속선상에서 부분적으로만 연구되었을 뿐, 『소학』 연구의 가장 기초라고 할 만한 『소학』 텍스트 자체의 분석조차 제대로 이루어지지 못한 채 피상적으로만 접근되었다.[26] 『소학』의 내용과 함께 주희의 정치·사회구상을 살펴보지 않고서는 '소학의 도'를 실천했던 이들의 역할을 규명할 수 없을 것이다.[27] 따라서 필자는 주자학적 가치질서가 실질적으로 무엇인지를 알기 위해서라도 『소학』이라는 텍스트 자체의 분석이 우선 이루어져야 한다고 생각한다.

25　李崇寧,「小學諺解의 戊寅本과 校正廳本의 比較硏究」,『진단학보』 36, 1973; 鄭然粲,「小學諺解 校正廳本의 傍點表記—聲調의 變化와 그 樣相」,『진단학보』 37, 1974; 이현희,「小學의 諺解에 대한 比較硏究」,『한신대학교 논문집』 5, 1988; 김주원,「小學集註(滿文)와 飜譯小學(滿文) 연구」,『알타이학보』 제12호, 2002; 鄭在永,「『飜譯小學』 권3·4에 대하여」,『서지학보』 제44호, 2000; 申政燁,「朝鮮時代 간행된 小學 諺解本 연구」,『서지학연구』 제44집, 2009.

26　이수건이 처음 『小學』의 체제와 구성에 대해 논의했다(李樹健,「朝鮮時代 小學敎育에 대하여」,『영남대학교 논문집』 2, 1969). 그의 연구는 피상적인 수준에 머물렀지만, 이것이 향후 『小學』 연구의 기초를 이루었다는 점은 간과할 수 없다.

27　M. Theresa Keller는 『小學』이라는 텍스트 자체의 해석에 집중하여 『小學』의 내용과 의미, 그리고 그 가치를 정밀하게 분석했다(M. Theresa Keller, "Back to Basic: Chu Hsi Elementary Learning", Wm. T. de Bary and John Chaffee by eds., *Neo-Confucian Education: The Formative Stage*, Berkeley: University of California Press, 1989). 그는 『小學』이 동몽을 위한 책이라는 점과 개인의 수양서라는 점에 의문을 제기했다. 그에 의하면 『小學』은 동몽을 위한 책이라기에는 텍스트가 다루는 논쟁이 정교하고, 어휘도 사서(四書)보다 어려우며, 개인을 위한 수양으로만 규정하기에는 그 범위가 가족과 공동체를 뛰어넘는 사회개혁을 시도하고 있다고 한다.

3. 연구방법과 내용

본격적인 분석에 앞서, 먼저 분석 대상의 개념부터 짚고 넘어가고자 한다. '사림파'라는 개념은 현재 학계에서 널리 통용되는 개념이다. 기존 연구자들 일부가 '사림파'라는 개념에 대한 비판을 제기했지만, 그 개념을 대체할 만한 새로운 용어를 찾지는 못했다. 이 논문에서는 '사림파'라는 용어를 지양하고 사료상에서 기묘인을 '소학의 도'를 행하는 무리로 지칭했다는 점을 감안하여 '소학실천자'라는 새로운 개념을 사용하고자 한다. 이는 기묘인뿐만 아니라 '소학의 도'를 행한 사람들 전체를 아우를 수 있는 개념이라고 생각되기 때문이다.

둘째, 분석 대상의 실체를 명확히 해야 한다. 사실 '사림파'는 사회조직이 아닌데도 사회조직처럼 인식되어왔다. 사회조직이 아니었음에도 관념적으로는 사회조직처럼 이해되어왔다는 점에서 중국의 '사대부士大夫'와 유사하다.

필자는 '사림파'의 실체를 명확히 하기 위해서는 사회조직론에 치우치지 않은, 보다 유연한 시각이 필요하다고 생각한다. 기존의 훈구·사림파에 대한 논의는 지역적 차이, 경제적 배경, 사상적 차이 등 단선적인 차이점만 부각시키는 한계를 노출했다. 따라서 집단의 성격에 제대로 접근하기 위해서는 좀 더 새로운 방식을 시도해볼 필요가 있다.

본 연구에서는 '네트워크(Network)' 분석을 통해 '소학실천자'들의 역사적 실체를 밝혀볼 것이다. 네트워크는 비공식적·가변적·개인적인 연결망을 의미한다. 네트워크는 하나의 집단으로 확정할 수 없는 가변적인 개인들의 연결체이다. 이 연결은 단순히 인맥에 의해서만 형성된 것은 아니다. 이들에게는 일정한 공통점이 존재했고, 그것이 지속성을 가지면서 하나의 성향으로 발전했다.

'소학실천자'들의 네트워크는 동문수학, 사승관계, 사우관계, 혼인관계 및 친구관계와 같은 무수한 연결망으로 이어지고 있었다. 그 연결망을 통해 이들은 다양한 형태의 사적인 계모임을 만들었다. 이 계모임은 사회학적으로는 사회조직이지만 실제로는 규칙도 규정도 없는 네트워크와 사회조직의 중간 단계였다.

　　하지만 필자는 '소학실천자'들의 네트워크 혹은 계모임과 같은 가변적인 조직이 일정한 행동양식과 경향성을 띠고 있다는 사실에 주목했다. 이는 네트워크의 활동을 통해 계모임이 뚜렷한 사회집단으로 형성될 가능성을 나타낸다. 네트워크와 가변적인 계모임의 상호작용과 교환을 통해 안정적으로 반복재생산된 '소학실천자'들의 경향성은 현량과 설치나 향약 등의 정치화, 사회제도화 장치로 나아갔다.[28]

　　따라서 네트워크 이론이야말로 조선 전기 '소학실천자'들의 사회조직론

28　Christoper Ansell은 네트워크는 비공식적·개인적이며, 제도주의(Institutionalism)는 공식적·비개인적이라고 구분했다(Christoper Ansell, "Network Institutionalism", Rhodes Binder & Rockman eds., *The Oxford handbook of Political Institution*, Oxford: Oxford University Press, 2006, pp. 75-77). 이렇게 모순적 의미를 담고 있는 용어인 네트워크와 제도주의를 하나의 개념으로 상정한 이유는, 비공식적인 네트워크가 제도보다 더 행동적인 경향이 있다는 점 때문이다. 네트워크 제도주의는 개인과 개인, 개인과 조직, 그리고 조직 간의 상호작용과 교환을 통해 안정적이고 반복적인 패턴을 제공한다는 점에서 하나의 제도적 장치라고 할 수 있다. Ansell의 이론과 유사한 이론이 市來津由彦의 연구이다(市來津由彦, 『朱熹門人集團形成の硏究』, 東京: 晶文社, 2002). 市來津由彦은 중국의 주자학단이 사회적으로 어떻게 형성되었는가에 대한 연구에서, 주희가 독서행위를 단순히 개인적인 지적 활동을 넘어서 사회적인 공적 공간을 창출하는 과정으로 기획하려는 의도를 뚜렷이 드러냈다고 보았다. 그리고 그는 주희의 문인집단이 서간을 통해 어떻게 지역적·전국적 네트워크를 형성하는가를 고찰했다. 関丙禧 역시 네트워크 제도주의 이론을 주희의 학의 공동체로서 사대부사회에 적용시켰다(関丙禧, 「朱熹의 '大學'과 士大夫의 사회·정치적 권력」, 『중국사연구』 제55집, 2008).

을 밝히는 데 유용한 도구라고 생각된다. 네트워크 이론을 통해 계모임, 더 나아가 지방사회의 자치규례나 국가의 법제도화까지도 이해할 수 있는데, 이는 법제도화가 네트워크 활동을 배경으로 나타난 것이기 때문이다. 그러므로 이들 네트워크의 경향성, 즉 정치적 이념과 정치실현을 사회적 연망의 정치화로 보고자 한다.

이하에서는 이러한 방법론을 통해 본 연구의 내용을 4부로 구분하여 서술할 것이다. 먼저 1부에서는 '소학실천자'들은 과연 누구이며 그들을 왜 '소학실천자'로 지칭할 수 있는지 살펴볼 것이다. 여기서는 기존 연구가 사림파와 훈구파를 가문, 지역적 차이, 경제적 배경으로 등으로 단순하게 이분화시켰던 구도에서 탈피하여 이들의 관계성에 집중할 것이다. 그 방법은 '네트워크'의 활용이다. 네트워크는 개인과 개인, 그리고 개인과 모임을 통해 형성되었다. 개인과 개인의 네트워크는 사승, 동문수학, 문인, 혼인, 친구관계 등으로 형성되었다. 개인과 모임의 네트워크는 계모임을 통해 확인된다. 네트워크는 단순한 인맥관계가 아니기 때문에, 이들의 공통성과 정치적 경향성을 살피는 데 주안점을 둘 것이다. 여기서 밝힐 네트워크는 일부분에 불과할 뿐 실질적인 네트워크는 보다 더 확장된 형태였으리라는 점을 미리 밝혀둔다.

2부에서는 주회의 『소학』 편찬 배경과 『소학』의 구조를 살피고 그 정치이념을 분석할 것이다. 그리고 '소학실천자'들이 『소학』의 정치이념을 정치에 어떻게 적용했는지 검토할 것이다. 『소학』의 편찬 배경으로는 송대 사회의 특수성과 함께 주회에게 영향을 끼친 북송 사상가들이 언급될 것이다. 이 부분은 주제의 범위를 넘어서지 않는 범위 내에서 다루어질 예정이다. 그리고 『소학』의 구조와 정치이념은 『소학』의 내용을 하나하나 분석하는 방식으로 살펴볼 것이다. 그동안 기존 연구들이 피상적으로 다루었던 『소학』 분석을 본격적으로 시도해보고자 한다. 이런 『소학』의 정치이념이 '소학실천자'들의 현실정치에 어떻게 나타나고 활용되는지를 그들의 개혁을 통해 살필 것이다.

3부에서는 현량과 설치를 통해 '소학실천자'들의 사회적 연망이 정치화되는 과정을 다룰 것이다. 현량과는 기존의 천거제나 과거제도를 보완하는 차원에서 이루어진 제도개혁이 아니라 새로운 지향과 방법을 동원한 제도였다. 여기서 주목하는 것은 먼저 현량과의 방식이다. 현량과의 방식을 살피는 이유는 현량과가 기존의 천거제도나 과거제도와 어떻게 다른지 판별할 수 있기 때문이다. 두 번째는 현량과 의미의 파악이다. 이것은 '소학실천자'들의 정치이념을 파악하는 근거가 될 수 있다. 마지막으로 현량과에 급제한 사람들에 대해서 살펴볼 것이다. 이를 통해 그들이 누구이며 어떤 네트워크를 가지고 있었는지, 그리고 어떤 정치적 성향을 보이고 있었는지 확인할 수 있기 때문이다. 3부의 논의는 기존의 현량과 연구에서 훈구파와 사림파를 구분하는 주장과 구분하지 않는 주장이 논쟁해온 지점을 넘어서서 그들의 정치적 성향을 파악하는 데까지 나아가고자 한다.

4부에서는 '소학실천자'들이 중앙과 함께 지방에서도 향약 실시를 통해 『소학』 이념을 확산시켜 나가는 모습을 살펴보고자 한다. 향약은 여대균呂大鈞의 여씨향약呂氏鄕約과 주희의 증손여씨향약增損呂氏鄕約으로 대별할 수 있는데, 『소학』에 수록된 향약은 증손여씨향약이 아니라 여대균의 여씨향약이다. 둘의 비교를 통해 송대 향약의 특징을 살필 뿐 아니라 중종대 향약과도 비교할 수 있다. 또한 4부에서는 중종대 향약의 시행과 전개 양상을 살피고 그 특징을 세부적으로 검토하고자 한다. 이를 통해 중종대 향약 실시가 어떻게 향촌의 저변에까지 『소학』 이념을 전파시켰는지 알 수 있을 것이다.

기묘사화는 현량과와 향약을 폐지시켰고 『소학』을 금서로 인식하게 하였다. 『소학』이 금서로 인식되었다는 사실 자체보다 더 중요한 것은 그 반향이다. 이는 그만큼 『소학』의 이념이 정치현실에서 중요시되었다는 증명이기 때문이다. 따라서 4부에서는 『소학』이 금서로 인식된 배경과 양상을 살피면서 『소학』의 확산에 초점을 맞춰 살펴보고자 한다. 마지막으로는 소학운동의 핵심을 이루는 언해본과 서원·서당을 살필 것이다. 언해본이 어떤 방식으로 편찬되었는지, 그리고 누구를 대상으로 했는지를 집중적으로 살펴볼 것이다. 언해본이 누구를 위한 것이었는지는 『소학』 이념이 어디까지 확산될 수 있었는지 가늠할 척도가 될 수 있다.

서원과 서당은 『소학』 이념이 확산되는 장소였을 것이다. 그 근거는 중국의 「백록동서원게시白鹿洞書院揭示」를 통해 확인된다. 조선 초기의 서원인 백운동서원白雲洞書院을 통해 지방사회에 『소학』 이념이 확산되는 과정을 살펴볼 것이다. 서당 관련 자료가 한정되어 있어 어려움이 있지만, 여기서는 서당에서 향촌의 동몽들에게 『소학』을 가르쳤음을 증명하는 데 초점을 맞추고자 한다. 이로써 『소학』의 이념이 지방으로 확산되면서 대중화되었음을 밝히고자 한다.

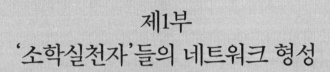

제1부
'소학실천자'들의 네트워크 형성

제1장
김종직의 네트워크 형성과 정치활동

1. 김종직의 『소학』 교육과 네트워크 형성

기대승奇大升(1527~1572)은 조선에 도학道學이 이어져 내려온 과정에 대하여 다음과 같이 말했다.

> 우리나라의 학문은 기자箕子시대의 일은 서적이 없어서 고증하기가 어렵고 삼국시대에는 천성이 빼어난 사람이 더러 있었지만 학문의 공이 없었고 고려시대에는 비록 학문을 했다 해도 다만 문장을 주로 하였다. 고려 말에 이르러 우탁禹倬, 정몽주鄭夢周가 난 뒤에야 비로소 성리의 학이 있음을 알았다. 우리 세종조에 이르러 예악과 문물이 찬란히 일신하였다. 우리나라의 학문에 대하여 서로 전해진 순서를 따지자면 정몽주로 우리나라 성리학의 시조를 삼아 마땅하다. 길재吉再는 몽주에게 배웠고 김숙자金叔滋는 길재에게 배웠고 김종직金宗直은 숙자에게 배웠고 김굉필金宏弼은 종직에게 배웠고 조광조趙光祖는 굉필에게 배웠으니 이로부터 원류가 있는 것

이다.[1]

　위의 글에 의하면, 조선의 도통道統은 정몽주-길재-김숙자-김종직-김
굉필-조광조로 이어지고 있다. 유학의 도통론道統論은 도학의 정통성을 입증
하고 다른 사상뿐 아니라 다른 유파의 유학과도 차별성을 드러내는 것을 중
요한 요소로 여겼다.[2] 길재에서 조광조로 이어지는 조선 유학의 도통론에도
자신들의 학문체계의 정당성과 정체성을 확보하려는 의도가 내포되어 있다
고 할 수 있다. 길재에서 조광조까지 그들은 공통의 배움을 공유했다. 같은
책을 읽었고, 같은 책을 공유했으며, 그 배움을 통해 공통의 사유를 발전시켰
다. 텍스트를 공유한다는 것은 공통의 언어를 형성하고 성장시키는 것이다.
공통의 언어는 담론으로 확장되며, 다른 언어를 사용하는 사람들과 구별 짓
는 근거가 된다. 더 나아가 공통의 언어로 형성된 담론은 정치·사회현실로
확산되고 그 시대적 정황에서 재구조화된다.[3]

　그렇다면 같은 텍스트를 공유했던 사람들이 어떻게 정치적·사회적 영향
력을 행사했는지를 이해하기 위해서는, 먼저 이들이 배움의 과정을 통해 어

1　『靜菴集』附錄 卷1,「事實」, "我國學問 箕子時事 則無書籍難考 三國時 天性雖有粹美 而未
　有學問之功 高麗時 雖爲學問 只主詞華 至麗末禹倬鄭夢周後 始知有性理之學 及至我世
　宗朝 禮樂文物 煥然一新 以東方學問相傳之次言之 則以夢周爲東方理學之祖 吉再學於夢
　周 金叔滋學於吉再 金宗直學於叔滋 金宏弼學於宗直 趙光祖學於宏弼 自有源流也."
2　주희의 도통론이란 유학 내에서의 도학, 도학 내에서의 주자학이라는 이중의 정통을 주
　장한 것으로 동시대 사상의 상황을 짙게 반영한다. 쓰치다 겐지로 지음, 성현창 옮김, 『북
　송도학사』, 예문서원, 2006, 593~607쪽.
3　Conrad Schirokauer and Robert P. Hymes, "Introduction", Robert P. Hymes and Conrad Schirokauer
　eds., Ordering the World: Approaches to State and Society in Sung Dynasty China, Berkeley: University
　of California Press 1993, pp. 5~9.

떻게 자신들의 정체성을 정립하고 네트워크를 형성했는지 알아볼 필요가 있다. 그들에게 결속력과 함께 보편적으로 공유할 수 있는 학습의 과정을 제공한 것이 바로 그들이 형성한 네트워크이기 때문이다.[4] 앞서 언급한 도통체계 내에는 정체성 정립과 네트워크 형성이라는 두 가지 과제에서 구심점이 되어줄 인물들이 존재했다. 따라서 제1부에서는 이 인물들을 통해 '소학실천자' 들이 어떻게 자신들의 정체성을 성립하고 네트워크를 형성했는지 살펴보고자 한다.

그 기준에 적합한 첫 번째 인물은 김종직金宗直이다. 김종직은 세종 13년 (1431) 경상도 밀양에서 성균사예成均司藝 강호江湖 김숙자(1389~1456)의 아들로 태어났다. 김종직은 세조世祖 5년(1459)에 문과에 급제하여 성종 23년(1492) 62세 나이로 생을 마감할 때까지 당대의 문장가로 이름을 날렸고, 많은 제자를 양성했다.

30여 년에 걸친 김종직의 관인으로서의 활동은 대체로 세 시기로 나누어 볼 수 있다. 첫 번째 시기는 세조 5년(1459)에 문과에 급제하여 본격적으로 정계에 진출한 뒤 세조·예종대에 주로 중앙에서 재직했던 시기이다. 이 시기에는 세조의 독단적 정치 운영으로 그의 활동이 미미할 수밖에 없었다. 세조는

---

4 민병희(「주희의 사회·정치적 구상으로서의 "學"」, 『동양사학연구』 2008, 114~117쪽)는 Ansell(앞의 글, 2006, pp. 75~77)의 이론을 중국사에 적용하여 '주희의 학의 공동체로서의 사대부사회가 네트워크적인 성격을 가지고 있다'고 보았다. 다시 말해서 민병희는 '텍스트를 읽는 과정을 사대부가 네트워크를 창출하여 공적 영역을 지향하는 과정으로 구상하였다'고 보았다. 필자도 Ansell의 이론을 본 연구에 적용해보고자 한다. 왜냐하면 『小學』 텍스트를 읽고 공유했던 사대부들이 존재했고, 그들의 관계성이 네트워크로 형성되었다고 보기 때문이다. 따라서 필자는 『小學』이라는 공통의 텍스트를 읽는 과정과 경험들이 사람들 간의 네트워크로 연결되었으며, 더 나아가 이들이 공적 영역을 지향한다는 이 이론이 '소학실천자'들에게도 적용 가능하다고 여긴다.

계유정난癸酉靖亂(1453)을 통해 정권을 장악했던 만큼 처음부터 정통성을 상실한 채 출발했다. 세조는 즉위 초 경연과 윤대를 하루 걸러서 하겠다고 공표하면서[5] 나름대로 유교정치에 충실할 것을 다짐했지만, 세조 2년 5월에 "나의 말이 법"이라 하여 대간臺諫 활동에 대해 강경한 태도를 취했다.[6] 그리고 한 달 뒤 단종端宗 복위 사건의 주모자를 처리한 후 집현전集賢殿을 혁파하고 경연經筵을 중지했다.[7]

한편 세조는 동왕 10년에 양성지梁誠之와 임원준任元濬 등에게 명하여 여러 학문을 천문문天文門·풍수문風水門·율여문律呂門·의학문醫學門·음양문陰陽門·사학문史學門·시학문詩學門 등 7학문으로 나누고 각 부문마다 6인씩 젊은 문신을 배속시켰는데, 김종직은 사학문에 속하게 되었다.[8] 세조의 이러한 조치에 대해서 김종직은 '시사는 유자儒者들이 배울 학學이지만 잡학雜學은 유자의 학이 아니'라고 비판하다가 파직되었다.[9] 그러나 김종직은 세조 11년에 복직되었고, 13년에 홍문관弘文館 수찬修撰을 거쳐 이조좌랑吏曹佐郎, 예문관원藝文館員 등을 차례로 역임했다.

세조·예종대에는 김종직의 움직임이 그다지 눈에 띄지 않지만 성종대로 넘어오면서 그의 활동이 부각되기 시작한다. 그것은 성종이라는 군주가 세조와 달리 유학적인 면모를 회복하려고 노력한 왕이었기에 가능했던 것 같다. 성종은 즉위한 지 1년 만에 예조禮曹에 전교하여 '근래에 유생들이 오로지 부

---

5 『世祖實錄』 卷1, 世祖 元年 閏6월 丁巳.

6 『世祖實錄』 卷4, 世祖 2년 5월 乙亥.

7 『世祖實錄』 卷4, 世祖 2년 6월 甲辰.

8 『世祖實錄』 卷33, 世祖 10년 7월 戊寅.

9 『世祖實錄』 卷34, 世祖 10년 8월 丁亥.

문浮文만을 일삼고 경학經學을 힘쓰지 않으니 그 권려勸勵할 절목을 상의하여 아뢰라'고 하였다.[10] 또한 경연에 나아가 정치의 올바른 길을 묻기를 게을리 하지 않았다.[11] 이런 분위기는 김종직과 그의 문인들이 활약할 수 있는 조건을 마련해주었다.

두 번째는 함양군수(성종 2~6년)와 선산부사(성종 7~13년) 등 외직外職을 역임하다가 모친상을 당해 복상을 하느라 선산에 머물렀던 성종 13년 전반기까지의 시기이다. 김종직은 성종 2년(1471)에 함양군수직을 자청했다. 2년 뒤 성종은 함양군수로 부임한 김종직의 치적이 특이하다 하여 포상을 내리게 했다.[12] 그 후 성종 6년 12월에 김종직은 문학이 있고 고을을 잘 다스렸다는 이유로 3품직을 제수 받고 승문원承文院 참교參校 겸 지제교知製敎에 임명되었으나,[13] 성종 7년에 다시 외직인 선산부사로 나갔다가 모친상을 당해 그곳에 머무르게 되었다. 이 시기는 김종직이 외직에 머물면서 향촌 문제에 관심을 가졌을 뿐만 아니라 많은 제자들을 교육시켰던 시기이기도 하다. 그들은 후일 정계에 진출하여 당대 사회에 새로운 대안들을 제기했다.

세 번째는 성종 13년 6월 홍문관 응교應敎에 제수되어 중앙으로 돌아와 왕의 측근에 머물다 성종 23년(1492)에 생을 마감하기까지의 시기이다. 김종직은 좌·우부승지副承旨를 거쳐 성종 15년 도승지都承旨에 임명되었으며, 이후 청요

---

10 『成宗實錄』卷8, 成宗 元年 11월 壬午.

11 성종대 경연은 무려 4,000회가 넘는다. 나이 어려 즉위한 성종이 경연에 나오려 하자 그 해 12월에 신숙주(申叔舟)가 경연을 행하는 방법을 만들고(『成宗實錄』卷1, 成宗 卽位年 12월 戊午) 그 다음 해 1월에 바로 경연에 참여하였다(『成宗實錄』卷2, 成宗 1년, 1월 丙戌).

12 『成宗實錄』卷32, 成宗 4년 7월 壬子.

13 『成宗實錄』卷62, 成宗 6년 12월 癸卯.

직清要職을 두루 거쳐 성종 20년에 신병身病으로 사직하고 성종 23년(1492)에 62세로 생을 마감했다. 성종 15년 도승지에 임명될 당시 김종직의 정치적 위상에 대하여 사관은 다음과 같이 논평했다.

> 김종직은 경상도 사람이며 박문博文하고 문장을 잘 지으며 가르치기를 즐겨하였다. 그에게서 수업 받은 자 중에 과거에 급제한 사람이 많았다. 그러므로 경상도의 선비로서 조정에서 벼슬하는 자들이 종장宗匠으로 추존하여 스승은 제 제자를 칭찬하고 제자는 제 스승을 칭찬하는 것이 사실보다 지나쳤는데 조정 안의 신진의 무리도 그의 그른 것을 깨닫지 못하고 따라서 쫓는 자가 많았다. 그때 사람들이 이를 비평하여 '경상도 선배의 무리(慶尙先輩黨)'라고 하였다.[14]

위 기사는 성종이 좌부승지로 있던 김종직을 도승지로 제수하라고 명을 내리자 사신이 김종직과 문인들에 대한 세간의 평을 전한 것이다. 사신은 문장가이자 제자들을 양성하는 사장으로서 김종직의 재능과 업적을 인정하면서도 그와 문인들 간의 유대감을 비판했다. 이런 정황으로 보아, 성종 후반기에 조정에서 김종직의 문인들은 이미 '경상도 선배의 무리'라고 불릴 정도의 세력을 형성하고 그를 종장으로 추존하고 있었다. 여기서 '경상도 선배의 무리'가 의미하는 것은 김종직을 정점으로 한 일종의 네트워크였다.

김종직과 그의 문인들이 이런 네트워크를 형성할 수 있었던 배경은 학문

---

14 『成宗實錄』卷169, 成宗 15년 8월 庚申, "史臣曰 宗直慶尙道人也 博文工詞章 樂於訓誨 前後受業者多登第 以故慶尙之儒士于朝者 推尊爲宗匠 師譽其弟 弟譽其師 過其實 朝中新進之輩 亦莫覺其非多有從 而附者時人譏之曰 慶尙先輩黨."

적 관계성으로 보인다. 그 학문적인 네트워크의 연결고리는 『소학』이라는 공통의 텍스트였다. 김종직은 그의 부친인 김숙자에게서 『소학』을 배웠다. 김숙자는 학규를 저술하여 교육활동의 지침서로 삼았다. 그는 자신의 제자들과 아들 김종직을 가르치면서 『소학』-『효경』-『대학』-『논어』-『맹자』 등으로 이어지는 독습讀習의 순서를 지키게 했다.[15] 김종직은 이런 아버지의 학문에 대하여 "선공先公은 천성이 지극히 효성스러워 집에 있으면서 어버이를 섬김에 있어 모든 일을 『소학』의 글대로 따랐다"[16]고 말했다. 독습의 순서를 중시한 김숙자의 소학 인식은 길재로부터 영향을 받은 것이었다. 길재는 『소학』에 대해 직접 언급한 글을 남기지 않았지만, 김종직과 그 후학의 글을 통해 길재의 『소학』 인식을 살펴볼 수 있다.

　　향鄕선생 길재吉再는 일찍이 고려의 벼슬을 했는데, 본조에서 녹을 받는 것을 사양하고 여러 차례 불러도 나오지 않았다. 금오산 아래 집을 짓고 자제들을 가르치매 동몽童蒙이 많이 모여들었는데, 그는 쇄소灑掃·응대應對의 절차에서부터 도무蹈舞·영가詠歌에 이르기까지 다 가르치되 등급을 뛰어 넘지 못하도록 하였다. 선공先公(金叔滋) 또한 가서 수업을 받았다. (…) [선공께서는 무릇 집에 있으면서 어버이를 섬김에 있어 모든 일을 『소학』의 글대로 하였다. (…) [선공께서는 동몽들을 가르침에 있어 먼저 『소학』부터 시작하여 애친愛親·경장敬長·융사隆師·친우親友의 여러 일에 종사하여 그 본원

15　『江湖先生實記』 卷1, 雜著,「學規」, "爲學不可獵等 初授童蒙須知幼學字說正俗篇 皆背誦 然後 令入小學 次孝經次大學次語盟次中庸次詩次書次春秋次易次禮記 然後令讀痛鑑及 諸史百家 任其所之至於學射."

16　『佔畢齋集』,「彝尊錄」 下, 先公事業 第4, "先公天性至孝 凡家居事親 皆從事小學書."

本源을 함양하게 한 연후에 다른 책을 읽도록 하셨다.[17]

성리性理의 학을 강명하며 기미幾微를 분석하여 염락濂洛(周敦頤와 程顥·程伊)
의 유지遺志에 합치도록 힘썼다. 그 말은 반드시 충효를 주로 하고 이단을
물리치며, 그 가르침은 쇄소응대로부터 춤추고 노래 부르는 것에 이르되
등급을 건너뛰지 못하도록 하였다. 학동이 모여들어 강講하고 외는 소리가
주야로 그치지 않았다. 온 집안이 감화하여 밥 짓는 종들도 시를 노래하며
방아를 찧으니 사람들은 정공의 고을에 견주며, 학자들은 치은冶隱 선생이
라 높여 불렀다.[18]

위의 두 글에서 길재 교육의 기초로 언급되는 '쇄소응대'란 『소학』의 「소
학제사」에서 주희가 말했던 교육의 기초이다.[19] 길재–김숙자–김종직으로 이
어진 학문의 수수관계는 『소학』의 학습으로 시작하고 있었다.

길재에서 김숙자까지의 학문방법에서 독습의 순서와 단계를 뛰어넘지 못
하게 하는 가르침은 모두 주희의 독서법과 상통한다. 주희는 학생들에게 '무
엇'을 읽어야 하는지를 넘어서 '어떻게' 읽어야 할지 그 방법까지 알려주었

---

17 『佔畢齋集』, 「彛尊錄」 下, 先公事業 第4, "鄕先生吉公再 以嘗仕高麗 辭祿於本朝 累徵不
起 卜築金烏山下 敎授子弟 童丱雲集 其敎自灑掃應對之節 以至蹈舞詠歌 不使之躐等
公亦往受業焉 (…) 先公天性至孝 凡家居事親 皆從事小學書 敎童蒙 先入之小學 使之從
事愛親敬長隆師親友之間 以涵養其本源 然後許就他書 (…)."

18 『冶隱集』, 「冶隱先生續集」 卷下, 附錄, 彙纂麗史儒學傳, "講明性理之學 割析幾微 務契濂
洛之旨 其言必主忠孝闢異端 其敎自灑掃應對 以至蹈舞詠歌 不使之躐等 童丱坌集 講誦
之聲 晝夜不撤 一家化之 爨婢歌詩相杵 人比鄭公鄕焉 學者尊之曰冶隱先生."

19 『小學』, 「小學題辭」, "小學之方 灑掃應對 入孝出恭 動罔或逾 行有餘力 誦詩讀書 詠歌舞
蹈 思罔或逾."

다. 그의 독서법은 주자학을 다른 학문과 구별 짓는 요소였다.[20] 주희는 『주자어류朱子語類』 가운데 두 권을 독서법에 할애할 만큼 이를 중요시했다.[21] 그에 의하면, 독서는 이해하기 쉬운 글에서 시작해야 하며,[22] 단계를 뛰어넘지 않고 일정한 순서에 따라야 했다.[23] 왜냐하면 학문은 반드시 먼저 커다란 근본을 세워야 하기 때문이다.[24] 길재와 김숙자가 『소학』이 '본원本源을 함양하는 책'이라고 여기며 학문할 때 제일 처음에 두었던 것도 주희의 독서법과 같은 맥락이었다. 길재와 김숙자는 『소학』을 '본원을 함양하는 책'이라고 했는데, 주희는 이 '본원'에 대해 이렇게 말했다. "임금을 섬기고 부모를 섬기고 형을 섬기는 것과 같은 일들이다."[25] 길재와 김숙자는 『소학』을 통해 이런 행위들이 함양된 연후에 다른 책을 읽어야 자신을 위한 공부가 된다고 보았다.[26]

김종직은 부친 김숙자의 가르침을 통해 『소학』의 중요성을 인식했다. 그

---

20 주희에게 경전을 읽는 것은 인간과 자연의 이치에 가장 쉽게 접근할 수 있는 방법이었다. 주희의 이런 독서방법은 육구연과의 논쟁에서 가장 핵심이 되는 사안이었다. Dainel K. Gardner, *Learning to be a Sage: Selection from the Conversations of Master Chu, Arranged Topically*, Berkeley: University of California Press, 1990, pp. 70~81.

21 『朱子語類』 卷10, 卷11에 독서법이 수록되어 있다.

22 『朱子語類』 卷10, 「學·讀書法 上」, "讀書 且從易曉易解處去讀 (…)."

23 『朱子語類』 卷11, 「學·讀書法 下」, "學不可臘等 不可草率 徒費心力 須依次序 如法理會 一經通熟 他書亦易看."

24 『朱子語類』 卷11, 「學·讀書法 下」, "爲學須是先立大本 其初甚約 中間一節甚廣大 到末梢 又約…其節目自有次序不可踰越."

25 『朱子語類』 卷7, 「學·小學」, "小學是事 如事君事父事兄處友等事 只是敎他依此規矩做去 大學是發明此事之理."

26 金泰永, 「佔畢齋의 自我意識과 歷史意識」, 『佔畢齋 金宗直의 道學思想과 儒學思想의 位置』, 점필재 김종직 선생 학술회의 자료집, 2002, 51쪽.

는 학문의 근본을 이루는 『소학』의 학습이야말로 자신을 수양하는 기본적인 요소라 여기게 되었다. 이러한 『소학』 인식은 그의 제자 교육에도 그대로 이어졌다.

A. 사문斯文을 일으키고 후인들을 가르쳐서 인도함을 자신의 임무로 삼으니 쇄고灑掃의 예를 지키고 육예六藝의 학을 닦는 자가 앞에 가득하였다.[27]

B. 일두一蠹 정여창, 한훤寒喧 김굉필은 서로 친구 사이로서 함께 선생의 문하에 와서 배우기를 청하니 선생은 고인古人이 학문한 차례에 따라 가르쳐서 먼저 『소학』, 『대학』을 읽히고 마침내 『논어』, 『맹자』에 미치게 하였다. 이들은 날로 가르침을 받아 강령지취綱領旨趣를 천착해 알게 되고 도의를 연구하였다.[28]

C. [한훤당이] 일찍이 점필재 김종직 선생을 좇아 수업하였는데, 선생이 『소학』을 가르치면서 말하기를 "진실로 학문에 뜻을 둔다면 마땅히 이 책부터 시작해야 한다. 광풍제월光風霽月도 또한 여기에서 벗어나지 않는다"고 하였다.[29]

---

27 『佔畢齋集』, 附錄, 年譜, "先生二十九歲 (…) 以興起斯文 訓迪後人 爲己任 執灑掃之禮 修六藝之學者 滿於前."

28 『佔畢齋集』, 附錄, 年譜, "先生四十二歲 春秋 設行鄕飮酒儀養老禮 八月初五日 作頭流遊山錄 撰觀海樓記 一蠹 鄭汝昌與寒喧金宏弼相友 詣先生門下 請學 以古人爲學次第敎之 先讀小學大學 遂及語孟 日承指敎 尋知綱領旨趣 硏窮道義."

29 『景賢錄』 上, 「事實」, "嘗從佔畢齋金先生受業 先生授以小學曰 苟志於學 宜從此始 光風

위의 글 가운데 A의 내용은 김종직이 후학을 양성할 때 먼저 쇄소응대의 예를 지키게 했다는 것이다. B의 내용은 정여창과 김굉필이 김종직 문하에서 학문을 배웠는데 『소학』을 먼저 읽혔다는 것이다. C의 내용은 김종직이 김굉필에게 『소학』은 진실한 학문을 위한 출발점이라고 강조했다는 것이다. 위의 내용을 통해 알 수 있듯이, 김종직은 『소학』-『대학』으로 순서를 밟아 나가는 학문의 단계를 중시했고, 그 배움은 『소학』의 쇄소응대의 예부터 시작되었다. 그는 학문을 배우러 온 김굉필에게 진실로 학문에 뜻을 둔 자는 『소학』부터 시작해야 한다고 역설하면서, 광풍제월도 여기에서 벗어나지 않는다고 했다. 김종직이 말한 '광풍제월'은 성리학의 처음 주창자인 주렴계(周濂溪)의 높은 인격을 가리킨다.[30] 다시 말해 주렴계의 높은 인격이 『소학』 실천과 깊은 연관성이 있음을 강조한 것이다. 김굉필과 정여창의 예를 살펴보더라도 김종직이 제자들에게 『소학』이라는 공통의 배움을 제공하고 있었음을 알 수 있다.

그러나 이들의 『소학』 인식과 강조는 당대 현실과는 사뭇 다른 양상이었다. 당시 『소학』은 과거 공부와 연계되어 있었다. 과거제도와의 연결성은 『소학』이 보편성을 획득하는 데 중요한 원인이 되었다. 하지만 과거 공부는 『소학』이 강조하는 '실천을 통해 체득하는 몸의 훈련'을 담보하지 못한다는 문제점을 지니고 있었다.

霽月 亦不外此."

30 북송의 시인이자 서가(書家)인 황정견(黃庭堅)이 주돈이를 존경하여 쓴 글에서 그의 인격을 마치 맑은 날의 바람, 비갠 날의 달과 같다고 했다(『宋書』,「周敦頤傳篇」, "庭堅稱 其人品甚高 胸懷灑落 如光風霽月"). 김종직은 모친상을 마치고 금산으로 돌아가 서당을 짓고 그 옆에 연못을 파서 연(蓮)을 심고 경렴당(景濂堂)이라 이름 지을 만큼 염계(濂溪) 주돈이를 사모했다. 『佔畢齋集』, 附錄, 年譜, "先生五十二歲 (…) 旣至金山 築書堂 池 其傍 種之蓮 扁其堂曰景濂."

『소학』으로 공통의 배움을 획득한 김종직의 문인들은 공적 지향성을 주장하며 당대의 정치현실에 문제를 제기했다. 그 대표적인 예가 남효온南孝溫과 이심원李深源의 내수사內需司 혁파와 소릉昭陵 복위를 요청하는 상소였다.[31] 이들의 상소는 공공성의 확보를 위한 공적 지향성을 주장한 것이었다. 한편 남효온·강응정·박연 등은 사적으로 소학계小學契를 만들었다.[32] 이들의 사적인 모임인 소학계는 네트워크의 형성을 보여주는 단적인 예가 될 수 있을 것이다.

2. 김종직의 지역사회 인식

김종직의 제자교육과 함께 주목해야 할 점은 지역사회에 대한 그의 인식이었다. 그의 지역사회 인식도 『소학』 교육과 무관하지 않았다. 그는 밀양의 제자들에게 편지를 보내 학규를 만들게 했다.

> 학교의 강학講學이 진실로 밝아지면, 효도·우애·충성·신의의 가르침을 사람마다 잘 익힘으로써 학교로부터 온 마을에 이르기까지 훈도되어 무성하게 퍼짐이 저절로 그치지 못할 것이다. 그리하여 오륜이 각각 그 차례를 얻고 모든 사민四民이 각각 자신의 업에 안주할 수 있게 되는 것이다. (…) 이것으로 말미암아 본다면 한 고을의 다스려지고 소홀함은 실로 향교에 관계되는데, 한 고을만이 아니라 천하라도 다 그러한 것이니 크고 작은 것

---

31 『成宗實錄』 卷91, 成宗 9년 4월 丙午·乙卯.

32 『成宗實錄』 卷91, 成宗 9년 4월 乙卯.

은 다르지만 그 법칙은 한 가지인 것이다.[33]

　그는 사람마다 효제충신의 가르침을 잘 익히고 실천한다면 개인에서 마을 전체로 확대되어 모든 백성이 편안할 수 있다고 말했다. 그에게 있어서 좁게는 지역사회, 넓게는 국가 전체에 동일하게 적용될 수 있는 한 가지 원리란 효제충신과 오륜의 차례였다.

　지역사회에 대한 이런 시각은 김종직이 외직 생활을 마감하고 중앙 정계로 돌아와 유향소留鄕所[34] 복립復立을 주장했을 때 그대로 이어졌다. 김종직은 당시 혁파되어 있던 유향소를 다시 세우자고 건의했다. 원래 유향소는 향촌에서 자체적으로 설치했던 기구였다. 그에 대한 기록이 태종 6년 실록에 처음 나타난다.

　　사헌부司憲府 대사헌大司憲 허응許應 등이 시무時務 7조條를 올렸다. "(…) 넷째, 주·부·군·현에 각각 수령이 있는데 향원鄕愿 가운데 일 벌이기를 좋아하는 무리들이 유향소를 설치하여 때 없이 모여서는 수령을 헐뜯고 인물

33　『佔畢齋集』文集 卷1, 書, 「與密陽鄕校諸子書」, "講學苟明 則孝悌忠信之敎 人人服習 由庠序 而及閭巷 薰蒸條彪 不能自已 五倫各得其序 四民各安其業 (…) 由是觀之 一邑之治忽 實關於鄕校也 不惟一邑 雖天下皆然 大小雖殊 而其揆一也."

34　유향소에 관해서는 다음 논저를 참고했다. 柳洪烈, 「朝鮮에 있어서의 鄕約의 成立」, 『진단학보』 9, 1938; 周藤吉之, 「鮮初におばる京在所ち留鄕所どに就いで」, 『加藤博士還曆記念東洋史集說』, 1941; 李泰鎭, 「士林派의 留鄕所復立運動—朝鮮初期 性理學 定着의 社會的 背景」, 『진단학보』 34·35, 1972·73; 金龍德, 『鄕廳硏究』, 한국연구원, 1979; 裵基憲, 「16世紀 鄕村支配秩序와 留鄕所의 性格」, 『대구사학』 제35집, 1988; 李樹健, 『朝鮮時代地方行政史』, 민음사, 1989; 李成茂, 「京在所와 留鄕所」, 『擇窩許善道博士停年記念論叢』, 일조각, 1993; 朴翼煥, 「麗末鮮初 留鄕所의 지방자치적 기능과 성격 변화」, 『국사관논총』 제55집, 1994; 최선혜, 『조선 전기 지방사족과 국가』, 경인문화사, 2007.

을 올리고 내치며 백성들을 침탈하는 것이 교활한 향리보다도 더 심하니,
원하건대 모두 혁거하여 오랜 폐단을 없애소서."[35]

위의 내용은 대사헌 허응 등이 올린 시무 7조의 상소 가운데 유향소에 관한 기록이다. 여기에는 유향소 설치에 대한 언급은 없고 혁파에 대한 기록만 있다. 이 기사로 유추해볼 때, 유향소는 '향원호사鄕愿好事의 무리들'이 만든 자치기구로 보인다. 그런데 당시 유향소는 국가에서 파견한 수령을 헐뜯고 백성을 침탈한다는 등의 이유로 사헌부의 건의에 의해 혁파되었다. 이 조치는 즉위 이래 일관된 태종의 중앙집권 강화책의 일환이었다. 그런데 『향헌鄕憲』에 의하면 유향소는 세종 10년에 복설되는 것으로 나타난다.[36] 그때 마련된 '유향소절목留鄕所節目'의 유향소품관留鄕所品官을 규제하기 위한 조목은 다음과 같았다.

세종대왕 10년 무신戊申의 유향소복설마련절목留鄕所復設磨鍊節目. (…) 하나, 유향소품관은 부 이상에는 5명, 군에는 4명, 현에는 3명을 차정하되 경

---

35 『太宗實錄』卷11, 太宗 6년 6월 丁卯, "司憲府大司憲許應等 上時務七條 (…) 其四 州府郡縣 各有守令 鄕愿好事之徒 置留鄕所 無時群聚 詆毀守令 進退人物 侵漁百姓 甚於猾吏 令皆革去 以除積弊."

36 『鄕憲』의 「留鄕所復設磨鍊節目」이 제정된 시기에 대해서는 두 가지 견해가 있다. 하나는 위의 자료에서 보이는 연대를 그대로 인정하는 것이고, 다른 하나는 무신년이 세종 10년이 아니라 성종 19년이라는 견해이다. 전자는 이태진과 박익환이 해당되며, 후자는 이수건과 이성무, 최선혜가 해당된다. 전자의 경우 세종 10년이 향사·향음례의 보급이 이루어진 시기이므로 유향소도 같은 맥락에서 나왔을 것이라 보고 있으며, 후자의 경우 향헌이 전사傳寫되어온 문서이고 『세종실록』에 유향소 복설에 관한 기록이 보이지 않기 때문이다. 필자는 전자의 의견에 동의한다. 유향소 복설은 세종 10년 향사례·향음주례의 보급과 무관하지 않았다고 보기 때문이다.

재소京在所로 하여금 택정하게 한다. 하나, 유향소를 설립한 본래의 뜻은 오로지 악리惡吏를 규찰하고 향풍鄕風을 바로잡고자 하는 것인데, 품관品官들이 본래의 뜻을 돌아보지 않고 권위를 빌려 도리어 작폐를 행하니 이후로는 소재한 관의 수령과 경재소가 엄히 금하되 죄를 범한 자는 반드시 관찰사에게 보고하여 죄를 부과하고 모두 경질한다.[37]

위의 내용은 유향소가 본래 임무인 향리 규찰을 위해 다시 세워질 당시 유향소의 자의적인 권위 행사를 금지한다는 점을 명시한 것이다. 이 기록에서 보이는 유향소는 태종대에 거론된 유향소와 성격 면에서 크게 다르다. 태종대의 유향소는 자의적인 기구였을 뿐 국가로부터 어떠한 인정도, 권위도 부여받지 못했다. 반면 세종대의 유향소는 향촌에서 향리 규찰이라는 권리를 부여받은 동시에 자치기구로서 인정받고 있었다. 그러면서도 중앙정부는 유향소를 국가의 관리하에 두고자 하였다. 이 점은 세종대 유향소의 성격이 이중성을 띠고 있었음을 의미한다. 다시 말해 유향소는 국가를 대신하여 향리를 규제할 수 있는 주체이면서, 동시에 국가의 관리 대상이었던 것이다. 이런 유향소의 이중적인 성격은 국가와 향의 관계, 국가의 틀 속에서 향의 위치를 설정하는 데 중요한 근거가 된다. 이후 유향소는 수령을 고소한 백성을 침학侵虐하는 등 수령과 결탁하였다는 이유로 세조대에 다시 혁파되었다.[38]

성종대에 다시 유향소의 복립이 주장되었다. 그 주장은 성종 13년 1월에

---

37 『鄕憲』卷1,「留鄕所節目條」, "世宗大王十年戊申 留鄕所復設磨鍊節目 (…) 一 留鄕所品官 府以上五人郡四人 縣三人爲等如差定爲乎矣 令京在所擇定 一 留鄕所設立本意叚 專爲糾察惡吏 以正鄕風爲白去乙 品官等不顧本意 假杖權威 反爲作弊 今後乙良 所在官守令及京在所 嚴加痛禁 必有犯罪者報觀察使科罪 遺這改差."

38 『成宗實錄』卷137, 成宗 13년 1월 辛卯.

일부 조신朝臣들에 의해 처음 제기되었다. 유향소가 혁파된 이후 경재소京在所와 수령이 감당해온 '활리猾吏·간민奸民'의 규제를 유향소 복립을 통해 좀 더 강화하자는 차원이었지만, 세조 말의 유향소 혁파가 이시애李施愛의 난을 응징하기 위함이었다는 성준成浚의 주장으로 무산되고 말았다.[39]

그러나 유향소 복립은 얼마 뒤 김종직과 그의 문인들에 의해 또 다른 차원에서 제기되었다. 그들은 향사례鄕射禮·향음주례鄕飮酒禮와 관련하여 유향소 복립을 주장했다. 김종직의 문인인 조위曹偉는 성종 10년에 당시 부진하던 향사례의 여행勵行을 건의하고[40] 3년 뒤 유향소 복립을 주장하면서 유향소를 주대의 향대부제와 연관시켜 설명하였다.[41] 김종직은 유향소 복립을 본격적으로 주장하기에 앞서 자신이 수령으로 있을 때 향사례와 향음주례를 마련하여 효제하는 사람들을 먼저 참여시키고, 재예가 있는 자들은 그 다음, 불초한 자는 참여시키지 않았더니 고을 사람들이 변화되었다고 하면서 분위기를 조성했다.[42] 이들의 주장은 모두 『소학』「입교」에 실려 있는 『주례』에 근거한

---

39 李泰鎭, 「士林派의 留鄕所 復立運動」, 『韓國社會史硏究―農業技術 발달과 社會變動』, 지식산업사, 1989, 157쪽.

40 司經 曹偉에 의하면, 향사례는 한 고을 안에서 비록 세력이 강한 자라 하더라도 마음이나 행실이 불초하다면 참여할 수 없는데, 한번 참여하지 못하면 온 고을에서 끼워주지 않으므로 그 사람도 마땅히 뉘우치고 깨닫게 되니, 이 예는 진실로 폐지할 수 없다 하고, 그런데 수령들이 태만하여 거행하지 않고 있다고 하였다. 『成宗實錄』 卷103, 成宗 10년 4월 戊申.

41 『成宗實錄』 卷149, 成宗 13년 12월 庚辰, "曺偉又啓曰 鄕大夫以鄕三物 糾萬民 此古制也 請復留鄕所 糾察不正之人, 使不得立於鄕曲 且鄕射之禮已有著令 守令專不遵行 請擧行."

42 『成宗實錄』 卷157, 成宗 14년 8월 丙子, "侍講官金宗直啓曰 臣曾爲守令 設鄕射鄕飮之禮 使孝悌者先之 才藝者次之 不肖者不與焉 由是一鄕之人企而化之恥 而改之頗有小補於風化 以此觀之若釋菜鄕飮鄕射之禮 亦不可廢也."

것이었다. 그 내용은 다음과 같다.

주례周禮에 대사도大司徒가 향에서 세 가지 일로써 만민을 가르쳐 손님으로 일으켜서 쓰나니. 첫째는 여섯 가지 덕인데, 지혜와 어짐과 착함과 의리와 충성과 화평이다. 둘째는 여섯 가지 행실인데, 효도함과 우애함과 일족에게 화목함과 친척에게 화목함과 벗에게 믿음과 가난한 이에게 구휼함이다. 셋째는 여섯 가지 재주인데, 예와 음악, 활쏘기와 말 몰기, 글쓰기와 셈이다. 향에서 여덟 가지 형벌로써 만민을 얽매니 첫째는 불효의 형벌이고, 둘째는 친족과 화목하지 않는 형벌이고, 셋째는 외척과 화목하지 않는 형벌이고, 넷째는 공경하지 않는 형벌이고, 다섯째는 벗에게 믿음이 없는 형벌이고, 여섯째는 가난한 이에게 구휼하지 않는 형벌이고, 일곱째는 말을 날조하는 형벌이고, 여덟째는 백성을 현란하게 하는 형벌이다.[43]

『소학』「입교」는 가족 내의 가르침을 다루고, 더 나아가 지역과 공동체에 대한 가르침을 다룬 것이다. 그런데 지역에 대한 가르침 중에 『주례』의 내용이 포함되어 있다. 『주례』「대사도」에는 향촌에서 향민을 가르치는 방법 또는 향촌을 다스리는 방법이 제시되어 있다. 대사도는 향촌을 다스리는 향대부에게 명하여 삼물三物과 팔형八刑으로 향민을 다스리게 했다.[44] 이는 대사도

---

43 『小學』,「立教」, "周禮 大司徒以鄕三物 敎萬民而賓興之 一曰 六德 知仁聖義忠和 二曰 六行 孝友睦婣任恤 三曰 六藝 禮樂射御書數 以鄕八刑 糾萬民 一曰 不孝之刑 二曰 不睦之刑 三曰 不婣之刑 四曰 不弟之刑 五曰 不任之刑 六曰 不恤之刑 七曰 造言之刑 八曰 亂民之刑."

44 『小學』의 내용으로 볼 때, 대사도(大司徒)가 향촌을 다스리는 것처럼 해석된다. 그러나 주대(周代)의 대사도는 지관(地官)의 장(長)이며 육경(六卿) 중의 하나였다(錢玄·錢興奇,

라는 중앙 고관이 향을 담당하는 향대부에게 명하여 통치를 행하는 간접적인 지배방식이다. 그 방법은 삼물과 팔형의 적용인데, 삼물은 육덕六德과 육행六行, 그리고 육예六藝이며, 팔형은 불효不孝·불목不睦·불인不婣·불제不弟·불임不任·불휼不恤·조언造言·난민亂民이다. 다시 말해 삼물은 향민을 가르치고 팔형은 향민을 규제하는 것이다. 그 삼물의 하나인 육예에 향사례가 속해 있다.

앞서 조위는 두 가지를 언급했다. 즉 향사례가 제대로 시행되고 있지 않다는 점과 유향소를 주대 향대부와 관련시킨 점이다. 그리고 김종직은 자신이 수령일 때 향사례·향음주례와 팔형을 연결 지어 실행한 경험을 바탕으로 성종 15년에 그 실행기구로서 유향소의 복립을 주장했다.[45] 이들의 논의는 삼물과 팔형을 시행하는 기구로 유향소를 지목하고 있었던 것이다. 따라서 유향소는 단순히 이전 제도의 부활을 의미하는 것이 아니었다. 유향소는 향사례·향음주례를 실행하면서 삼물에 맞는 사람들을 선정하고 팔형에 해당하는 사람들을 배척하는 기구로서 부활하는 것이었다.

조위가 언급하고 김종직이 실행한 향사례는 주대 향대부가 3년마다 어질고 재능 있는 사람을 왕에게 천거할 때 그 선택을 위해 행했던 활을 쏘는 의

『三禮事典』, 南京: 江蘇古籍出版社, 1998). 『小學』의 주해서인 『소학집설(小學集說)』도 대사도를 가르치는 관직의 장이라고 했다. 다시 말해 대사도는 국가의 토지와 백성 등을 담당하는 관직이며, 중앙의 관직이다. 『주례(周禮)』에 의하면 여(閭)는 오백 가(家)이며, 당(黨)은 이천오백 가, 향(鄕)은 만 이천오백 가를 지칭하며, 향에는 향대부(鄕大夫)가 있어서 정교(政敎)와 금령(禁令)을 담당했는데, 사도(司徒)의 관할에 속하였다(宇野精一, 『小學』, 東京: 明治新書, 1965, 28~29쪽). 따라서 『소학』에 인용된 『주례』 대사도에 관한 내용은 대사도가 향을 직접 다스린 것이 아니라 향대부에게 명하여 향을 다스리게 한 것임을 알 수 있다.

45 『成宗實錄』 卷166, 成宗 15년 5월 癸巳; 卷172, 成宗 15년 11월 乙未.

식이다. 활을 쏜다는 행위 자체가 그 뜻을 바르게 한다는 것을 의미하며,[46] 향음주례는 향대부가 향촌에서 덕행과 도예를 고찰해 인재를 뽑아 조정에 천거할 때, 출향에 앞서 그들을 빈례로써 대우하고 일종의 송별 잔치를 베푼 것이다.[47] 주대 향사례와 향음주례가 모두 인재 천거와 관련되어 있다면, 『의례』의 내용이[48] 가미되어 있는 『세종실록』의 「오례」와 『국조오례의』에 실려 있는 향사례·향음주례의 내용에서는 향촌 내 질서의 의미가 더 강조되었다. 그 내용은 다음과 같다.

> 향사의鄕射儀
>
> 해마다 3월 3일에 (가을이면 9월 9일) 개성부와 여러 도의 주·부·군·현에서 그 예를 행한다. 학당에 가까운 곳에 단을 만들어 행한다. 기일期日 전 1일에 주인主人(소재 官司)은 빈객賓客(부모에게 효도하고 형제 간에 우의가 있으며 나라에 충성하고 친구 간에 신의를 보이며 예를 좋아하고 행실이 난잡하지 않는 사람을 선택)에게 알린다.[49]

---

46 『周禮』, 「地官」, 鄕大夫條.

47 『周禮』, 「地官」, 鄕大夫條.

48 『儀禮』 「鄕射禮條」에 의하면, 향사례는 춘추(春秋)의 예법에 따라 백성을 모아 주서(州序, 州의 학교)에서 활쏘기를 익히는 것이다. 『儀禮』 「鄕飮酒義條」에 의하면, 향음주례란 향대부가 나라 안의 어진 사람을 대접하는 것으로, 향음주례를 가르쳐야 존장양로(尊長養老)하는 것을 알고, 효제(孝悌)의 행실도 실행할 수 있으며, 귀천의 분수도 밝혀지며, 술자리에서는 화락하지만 지나침이 없게 되어 자기 몸을 바르게 해 국가를 편안하게 하기에 족하다고 했다.

49 『世宗實錄』 卷133, 「五禮」, 軍禮儀式 鄕射禮條, "每年三月三日(秋則九月九日) 開城府及諸道州府郡縣行其禮 前一日 主人(所在官司)戒賓(擇孝悌忠信好禮不亂者) (…)."

향음주의鄕飮酒儀

해마다 맹동에 한성부와 여러 도의 주·부·군·현에서 좋은 날을 골라 학당에서 그 예를 행한다. 기일期日 전 1일에 주인主人이 빈객賓客(나이 많고 덕이 있으며 재주가 있는 사람을 선택)에게 알린다.[50]

향사례는 오례 중 군례의식으로서 매년 3월 3일에, 향음주례는 가례의식의 하나로서 매년 동맹冬孟에 길일을 택해 그 예를 행했다. 전자는 효제하고 충신하여 예를 좋아하고 행실이 난잡하지 않은 사람을 선택하고, 후자는 나이 많고 덕과 재행이 있는 사람을 선택했다. 이 두 의례에 참여할 수 있는 것은 삼물에 해당하는 사람들이었고, 팔형에 해당하는 이들은 공동체의 의례에서 배제되었다. 그러나 향사례·향음주례는 앞서 조위의 언급대로 성종대 전반기까지도 제대로 실시되지 않았다.[51]

김종직은 이미 선산부사로 재직할 당시 향사례와 향음주례 모두 실시해본 경험이 있었다. 그 후 그가 유향소를 통해 이 두 의례를 시행하고자 했던 의도는 지역사회에 대한 그의 인식에서 기인한다. 그는 국가의 틀 내에서 지역의 자치성을 인정하고, 그 목적과 방법을 향사례와 향음주례로 풀어내고자 했다. 그 목적은 향촌 스스로 도덕적인 공동체의 질서 속에서 자율성을 획득

---

50 『世宗實錄』卷133,「五禮」, 嘉禮儀式 鄕飮酒條, "每年孟冬 漢城府諸道州府郡縣澤吉辰行 其禮 前一日 主人(所 在官司)戒賓(擇年高有德及有才行者) (…)."

51 성종 10년 1월의 기사는 향사례와 향음주례가 시행되고 있지 않음을 거론했다(『成宗實錄』卷100, 成宗 10년 1월 丁丑). 이에 성종은 예조에 전지하여 수령에게 향사례와 향음주례를 거행하도록 명하였다(『成宗實錄』卷101, 成宗 10년 1월 己卯). 그럼에도 수령이 향사례와 향음주례를 행하지 않자, 예조에서 유수(留守)와 관찰사(觀察使)로 하여금 더욱 밝혀 거행하도록 건의했다(『成宗實錄』卷101, 成宗 10년 2월 己亥). 이처럼 성종 10년부터 그 시행이 거론되고 있지만 성종 13년까지 제대로 시행되지 않고 있었다.

하는 것이었다. 그가 생각하는 도덕적인 공동체의 질서는 향사례·향음주례에 참여할 수 있는 삼물을 선정하여 권장하며 팔형을 공동체 내에서 배제하는 것이었다. 그리고 그 삼물과 팔형을 선정하는 주체는 유향소의 사족이었다. 김종직은 유향소를 통해 국가가 아닌 지역 사족에게 향사례·향음주례에 참여할 수 있는 삼물과 배제되는 팔형을 선정할 권리를 부여하고자 했다. 이는 단순히 향리를 규찰하는 범주를 넘어서 관리가 아닌 일반 지역 사족에게 그 지역공동체를 삼물과 팔형으로 다스릴 수 있는 치자治者의 역할을 부여하는 것이었다.

유향소 복립과 향사례·향음주례 실시는 이후 향약에서도 같은 연장선상에서 논의되었다. 향약은 『소학』 외편 「선행」 '실입교實立敎' 항목에 수록되어 있다. 「입교」가 주로 경서의 원전을 사용한 것과 달리, '실입교'는 동시대 인물들의 실제 행동을 중심 내용으로 했다. 따라서 『주례』 「사도교관직조」와 남전여씨향약은 둘 다 지역사회에 대한 주희식의 해석이었다.

이상으로 볼 때, 김종직의 정체성 확립의 기저는 『소학』이었고, 그의 네트워크는 주로 사승관계로 연결된 것이었음이 확인된다. 그 후 네트워크는 사승관계를 넘어서 확장되었다. 김종직은 네트워크의 속성인 결속력과 연결망을 공통의 학습 과정을 통해 제시했다. 그 공통의 학습 과정은 『소학』이라는 텍스트로 집결된다. 김종직이 공통의 학습 과정을 제공하여 『소학』을 매개로 연결된 네트워크를 조직했다면, 다음 두 번째 인물에 해당하는 김굉필은 『소학』을 기반으로 강력한 실천성을 강조했다. 그 실천성은 네트워크 조직의 중요한 연결고리가 되었을 것으로 보인다. 다음 장에서 이를 확인해보고자 한다.

제2장
김굉필의 『소학』 인식과 네트워크 확대

1. 김굉필의 『소학』 인식과 실천

　한훤당 김굉필金宏弼은 김종직과 사승관계를 이루면서 도통체계의 한 축을 담당한 인물이기도 하지만, 김굉필로 인해 『소학』을 매개로 한 네트워크의 연결성이 강고해지고 뚜렷해졌다는 점 때문에 더욱 주목되는 인물이다. 여기서는 김굉필과 『소학』이 어떻게 매개되고 있는지, 그가 학인들과 어떻게 교류했으며 그 관계는 어떻게 확장되었는지 살펴보고자 한다.

　김굉필은 당대에 널리 이름을 알리지도 않았고 그의 정치활동 역시 당대에는 두각을 드러내지 않았다. 그러나 그는 조선의 도학 수수 과정에서 김종직 다음에 위치해 있었고, 16세기 정치사회 개혁의 중요인물인 조광조와 김안국의 스승이기도 했다. 따라서 그의 관계망, 즉 네트워크는 단순한 개인적인 연결망이 아니라 어떤 정치적 경향성을 띠었다고 말할 수 있다. 이런 점들은 김굉필이라는 인물을 새롭게 주목할 근거가 된다.

　김굉필은 단종 2년(1454)에 서울 정릉동에서 태어나서 연산군 10년(1504)에 유배지 순천에서 51세로 생을 마감했다. 그의 활동은 대체로 세 시기로 나눌 수 있다. 첫 번째는 성종 5년(1474) 처가인 현풍에 있을 때, 당시 함양군수로

재직하던 김종직의 문하에 들어가 『소학』을 독습하도록 권유받고 『소학』을
자신의 학문과 사상으로 삼아 철저히 수양했던 시기이다. 성종 11년(1480) 그
는 27세에 생원시에 합격하고 성균관에 들어갔지만, 문과에는 응시하지 않았
다. 두 번째는 성종 25년(1494)에 경상감사가 김굉필의 행의를 성종께 아룀으
로써 남부참봉南部參奉에 제수되어 관료의 길로 들어선 뒤 연산군 3년(1497)에
형조좌랑까지 지내며 벼슬한 시기이다. 세 번째는 유배기이다. 연산군 4년
(1498)에 무오사화戊午士禍가 일어나 점필재의 문도로서 붕당을 맺어 나라의 정
치를 비방했다는 죄목으로 평안도 희천군에 부처付處되었다가 전라도 순천부
로 옮겨졌다. 그 후 연산군 10년(1504)에 갑자사화甲子士禍가 일어나자 무오당인
이라는 죄목으로 유배지 순천에서 처형되었다. 이 시기에 조광조를 만나 사
승관계를 맺고 학문을 전수했다.[52]

김굉필의 연보와 행장에 따르면, 그가 김종직을 만난 것은 나이 21세 때
였다. 그가 김종직의 문하에 어떻게 들어가게 되었는지는 명확하지 않다. 다
만 그는 원래 서울 정릉동에서 살다가 순천박씨와 혼례하면서 현풍으로 내
려갔던 것으로 보인다.[53] 그때 그는 이웃 고을에 살던 정여창鄭汝昌과 함께 당
시 함양군수였던 김종직을 찾아가 강학을 청했고,[54] 김종직은 그에게 "진실

---

52 『景賢錄』 上, 「行狀」.

53 『景賢錄』 上, 「行狀」.

54 무오사화(戊午士禍) 당시 정여창의 공초(供招)에 "신은 김종직에게 수업한 바는 없고 다
    만 신의 어미가 함양에 사는데 김종직이 본군의 군수로 왔으므로 때때로 찾아가보았을
    따름입니다(臣於宗直 未嘗受業 但臣母居咸陽 而宗直來守本郡 時時往見而己)"라고 한
    대목이 있다(『燕山君日記』 卷30, 燕山君 4년 7월 癸丑 참조). 그러나 정여창의 이 말은
    둔사(遁辭)로서 사실로 보기 어렵다.

로 학문에 뜻을 두려면 마땅히 이 책부터 시작해야 한다"[55]면서 『소학』의 중
요성을 가르쳤다.

이후 그는 『소학』을 율신律身의 학문으로 삼아 30세까지 '소학동자小學童子'
를 자처하며 소학의 도를 철저히 실천하는 삶을 살았다. 이런 김굉필의 모습
에 대해 김종직의 문인인 남효온은 자신의 문집에서 다음과 같이 서술했다.

김굉필의 자는 대유大猷며 점필재에게 글을 배웠다. 경자년에 생원시에
합격하였다. 김굉필은 나와 나이가 같았으나 달과 날짜는 나보다 늦었다.
[경상도] 현풍에 살았는데, 고상한 지조를 가지고 세태를 따르지 않는 행
실은 비할 데가 없었다. 평소에 반드시 관대冠帶를 갖추었으며 일찍이 아
내 외에는 색色을 가까이 하지 않았다. 『소학』을 손에서 놓지 않으며 인정
人定이 된 후에야 잠자리에 들고 닭이 울면 일어났다. 사람들이 국가의 일
을 물으면 반드시 말하기를 "소학동자가 어찌 대의를 알겠는가"라고 하였
다.[56]

대유大猷는 『소학』으로 몸을 다스리고 옛 성인을 표준으로 삼아 후학을
불러오니 신실하게 쇄소의 예를 행하고 육예의 학문을 닦는 자가 앞뒤로
가득 찼다. 그를 비방하는 논의가 장차 비등하려 하자 자욱自勖(정여창의 字)

---

55 『景賢錄』上「事實」, "嘗從佔畢齋金先生修業 先生授以小學曰苟志於學 宜從此始 光風霽
月 亦不外此."

56 『秋江集』卷7, 雜著, 「師友名行錄」, "金宏弼字大猷 受業於佔畢齋 庚子年生員 與余同庚
而日月後於余 居玄風 獨行無比 平居必冠帶 室家之外 未嘗近色 手不釋小學 人定然後
就寢 雞鳴則起 人間國家事 必曰 小學童子何知大義."

이 그만둘 것을 권하였으나 대유가 듣지 않았다.[57]

김굉필은 "평소에 반드시 관대를 갖추었으며" "색을 가까이 하지 않았다"
고 했듯이 일상생활에서 『소학』의 내용을 실천하고 있었다. 그는 늘 손에서
『소학』을 놓지 않았고 자신의 후학들을 쇄소의 예로 가르쳤는데, 그에 대한
비방이 들끓자 그의 문인인 정여창마저도 그만두라고 말릴 정도였다. 또한
김종직의 문인인 남효온이 탄복했을 정도로 김굉필은 『소학』을 읽고 실천하
기를 게을리 하지 않았다. 이런 일상적인 실천은 경상감사가 성종께 아뢸 만
큼 꾸준하고 철저했다.

김굉필은 성종 25년(1494) 남부참봉에 제수되어 관직에 나간 후 군자감 주
부, 사헌부 감찰을 거쳐 형조좌랑을 역임했다. 그의 관직 생활은 비록 4년여
라는 짧은 기간이었지만, 일상에서 몸에 익힌 '소학의 도'는 공직에 임해서도
흐트러짐이 없었다. 특히 그는 옥송의 일을 맡으면서 공정하고 성실한 일처
리로 높이 평가받았다.[58]

그가 평생 『소학』을 삶의 준거로 삼아 철저히 실천했던 이유는 무엇일까.
김굉필은 두 차례나 사화에 연루되었던 까닭으로 문집이 남아 있지 않아 이
를 고찰하기는 한계가 있다. 다만 몇 편의 시와 행적을 통해 그가 생각한 '소
학의 도'와 그의 실천성을 이해해볼 수 있을 것이다. 먼저 그가 생각하는 '소
학의 도'란 무엇이었을까. 김굉필은 스승 김종직으로부터 『소학』의 중요성을

---

57 『秋江集』卷7, 雜著, 「冷話」, "大猷以小學律身 以古聖人爲準則 招徠後學 恂恂然執灑掃之
禮 修六藝之學者 滿於前後 謗議將騰 自勗勸止之 大猷不聽."

58 『景賢錄』上, 「敍述」, "拜軍資監主簿 遷司憲府監察 冬 御命鞫獄于金浦縣 丁巳春 轉刑曹
佐郎 獄訟明恕 人皆稱服."

배웠고, 그 깨달음을 다음과 같은 시를 통해 표현했다.[59]

글공부를 하여도 천기天機를 몰랐는데	業文猶未識天機
『소학』에서 어제까지의 잘못을 깨달았구나	小學書中悟昨非
이로부터 정성껏 자식도리 다하고자 하니,	從此盡心供子職
구구하게 어찌 잘살기를 부러워하랴	區區何用羨輕肥

그에게 『소학』은 천기天機를 알게 해주는 책이었다. 여기서 천기, 즉 '하늘의 이치(道)'란 아들이 되어서는 마땅히 효도하고 신하가 되어서는 마땅히 충성할 것이니 나머지 모두 이를 따라서 행한다면 모든 사물이 일상생활에서 당연한 이치가 아님이 없다는 것이다.[60] 따라서 도란 그 마땅함, 당연함을 행하는 것이다. 김굉필에게 '소학의 도'는 '자식으로서의 효'와 '신하로서의 충'이라는 '마땅한 도'를 뜻했다. 그런데 그의 '도'는 '신하로서의 충'과 관련하여 스승 김종직과 차이를 드러냈다. 김종직은 성종 27년(1486)에 이조참판이 되었으나 당시 관심의 초점이었던 단종 복위 문제에 대해 조정에 아무런 건의도 하지 않았다. 김굉필은 다음과 같은 시를 지어 그를 비판했다.

도란 겨울에 갖옷을 입고 여름에는 얼음물을 마심에 있거늘,
날이 개면 가고 비가 오면 멈추는 것이 어찌 전능할 일일까.
난초도 만약 세속을 따른다면 마침내 변할 것이니

59　『景賢錄』上,「讀小學」.

60　『景賢錄』, 附錄 上, 詩,「哭史禍詩序」, "道豈別樣物 爲子當孝 爲臣當忠 餘皆倣此做去 則事事物物 無非日用當然之理而已."

소는 밭을 갈고 말은 탄다는 것을 누가 믿으리.[61]

이 시의 요점은 본성의 이치에 맞는 마땅한 도가 있다는 것이다. 겨울에 갖옷을 입고 여름에는 얼음물을 마시는 것처럼, 소는 밭을 갈고 말은 사람이 타는 것처럼, 각각 가진 본연의 성을 따르는 것이 도이다. 김굉필은 자연의 이치처럼 인간사에도 마땅한 도가 있음을 역설하고 있다. 특히 김종직이 실천하지 못한 그 마땅한 도는 '신하로서의 충'이며 '공'의 문제였다. 『소학』「명륜」에는 '충'에 대해 다음과 같이 나와 있다.

공자가 말하길, 군자가 임금을 섬길 때 나아가서는 충성을 다하기를 생각하며 물러서서는 허물을 보좌하기를 생각해서 장차 그 아름다움을 순하게 하고 그 악한 것을 바루고 구원하나니, 이런 고로 상하가 능히 서로 친해지게 된다.[62]

자로가 임금 섬김을 물으니, 공자가 말하기를 속이지 말고 바르게 말해야 한다.[63]

『소학』「명륜」에서 '신하로서의 충'은 임금의 잘못을 바로잡는 것이었다. 이것이 신하가 추구해야 할 도이다. 하지만 김굉필이 보기에 스승 김종직은

---

61 『秋江集』卷7, 雜著,「師友名行錄」,"道在冬裘夏飮氷 霽行潦止豈全能 蘭如從俗終當變 誰信牛耕馬可乘."

62 『小學』,「明倫」,"孔子曰 君子事君 進思盡忠 退思補過 將順其美 匡救其惡 故上下能相親也."

63 『小學』,「明倫」,"子路問事君 子曰 勿欺也 而犯之."

'신하로서의 도'를 실행하지 않고 있었다.[64] 사람이 가진 본성은 난초처럼 세속에 의해서 변할 수도 있다. 그것을 변하지 않게 하기 위한 전제는 일상적인 삶의 실천, 곧 수신이다. 수신은 사람의 본연의 성, 내면의 도덕성을 현실에서 실현시키기 위해 자신을 철저히 구속시키며 체득하는 몸의 훈련이다.[65] 다음의 예를 통해 그가 일상생활에서 얼마나 철저히 수신을 실천했는지 알수 있다.

> 평상시에 첫닭이 울면 반드시 머리를 빗고 세수하고 의관을 정제하여 먼저 가묘家廟에 절하고 다음에 어머님께 문안드리고 서재에 나가서 꿇어 앉아 있기를 소상처럼 하였다.[66]

> 김굉필은 항상 초립을 쓰고 연밥으로 엮은 갓끈을 달고 있었는데 만년에 이르러서도 역시 그러하였다. 방안 한쪽 고요한 곳에 책상을 펴놓고 그 앞에서 글을 읽느라 깊은 밤에도 자지 않았다. 비록 한집안 사람이나 자제들이라도 그의 하는 일을 엿볼 수 없었지만, 다만 이따금 연밥 갓끈이 책상에 부딪혀 달그락달그락 소리가 나는 것을 듣고서야 아직도 그가 글을

---

64 김굉필의 시에 대한 답시에서 김종직은 "분수에 벗어나 관직이 경대부에 이르렀지만 임금을 바로잡고 세속을 구제하는 것을 내 어찌 능히 하랴. 이로써 후배로 하여금 우졸함을 비웃게 했으니 권세의 벼슬길에는 구구하게 나설 것이 못되는구나"라고 하여 자신이 세상의 습속을 구제할 능력이 없었다고 피력했다. 『秋江集』 卷7, 雜著, 「師友名行錄」, "分外官聯到伐冰 匡君救俗我何能 縱教後輩嘲迂拙 勢利區區不足乘."

65 大濱晧 지음, 이형성 옮김, 『범주로 보는 주자학』, 예문서원, 1997, 170~173쪽.

66 『景賢錄』 上 「行狀」, "平居鷄初鳴 必櫛盥 整衣冠 先拜家廟 次省大夫人 出就書齋 危坐如 泥塑人."

읽고 있음을 알 수 있었다.[67]

위의 두 일화는 김굉필의 일상을 짐작게 해준다. 첫 번째 내용은 『소학』「명륜」이 가르치는 '부모에게 아침 문안 인사를 하기 전 자식의 태도' 그대로이다.[68] 김굉필은 항상 부모에게 문안드리기 전에 첫닭이 울면 일어나서 머리를 빗고 의관을 정제하곤 했다. 두 번째 내용은 의관을 갖추고 공부하는 자세이다. 그는 항상 연밥으로 엮은 갓끈을 단 초립을 쓰고 조용히 앉아서 글을 읽었다. 두 일화에서 공통적인 부분은 '의관을 정제한다'는 것이다. 그가 실천한 수신의 방법은 '외적인 규제'였다. 이 '외적인 규제'는 『소학』 내용에서 많은 비중을 차지한다. 특히 『소학』 내편 「경신」은 명심술지요明心術之要, 명위의지칙明威儀之則, 명의복지제明衣服之制, 명음식지절明飲食之節로 구성되어 있다. 다시 말해 이 장의 항목은 마음가짐, 몸가짐, 옷차림, 그리고 음식의 절도에 대해 아주 구체적이고 세세하게 설명하고 있다. 이런 '외적인 규제'의 의도는 사람의 본성인 내면의 절대적 도덕성을 보존하기 위해 일상생활에서 자신을 훈련시키는 것이었다.[69] 『소학』 외편 「가언」에 실린 정이程頤의 표현을 빌리면 그 이유가 보다 분명해진다. 그는 '외적인 규제'에 대해 "몸을 가지런하고 엄숙하게 하면 곧 마음이 전일해진다. 마음이 전일해지면 저절로 도리에 어긋난 부정하고 사악한 행동들이 없어진다"[70]라고 했다. 그러므로

---

67 『景賢錄』上「事實」, "先生常戴草笠 垂蓮子纓 至晚年猶然 靜處一室 對案觀書 深夜不寐 雖家人子弟 莫窺其所爲 往往惟聞蓮纓 抵書案 輕輕有聲 因知其尙觀書也."

68 『小學』, 「明倫」, "內則曰 子事父母 鷄初鳴 咸盥漱 櫛縦笄總 拂髦冠緌纓 (…)."

69 宋在倫, 「朱熹 禮學의 思想的 形成」, 고려대학교 석사학위논문, 1998, 92~94쪽.

70 『小學』, 「嘉言」, "伊川先生曰 只整齊嚴肅 則心便一 一則自無非辟之干."

'의관을 정제'하는 것처럼 항상 외적인 용모를 바르게 하고 엄숙한 태도를 갖는 것은 마음을 바르게 하기 위한 훈련이었다.

김굉필의 이런 자세는 사후에 그의 문인들에게도 많은 영향을 미쳤다. 성균생원 권전權磌 등이 중종 12년 7월에 김굉필을 문묘에 종사하도록 상소한 가운데, 그에 대해서 다음과 같이 언급했다.

> 김굉필의 사람됨은 기국이 단정하고 성행이 닦이고 깨끗하며 성학에 뜻을 두텁게 하고 실천에 힘써서 보고 듣고 말하고 움직이는 것이 모두 공경스러웠습니다. 높이 앉으면 엄연하고 가까이 가면 온연하며 사람을 간절하게 가르쳐서 애연히 지극한 정성을 보이며, 배우러 가는 자가 있으면 누구에게나 『소학』, 『대학』을 가르쳐서 규모가 이미 정해져 있고 절목에 질서가 있었습니다. 정치가 문란한 세상을 만나서 환난을 당하였으나 태연히 처신하여 도탑고 공경스런 공부를 처음과 같이 하여 늦추지 않고 죽을 때까지 밤낮으로 계속하였습니다. 그에게 배운 자는 사도斯道의 본지를 얻어 듣고, 그를 만난 자는 그의 풍의를 앙모하였습니다. 금세의 학자가 그를 태산북두처럼 생각하여 덕행을 귀하게 여기고 문예를 천하게 여기며 경술을 존중하고 이단을 억제할 줄 알았습니다.[71]

위의 글은 그의 사람됨이 철저한 실천 중심과 경학에 대한 존숭이었음을

---

71 『中宗實錄』卷29, 中宗 12년 8월 庚戌, "宏弼爲人 氣局端方 性行修潔 篤志聖學 勉力踐實 視聽言動 敬無不在 危坐儼然 卽之溫然 敎人諄諄 藹見至性 有就學者 莫不先之以小學 大學 規模已定 節目有倫 遭世政亂 間關患難 處之怡如 篤敬做功 如初不弛 以日以夜 死而後已 游其門者 得聞斯道之柸樸 承其顔者 仰慕斯人之風儀 今之學者 擬爲山斗 尙知其有以貴德行 而賤文藝 尊經術而抑異瑞."

말해주고 있다. 따라서 그를 만나는 이들은 그를 태산북두처럼 존귀하게 여긴다고 했다. 그의 생애가 짧아서 사우문인들은 그와 접촉하고 사귈 기간이 길지 못했지만, 문인들에게 그는 이렇게 비쳐지고 있었던 것이다.

2. 김굉필의 네트워크 확대

김굉필의 네트워크는 상당히 많은 수의 사우와 문인으로 연결되어 있다. 이들은 모두 52인으로 집계되는데 그 수와 내용은 기록에 따라 다소 차이를 보인다.[72] 그의 문인들은 몇 개의 그룹으로 나누어질 수 있다. A계열은 그와 동문수학한 정여창·남효온·김일손金馹孫 등이며, B계열은 김굉필과 교우이면서 김종직의 문인은 아닌 이심원李深源과 최부崔溥 등이다. C계열은 남효온의 사우이면서 김굉필을 스승으로 섬긴 윤신尹信과 이적李勣 등이고, D계열은 그와 직접적인 사승관계인 조광조와 김안국金安國 등이다. E계열은 조광조와 김안국이 성균관 유생 시절 혹은 정계에서 활동하며 만났던 사람들이다.

A. 동문수학 계열

정여창·남효온·김일손·조위曹偉 등이다. 이 그룹은 김종직과 사승관계, 김굉필과 사우관계를 맺고 있었다. 정여창은 김굉필·박한주朴漢柱와 함께 김종직 문하에서 필문삼현畢門三賢으로 꼽혔다. 그는 교유를 즐기지 않았으나

---

72 『景賢錄』下「師友門人錄」과 『景賢續錄補遺』下「師友門人」에 수록되어 있는데, 두 자료는 서로 차이를 보인다. 이병휴는 이런 차이가 추후 보완된 인물이 있었기 때문이라고 설명하고 있다. 李秉烋, 「朝鮮前期 士林派의 推移 속에서 본 金宏弼의 歷史的 座標」, 『역사교육논집』34집, 2005, 214~215쪽.

김굉필만은 지기로 허락하여 도를 논하고 글을 강론하면서 서로 떨어지지 않았다고 한다.[73] 그도 김굉필과 함께 김종직에게서 『소학』을 배웠고, 이를 율신의 학문으로 삼았다. 그의 이런 태도는 다음과 같은 시에 드러난다.

> 성리학에 연원한 정선생이시여
> 당시 정치와 교화가 제대로 되어 있었던 것을 흠상하네
> 넉넉한 풍속 응당 덕행에 돈독할 것이지만
> 모름지기 『소학』으로 더욱 밝혀 나가라.[74]

> 점필재佔畢齋 김공께서 치화를 펴신 정공의 고향
> 학교에 훈풍이 불어 모두 다 선량하구나
> 모름지기 『소학』 공부에 다시 힘쓰라
> 양현兩賢이 남긴 모범 어찌 잊으랴.[75]

위의 시는 김안국이 경상도관찰사로 있으면서 안음과 함양향교의 제생들에게 보낸 것이다. 함양은 정여창의 고향이면서 김종직이 군수로 재직했던 곳이며, 안음은 정여창이 현감을 지낸 곳이다. 김안국은 위의 시에서 김종직과 정여창을 모방하여 『소학』 공부를 하도록 향교 제생들에게 권면하고 있다. 이 시를 통해 볼 때, 정여창도 김굉필만큼 『소학』을 율신과 치화의 교본

---

73 『海東名臣傳』卷1,「鄭汝昌」, "公不喜交遊 獨與金宏弼 許爲知己 論道講書 未嘗相離."

74 『慕齋集』卷1, 詩,「勸安陰學者」. "淵源性理鄭先生 欽想當時政化成 餘俗定應敦德行 須將小學益修明."

75 『慕齋集』卷1, 詩,「勸咸陽學者」, "金公治化鄭公鄕 庠塾薰風盡善良 小學工夫須更勉 兩賢遺範詎宜忘."

으로 삼았던 것 같다.

　남효온은 김종직 「문인록」에 김맹성·정여창·김굉필·조위에 이어 다섯 번째로 이름이 올라 있다.[76] 그는 성균관 유생들을 중심으로 '소학의 도'를 행하려고 소학계를 조직했는데, 다음은 소학계에 대한 그의 언급이다.

　　[강응정은] 젊어서 대학大學에 유학할 때 장안의 준걸한 재사들과 더불어 주문공朱文公의 고사에 의거하여 향약을 만들기도 하고 혹 월삭에는 『소학』을 강론하였다. 그때 뽑힌 이는 다 한때의 명사들로서 김용석金用石은 자가 연숙鍊叔이요 신종호申從濩는 자가 차소次韶요, 박연朴演은 자가 문숙文叔이요, 손효조孫孝祖는 자가 무첨无忝이요, 정경조鄭敬祖는 자가 효곤孝昆이요, 권주權柱는 자가 우경友卿이요, 정석형丁碩亨은 자가 가회嘉會요, 강백진康伯珍은 자가 자온子韞이요, 김윤제金允濟는 자가 자주子舟이니, 이들은 그중에서 뛰어난 자들이고 나머지 사람은 다 기록하지 못한다. 세상의 [그들을] 좋아하지 않는 자들이 시끄럽게 떠들며 소학계小學契라 지목하기도 하고 혹은 효자계孝子契를 지목하기도 하였으며, 부자夫子·사성四聖·십철十哲의 기롱도 있었다.[77]

　이 기록에 따르면, 그 구성원은 김용석·신종호·박연·손효조·정경조·권

---

76 『佔畢齋集』文集, 附錄,「門人錄」.

77 『秋江集』卷7, 雜著,「師友名行錄」, "姜應貞 (…) 少時遊大學 與長安俊士 依朱文公故事 作鄕約 或月朝講論小學 其選習一 時名士 如金用石字鍊叔 申從濩字次韶 朴演字文叔 孫孝祖字无忝 鄭敬祖字孝昆 權柱字友卿 鄭碩亨字嘉會 康伯珍字子韞 金允濟字子舟 此其尤也 餘不盡錄 世之不悅者喧之 或指爲小學之契 或指爲孝子之契 有夫子四聖十哲之譏."

주·정석형·강백진·김윤제 등이었다. 그리고 남효온·강응정도 그 구성원이었
다.[78] 이들은 성균관을 통해 알게 된 사람들과 장안의 준걸한 재사들로 향약
을 만들거나 『소학』을 강론했다. 소학계와 유사한 성격의 모임이 또 하나 있
었는데, 그 모임은 남효온이 김굉필과 함께 조직한 죽림칠현이다. 죽림칠현
과 그 구성원들에 대해 류자광이 보고한 내용은 다음과 같다.

> [남효온, 안응세, 홍유손, 김굉필, 이윤종] 이상의 사람들이 결탁하여 당
> 원堂援이 되어 고담궤설을 일삼아 선비의 기풍을 손상하고 있습니다. 홍유
> 손의 헌명軒名은 헌헌헌軒軒軒인데 반드시 헌의 이름을 지어준 자가 있을
> 것이며 또 유손이 그 동지들을 허여하여 죽림칠현竹林七賢이라 칭하였으니
> 대개 진나라 원함阮咸 등의 일을 사모한 것입니다. 쇠세衰世의 일을 본받아
> 서 다시 성명聖明의 세상에 행하려 드니, 청컨대 국문하시어 그 죄를 밝히
> 소서. 또 강응정이란 자가 있어 그 무리들과 더불어 십철이라 부르고, 그
> 무리들은 응정을 추앙하여 부자라 부르고 있으니, 청컨대 아울러 국문하소
> 서.[79]

위 기사의 내용으로 볼 때 죽림칠현의 구성원들은 남효온·안응세·홍유

---

78 남효온의 『추강집(秋江集)』에는 소학계에 남효온이 직접적으로 참여했다는 기사가 없
  지만, 『실록』에는 남효온과 강응정·박연이 소학계를 만들었다고 언급되었다. 『成宗實
  錄』 卷91, 成宗 9년 4월 乙卯; 卷92, 成宗 9년 5월 戊辰.

79 『燕山君日記』 卷31, 燕山君 4년 8월 己卯, "柳子光啓曰 (…) 右人等(南孝溫, 安應世, 洪裕
  孫, 金宏弼, 李允宗을 칭함)結爲黨援 高談詭說 傷毀士習 裕孫軒名曰軒軒軒 必有名軒者
  且裕孫與其同志者號曰竹林七賢 蓋慕晋室阮咸等事也 效衰世之事 復行於聖明之世 請
  鞫之 以懲其罪 又有姜應貞者 與其徒號爲十哲 其類推應貞曰夫子 請竝鞫之."

손·김굉필·이윤종 등인데, 홍유손 공초에는 정여창·김일손·유호인·이종준이 추가되어 있다.[80] 류자광의 보고나 홍유손의 공초 기록만으로 죽림칠현이 어떤 모임이었는지 정확히 알 수는 없지만, 이 모임이 강응정으로 대변되는 소학계와 유사한 성격으로 인식되어 붕당으로 몰렸다는 점은 확실하다. 따라서 죽림칠현도 소학계처럼 평소 친분이 있고 뜻이 같았던 사람들의 모임이었다고 볼 수 있을 것이다.

김굉필은 정여창과 남효온 외에 김일손과도 교유했다. 김일손은 남효온·홍유손·우자용 등과 함께 운문산을 산유山遊하고 '강참동계講參同契'를 만들었으며,[81] 정여창과 두류산을 기행하기도 했다.[82] 그리고 김굉필과 가야산을 주유하기도 했다.[83] 무오사화 때 그는 함양군 정여창의 집에 머물러 있다 체포되었다.[84] 이런 사실들로 보아, 김일손은 이들과 지속적인 만남을 유지하고 있었던 것으로 보인다. 이들과의 교유는 그가 김종직의 문하이기 때문이기도 했지만 그의 학문과도 관련이 있었던 것 같다. 그의 학문은 가학으로 『소학』을 배운 것에서 출발한다. 그는 17세(성종 10년, 1480)에 김종직을 만나 그의 문하에서 학문을 익혔다. 특히 그가 『소학』에 기울인 관심은 뒷날 명나라에 서

---

80 『燕山君日記』卷31, 燕山君 4년 8월 癸酉. 홍유손(洪裕孫)의 『篠叢遺稿』에서는 그 구성원에 정여창·김일손·유호인·이종준이 더 추가되어 있다. 附錄,「遺事」, "家藏小紀 佔畢之門道學文章之士 如金宏弼鄭汝昌南孝溫金馹孫兪好仁洪某李宗準諸賢 最其拔萃云 名臣錄 先生與南秋江孝溫 辛安亭永僖 結爲竹林羽士 文章行義 爲一世領袖."

81 『濯纓集』,「年譜」, "八月丙申 南伯恭(南孝溫字)洪餘慶(洪裕孫字)禹子容(禹善言字)來訪同遊雲門 乙酉還雲溪留與講參同契 三日而別."

82 『濯纓集』,「年譜」, "春二月 丁巳 一蠹(鄭汝昌字)來訪 約觀頭流山 留三日而別."

83 『濯纓集』卷3, 記,「釣賢堂記」, "今年春 金大猷(金宏弼字)自冶城 訪我於鰲山釣觀伽倻 居數月理兩展尋 大猷 策筇 而俱李秀才洞從 橋渡武陵洞入紅流 過致遠大抵海印寺."

84 『濯纓集』,「年譜」下.

장관書狀官으로 갔을 때 명나라 신하 예부원외랑禮部員外郎 정유程愈로부터『소학』 주석서인『소학집설小學集說』을 얻어 와서 성종에게 바친 것으로도 알 수 있다. 성종은 이를 교서관校書館에서 간행하여 반포하게 했다.[85] 조의제문弔義帝文 사초화史草化로 인해 무오사화를 당해 죽기까지, 그는 남효온의 소릉복위昭陵復位 상소 등, 당시의 정치문제에 지속적인 관심을 보였다.[86] 소릉복위나 내수사 문제는 중종대 조광조의 개혁으로 연결되었다.

동문수학한 이들 중 마지막으로 살펴볼 인물은 조위이다. 조위는 김종직의 처남(曺繼文의 子)으로 젊어서부터 김종직에게 수업을 받았다.[87] 그는 김굉필과 동년생으로서 지조와 절의가 서로 합하여 서로 중하게 여겼고, 후에 김굉필의 제문을 짓기도 했다.[88] 또한 조위는 김종직과 함께 유향소 복립을 주도하고 유향소를 통해 향사례·향음주례를 실시할 것을 주장했다.[89]

B. 성균관 유생 계열

여기에는 김굉필이 성종 11년(1480) 생원시에 합격하여 성균관에 들어갔을 때 만난 사람들이 해당된다. 이들은 김종직의 문인은 아니었지만 김굉필과 교우했다. 그 대표적인 인물이 이심원과 최부이다. 이심원은 김종직의 문인

---

85 『濯纓集』,「年譜」上,「感舊遊賦後序」,"二月庚戌 見禮部員外郎程愈 得小學集說 三月癸卯 還自京師 復命 進小學集說 上命校書館印 頒中外."『小學集說』을 반포했다는 사실은 『成宗實錄』 기록에는 없고『濯纓集』에만 보인다.

86 김일손은 시국에 관한 이익과 병폐 26조 항목을 상소하였다(『燕山君日記』 卷5, 燕山君 1년 5월 庚戌 참조). 이 상소는 成宗 9년 이심원과 남효온의 개혁안을 이어 받고 있으며 그 범위를 시정 전반으로 확대하였다.

87 『燕山君日記』 卷30, 燕山君 4년 7월 辛亥, "曺偉以宗直妻弟 自少受業."

88 『景賢錄』 下,「師友門人錄」.

89 앞의 주 40, 41번 참조.

이 아니면서도 김종직의 문인들과 폭넓게 교우를 맺었다.[90] 그중에서도 김굉필과 특히 돈독한 친교를 지녔다.

이심원은 남효온과 같이 동자들을 데리고 성 밖 별서에서 독서하고 있는 김굉필을 찾아가 도학에 전심하는 그를 칭찬했다.[91] 김굉필은 남효온을 통해 이심원을 만났던 것 같다. 이심원과 남효온은 동년배로서 일찍부터 우의를 다졌던 것으로 보이는데, 남효온은 이심원에 대해서 「사우명행록師友名行錄」에 다음과 같이 기록했다. "경학에 밝고 조행이 있으며 겸하여 의술에도 통하였다. 사람됨이 충효하고 무술이나 불도를 좋아하지 않았다. 평상시에도 관대冠帶를 하였으며 손에서는 책을 놓지 않았다."[92] 그가 『소학』을 읽었는지 구체적인 사실은 확인되지 않지만, 그의 상소는 남효온의 상소와 많은 부분 닮아 있었다. 도승지 임사홍任士洪이 이심원과 남효온을 '같은 무리'로 보고 국문하고자 청했던 것도 그런 이유였다고 추측된다.[93]

김굉필과 최부의 교우관계는 성종 11년(1480) 정지교부계情志交孚稧라는 모

---

90 이심원은 성종 초반부터 조위(曺偉)·채수(蔡壽)·유호인(兪好仁)·김흔(金訢)·이승언(李承彦)·남효온(南孝溫)·김굉필(金宏弼) 등과 어울리며 우의를 쌓았다. 그의 문집인 『성광유고(醒狂遺稿)』를 통해 이들과의 관계를 대략 확인해볼 수 있다. 그는 조위의 과거 합격을 축하하였고(嘉曺太虛(曺偉字)中策), 밀양 기생과의 인연을 못 잊어 가슴 아파하는 조위를 다른 친구들과 함께 시를 지어 조롱하였다(戲贈太虛). 홍문관 교리로 있다 일본으로 가는 김흔을 송별하였고(送金校理訢奉使日本國), 자신이 이천으로 유배될 때 전별연에 참석해준 이승언 등에게 감사의 뜻을 전달하였으며(離亭席上留別李士雅(李承彦字)等諸形), 그 후 이승언이 어두동 사건에 연루되어 의주로 귀향 갈 때 그를 위로해주기도 하였다(送士雅讁義州).

91 『醒狂遺稿』乾冊, "贈金大猷 時大猷與童子數輩 讀書于城西別墅 僕與南伯恭訪焉."

92 『秋江集』卷7, 雜著,「師友名行錄」, "深源字伯淵 號醒狂 又號黙齋太平眞逸 太宗之玄孫 與余同年生 日月後於余 經明有行 兼通醫術 性忠孝 不喜坐佛 平居冠帶 手不釋卷."

93 『成宗實錄』卷91, 成宗 9년 4월 丙午.

임을 통해 확인된다.

> 김굉필·송석충宋碩忠·최부·신희연申希演 등은 나이가 같고 도道가 서로
> 비슷하여 정과 뜻이 돈독하였는데, 경자년(성종 11년) 6월 6일 김굉필의 집에
> 모여 정지교부계를 맺었다. 부모와 본인의 사망 시 포 1필을, 처부모의 경
> 우 종이 5권을 부의賻儀로 보내며 색장色掌은 돌아가면서 맡고 강신은 봄·
> 가을로 색장이 준비하도록 하였다.[94]

위의 내용으로 볼 때, 정지교부계는 나이가 비슷하고 '도가 같은 사람들
끼리' 모인 일종의 상조회를 겸한 친목모임이었던 것 같다. 성종 11년 당시
김굉필은 생원시에 합격하여 서울 정릉동 집에 머물면서 최부 등과 함께 친
목모임을 만들었다. 최부는 당시 아직 김종직 문하에 들어가지 않았던 것으
로 보인다.[95] 그러나 그가 어떻게 김종직 문하에 들어갔는지에 대한 구체적
인 기록은 없다. 다만 김굉필과의 만남과 학문이 그가 김종직의 문인이 되도
록 해준 계기였으리라 추측할 뿐이다.

C. 사사 계열

사사師事 계열은 김굉필에게 사사하여 섬긴 사람들이다. 이들은 김굉필의

---

94 『漂海錄』, "金宏弼·宋碩忠·崔溥·申希演等年相若道相以 情志交孚 庚子六月六日 會于大
獻第 結此褉 賻父 母當身布一匹式 妻父母紙五卷式 色掌輪遞事 講信春秋色掌備辦."

95 김일손은 최부(崔溥)가 제술(製述)로 과차(科次) 받은 이후 김종직의 문인이 되었다고
진술했는데(『燕山君日記』 卷30, 燕山君 4년 7월 辛亥 참조), 이것으로 미루어보건대 최
부는 성종 13년 친시(親試)에서 김종직이 시관(試官)으로 있을 때 급제한 이후 그의 문
인이 되었던 것 같다.

집지제자執贄弟子는 아니었다. 김굉필에게 사사하여 섬기면서 동시에 남효온과 교유관계를 맺은 것으로 보이기 때문이다. 이 계열 인물들에 대해 남효온은 「사우명행록」에 다음과 같이 기록했다.

[김굉필은] 후진을 가르치는 데 게을리 하지 않았다. 이현손李賢孫, 이장길李長吉, 이적, 최충성崔忠成, 박한공朴漢恭, 윤신과 같은 사람이 모두 그의 문하에서 나왔는데, 그 무성한 재질과 독실한 행실이 스승(김굉필)과 같았다.[96]

그중에도 이현손은 매양 법도로써 몸을 다스려 독실한 행실이 김굉필에 버금갔고,[97] 윤신은 행실이 이현손과 같았고,[98] 이적은 평상시에도 의관을 단정히 갖추었다.[99] 이런 행동을 통해 이들이 김굉필과 같이 『소학』을 율신의 학문으로 삼아 행위의 준칙으로 여겼다는 것을 쉽게 짐작할 수 있다.

D. 집지제자 계열

집지執贄는 예물을 들고 직접 찾아가 스승으로 섬겼다는 의미다. 이 그룹

---

96 『秋江集』卷7, 雜著, 「師友名行錄」, "訓後進不倦 如賢孫李長吉李勣崔忠成朴漢恭尹信 皆出門下 茂材篤行 如其師."

97 『秋江集』卷7, 雜著, 「師友名行錄」, "(李)賢孫字世昌 神堯之後 官至鳴陽副正 年後余十三歲 動以法律身篤行 亞於大猷(金宏弼의 字) 嘗欲行冠帶."

98 『秋江集』卷7, 雜著, 「師友明行錄」, "尹信字任之 坡州之世家 文肅公之後 行同世昌(李賢孫의 字) 而濱沉和緩過之 師事大猷(金宏弼의 字)."

99 『秋江集』卷7, 雜著, 「師友明行錄」, "李勣字中栗 工於詩後 攻庸學 味其道 自是不專功詩道 志尙高遠 不事窠臼中事 尙友古人 平居冠帶 澹澹如也 師事大猷(金宏弼의 字)伯淵(李深源의 字)."

인물들은 김굉필을 직접 찾아가 그와 사승관계를 맺었다. 그 대표적인 인물이 조광조와 김안국이다.

조광조는 아버지 조원강이 어천찰방魚川察訪으로 부임하면서 당시 무오사화로 인해 회천으로 유배와 있던 김굉필을 만났다. 그는 김굉필의 학문이 연원이 있다는 소문을 듣고 그의 문하로 들어가 수업을 받았다. 김굉필은 그를 심히 사랑하고 중히 여겼고, 조광조도 그를 본받아 성현의 학문을 자신의 임무로 삼았다.[100] 중종 5년 10월에 경연에서 '속된 선비들의 기송과 사장의 풍습'이라는 주제로 경연관들이 토론한 적이 있는데, 이와 관련하여 사신은 조광조에 대해 다음과 같이 논평했다.

> 사신史臣이 논한다. 이때 생원 김식金湜·조광조 등이 김굉필의 학문을 전수하여 함부로 말하지 않고 관대를 벗지 않으며 종일토록 단정하게 앉아서 빈객을 대하는 것처럼 하였는데 그것을 본받는 자가 있어서 말이 자못 괴이하였다.[101]

이 논평을 보면 조광조가 일상생활에서 어떤 모습을 유지했는지 알 수 있다. 그는 스승인 김굉필과 같은 삶의 자세를 견지했다. "관대를 벗지 않으며 종일토록 단정하게 앉아서 빈객을 대하는 것처럼" 했다는 것은 『소학』의 내용을[102] 그대로 실천하는 자세였다. 조광조는 김굉필의 문인으로서 누구보다

---

100 『靜菴集』卷5, 文集 附錄, 「年譜」.

101 『中宗實錄』卷22, 中宗 5년 10월 癸巳, "史臣曰 是時生員金湜趙光祖等 傳金宏弼之學 不放言不脫冠帶 終日危坐 如對賓客 有效之者 言頗詭異."

102 『小學』, 「立敎」, "顔色整齊 中心必式 夙興夜寐 衣帶必飭 朝益暮習 小心翼翼 一此不懈 是謂學則."; 『小學』, 「嘉言」, "張思叔座右銘曰 凡語必忠信 凡行必篤敬 飮食必愼節 字

『소학』을 삶의 정신적 지주로 삼아 성장한 인물이었다.

조광조가 주로 중앙 정계에서 활약했다면, 김안국은 지방사회에 영향을 미쳤다. 김안국은 김굉필이 학문이 있다는 소문을 듣고서 말곡末谷에 사는 그를 찾아가 스승으로 삼았다.[103] 그는 『소학』을 실천하는 김굉필의 삶을 이어받아 지방사회에서 『소학』 교육의 긴요함을 주장하였다.

> 옛사람이 이르기를 『소학』의 책을 부모처럼 사랑하고 신명같이 공경한다' 하였는데, '방심'을 거두어들이고 덕성을 함양하는 데는 이보다 위대한 것이 없습니다. 지금 만약 민간이나 학궁이나 중외로 하여금 모두 숭상할 줄 알도록 한다면 저절로 교화가 크게 흥기되어 '소학의 도'가 온 세상에 밝아질 것입니다.[104]

김안국은 『소학』이 방심을 거두어들이고 덕성을 함양하는 데 적합한 책이라고 보았다. 중종은 그의 이런 인식을 받아들여 『소학』 교육의 현황을 파악하고 그 진흥책을 마련하도록 했다.[105] 이에 김안국은 "온 나라로 하여금 효제를 돈독히 행하게 하려면 모름지기 위로는 공경대부로부터 아래로는 여

劃必慨正 容貌必端裝 衣冠必肅整 步履必安詳 居處必正靜 (…)."

103 『慕齋集』卷15, 附錄, 「行狀」에서는 "自十五六時 有志於學 及聞金宏弼論學 慨然有求道之志"라 하였고 『中宗實錄』卷100, 中宗 38년 1월 己酉條의 卒記에서는 "又慕程朱之學 聞末谷金宏弼講論 慨然有求道之志"라 전하고 있다.

104 『中宗實錄』卷26, 中宗 11년 11월 辛巳, "參贊官金安國曰 古人云 小學之書 愛之如父母 敬之如神明 收放心 養 德性 無大於此 今若令里巷學宫中外 皆知崇尙 則自然教化大興 而小學之道 明於一世義."

105 『中宗實錄』卷26, 中宗 11년 11월 癸未.

항의 소민에 이르기까지 국학·향교·가숙에서 주문공의 『소학』을 받들어 익히게 해야 합니다"[106]라고 계청하기도 했다. 이후 김안국이 경상도관찰사로 있을 때 그는 각 읍의 유생들에게 『소학』을 권했고, 집집마다 소동들에게도 『소학』을 읽게 했다.[107] 또 처음으로 『여씨향약언해』를 간행하여 경상도에서 향약을 실시했다.[108] 그의 향약 보급은 『소학』 외편 「선행」에 실려 있는 '여씨향약'을 실천하는 것으로서, 이런 행보는 김굉필 학문의 연장선에서 이루어졌다.

E. 집지제자의 동지 계열

조광조와 김안국의 네트워크는 실질적으로 거의 중첩되어 있었다. 그들은 모두 조광조의 당여黨與라 하여 기묘사화 때 피화되었다. 그럼에도 이들을 임의로 분리해본다면, 먼저 조광조의 네크워크는 세 계열로 나누어 설명될 수 있다.

첫 계열은 성균관 유생 시절의 관계이다. 조광조와 김식·박훈朴薰 등은 성균관 유생 시절 안당安瑭의 천거로 정계에 진출했다.[109] 이와 관련하여 사신史臣이 논하길, 이 세 사람은 성현의 학에 뜻이 있었고, 항상 『소학』을 읽어 그 행실을 계칙하고 또 논의를 중지하지 않으니 사람들이 사랑하고 중히 여겼

---

106 『慕齋集』卷15, 附錄, 「行狀」, "公啓曰 (…) 欲使一國 敦行孝弟 須令上自公卿大夫 下至 閭巷小民 國學鄉校家塾 崇習朱文公小學."

107 『中宗實錄』卷32, 中宗 13년 4월 戊戌, "金安國爲慶尙道監司時 使之家家戶戶 皆讀小學 故其道之人 皆樂於學 此書也."

108 『中宗實錄』卷32, 中宗 13년 4월 己巳.

109 『中宗實錄』卷22, 中宗 10년 6월 癸亥.

는데, 이들 모두 도가 같고 뜻이 합하였다고 했다.[110] 김식과 박훈은 현량과
賢良科에 천거되어 급제했고, 기묘사화 때 절도안치絶島安置, 극변안치極邊安置라
는 중형을 받았다.[111]

두 번째 계열은 학문적 교류를 통한 유대관계이다. 조광조는 이자李耔와
그의 사촌인 조광보趙廣輔·조광좌趙廣佐 형제와 자주 어울리며 유대를 가졌다.

> 전에 선자와 나(李耔)의 교유의 일을 언급하니, 갑작스럽고 어지러워 아직
> 자세한 것을 얻지 못했다. 옛날과 지금을 간략하게 써서 그것을 말하니 나
> 와 효직孝直(趙光祖의 字), 그리고 존경하는 선자 형제(조광보·조광좌)와 함께하였
> 는데, 형제가 뜻이 같았다. 실제로 도계道契를 만들었는데, 효직과 나는 묘
> 지가 용향龍鄕에 있었고 중익仲翼(趙廣輔의 字) 형제는 논밭이 용향에 있었다.
> 또 서울에 있으면 모이지 않는 날이 없었다.[112]

조광조, 이자, 그리고 조광보·조광좌 형제는 '도계道契'라는 모임을 만들었
다. 도계가 어떤 성격의 모임인지 구체적으로 확인되지는 않지만, 이들은 이
모임을 지속적으로 유지했던 것 같다. 이 모임에서 이자는 이심원의 제자이
면서 조광조와 더불어 정몽주·김굉필의 문묘배향,[113] 현량과 실시 등 여러 개

---

110 『中宗實錄』 卷22, 中宗 10년 6월 癸亥, "史臣曰 三人同志 不汲汲於功利 有志聖賢之學
常讀小學 以飭其行 不 爲浮議所掩 士林頗愛重之 三人道同志合."

111 李秉烋, 『朝鮮前期 畿湖士林派 研究』, 일조각, 1984, 230쪽.

112 『陰崖集』 卷2, 「答趙秀才」, "向者 言及先子與我交遊之事 而適忽擾 未得仔細 故今書略
而言之 吾及孝直 與 尊先子兄弟 義同兄弟 實作道契 而孝直及我墳山 在龍鄕 仲翼兄
弟田莊 亦在龍鄕 在京則無日不會."

113 『中宗實錄』 卷29, 中宗 12년 8월 戊申.

혁을 함께 추진한 핵심인물이기도 했다.[114] 조광보는 중종 2년에 삼공신三功臣(박원종·유자광·노공필) 모해 옥사에 연루되면서 주변 인물들과의 관계도가 파헤쳐졌다. 그는 처삼촌이면서 김굉필의 문인인 문서귀文瑞龜와 서얼 박경朴耕, 의관 김공저金公著, 김식과도 관계하고 있었다. 이 모의 과정에서 그들은 학문하는 방법과 인재 등용에 대해 논의하기도 하였다. 특히 박경의 문제의식은 후일 조광조·김식·조광좌에게 많은 영향을 미쳤다.[115] 박경은 김일손과 가까운 사이였으며, 김종직과 동향인 경상도 선산 출신의 정붕鄭鵬, 박영朴英과도 막역한 사이였다.[116]

세 번째 계열은 조광조와 더불어 현량과 실시와 소격서昭格署 혁파를 추진한 사람들로서 『소학』을 매우 중시했음이 확인되는 대표적인 인물들이다. 김정金淨과 한충韓忠, 유운柳雲이 여기 속한다.[117] 김정은 『소학』을 매우 중요시했고,[118] 조광조·이자와 함께 중앙에서 정몽주·김굉필의 문묘배향을 주장하였으며,[119] 현량과 실시와 소격서 폐지를 주도했다.[120] 그는 기묘사화 때 절도안치라는 중형을 선고받기도 했다.[121] 한충은 『소학』을 자신의 학문과 자세의 근간으로 삼았다. 그 내용은 다음과 같다.

---

114 『燃藜室記述』卷8, 「己卯黨籍」.

115 『中宗實錄』卷2, 中宗 2년 閏1월 己巳·庚午·辛未.

116 『燃藜室記述』卷7, 中宗朝, 金公著趙廣輔之獄.

117 『燃藜室記述』卷8, 「己卯黨籍」.

118 『燃藜室記述』卷8, 「己卯黨籍」, 金淨, "與同德諸賢竭誠建白革弊 興化講明小學以正蒙養."

119 『中宗實錄』卷29, 中宗 12년, 8월 乙卯.

120 『中宗實錄』卷32, 中宗 13년 3월 甲子; 卷34, 中宗 13년 8월 庚午.

121 李秉烋, 『朝鮮前期 畿湖士林派 研究』, 일조각, 1984, 230쪽.

공은 지조가 방정하고 강직하여 의에 달려가기를 미친듯이 하고 악을 미워하기를 원수같이 했다. 일찍이 말하기를 학업이 정밀한 것은 부지런한 데 있으니 세월을 헛되게 보낼 수 없다 하고 『소학』, 『근사록』 등의 글을 깊이 공부하여 낮에는 익히고 밤에는 외며 단정히 앉기를 흙으로 만든 사람처럼 하니 두 무릎이 닿은 데가 모두 뚫어졌다.[122]

한충의 학문하는 자세는 김굉필이나 조광조에게서 보았던 바로 그 모습이다. 그들은 모두 『소학』 읽기를 게을리 하지 않았고, 배울 때 자세는 늘 단정하여 흙으로 만든 상을 연상시켰다. 한충이 조광조를 어디서 만났는지 확인할 수는 없지만, 그는 조광조·김정과 지속적인 만남을 가졌고 도의를 나누었다.[123] 또한 그는 조광조와 함께 소격서 폐지를 주장하기도 했다.[124]

유운이 실제로 『소학』을 읽었다는 기록은 찾지 못했지만, 『소학』과 그의 관련성은 여러 곳에서 발견할 수 있다. 그가 조광조로부터 '소학의 도'를 본받을 것을 권면 받은 것,[125] 중종에게 유생들이 과제를 취하고자 다투어 부화한 글을 숭상하고 성리의 학을 일삼지 않으니 사학四學의 유생으로 하여금 모두 『소학』을 읽게 하자고 주장했던 것을[126] 보아도, 그가 『소학』을 중시했음

---

122 『燃藜室記述』 卷8, 「己卯黨籍」, 韓忠, "公志操方剛 奔義如狂 疾惡如雛 嘗曰業精在勤不宜虛擲歲月 取小學近 思錄等書 沉潛翫索 晝習夜誦 端坐如泥塑人 兩膝皆穿."

123 『燃藜室記述』 卷8, 「己卯黨籍」, 韓忠, "公與趙光祖金淨 爲道義交 公退必會 設大衾長枕 同寢焉."

124 『中宗實錄』 卷32, 中宗 13년 6월 丁亥.

125 『燃藜室記述』 卷8, 「己卯黨籍」.

126 『中宗實錄』 卷8, 中宗 4년 6월 辛未, "然儒生欲取科第 爭尙浮華之文 不事性理之學 請令四學儒生 皆讀小學."

을 추측할 수 있다. 유운도 조광조·김당과 함께 소격서 폐지를 주장했다.[127]

다음으로 김안국의 네트워크는 그와 직접적인 관계가 있었던 김정국金正國·김세필金世弼·성세창成世昌을 들 수 있다. 김정국은 김안국의 아우로 김굉필의 문인이었다. 그는 기묘년에 사화가 일어나자 황해감사로서 소를 지어서 조광조 등 여러 사람이 나라를 위해 충성했다고 주장했다.[128] 여씨향약을 실행했던 김안국처럼, 김정국도 향촌 문제에 관심이 컸다. 그가 작성한 『경민편警民編』은 이런 관심을 표현한 것이다.[129]

김세필과 김안국의 관계는 그가 김안국과 함께 여주와 충원에 있었을 때 자신들의 문하로 많은 학도들이 모여들었다고 한 점에서 파악된다.[130] 그는 김안국 외에 이자나 김정국과도 연결성을 가졌다.[131]

마지막으로 성세창은 김굉필의 문하생이면서[132] 김안국과 사가賜暇를 얻어 함께 지낼 만큼 막역한 사이였다. 그의 학문관은 스승인 김굉필과 닮아 있었다. 『대학』을 진강進講하는 자리에서 성세창은 배우는 자들은 옛 글대로 머리는 곧게 가지고, 발은 무겁게 움직이며, 앉는 것은 시동尸童처럼 하고, 서는 것은 재계하는 것처럼 해야 하는데, 지금 이렇게 행동하는 선비들을 보고

---

127 『中宗實錄』 卷27, 中宗 12년 1월 癸未.

128 『燃藜室記述』 卷8, 「己卯黨籍」, 金正國, "己卯禍起 公以黃海監司作一疏 (…) 極陳袞貞奸邪 搆陷人之狀 及諸賢 忘身徇國之忠."

129 정호훈, 「16·17세기 『警民編』 간행의 추이와 그 성격」, 『한국사상사학』 제26집, 2006, 참조.

130 『燃藜室記述』 卷8, 「己卯黨籍」, 金世弼, "公與金安國退處于驪州忠原 二先生門下學徒及甚盛."

131 『思齋集』 卷1·2, 「詩」 및 권4, 「撫言」에서 그 대체적인 모습이 파악된다.

132 『燃藜室記述』 卷9, 仁宗朝相臣, 成世昌.

경박한 무리가 우활迂闊하다고 비난하는 것은 잘못이라고 했다.[133] 김굉필과 그 문인들이 보편적으로 보여줬던 '학문하는 태도'가, 당시의 속된 선비들에 겐 매우 특이하게 느껴졌던 것 같다. 한편 그는 김정이나 이자와 막역한 관계를 유지하면서도 정치적인 성향은 조금 달랐다. 이는 성세창이 매번 그들에게 칼끝 서슬이 너무 날카롭다고 경계했던 것에서[134] 확인할 수 있다.

이상에서 본 바와 같이, 김굉필의 정체성은 김종직보다 확고한 『소학』 실천을 통한 삶이었다. 그의 네트워크 공통 연결망 역시 『소학』이었다. 그러나 그 범위와 범주는 김종직보다 확대되고 있었다. 김종직의 네트워크가 사승관계라는 수직적 관계 내에서 구성되었던 반면, 김굉필의 네트워크는 소학계, 죽림칠현, 그리고 정지교부계 같은 친목모임의 수평관계로 확대되었다.

공통의 텍스트에 의해 형성된 배움의 네트워크는 끊임없이 확장되고 확대되었다. 공통의 텍스트에 의해 만들어진 언어의 집합체도 네트워크의 확대와 함께 담론으로 발전했다. 네트워크의 확대는 언제든 담론이 분출할 가능성을 높여주었다.

김굉필의 정치 네트워크는 사승·동문수학·혼인·친구관계로 연결되어 있었다. 그리고 이 네트워크 속에 각각의 계모임들이 존재했다. 이 계들의 모습은 제3부에서 조금 더 구체적으로 살펴보기로 하고, 제2부에서는 『소학』이 담고 있는 담론과 그 정치사회적 구상 및 실체를 살펴보고자 한다.

---

133 『中宗實錄』 卷12, 中宗 5년 10월 癸巳.

134 『燃藜室記述』 卷9, 仁宗朝相臣, 成世昌, "嘗與金淨李耔善 每以鋒穎太銳爲戒."

〈그림 1〉 소학실천자들의 네트워크

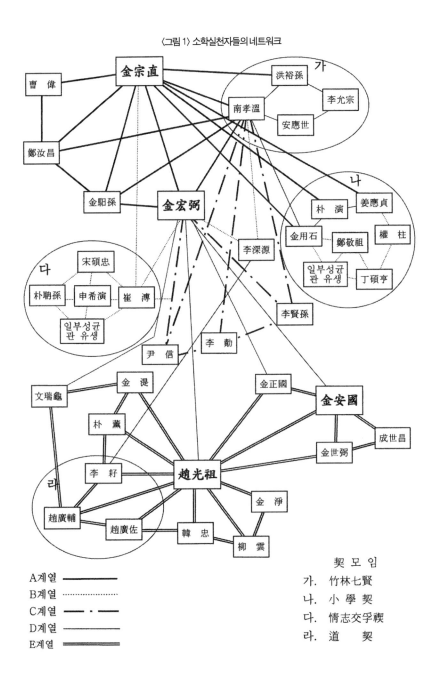

契모임
가. 竹林七賢
나. 小 學 契
다. 情志交孚稧
라. 道 契

A계열 ━━━━━━
B계열 ┈┈┈┈┈┈
C계열 ━·━·━·
D계열 ─────
E계열 ══════

제2부
『소학』의 정치이념과 '소학실천자'들의 정치론

제1장
『소학』의 구조와 정치이념

1. 『소학』의 편찬과 구조

주희朱熹의 사상적 배경, 그중에서도 주희의 『소학』 편찬 의도와 『소학』의 성격을 이해하기 위해서는 송대 사회를 살펴볼 필요가 있다. 『소학』은 태생적으로 그 시대의 분위기를 내포할 수밖에 없기 때문이다.

역사적으로 중국의 사회집단은 크게 4부류로 나뉜다.[1] 최상위에는 천자天子가 있고, 천자를 제외한 각국의 통치자인 제후諸侯, 경卿·대부大夫 집단, 사士 집단, 평민과 노예인데, 이들은 정해진 신분에 따라 사회적인 역할이 구분되었다. 이런 사실은 춘추시대春秋時代와 그 이전, 진秦·한漢시대에 기록된 것으로 볼 수 있는 『시경詩經』·『서경書經』·『춘추春秋』·『국어國語』·『논어論語』·『예기禮記』·『효경孝經』 등에서도 증명된다.[2] 각 시대의 역사 발전 단계에 따라 지배계급의 내용상 변화가 있었을지 모르지만, 성격상으로는 큰 변화가 없었다.

---

1 Cho-yun Hsu, *Ancient China in transition-An Analysis of Social Mobility 722-222 B.C.*, California: Stanford University Press, 1965, p. 26.

2 梁鍾國, 『宋代士大夫社會硏究』, 삼지원, 1996, 50쪽.

그러나 중국의 사회구조는 당송변혁唐宋變革을[3] 통해 송대에 들어와서 천자, 사대부, 평민과 노예로 재구성되었다. 송대 사회는 '사대부사회'라고 한다.[4] 송조의 문치주의 정책으로[5] 방대한 수의 독서인이 출현했고,[6] 이들 중에

---

3 '당송변혁'은 內藤湖南(「槪括的唐宋時代觀」,『歷史と地理』9-5, 1922)이 처음으로 제기했다. 그는 '당송변혁기'를 당과 송 사이에 보이는 정치·경제·사회·문화 전반에 걸친 변화상으로 규정했다. 그리고 그 틀은 아직까지도 대개 인정되고 있는 듯하다. 다만 이 시기 변화의 양상은 대체적으로 받아들여지고 있지만, 이 변혁의 역사적 성격에 대해서는 아직 통일된 견해가 도출되지 못했다. 內藤湖南이 당송변혁의 구체상을 밝히는 데 그치지 않고, 이를 근거로 송 이후의 시대를 '근세'라고 주장한 데 반해, 前田直典(「東アジヤにおる古代の終末」,『歷史』14, 1948)은 당송변혁은 인정하되 당 말까지가 고대이고 송 이후는 '중세'라는 견해를 제시하여 대립된 두 견해가 거의 평행선을 이루어왔다. 요컨대 당송변혁기에 대한 논쟁은 단순히 그 시기에 어떠한 변화가 일어났느냐가 아니라 시대구분론과 결부된 변화의 성격에 초점이 있었고, 그 전개 양상은 주로 당송 간의 토지소유형태 변화나 생산관계의 구조 변화에 집중되었다(辛聖坤,「唐宋變革期論」,『講座中國史 Ⅲ』, 지식산업사. 1989, 7~10쪽 참조). 필자가 당송변혁이라는 개념을 사용한 이유는 '송에서 유학이 새롭게 전개되었다'(Neo-Confucian)라는 사상사적 인식의 바탕이 되기 때문이다. 여기서 당송변혁은 시대구분론과는 별도로 사상사의 전환점을 설정할 수 있는 가능성을 제시해준다. 쓰치다 겐지로 지음, 성현창 옮김, 앞의 책, 2006, 24~31쪽 참조.

4 학자들마다 이들의 기원, 개념, 형성 배경에 대해 이견이 있다. 그럼에도 송대 사회를 '사대부사회'로 바라보는 시각은 동일한 것 같다. 河元洙,「宋代 士大夫論」,『講座中國史 Ⅲ』, 지식산업사, 1989, 72쪽의 주 8번 참조.

5 송대 문치주의 정책의 내용과 성격은 신채식,『宋代 官僚制 硏究』, 삼영사, 1981, 41~51쪽 참조.

6 송대에 '사대부'라는 용어는 전통적인 의미와 새로운 의미가 겹쳐지며 복잡하게 사용되었다. 사대부의 전통적인 의미는 '문·무의 관료집단'이었고, 송대에 등장한 새로운 의미는 '관과 민을 막론한 모든 일반포의(一般布衣)의 독서인(讀書人)'이다. 문치주의 정책하에서 성공적인 관료가 되기 위해서는 과거에 합격해야 했는데, 과거는 일반인에게 개방하는 것을 원칙으로 했기 때문에 누구나 동등하게 응시할 수 있었다. 사실 과거를 통과하여 정치·사회의 주역으로 등장한 문신관료들도 처음에는 모두 포의의 독서인이었고, 과거에 낙제하여 향촌사회에 머물러 있는 포의의 독서인들과 함께 동등한 입장에서 과거에 응시한 경험을 갖고 있었다. 그리고 앞으로 과거에 응시하려고 하는 포의의 독서인

과거를 거쳐 관료로 등장한 자들이 정치·사회의 주도권을 장악했다. 이는 송대의 특수한 상황 속에서 가능했던 일이었다.

송대에 독서인이 권력의 전면에 나설 수 있었던 배경으로 인쇄술의 발달에 따라 서적 보급이 용이해졌다는 점이 지적된다. 인쇄술 발달의 파급 효과로서 진종대眞宗代에 이미 민간에까지 서적 보급이 이루어지고 있었다.[7] 또한 인쇄술 발달과 더불어 제지기술의 향상이 서적의 대량 생산을 가능하게 만들면서 일반 독서인들도 서원을 세우고 수천 권의 서적을 구입할 수 있게 되었다.

위에서 언급한 대로 송대 사회는 전대 사회와 분명히 다른 역사적 의의를 가지고 있었다. 따라서 당대 지식인들은 이러한 사회적 요청에 부합하지 않을 수 없었다. 그들에게는 새로운 지배계층으로 등장한 사대부에 맞는 새로운 지배원리가 필요했다. 이 새로운 지배원리는 기존 경서에 대한 새로운 창조적 해석을 요구했다.[8] 여기서 창조적 재해석이란 고대의 성왕이 제시한 참된 길을 혁신적인 방향으로 새롭게 재조명하여 구체적으로 실천하는 것이었다.[9] 예를 들어, 절대적 권위를 지닌 천자에 대한 재해석과 도덕적인 사회질

들 역시 결국 문신관료들이 밟아온 전철을 그대로 따라오리라 예상되었다. 따라서 문신관료와 일반포의의 독서인들은 신분의 차이가 있더라도 문화적으로는 같은 독서인이라는 동류의식을 지니고 있었기 때문에 서로를 사대부라 칭하게 되었다고 볼 수도 있다.

7 국초에는 4천에도 미치지 못했으나 지금은 약 10만으로 경(經)·전(傳)·정의(正義)가 모두 갖추어져 있다. 『宋史』, 卷431, 「儒林」 1, 邢昺傳.

8 李範鶴, 「宋代 朱子學의 成立과 發展」, 『講座 中國史 Ⅲ』, 지식산업사, 1989, 197쪽.

9 범중엄(范仲淹, 989~1052)은 고대 왕들의 가르침을 통하여 사회가 변화되고, 백성이 선을 추구할 수 있다고 여겼다. 구양수(區陽脩, 1005~1072)는 모든 사람에게 땅을 공정하게 분배하고 교육과 도덕적인 가르침을 부여하며 사회적인 조화를 이루는 국가를 추구했다. 그는 진정으로 고대의 성왕(聖王)을 이해하기 위해서는 경전의 원래 텍스트를 읽어야

서로의 재편 같은 경우가 이에 해당된다. 송대 지식인들은 방법 면에서 차이가 있었을 뿐, 거의 '고대의 이상적인 질서'를 현실사회에 적용하고자 했으며, 그 근거를 기존 경서에서 찾았다.[10]

그 공통의 신념을 위한 방법적인 차이에서 가장 두드러진 인물이 왕안석 王安石이다. 북송의 대표적 정치가이며 사상가인 그는 개혁의 주도권을 잡자 『주례周禮』를 이념적 지표로 삼고 강력한 중앙집권적 권력을 행사했다. 『주례』는 민의 일상생활 전반을 통제하기 위하여 정치·경제·사회제도의 완비를 통한 적극적인 국가의 지도력을 제공했다. 그에게 『주례』는 수많은 이상적 제도를 제시했을 뿐만 아니라 국가의 역할에 대해 최선의 견해를 밝혀주는 책이었다.[11] 그가 원하는 이상적인 사회는 천자로부터 치밀한 봉건제도의 위계질서와 관료제의 명령계통을 타고 말단의 구성원에까지 실력이 행사되는 엄격한 '유기체적 구조'였다. 그는 민간의 자율적인 영역을 국가의 관료체계 속으로 편입시켜 강력한 중앙권력을 확립하고자 했다.[12]

이에 반해 사마광司馬光으로 대표되는 보수파 세력들은 『춘추』를 중시했

만 하고 과거의 주석과 결별해야 한다고 생각했다. Peter K. Bol, *Neo-Confucianism in History*, Cambridge: Harvard University Asia Center, 2008, pp. 44~48.

10 왕안석은 유교 경전들 중에서도 특히 『주례(周禮)』를 원용해 자신이 단행한 철저한 정치개혁을 정당화하려 했다. 이는 그가 시행하고자 했던 새로운 제도들과 『주례』에 기술된 이상적인 제도들 사이에 밀접한 유사성이 존재했기 때문이라기보다는, 『주례』의 내용이 기존 제도들을 공격할 유력한 근거를 제공해주었기 때문이었다. Wm. Theodore de Bary, *The Liberal Tradition in China*, New York: Columbia University Press, 1983, pp. 11~13.

11 제임스류 지음, 이범학 옮김, 『왕안석과 개혁정책』, 지식산업사, 1991, 49쪽.

12 Peter K. Bol, "Government, Society, and State: On the Political Visions of Ssu-ma Kuang and Wang An-Shih", Robert P. Hymes and Conrad Schirokauer eds., *Ordering the World*, Berkeley: University of California Press, 1993, pp. 142~146.

다. 『춘추』는 정치권력을 규제하기 위한 '도덕적 근거'를 제공했다.[13] 이들은 군주를 절대화된 도덕적 질서 아래 종속시킴으로써 국가권력이 군주의 사권私權으로 전락하는 것을 방어하고자 했다. 따라서 이들은 왕안석의 신법新法에서 보았던 국가 주도의 하향적 정치개혁을 거부하고 권력의 분산과 자율의 확대를 주장했다.

사마광의 뜻은 정이程頤를 거쳐 주희에게 이어졌다. 주희는 사대부를 중심으로 한 정치질서 재편과 지역의 자치적인 자율성 추구에 몰두했다. 정치질서 재편은 군주의 권위를 도덕적 질서 아래 편입시키고자 하는 새로운 지배원리였으며,[14] 지역자치성 추구는 향약·서원·사창 등을 바탕으로 공동체의 도덕질서를 획득하기 위한 모색이었다.[15]

---

13 ibid., pp. 157~160.

14 『朱熹集』, 「答江德功」에서 "治國과 平天下, 聖意와 正心, 修身과 齊家 모두 하나의 理이다. 소위 格物致知라는 것 또한 이것일 따름이다. (…) 이 편이 논하는 바는 자신의 일신을 미루어 천하에까지 이를 수 있다는 것으로 너무나 평정하고 간이한 내용으로 이해하는 데 조금의 기력도 필요하지 않을 정도로 쉬운 것이니 張載가 논하는 바의 『周官』의 冢宰와 法制의 事와는 그 뜻을 달리한다'라고 하였다. 여기서 논의된 내용은 『대학』의 것이다. 격물치지(格物致知)에서 치국(治國), 평천하(平天下)까지 『대학』의 팔조목이 모두 일리(一理)로 일관된다. 따라서 개인이 심(心)을 수양하는 리(理)와 천하를 다스리는 리(理)가 하나이다. 리(理)의 보편성은 천자부터 서민에 이르기까지 모두 같다. 다시 말해 정치·사회권력 행사의 주체는 일심(一心)을 닦는 누구나 해당될 수 있는 문제였다. 민병희, 「朱熹의 『大學』과 士大夫의 사회·정치적 권력」, 『중국사연구』 제55집, 2008, 81~84쪽 참조.

15 향약은 자발적인 연합 또는 공동체 구성원들 사이의 '계약'으로 구성되었다. 이것은 상호 권유와 훈계, 사회 의례적인 행동을 통해 도덕적이고 사회적인 질서 유지에 전념하며 상호적인 도움을 바탕으로 하였다. 사창(社倉)은 기본적으로 왕안석의 청묘법(靑苗法)과 유사했다. 수확기에 기증받은 쌀을 저장했다가, 춘궁기에 농민들에게 저장된 쌀을 빌려주었다. 그리고 사창은 어떤 이자도 지불하지 않고(3% 소모비만 지불), 설립과 기증은 국가보다 지역 사대부에 의해 관리되었으며, 강압적인 이자 지불 없이 신용으로

주희는 이런 근거 위에서 자신의 사상체계를 집약시켰다. 그의 나이 40대 말에 사서四書의 체계가 대략 완성되었고,[16] 『소학』은 백록동서원白鹿洞書院을 다시 복원한 이후 그의 만년의 나이에 완성된 책이었다.[17]

주희가 『소학』의 편집 계획에 착수한 것은 1183년이었고, 완성하여 출판한 것은 4년 뒤인 1187년이었다.[18] 『소학』 편집 과정에서 주희는 백록동서원 복원을 함께 한 유청지劉淸之(1130~1195)에게 초고를 맡겼다. 유청지는 남강南康 지방의 호남성湖南省 형주衡州 지사였을 때 정사精舍 형태의 서원을 두 개 건설하고 동몽童蒙을 가르치기 위한 텍스트인 『훈몽신서訓蒙新書』와 자신의 아들에게 주는 훈계를 기록한 『계자통록戒子通錄』 같은 책들을 편찬했다. 특히 주희는 유청지가 편찬한 『계자통록』을 보고 그가 『소학』 초고를 작성하기에 적합하다고 생각했다. 왜냐하면 그가 편찬한 『계자통록』이 경전과 북제北齊의 『안씨가훈顏氏家訓』, 당대의 『유씨가훈柳氏家訓』, 송대 여본중呂本中의 『동몽훈童蒙訓』 같은 저작들을 발췌한 것이었기 때문이다. 주희는 유청지가 『계자통록』과 같은 특징을 『소학』에도 적용시키길 원했다.[19]

농민을 보조했다. 서원은 중앙집권적 학교 관리에 대한 직접적 대안이었다. 향약·사창·서원은 왕안석의 신법을 기초로 한 중앙집권적이고 획일적인 방식이 아니라 지역공동체가 자발적으로 수행하는 주희의 방안이었다. Robert Hymes, "Lu Chiu-yuan, Academies, and the Problem of the Local Community", John Chaffee and Wm. Thodore de Bary eds., *Neo-Confucian Education: The Formative Stage*, Berkeley: University of California Press, 1989, pp. 440~444.

16 東景南, 『朱熹年譜長編』, 上海: 華東師範大學校出版社, 2001, 585~588쪽. 주희의 경전에 대한 새로운 이해는 20대부터 시작되어 40대 말년 무렵 대체로 정리되었던 것으로 보인다. 1177년 주희 나이 48세 때 『論語集註』, 『孟子集註』, 『大學章句』, 『中庸章句』와 각 책의 『或問』이 완성되었다.

17 黃幹 著, 姜浩錫 譯, 『朱熹行狀』, 을유문화사, 1975, 153~154쪽.

18 宇野精一, 『小學』, 東京: 明治書院, 1965, 1쪽.

19 M. Theresa Kelleher, "Back to Basic: Chu Hsi Elementary Learning", Wm. T. de Bary and John

두 차례의 서신 교환을 통해 주희와 유청지는 편집 과정에 대한 의문과 문제점을 논의했다.[20] 그러나 1183년 작업에 착수한 뒤 2년 만에[21] 주희가 그로부터 초고를 받았을 때, 그것은 많은 부분에서 주희의 생각과 달랐다. 그는 편권篇卷의 배열을 수정하고 각 권의 장마다 서두에 주제문구를 배치했다.[22] 〈표 1〉은 각 권 주제구의 원문과 『소학』 각 권의 주제문구, 그리고 그 의미를 표로 작성한 것이다.

주희는 『소학』을 방대한 경전의 원문과 당·북송 저작들의 원문에서 취사선택한 선집選集으로 엮었다. 주희가 선집이라는 형태를 취한 의도는 두 가지로 보인다. 첫째, 선집의 방식이 내용을 이해하기 쉽고 구체적이며 당장 적용 가능하다는 측면이 있었을 것이다. 둘째, 방대한 경전과 당·북송 저작들에서 취사선택하는 것이야말로 주희 자신의 견해를 반영하는 가장 효과적인 방식이었을 것이다. 전자의 의도는 주로 소자小子와 몽사蒙士라는 『소학』의 대상에 맞추기 위한 방편이었다. 이들은 대략 8살에서 15살에 해당되는 학문을 시작하는 초학자들이다. 주희는 『소학』 서문에서, 오늘날 옛날 소학에서 사용되던 책의 전부를 볼 수는 없지만, 전해지는 문헌들 속에 뒤섞여 있는 내용은 아직 많이 있는데, 읽는 이들이 때때로 옛날과 지금은 시대적 기준이 다르

Chaffee eds., *Neo-Confucian Education: The Formative Stage*, Berkeley: University of California Press, 1989, pp. 221~222. 필자는 『小學』 분석에 있어서 그녀의 논문에서 많은 도움을 얻었다.

20 주희는 그에게 전국시대 정치가이며 시인인 굴원(屈原)의 시 이소(離騷)를 삭제할 것과, 당나라 이한(李瀚)이 편집한 아이들을 위한 책인 『몽구(蒙求)』로부터 많은 인용을 하지 말 것을 충고하였다. ibid., p. 221.

21 宇野精一, 앞의 책, 1965, 1쪽.

22 M. Theresa Kelleher, op.cit., 1989, p. 222.

편명	인용문구	주제문구	의미
「立敎」	『中庸章句』 "天命之謂性 率性之謂道 修道之謂敎"	"子思子曰 天命之謂性 率性之謂道 修道之謂敎 則天命 遵聖法 述此篇 俾爲師者 知 所以敎 而弟子知所以學"	'도(道)'와 '교육과정'은 둘 다 인간 본성과 관계된다. 우리 본 성을 따르는 것을 '도'라 하고 그 도를 배양하는 것은 '교육'이다. 무엇을 가르치고 왜 배우는지를 알게 하는 데 목적이 있다.
「明倫」	『孟子』「滕文公」上 "設爲庠序學校 以敎之 庠者 養也 校者敎也 序者射也 夏 日校 殷曰序 周曰庠 學則三 代共之 皆所以明人倫也"	"孟子曰 設爲庠序學校以敎 之 皆所以明人倫也. 稽聖經 訂賢傳術此篇 以訓蒙士"	모든 교육기관의 가르치는 목적 은 인륜을 밝히기 위해서이다. 이는 인간관계 영역에 대한 교 육이 도덕적 목표와의 연관 아 래 진행됨을 의미한다. 특히 각 각의 관계성에 적합한 의무를 수행하는 것을 배우게 된다. 이 를 전제로 몽사(蒙士)들을 가르 칠 것이라고 선언하고 있다.
「敬身」	『禮記』「哀公問」 "孔子遂言曰 昔三代明王之政 必敬其妻子也有道 妻也者親 之主也 敢不敬與 子也者親之 後世 敢不敬與 君子無不敬也, 敬身爲大 身也者親之枝也, 不 敬與 不能敬其身 是傷其親 傷其親,是傷其本 傷其本枝從 亡 三者百姓之象也"	"孔子曰 君子無不敬也, 敬身 爲大 身也者親之枝也, 敢不 敬與 不能敬其身 是傷其親 傷其親,是傷其本 傷其本枝 從而亡 仰聖模 景賢範 術此 篇 以訓蒙士"	자기수양은 인간관계의 문맥에 서 설명될 수 있다. 부모님에 대 한 존경이 곧 자기수양이 되는 것이다. 이는 결국 공동체의 연 결성에서 자기 자신으로 되돌아 오는 순환성을 말하고 있다. 몸 을 닦는 것은 거꾸로 인간관계 에 올바르게 대처할 수 있는 것 이다.
「稽古」	『孟子』「滕文公」上 "滕文公 爲世子 將之楚 過宋 而見孟子 孟子道性善 言必稱 堯舜 世子自楚反 復見孟子 孟子曰世子 疑吾言乎"	"孟子道性善 言必稱堯舜 其 曰 舜爲法於天下 可傳於 後世 我猶未免爲鄕人也 是 則可憂也, 憂之如何 如舜而 已矣 撫往行實前言 述此篇 使讀者 有所興起"	성인의 삶을 구현한 이들의 삶 의 형태에 대해 과거로부터 구 체적인 예를 제시한다. 특히 순 (舜) 같은 성인이 되기 위한 바 람으로 『맹자』에서 발췌하여 인 용하였다.
「嘉言」 · 「善行」	『孟子』「告子章句」上 "詩曰 天生蒸民 有物有則 民 之秉夷 好是懿德 孔子曰 爲 此詩者 其知道乎 故有物必有 則 民之秉夷也, 故好是懿德"	"詩曰 天生蒸民 有物有則 民之秉夷 好是懿德 孔子曰 爲此詩者 其知道乎 故有物 必有則 民之秉夷也, 故好是 懿德 歷傳記 接見聞 述嘉言 紀善行 爲小學外篇"	맹자는 삶의 모든 면과 모든 인 간관계가 고정된 원칙을 가지고 있으며, 이런 원칙을 이해하고 따르도록 덕스러운 본성을 닦아 야 한다고 여겼다. 이 장은 시공 간의 원칙과 인간관계의 항상성 이 주자의 시대에도 통용되고 있음을 알려준다.

* 『中庸』, 『孟子』, 『禮記』, 『小學』과 M. Theresa Kelleher의 논문("Back to Basic: Chu Hsi Elementary Learning", Wm. T. de Bary and John Chaffee eds., *Neo-Confucian Education: The Formative Stage*, Berkeley: University of California Press, 1989), 宇野精一의 책(『小學』, 東京: 明治書院, 1965)을 참조하여 작성함.

다는 이유로 이를 실천에 옮기지 않는다고 했다.[23] 그가 의도한 『소학』의 목적은 옛 사람들이 아이들에게 주었던 가르침을 재확립하는 것이었다. 그 가르침의 내용은 물 뿌리고 쓸며 응대하고 대답하며, 나아가고 물러가는 예절과 어버이를 사랑하고 스승을 존경하며 벗과 친하게 지내는 도리였다.[24] 이 내용은 추상적이고 사변적이기보다는 즉각적인 실천을 요구하는 것이었기 때문에, 선집이라는 형태가 그런 취지에 적합한 방식이었을 것이다. 후자의 의도는 교육과 의례를 통해 사람들의 가치관과 행동을 개혁하고 당대의 중요한 문제에 대한 해결책을 추구하기 위한 방편이었다.[25] 결국 『소학』은 주희 자신의 사상이 구축된 만년의 나이에 편찬된 책이었기 때문에, 취사선택을 용이하게 하는 선집의 형태가 그에게 적합했을 것이다.

그러나 주희가 내세운 취지나 목적과 달리, 실제로 『소학』은 난해한 책이었다. 내용과 언어를 살펴볼 때, 『소학』은 정교한 논쟁, 사서四書보다도 읽기 어려운 어휘들로 구성되어 있었다.[26] 이 점은 동몽 시절에 『소학』을 배우도록 하긴 했지만, 실제로는 『소학』이 동몽만 대상으로 한 것은 아님을 말해준다. 『소학』은 서로 수준이 다른 사람들, 즉 아이나 어른이나, 학문에 들어가는 사람이나 학문의 경지에 이른 사람이나 다양하게 활용할 수 있었다.

『소학』의 구조는 내편內篇과 외편外篇으로 이루어져 있다. 내편은 「입교立教」, 「명륜明倫」, 「경신敬身」, 「계고稽古」이며, 외편은 「가언嘉言」과 「선행善行」이

---

23 『小學』, 「小學書題」, "今其全書 雖不可見 而雜出於傳記者亦多 讀者往往 直以古今異宜 而莫之行 殊不知其無古今之異者 固未始不可行也."

24 『小學』, 「小學書題」, "古者小學 教人以灑掃應對進退之節 愛親敬長隆師親友之道."

25 M. Theresa Kelleher, op.cit., 1989, pp. 219~223.

26 ibid., p. 223.

다. 내편의 「입교」·「명륜」·「경신」은 각각의 내용을 수록했고, 「계고」는 입교·
명륜·경신의 주제를 고대 선인들의 구체적인 사례를 발췌하여 정리한 것이
다. 내편의 내용을 총괄하여 마지막 부분에 통론通論으로 마무리했다. 외편
에는 입교·명륜·경신의 주제에 맞는 한·당·북송대 인물들의 실제 말과 행동
을 수록했다. 내·외편은 모두 원전을 그대로 수록했다. 내·외편의 길이는 대
체로 동일하다. 내편에서 212출전은 기본적으로 경서이고, 외편의 172출전은
한에서 송까지 인물들의 가언과 선행을 제시했다.[27]

『소학』의 특징으로는 크게 두 가지를 꼽을 수 있다. 첫째, 『소학』은 입교·
명륜·경신이라는 세 가지 주제를 중심으로 중층적으로 배치되어 있다. 내편
에는 편명 그대로 입교·명륜·경신이 각각 배정되었고, 내편 「계고」와 외편
「가언」·「선행」은 각 권 안에 입교·명륜·경신이라는 세 가지 주제 항목별로
내용을 선정하여 수록했다. 이런 배치는 입교·명륜·경신의 주제를 강조하면
서 추상적으로 보이지 않도록 하기 위한 고안으로 보인다.

세 가지 주제의 분량에는 다소 차이가 있다. 「명륜」 107항목은 「입교」 13
항목과 「경신」 45항목에 비해 압도적으로 많은 분량이다. 「계고」·「가언」, 그
리고 「선행」에서도 명륜 관련 주제가 가장 많은 분량을 차지한다. 「명륜」의
항목을 살펴보면 군신관계 20항목, 부부관계 9항목, 장유관계 20항목, 붕우관
계 11항목에 비해, 특히 부자관계가 38항목으로 가장 많은 분량을 차지하고
있다(〈표 2〉와 〈표 3〉 참조).[28] 「명륜」편은 인간관계에 부착된 도덕적 의무에 강조
점을 두었다. 이들 관계성 속에서 사람은 각각의 책임감을 가진다. 특히 부
자관계 항목이 많은 이유는 주희가 효를 상호호혜적 관계와 의무로 이해했

---

27 ibid., pp. 225~228.

28 ibid., pp. 238~240.

「입교」	「명륜」	「경신」
	父子　38항목 心術　12항목 君臣　20항목 威儀　21항목 夫婦　9항목 長幼　20항목 衣服　6항목 朋友　11항목 飮食　6항목 일반　9항목	心術　12항목 威儀　21항목 衣服　6항목 飮食　6항목
13항목		
총 13항목	총 107항목	총 45항목

* M. Theresa Kelleher, "Back to Basic: Chu Hsi Elementary Learning", Wm. T. de Bary and John Chaffee eds., *Neo-Confucian Education: The Formative Stage*, Berkeley: University of California Press, 1989, p. 228의 도표 재인용.

〈표 3〉「소학」 내편「계고」와 외편「가언」·「선행」의 내용별 항목 분류

		「계고」	「가언」	「선행」
입교		4항목	14항목	8항목
명륜	父子	17항목	14항목	10항목
	君臣	5항목	10항목	8항목
	夫婦	항목	8항목	5항목
	長幼	3항목	4항목	10항목
	朋友	2항목	3항목	1항목
	一般	0항목	2항목	11항목
경신		12항목	36항목	28항목

* M. Theresa Kelleher, "Back to Basic: Chu Hsi Elementary Learning", Wm. T. de Bary and John Chaffee eds., *Neo-Confucian Education: The Formative Stage*, Berkeley: University of California Press, 1989, p. 238, p. 240의 도표를 재인용하면서 宇野精一,『小學』, 東京: 明治書院, 1965의 서명 분류를 첨가하여 작성.

기 때문이라고 여겨진다.[29]

　둘째, 내편은 선진 문헌인 『예기』·『논어』·『맹자』·『효경』·『좌전』에서 발췌

---

[29]　Wm. T. de Bary는 효를 자식이 부모의 내리사랑에 응해 부모를 공경하고 봉양하는 호혜적 관계로 이해하는 주희의 견해가 당시에 흔한 것은 아니었다고 하였다. Wm. T. de Bary, *op.cit.*, 1983, pp. 36~37.

하여 엮었다면, 외편은 송대 원전과 송대 이전의 원전에서 발췌하여 엮었다. 송대 원전은 『이정전서二程全書』·『소자전서邵子全書』·『동몽훈』·『통서通書』·『장자전서張子全書』·『구양문충공문집歐陽文忠公文集』 등이며, 송대 이전 원전은 『한서漢書』·『후한서後漢書』·『삼국지三國志』·『당서唐書』·『진서晉書』·『남사南史』·『안씨가훈』 등이다〈표 4〉, 〈표 5〉 참조).[30] 이는 고전 텍스트와 주희 시대의 텍스트 사이에 조화를 꾀하고자 한 것이었다, 그리고 주희 시대 텍스트의 선택은 그가 살고 있는 시대에 대한 비판과 개혁의 시도가 반영된 것이었다.

〈표 4〉 「소학」 내편의 경서 종류와 빈도수

	「입교」	「명륜」	「경신」	「계고」	계
『禮記』	5	65	22	7	99
『論語』	3	19	18	11	51
『孟子』	1	7	1	4	13
『孝經』	0	6	0	0	6
『左傳』	0	1	0	5	6

* M. Theresa Kelleher, "Back to Basic: Chu Hsi Elementary Learning", Wm. T. de Bary and John Chaffee eds., *Neo-Confucian Education: The Formative Stage*, Berkeley: University of California Press, 1989, p. 238, p. 240의 도표를 재인용하면서 宇野精一, 『小學』, 東京: 明治書院, 1965의 서명 분류를 첨가하여 작성.

〈표 5〉 「소학」 외편 「가언」·「선행」에 인용된 역사서의 종류와 빈도수

	「嘉言」	「善行」
王朝史*	9	41
『二程全書』	25	7
呂本中, 『童蒙訓』	15	9
司馬光, 『司馬文正公文集』, 『資治通鑑』	9	8
張載, 『張子全書』	8	0
『顔氏家訓』	6	0
『柳氏家訓』	1	5
王通, 『文中子』	2	2

* 王朝史: 『漢書』, 『後漢書』, 『晉書』, 『魏書』, 『三國志』, 『南史』, 『新唐書』, 『舊唐書』, 『宋史』.
** M. Theresa Kelleher, "Back to Basic: Chu Hsi Elementary Learning", Wm. T. de Bary and John Chaffee eds., *Neo-Confucian Education: The Formative Stage*, 1989, p. 238, p. 240의 도표 재인용; 宇野精一, 『小學』, 1965의 서명 분류 첨가작성.

---

30 宇野精一, 앞의 책, 1965, 1~4쪽.

이상에서 『소학』의 편찬 배경과 구조를 살펴보았다. 아래에서는 이런 점들을 참조하여 『소학』의 내용을 살피면서 주희가 그의 시대에 『소학』을 통해 제시하고자 했던 정치이념이 무엇인지 살펴보기로 하겠다.

2. 『소학』의 정치이념

『소학』의 내용은 입교, 명륜, 경신이라는 주제에 따라 배열되어 있다. 그 중에서 가장 많은 분량을 차지하는 장이 명륜이다. 명륜은 수평적 관계인 부부관계나 붕우관계보다 수직적 관계인 부자관계·군신관계·장유관계에 많은 비중을 두었다. 이런 수직적인 관계는 효를 기본으로 그 이름을 달리하며 영역을 확대한다. 다시 말해, 가족관계에서의 '효'가 사회공동체 안에서 '경', 그리고 국가 속에서 '충'으로 외연을 확장하는 것이다. 그러나 이 외연의 확대는 기능적·도덕적 의무에 있어서 분명한 차이를 수반한다. 이런 점을 주목하면서 『소학』에서 주희의 정치사회적 관점을 살펴보고자 한다.

첫째는 군주·사 보편론이다. 한·당대에 정립된 경전들과 달리 주희는 『소학』에서 효의 실천에 신분차별을 두지 않았다. 효의 범위는 천자부터 일반서민까지 모두에게 해당되었다. 효와 관련하여 한·당대 유교교육의 기본 경전으로 기능했던 『효경』은[31] 군주정치의 성격을 효치론孝治論으로 파악했는데, 그것은 가족윤리로서의 효를 공적인 국가경영과 결합하여 강조하는 것이

---

[31] 주자학 이전에는 『효경』에서 시작하여 『논어』, 『맹자』를 읽어 나가는 것이 일반적이었지만, 주자학 이후에는 『소학』이 주자학적 학문 과정의 입문서 역할을 했으며, 이후 주자학이 보급되면서 광범위하게 읽혔다. 따라서 『소학』은 『효경』의 자리를 대신하게 되었다. 佐野公治, 『四書學史の硏究』, 東京: 創文社, 1983, 22쪽.

었다.[32] 그러나 모든 사회 구성원에게 기본적인 도덕 덕목으로 효의 실천을 강조하면서도 그 내용은 일률적이지 않았다. 서인부터 천자에 이르기까지 모든 신분·계급은 자신에게 알맞은 효의 실천 내용과 범위가 따로 있었다. 천자는 백성에 대한 덕 있는 정치를 실현하고, 제후는 사직과 백성을 보존하고, 경대부는 종묘를 지키고, 사는 작록과 제사를 유지하고, 서인은 부모를 봉양하는 것이었다.[33] 이처럼 『효경』에서 효는 천자부터 서인에 이르기까지 각각 다르게 설명되었다. 효의 보편성을 강조하면서도 한편으로는 신분계급의 분별성, 차별성을 보여주고 있는 것이다. 그러면서도 『효경』의 효 규정은 단순한 가족의 문제가 아니라 정치적·사회적 문제로까지 확대된다. 특히 천자로부터 경대부까지 이 문제가 더 부각된다.

그러나 『소학』에서의 효는 『효경』의 효와 다르다. 『소학』에서 효는 신분 차별 없이 보편적으로 적용되었다. 자식은 새벽 첫닭이 울면 세수와 양치질

---

32 효치(孝治)는 '효로서 다스린다'는 의미이며, 『효경』 편장(篇章)의 제목이면서 『효경』 전체를 관통하는 정치론이었다. 이 장은 천자(天子) – 제후(諸侯) – 경대부(卿大夫)의 효치를 차례로 서술하고 있다. 사(士)와 서인(庶人)은 치(治)의 주체가 될 수 없기 때문에 논의에서 제외되었다(정호훈, 「朱子 『孝經刊誤』와 그 성격」, 『동방학지』 116, 2002, 76~78쪽; 김용옥, 『효경 한글역주』, 통나무, 2009, 361~363쪽). 특히 정호훈의 논저는 필자가 『효경』을 이해하고 이 책의 논의를 이끌어가는 데 많은 참고가 되었다.

33 『孝經』 2章 「天子」에서 6章 「庶人」까지 각 신분별 효의 내용은 다음과 같다. ① 天子: 愛親者不敢惡於人 敬親者不敢慢於人 愛敬盡於事親 而德敎加於百姓 刑于四海. ② 諸侯: 制在上不驕 高而不危 制節謹度 滿而不溢 高而不危 所以長守貴也 滿而不溢 所以長守富也 富貴不離其身 然後能保其社稷 而和其民人. ③ 卿大夫: 非先王之法服 不敢服 非先王之法言 不敢道 非先王之德行 不敢行 是故非法不言 非道不行 口無擇言 身無擇行 言滿天下無口過行 滿天下無怨惡 三者備矣 然後能守其宗廟. ④ 士: 資於事父以事母 而愛同 資於事父以事君 而敬同 故母取其愛 而君取其敬 兼之者父也 故以孝事君 則忠 以敬事長則順 忠順不失以事其上 然後能保其祿位 而守其祭祀. ⑤ 庶人: 用天之道 分地之利 謹身節用 以養父母.

을 하고 머리를 빗고 비녀를 꽂고 상투를 하고서 부모님에게 문안인사를 하고,[34] 부모님의 부름에 즉각 응답해야 하며,[35] 자식은 부모님이 겨울에 따뜻하게 지내는지 여름에 시원하게 지내는지 육체적 편안함을 챙기고[36] 부모님을 근심하게 하지 않는 심리적 편안함에 전념할 뿐이었다.[37]

이렇게 신분적 규정과 차별이 없는 효의 적용은 '천자·사·서인'의 일원화,[38] 특히 '천자·사의 보편화'였다. 이는 당말·오대를 거치는 과정에서 귀족제의 붕괴로 인해 새로운 핵심적 정치세력으로 등장한 사대부의 입장에서, 천자를 자신과 동일시하고자 하는 의도가 효의 적용을 통해 은연중에 드러

---

34 『小學』, 「明倫」, "內則曰 子事父母 鷄初鳴 咸盥漱 櫛縰笄總 拂髦冠緌纓 (…) 以適父母舅姑之所 及所 下氣怡聲 問衣燠寒 疾痛苛癢 而敬抑搔之 出入則或先或後 而敬扶持之 進盥 少者奉槃 長者奉水 請沃盥 盥卒授巾 問所欲而敬進之 柔色以溫之 父母舅姑 必嘗之而後退 (…)."

35 『小學』, 「明倫」, "禮記曰 父命呼 唯而不諾 手執業則投之 食在口則吐之 走而不趨 (…)."

36 『小學』, 「明倫」, "曲禮曰 凡爲人子之禮 冬溫而夏凊 昏定而晨省 出必告反必面 所遊必有常 所習必有業 恒言不稱老."

37 『小學』, 「明倫」, "孔子曰 父母在 不遠遊 遊必有方." "曲禮曰 父母存 不許友以死."

38 天子·士·民의 일원화는 一君萬民과는 다른 개념이다. 일군만민은 메이지시대의 일본에서 '國體'를 찬미하기 위해 만들어진 단어이다(『大漢和辭典』 1권, 東京: 大修館書店, 1943). 여기서 君은 천황을 가리키며, 尊王의 志士들이 현실의 막번체제를 부정하고 그들이 이상으로 삼는 천황 중심의 정치를 실현하기 위해 고안한 일종의 이데올로기라 할 수 있다. 이처럼 일군만민이라는 개념은 일본에서 만들어진 것이지만, 군주 외의 모든 사람을 民으로 보는 발상은 유교의 민본사상과도 연결된다. 때문에 중국과 조선의 왕조국가를 설명할 때 일반적으로 쓰이는 학술용어가 되었다(하라 다케시 지음, 김익한·김민철 옮김, 『직소와 왕권』, 지식산업사, 2000, 25-29쪽). 그러나 필자가 제시한 天子·士·民의 일원화는 天子에서 서인에 이르기까지 같은 입장을 갖는다는 견해이다. 말하자면, 천자=사=민이 같다는 동일적인 개념이다. 물론 현대적 의미와 같은 개념이 아닐지라도, 주희는 孝나 修身을 天子와 士·民을 구별하지 않고 동일하게 적용해야 한다는 점을 강조했다. 『大學章句』, "自天子以至於庶人, 壹是皆以修身爲本."

난 것이었다고 할 수 있다.

둘째는 가家·국가國家 부동론不同論[39]이다. 이것은 가와 국가가 같지 않다는 입장이며, 여기에는 공公과 사私를 분리해야 한다는 사고방식이 내재되어 있다. 앞서 언급했듯이 『효경』은 효의 내용을 달리 규정하면서 가족관계·혈연관계에서 이루어지는 효의 실천이 궁극적으로 정치적 실현으로까지 확장되는 것을 강조했다. 효라는 것은 일가의 가족관계·혈연관계에서 행해지는 것이지만, 동시에 전 사회·국가적 차원에서도 논의할 수 있다는 것이었다.[40]

그러나 주희는 부자관계·혈연관계를 바탕으로 한 '가'와 군신관계인 '국가'를 분리했다. 『소학』에서 부모에 대한 자식의 입장과 신하의 군주에 대한 입장은 분명히 달랐다. 비율적인 면에서도 부자관계 38항목 중 단 3항목만이 부모의 잘못을 말하는 자식의 모습을 그리고 있는 반면, 군신관계 20항목 중에서 군주에게 간언하는 신하의 태도를 보여주는 것은 8항목이나 된다. 다음은 『소학』에서 부모의 잘못을 말하는 자식의 태도이다.

　　내칙內則에서 말하길 부모에게 잘못이 있으면 기운을 가라앉히고 얼굴

---

39 가·국가 부동론은 정호훈의 논저(『朝鮮後期 政治思想硏究―17세기 北人系 南人을 중심으로』, 혜안, 2004, 64~78쪽)에서 그대로 인용했다. 그는 조선 후기 정치사를 논의하면서 北人系의 정치론을 家·國家 不同論으로 파악했다. 그는 북인들이 국가·군권을 강조하는 정치론을 확립해가는 과정에서 이 개념을 활용했으며, 그 논리는 國家와 私家의 관계에서 國家를 私家보다 우위에 두고 군신관계를 가족관계보다 우선시하는 것이라고 규정했다. 필자는 家와 國家가 같지 않다는 점에는 동의하지만, 國家가 家에 우선한다는 해석은 좀 더 살펴볼 필요가 있다고 본다. 그러나 국가가 공적인 영역이라는 점과 공적인 영역의 도덕성 강화는 『小學』과 '소학실천자'들과 합치된 논의라고 여겨진다.

40 정호훈, 앞의 논문, 2002, 76~78쪽; 「朝鮮後期 새로운 政治論의 展開와 孝經」, 『朱子思想과 朝鮮의 儒子』, 혜안, 2003, 208쪽.

빛을 온화하게 하고 목소리를 부드럽게 해서 간할 것이니, 간해서 만약 듣지 않으면 공경을 일으키고 효도를 일으켜서 즐거워하시면 다시 순한 말로 간한다. [부모가] 즐기지 아니하시어 더불어 향당鄕黨과 주려州閭에 죄를 얻게 되거든 차라리 익숙히 간할 것이니, 부모가 화를 내고 즐기지 아니하여서 때려서 피가 흐르더라도 감히 미워하고 원망하지 아니하고 공경하고 효도한다.[41]

부모의 잘못에 대해 간곡히 말하는 자식의 모습을 구체적으로 보여주면서, 그래도 부모가 듣지 않으면 따라야 한다고 가르친다. 그렇다면 군주의 경우는 어떨까. 다음은 신하가 군주에게 간언하는 모습이다.

대신은 도로써 군주를 섬기다가 불가하다면 그만둔다.[42]

벼슬자리에 있는 자가 그 직책을 얻지 못하면 떠나고, 말을 할 책임이 있는 자가 그 말을 시행해 얻지 못하면 떠난다.[43]

첫 번째 문장은 대신, 즉 한 나라의 정치 책임을 맡은 고위 관원이 도로써 군주를 섬기다가 군주가 도를 따르지 않으면 벼슬을 그만두어야 한다는 것이다. 두 번째는 관직에 있는 자가 자기의 직무를 수행하지 못하거나 간관으

---

41 『小學』, 「明倫」, "內則曰 父母有過 下氣怡色柔聲以諫 諫若不入 起敬起孝 說則復諫 不悅 與其得罪於鄕黨州閭 寧孰諫 父母怒不悅 而撻之流血 不敢疾怨 起敬起孝."

42 『小學』, 「明倫」, "大臣以道事君 不可則止."

43 『小學』, 「明倫」, "有官守者 不得其職則去 有言責者 不得其言則去."

로서 자신의 말이 받아들여지지 않는다면 그 자리에 머무를 이유가 없으니 마땅히 자리에서 물러나야 한다는 것이다. 이는 모두 군주에게 간언하는 신하의 모습을 극단적으로 설명하고 있다. 여기서 주목되는 것은 군주도 잘못할 수 있다는 전제와, 군주에게 반드시 간언해야 하는 신하라는 존재의 당위성, 그리고 '신하로서의 도'이다. 그리고 그 간언이 받아들여지지 않을 때 신하는 군주를 과감히 떠날 수 있다는 것이다. 주희의 『근사록』에도 유사한 내용이 실려 있다.

> 선비가 높은 지위에 있을 때는 군주의 잘못을 구원하는 일은 있어도 그
> 뒤를 따르지는 않는다.[44]

선비가 높은 지위에 있을 때의 의무는 군주를 보좌하는 것이지, 군주가 행하는 나쁜 일에 순순히 복종하는 것이 아니라는 의미다.

이 두 가지 상이한 입장은 효에 의해 작동되는 '가'가 '국가'로까지 확대되지 않음을 뜻한다. 부자관계의 '효'가 군신관계에서 '충'으로 확대되었지만 그 기능과 도덕적 의무는 달라졌던 것이다. 군신관계의 '충'은 군주를 도덕적으로 심판하지만, 동시에 군주를 정치적 도덕의 최고 기준으로 존중한다는 의미도 내포하고 있다.[45] 군신관계의 '충'에 부자관계의 '효'와 다른 도덕적 의무가 부과되는 이유는, 공적인 영역에 속해 있는 군주와 신하 둘 다 공공선을 추구해야 할 당위성이 존재하기 때문이다. 따라서 '효'로 대변되는 '가'와 '충'으로 대변되는 '국가'는 동일하지 않으며, '가'로 대변되는 '사'와 '국

---

44 『近思錄』卷7,「出處」, "士之處高位 則有拯而無隨."

45 Wm. T. de Bary, *op.cit.*, 1983, pp. 56-57.

가'로 대변되는 '공' 역시 엄격하게 분리되어야 했다.

셋째는 군주수신론君主修身論이다. 이것은 신유학적 통치자가 가져야 할 태도이며, 통치자가 가져야 할 도덕성을 유지하기 위한 수양을 말한다. 정치에서 정책의 최종적인 결정자는 군주이다. 주희에게 군주는 무엇보다 도덕적 완성을 이루어야 할 주체였다. 그는 군주에 대해 다음과 같이 언급했다.

> 천하의 사事는 천변만화이며 그 단서도 무궁해서 인주人主의 마음을 근본으로 하는 것이 자연의 이치인 고로, 인주의 마음이 바르면 천하의 일이 바름에서 나오지 않음이 하나도 없고, 인주의 마음이 바르지 않으면 천하의 일이 바름에서 말미암을 수 없다.[46]

주희의 이 말은 천하의 일이 본래 한 사람에게 달려 있음을 의미한다. 즉 정치의 치난治亂이 군주의 일심一心에 의해 좌우되므로 정치를 책임지는 군주에게 요구되는 가장 긴급한 과제는 군주 자신의 심술心術을 바로잡는 것, 도덕적으로 완성된 성품을 갖추는 일이라는 것이다. 이를 위해 군주는 인욕을 제거하고 천리를 확립하는 것이 급선무라고 강조했다.[47]

송대 이전에 군주는 천명을 부여받은 존재로 여겨졌다. 천명은 주대에 형성된 주장이다. 이 주장에 따르면, 하늘은 주나라에 천하를 다스릴 명을 내렸는데 만약 왕이 제대로 다스려내지 못하면 그 명을 거두어간다고 했다. 이

---

46 『朱子大全』卷11, 「戊申封事」, "天下之事 千變萬化 其端無窮 而無一不本於人主之心者 此自然之理也 故人主之心正 則天下之事 無一不出於正 人主之心不正 則天下之事 無一 得由於正."

47 『朱子大全』卷12, 「己酉擬上封事」.

천명은 제국의 통치자들에게 왕권의 소유에 대한 수사학적 정당화를 제공해 주었다. 즉, 황제는 하늘과 인간 사이의 중재자이면서 모든 것에 연루된 중심이었다. 따라서 천명을 부여받은 황제와 그의 제국은 자연의 모델에 기초해 있을 뿐만 아니라 자연에 공명한다는 것이다. 만약 제국이 제대로 통치되면 자연계 역시 제대로 운영되겠지만, 제국이 잘못 통치되면 천지 역시 정상상태에서 벗어나 자연재해가 발생하고 궁극적으로는 사회가 제 길을 찾지 못해 혼돈에 빠지게 되므로 결국 통치자에게 책임이 있다는 이론으로 나아갔다.[48]

군주에 대한 이런 인식은 송대 사대부사회로 들어오면서 새로운 문제로 대두되었다. 북송의 대표적 학자인 왕안석과 사마광은 황제의 권위에 문제를 제기했고,[49] 정이는 정치와 도덕의 연합을 꾀했다.[50] 정이의 생각을 이어받은 주희는 군주에 대해 두 가지 관점을 가지고 있었다. 그 하나는 군주도 보편적인 인간이라는 것이다. 군주는 도덕적·지적 잠재성을 가진 인간이면서 타락에 영향 받기 쉬운 인간이므로 배워야만 하는 존재이고, 그 배움의 목적은 그의 마음의 변화이다. 다른 하나는 군주도 행정체제의 일부분이라는 것이다. 따라서 군주가 배우지 않는다면 그는 사회질서 속에서 정부구조를 유지할 의무를 실행할 수 없다.[51]

보편적 인간인 군주의 도덕적·지적 잠재성을 드러내기 위한 배움의 방법

---

48 Peter K. Bol, *Neo-Confucianism in History*, Cambridge: Harvard University Asia Center 2008, pp. 122~123.

49 Peter K. Bol, op.cit., 1993, pp. 160~178.

50 Alan T. Wood, *Limits to Autocracy: From Sung Neo-Confucianism to a Doctrine of Political Rights*, Honolulu: University of Hawaii Press, 1995, pp. 111~119.

51 Peter K. Bol, *op.cit.*, 2008, pp. 125~133.

은 수신이었다. 군주수신론은 주희가 『소학』과 『대학』을 연계해서 제시한 학문론과도 궤를 같이했다. 『소학』은 부모를 섬기는 것을 배우고 어른을 섬기는 것을 배워서 그 일을 직접 이해하는 것이며, 『대학』은 더 나아가 그 이치를 자세하게 궁구하여 부모를 섬기는 까닭이 무엇인지 어른을 섬기는 까닭이 무엇인지 아는 것이었다.[52] 주희는 사물의 이치를 깨닫고 궁구하기 전에 먼저 실천할 것을 권했다. 실천을 통해 몸의 훈련을 이룬 다음에 그 사물의 이치가 더 잘 궁구될 수 있다고 여겼기 때문에 『대학』으로 나아가기 전에 먼저 『소학』의 도를 실천하도록 권면했다.

결국 『대학』은 사물에 대한 궁리를 통해 완벽한 지를 갖추고 이를 근저로 덕성의 완성을 이루는 일이어서 수신·제가·치국·평천하가 모두 여기로부터 근원하는 것이었다면,[53] 『소학』은 사물의 일처리를 가르쳐 자신의 마음을 스스로 함양하여 알지 못하는 사이에 저절로 좋아지게 하는 것이었다.[54] 다시 말해, 『대학』이 사물을 궁구하여 평천하에 이르는 연속적 과정으로 추상적·사변적·세계적 지향을 추구했다면, 『소학』은 자신과 타인의 관계성에서 구체적·현실적·실천적 지향을 추구했다. 이런 관점에서 주희는 『소학』과 『대학』을 연계하는 학문 과정을 세웠다.

『소학』 「경신」 45항목은 마음가짐(12항목)보다 몸가짐 등 외형적인 것(33항목)에 더 많은 비중을 두었다(표 2) 참조). 그중에서 식사와 착복의 예절은 일상

---

52 『朱子語類』 卷7, 「學一」 小學, "小學是學事親 學事長 且直理會那事 大學是就上面委曲詳究那理 其所以事親是如何 所以事長是如何."

53 『朱子大全』 卷13, 「癸未垂拱奏箚」, "臣聞大學之道 自天子以至於庶人 壹是皆以修身爲本 而家之所以齊 國之所以治 天下之所以平 莫不由是出焉 (…) 而身修至於家之齊 國治天下之平 亦擧而指之耳 此所謂大學之道."

54 『朱子語類』 卷7, 「學一」 小學, "古人小學敎之以事 便自養得他心 不知不覺自好了."

에서 반복되는 행위지만 종교의식처럼 경건하게 행해야 했다. 이처럼 수신의 주체는 일상에서 신성한 의식으로 여겨질 만큼 엄숙한 생활습관을 익혀야만 했다. 이런 행위를 통한 외재적 단속이 내면의 자발적 동기로 전화되는 도덕적 경지를 지향했다.[55]

주희는 이런 수신을 통해 성인으로서의 자질을 갖출 것을 군주에게 끊임없이 요구했다.[56] 한편으로 이런 요구는 군주에 대한 비판의 근거로도 활용되었다.[57] 관료 문인들은 군주수신에 대한 책무를 자부함으로써 자신들의 존재 의의를 부각시키기도 했고, 군주를 비판하고 견제하기도 했다.[58]

넷째는 가–향–국가의 설정이다. 이것은 가와 국가 사이에 위치한 지역사회에 대한 인식이다. 『소학』 「입교」의 내용은 두 부분으로 이루어져 있다. 하나는 가족이라는 사적인 영역의 교육방법과 내용을 다루고 있으며, 다른 하나는 지역사회라는 공적인 영역으로 장소를 이동하여 지역공동체 내의 교육방법을 다룬 것이다. 그 방법으로 제시된 것이 『주례』에서 발췌한 내용으로, 제1부의 주 43번에서 인용했듯이 대사도가 향에서 삼물로써 만민을 가르쳐 빈객으로 일으켜 쓴다는 것이다. 그 내용은 주대에 6경의 하나로서 국가의 토지와 인민을 관장하는 벼슬이면서 동시에 교관의 장이었던 대사도가 12,500가의 향을 다스리는 향대부에게 명하여 삼물로써 향민을 가르쳐 그중에 현능한 자를 귀빈으로 대접하고 천거토록 했다는 것이다.[59] 여기서 삼물

---

55 宋在倫, 앞의 책, 1998, 109~111쪽.

56 정호훈, 앞의 논문, 2003, 207쪽.

57 守本順一郎 저, 김수길 역, 『동양정치사상사』, 동녘, 1985, 92~94쪽.

58 정호훈, 앞의 논문, 2002, 95쪽.

59 宇野精一, 앞의 책, 1965, 28~29쪽: 錢玄·錢興奇, 『三禮辭典』, 南京: 江蘇古籍出版社, 1998, 83쪽.

은 지知·인仁·성聖·의義·충忠·화和의 여섯 가지 덕목과 효孝·우友·목睦·인婣·임任·휼恤의 여섯 가지 행실, 예禮·악樂·사射·어御·서書·수數의 여섯 가지 기예를 말한다.[60] 요컨대 대사도의 명을 받은 향대부가 삼물로 가르친 향민 가운데 뛰어난 사람을 향음주례의 손님으로 대우하고, 이들을 다시 국가의 인재로 추천하게끔 했던 것이다.

주희가 이와 같이 『주례』의 내용을 발췌한 이유는 가와 국가 사이에서 향의 역할에 주목했기 때문이라고 여겨진다. 주희는 향을 국가의 직접적인 통치 대상으로 보지 않고 간접적인 통치 대상으로 이해했다. 그의 지역사회 인식은 왕안석의 신법에 의해 주도된 중앙집권적 획일화에 대한 반작용의 결과로 보인다.[61] 그는 향촌 내에서 상호의존성과 호혜성에 기초한 자발적인 사회질서가 국가의 통제기구와 제도들이 행사하는 강제력에 기초한 질서보

---

60 『小學』, 「立教」, "一曰六德 知仁聖義忠和 二曰六行 孝友睦婣任恤 三曰六藝 禮樂射御書數."

61 Wm. T. de Bary에 의해 주희의 지역사회 인식이 주목되기 시작했다(Wm. T. de Bary, *op.cit.*, 1983). 그 후 Robert P. Hymes와 Peter K. Bol, 그리고 쓰치다 겐지로가 지역사회와 주자학에 대한 논의를 이어갔다(Robert P. Hymes, *Statesmen and Gentlemen: The Elite of Fu-chou, Chianghsi, in Northen and southern Sung*, New York: Cambridge University Press, 1986; Robert P. Hymes, op.cit., 1989; Peter K. Bol, *This Culture: Intellectual Transition in T'ang and Sung Culture*, Stanford: Stanford University Press, 1992; Peter K. Bol, op.cit., 1993; 쓰치다 겐지로, 앞의 책, 2006). 이들의 논의는 지역사회에 기반을 둔 사대부들이 국가와 독립된 자율적 공적 영역을 조직적으로 창출하는 자발적인 운동과 조직체 운영의 기반으로서의 주자학을 강조하고 있다. 그러면서도 주희의 지역사회 인식 계기에 대한 파악은 연구자들 사이에 약간의 차이가 있다. Wm de Bary는 주희가 중앙부처의 고위관료를 지낸 적이 없고 주로 지방행정업무에 종사했기 때문에 지방에 관심이 있었다고 보았고, Robert Hymes과 Peter Bol은 王安石 新法의 영향으로 보았다. 필자는 社倉制와 書院이 王安石의 新法과 유사하면서도 다른 방안이었다는 점에서 후자의 논의에 동의한다.

다 우월하다고 보았던 것 같다.[62]

이러한 상호의존성과 호혜성에 기초한 지역사회의 모습은 『소학』 외편 「가언」과 「선행」에 구체적으로 제시되어 있다. 『소학』 「가언」은 역사적인 사례를 통해 지역사회의 공동체적 질서를 언급한 것이고, 『소학』 「선행」은 역사적인 사례를 직접 시행한 구체적인 실천 사례를 발췌한 것이었다. 다음은 『소학』 「가언」 '광입교廣立敎' 항목 중 지역사회에 해당하는 내용이다.

> 진고령陳古靈 선생이 선거仙居 지방의 수령이 되어 고을 백성들을 다음과 같이 가르쳤다. 우리 백성이 되는 자들은 (…) 마을에 예의가 있어야 하며 빈곤과 환난에 빠졌을 때는 친척이 서로 구제하며 혼인 같은 경사나 장례 같은 애사哀事에는 이웃들이 서로 도우며 농사일을 게을리 하지 말아야 한다. 도둑질을 하지 말고 도박은 배우지도 말아야 한다. 다투거나 송사하는 것을 좋아하지 말고 악으로써 선을 능멸하지 말며 부유함으로써 가난한 자를 병탄하지 말아야 한다.[63]

위의 내용은 북송 사상가 고령古靈 진양陳襄(1017~1080)이 왕안석의 개혁정치를 반대하다가 지방에 좌천된 뒤 부임지에서 그 지역민들을 가르친 것이다.[64] 여기서 주목할 점은 지역사회의 역할이다. 진양은 지역사회의 역할을 대략 세 가지로 파악했다. 마을의 예와 구제의 역할과 경조사의 부조가 그것

---

62 Wm. T. de Bary, *op.cit.*, 1983, p. 32.

63 『小學』, 「嘉言」, "古靈陳先生爲仙居令 敎其民曰 爲吾民者 (…) 鄕閭有禮 貧窮患難 親戚相救 婚姻死喪 隣保相助 無墮農業 無作盜賤 無學賭博 無好爭訟 無以惡陵善 無以富呑貧."

64 宇野精一, 앞의 책, 1965, 268~269쪽.

이다. 마을의 예는 연회와 같은 행사에서 연령에 따라 순서를 정하여 공경하는 예이고, 구제의 역할은 어려움에 처한 이웃에게 전곡을 빌려주는 것이며,[65] 경조사의 부조는 혼인 같은 경사나 장례 같은 애사에서 이웃들이 서로 돕는 것을 말한다. 「가언」의 내용은 『주례』 「대사도조」에서 발췌한 「입교」의 내용보다 지역사회에 대한 모습을 보다 구체적으로 그리고 있으며 한 발 더 진전되어 있다.

『소학』 「선행」은 「가언」편의 지역사회가 지닌 상호부조의 역할은 유지하면서 보다 조직적이고 제도적인 모습을 갖춘 공동체를 제시한다. 「선행」편에는 남전에 사는 여씨 형제가 만든 향약이 등장한다. 여기서 향약의 '약'은 서로 도와가며 상호 이익을 함께 도모하기로 공동체의 성원들이 맺은 일종의 계약을 뜻한다.[66] 이 '약'의 성격은 공동체의 자발적인 참여를 전제로 하면서도 잘못이 있거나 약속을 위반한 사람을 기록하여 세 번 규약을 어기면 벌을 주되 잘못을 고치지 않으면 제명한다는[67] 규제성까지 내포하고 있다. 따라서 향약은 공동체 내의 '자발성'과 '규제성'이라는 이중적인 의미를 가지고 있다고 말할 수 있다. 이 점은 가족 내 부자관계의 효가 사회공동체 내의 경으로 이동하면서 범위와 성격이 넓어지고 엄격해졌음을 보여주는 것이다. 지역사회는 가족보다 넓은 범위이면서도 국가라는 획일적인 강제성에 의해 통제될 수 있는 공간이 아니었다. 이 공간은 국가권력과 가족의 이익을 조정하고 매개해줄 수 있는 자발적인 지역공동체였다.[68]

---

65 위의 책, 269쪽.

66 Wm. T. de Bary, *op.cit.*, 1983, pp. 32~33.

67 『小學』, 「善行」, "藍田呂氏鄕約曰 (…) 有過若違約者 亦書之 三犯而行罰 不悛者絶之."

68 Wm. T. de Bary, *op.cit.*, 1983, pp. 32~33.

이상과 같이 살펴보면, 주희가 『소학』에서 제시한 정치 지배원리는 한·당대 사회 정치원리와는 다른 새로운 방향의 이념이었다. 그 정치론은 전체적으로 군주의 종교적 절대화에 대한 상대화와 군주·사의 보편화였다. 이는 사의 입장에서 공적인 영역을 강화시키고자 하는 것이었다고 볼 수 있다. 그리고 지역사회는 국가권력의 외재적 강제에 의해서가 아니라 공동체 구성원의 자발성에 의해 규제되도록 했다. 이는 향을 국가와 가 사이에 위치하도록 배치했음을 뜻하는 것이다.

제2장
소학실천자들의 정치론

1. 가·국가 부동론과 내수사 혁파

주희는 『소학』에서 효와 충의 분리를 논의했다. 그는 충은 충으로서, 효는 효로서 실행영역이 분리되어야 하며, 공과 사의 관계도 엄격히 구분되어야 한다고 보았다.[69] 이는 군주가 지닌 공적인 요소와 국가가 갖는 공적인 요소를 가·부의 사적인 요소와 엄격하게 구분하는 것을 의미한다. 이런 분리를 주장한 이유는 혈연적인 친친親親의 관계로 맺어진 가와 존존尊尊의 관계로 맺어진 국가는 같지 않다는 논리가[70] 자리 잡고 있었기 때문이었다.

조선 전기에는 정란·반정 등의 정치적 변란이 잦았고, 그런 와중에 즉위한 군주는 태생적으로 자신을 옹립해준 공신집단에 힘입어 정통성을 확보해

---

[69] 주희는 천하의 일에는 다 理가 있지만 각 사물마다 그 理는 달리 나타난다는 전제하에 君臣之間에는 君臣의 理가, 父子之間에는 父子의 理가 각기 다르게 존재한다고 이해했다. 『朱子大典』卷14, 「行宮便殿奏箚二」, "天下之事 莫不有理 爲君臣者 有君臣之理 爲父子者 有父子之理."

[70] 이봉규, 「규범의 근거로서 혈연적 연대와 신분의 구분에 대한 古代儒家의 인식」, 『태동고전연구』 10, 1993, 810쪽; 정호훈, 앞의 책, 2004, 66쪽.

나갈 수밖에 없었다. 공신 역시 현실적으로 군주의 권력을 옹호하고 그를 중심으로 하는 권력구조에 동의할 수밖에 없는 태생적 한계를 지니고 있었다. 따라서 조선왕조 창건 이후 100여 년의 시기, 즉 15세기 사회의 정치론은 '효치론'이었다고 할 수 있다. 이는 '효'라는 가족질서를 통해 '충'으로 표현되는 국가의 공적 질서를 정립하고자 하는 것이었으며,[71] 군신관계를 부자라는 혈연적 유대관계로 인식하여 영원히 불변하는 관계로 규정하기 위함이었다.

그러나 효치론적 입장에서 국가와 사회를 바라보는 관점은 16세기 들어 소학실천자들에 의해 달라지기 시작했다. 그들은 효와 충의 분리를 지향했다. 군주와 신하는 도를 가지고 서로 허여許與하고 서로 의리로 바로잡는 것이니, 한갓 형세만 가지고 서로 부려서는 안 된다고 했던 대사간 최숙생崔淑生 등의 주장은[72] 소학실천자들의 입장을 잘 대변해준다. 소학실천자들은 군주에 대한 절대적 복종을 강조하기보다는, 군신은 함께 의리를 실천하는 관계임을 주장했다. 이는 주희가 『소학』에서 제시한 논리와 부합된다. 부자관계의 '효'와 군신관계의 '충'의 분리는 곧 국가로 대변되는 '공'과 가족으로 대변되는 '사'의 분리를 의미한다. 이것은 국가의 공적인 영역을 강화하려는 의도이기도 했다. 이들은 이러한 신념을 현실정치에 반영하고자 했다.

그 대표적 사례가 성종대 이래 정치적 과제로 남아 있다가 중종대 소학실천자들에 의해 혁파된 내수사라고 할 수 있다.[73] 내수사는 조선왕조에서 군

---

71 金貞信, 앞의 책, 2009, 84~87쪽.

72 『中宗實錄』 卷20, 中宗 9년 7월 甲戌, "大司諫崔淑生等上疏 (…) 君臣 以道相與 以義相正 非徒以勢相使而已."

73 內需司에 관해서는 다음 논저를 참고했다. 周藤吉之, 「高麗朝より李朝初期に至る王室財政─特に私藏庫の硏究」, 『동방학지』 10-1, 1939; 鄭鉉在, 「鮮初 內需司 奴婢考」, 『경북사학』 3, 1981; 池勝鍾, 「朝鮮前記 內需司의 性格과 內需司奴婢」, 『한국학보』 40, 1985; 申解

주 사가私家의 재산을 관리하기 위해 설치한 관부이다. 여기서 사가는 국왕이 즉위하기 전에 거주하던 가옥을 말하며, 흔히 본궁本宮이라 했다.[74] 본궁은 즉위 이후에도 그대로 유지되었다. 본궁과 그에 속한 토지나 노비, 곡물 등의 재산은 여전히 군주의 사유재산으로 존속되었는데, 이를 본궁사재라고 했다.[75] 군주는 한 국가의 수장이라는 공적인 성격과 한 가문의 가장이라는 사적인 성격을 동시에 지니고 있었던 것이다. 군주의 이 양면성과 관련하여 태종대의 신료들은 군주의 재산 소유를 다음과 같이 보았다.

> 예로부터 제왕 가운데 창업을 한 자는 모두 화가위국化家爲國하고 왕위를 잇는 자에게는 나라를 전해주고 서자庶子와 측자側子에게는 반드시 잠저潛邸의 사재를 분급하였습니다. 지금 전하께서 사재를 두심은 대개 이러한 예입니다. 그 본궁本宮의 사사로운 노비가 사리를 영위하는 바가 비록 혹시 있다 하더라도 전하께서 알 수 있는 바가 아닙니다.[76]

인용문에서는 예부터 창업한 군주의 경우 세자에게 왕위를 전해주고 여러 자식에게 잠저의 사재를 분급했으므로 군주가 본궁의 사재를 소유할 수

淳,「朝鮮前期 內需司 書題에 대한 小考」,『溪村 閔丙河敎授 停年紀念史學論叢』, 1988; 宋洙煥,『朝鮮前記 王室財政 硏究』, 집문당, 2001; 梁擇寬,「조선 전기 왕실의 토지소유와 경영」,『한국사론』53, 2007.

74 세종 7년 11월 실록 기사에 "군주가 잠저시(潛邸時)에 거주하던 곳을 시속에서 본궁이라 한다"고 되어 있다.『世宗實錄』卷30, 世宗 7년 11월 丁酉, "潛邸時所御處 俗謂之本宮."

75 송수환, 앞의 책, 2001, 237~289쪽.

76 『太宗實錄』卷36, 太宗18년 7월 甲寅, "六曹上疏曰 自古帝王之創業者 皆化家爲國 其繼體者則傳其國 庶子與側子則必以潛邸私財分給 今殿下之有私財 蓋此例也 其本宮私藏獲所營私利 雖或有之 非殿下所得而知也."

있다고 보지만, 군주가 그 운영에 관여하지는 않는다고 했다. 이처럼 태종대 신료들은 본궁의 사재 자체는 인정했지만 본궁의 운영에는 군주가 관여하지 않는 것으로 인식했다. 본궁을 기원으로 하는 내수사의[77] 원래 명칭은 내수소였다. 내수소에 관한 기록은 세종대에 처음으로 등장한다.

> 내수소內需所로써 전곡錢穀을 관장하게 하였다. 인신印信을 조급造給하라 명하였으니 그 문자를 '내수지신內需之信'이라 하였다.[78]

세종 5년에 전곡을 관장하기 위해 내수소가 설치되었고, 세종은 '내수지신'이라는 인신을 만들어 권위를 부여했다. 위의 기록에는 전곡의 출처가 분명하게 나타나지 않지만, 이 전곡은 본궁에 있는 전곡으로 짐작된다.

내수소는 세조 12년 대대적인 관제개혁 당시 내수사로 개칭하고 내수典需·부전수副典需·전회典會·전곡典穀·전화典貨 등 5명의 품관을 두었다.[79] 이 조처는 왕실 사재 관리기구인 내수소를 정식 관원을 둔 국가기구로 승격시켰다는 것을 의미한다.

『경국대전』에 의하면, 내수사는 내용內用하는 미포米布·잡물雜物·노비奴婢를 담당하는 기관이라고 명시되어 있다.[80] 여기 포함된 미포, 잡물, 노비는 모두 왕실의 사유재산이었으며, 그 수입과 지출은 국가재정과 무관한 궁중사수

---

77 內需司가 本宮을 기원으로 한다는 점은 위의 주 74번에 보이는 周藤吉之·池承鍾·宋洙煥 등 대다수의 연구자들이 동의하고 있다.

78 『世宗實錄』卷19, 世宗 5년 1월 己亥, "以內需所掌管錢穀 命造給印信 其文曰內需之信."

79 『世祖實錄』卷38, 世祖 12년 1월 戊午, "時 更定官制 (…) 內需所改稱內需司 置典需一 秩正五品 副典需一 正六品 典會一 從七品 典穀一 從八品 典貨一 從九品."

80 『經國大典』衛前 京官職 內需司條, "掌內用米布及雜物奴婢."

宮中私需를 위한 것이었다. 특히 왕실 소용의 미곡은 전국에 산재한 왕실 농장의 수확과 고율 장리長利에 의해 조달되었으며, 이를 관장하는 장리소도[81] 전국에 분포되어 있었다. 내수사장리는 년 50% 고율의 현물 고리대, 곧 사채로서 당시 식화의 방편으로 널리 행해지고 있었다.[82] 이것은 특히 군주가 사리를 추구하는 것으로 인식되어 누대에 걸쳐 대간 등의 반대와 힐난을 받았다.[83]

그러나 내수사 혁파는 단지 장리의 문제만이 아니라 내수사 자체의 문제라는 것이 중종대 내수사 혁파 논의 과정에서 드러났다. 중종 2년에 대간 등이 다음과 같이 내수사 혁파를 주장했다.

A. 대간이 합사合司하여 아뢰기를, "전번 국사의 잘못은 내수사 때문입니다. 옛말에 이르기를, '임금은 사사로이 간직한 것이 없고, 부富를 백성에게 간직한다' 하였으니, 임금이 만일 쓸 일이 있을 때는 어느 것인들 쓰지 못하겠습니까? 옛날 당나라 때 경림瓊林·대영大盈 등 사사로이 간직한 것이 있어 그의 덕에 누累가 되고 후세에 비웃음을 남겼으니, 이제 내수사內需司도 혁파해야 하겠습니다."[84]

---

81 『成宗實錄』卷14, 成宗 3년 1월 癸亥, "命革內需司長利三百二十五所 所存二百三十七所." 원래 內需司 소속 長利所는 모두 562개소였던 것 같다. 李秉烋, 『朝鮮前期 畿湖士林派研究』, 일조각, 1983, 126쪽의 주 37번 참조.

82 世宗·成宗 년간에는 內需司長利의 이율이 년 30%로 낮추어진 기록이 있으나 대체로 50%를 유지하였다. 池承鍾, 앞의 논문, 1985, 23쪽의 주 54번 참조.

83 내수사 폐지 요청 건수는 成宗代 13건, 燕山君代 11건, 中宗代 21건이었다.

84 『中宗實錄』卷3, 中宗 2년 7월 甲辰, "臺諫合司啓曰 頃者國事之非 以內需故也 古云 王者無私藏 藏富於民 人 君若有用 則何者不可用乎 昔唐有瓊林大盈等私藏 以累其德 貽笑後世 今之內需司 亦可革也."

B. 홍문관 직제학 김준손金駿孫 등이 차자箚子를 올리기를, (…) 내수사는 곧 전하의 사부私府이며 내수사 사람은 곧 사인私人인 만큼 무릇 일이 있으면 거기에 인연하여 임금에게 알려지게 될 것은 세상 당연한 일입니다. (…) 대개 왕자의 부는 나라에 간직하고 사사로이 가져서는 안 되는 것이니, 왕자로서 사사로운 명목을 둔다면 어찌 너무도 부끄러운 일이 아니겠습니까. 당 덕종德宗은 경림·대영의 창고 때문에 백성에게 원망을 쌓아 마침내 봉천奉天의 난을 당하였는데, 이제 내수사가 곧 그와 같은 일입니다. 그 재물이 다 백성에게서 나온 것이지만 그 쓰임은 나라에 관계가 없습니다. 별좌別坐다 서제書題다 하는 것들은 거개 다 간사한 소인의 무리들로서 양민과 천민을 함부로 차지하여 노비로 삼고 평계를 부려 이식을 늘리며 백성의 재물을 침탈하여 그 폐해가 폐조에 이르러 극도에 달하였습니다. 넓은 소매에 큰 띠를 두르고 스스로 아무개라 칭하면, 비록 높은 벼슬아치나 귀한 가문이라도 바람만 보고도 그 기세에 눌려 감히 대항하는 사람이 없었습니다. 내수사의 폐단이 한결같이 이에 이르렀는데도 혁파하지 않는다면 신 등은 나라의 근심이 다할 날이 없을까 걱정입니다.[85]

A에서 대간들은 내수사의 폐해를 거론하기보다 군주의 위치를 확인시켜 주고 있다. 군주는 사사로운 간직을 해서는 안 되는데, 내수사는 군주가 사사

---

85 『中宗實錄』卷3, 中宗 2년 7월 丁未, "弘文館直提學金駿孫等上箚曰 (…) 內需司 卽殿下之私府 而其人卽私人也 凡有事 因緣轉達 勢所必至 (…) 夫王者之富 藏於國 不宜有私 王者而有私名 豈非可恥之甚乎 唐德宗以瓊林大盈庫 畜怨於民 卒致奉天之亂 今之內需司 卽其事也 其財皆出於民 而其用不關於國 曰別坐 曰書題 率皆奸細之徒 冒占良賤 屬爲奴婢 依憑長利 侵奪民財 其弊至廢朝而極 廣袖闊帶 自稱某人 則雖達官貴家 望風懾伏 莫之敢抗 內需之弊 一至於此而不革 則臣等恐國家之憂未艾也."

로이 간직하는 관부이므로 혁파하자고 말하고 있는 것이다. B는 내수사를 군주의 사적인 관부라고 규정했다. 그 사적인 관부와 관련된 모든 비용은 국가에 관계없이 사적인 것으로 쓰인다고 지적한다. 그 쓰임으로 인해 비리가 자행되는 것 역시 당연하니 내수사 자체를 혁파해야 한다는 주장이다. 이들의 논의는 내수사의 폐단만이 아니라 내수사 자체의 문제를 지적한 것이었고, 군주의 위치와 역할의 문제까지 거론하고 있었다. 중종 11년에 내수사는 혁파되었지만,[86] 군주의 사적 소유는 이후에도 지속적인 관심 대상이 되었다.

내수사 혁파의 표면적 이유는 장리라는 고리대의 폐단이었다. 그러나 내수사는 왕실에 관한 공과 사의 구분에서 매우 중요한 쟁점이 될 수 있었다. 군주는 국가를 통치하는 수장이면서 왕실의 가장이기도 하다. 군주의 공적 성격이 전자와 관련된다면 군주의 사적 성격은 후자에서 파생된다. 이 두 가지 입장 차이는 정치적 쟁점으로 변화될 요소를 얼마든지 지니고 있었다.

혈연적인 가의 개념과 공적인 국가의 개념을 분리하려 했던 소학실천자들에게는 내수사의 존재 자체가 근원적인 문제였다. 내수사 혁파는 조선 전기 소학실천자들의 공·사 구분, 가·국가 부동론을 관철시킨 하나의 선례라고도 볼 수 있다.

2. 군주수신론과 군자·소인의 분별

주희는 『소학』에서 효에 대한 신분적 규정과 차별이 없는 보편적 적용을 시도했다. 이 보편성은 천자·사·민의 일원화를 꾀했다. 주희의 논리는 한·당

---

86 『中宗實錄』 卷25, 中宗 11년 6월 壬子, "命罷內需司長利及忌晨齋."

대 군주가 천명에 의해 절대적·초월적 권위를 확보한 존재였다는 데 대한 비판에서 출발한 것이었다. 한·당대 군주는 하늘과 직접 감응·교통하여 천의 의지를 현실에서 구체화할 수 있는 유일한 존재였다. 이런 권력을 확보한 군주에 대한 견제장치는 '천견사응설天譴事應說'로, 이는 천재지변을 위정자의 행위에 대한 천의 견책으로 간주하는 정치론이었다.[87]

송대 지식인들은 우주의 주인이자 인간사회의 주축이었던 황제의 권리를 축소시켜 나갔다. 그들은 천명의 실재를 부인하고, 왕조는 권력투쟁을 통해 세워진 것이라 여겼다. 북송대 정치가들은 통치자가 자신의 재상을 선택할 권리를 지니지만, 정책결정의 실질적인 권한은 통치자가 아닌 대신들의 몫이라고 생각했다.[88] 이는 황제가 자신이 속해 있는 체제로부터 엄격한 제한을 받는 존재가 되었음을 의미한다.[89]

북송 사상가들의 견해가 천명이라는 자연에 의한 권위를 획득한 통치자를 행정체계의 정책자로 전환시켜 나가는 것이었다면, 남송대 주희는 그 견해를 한 단계 더 전진시켰다. 그는 『소학』에서 '군주'와 '사'를 똑같이 배움을 통해서만 성인이 될 수 있는 보편적 인간으로 간주했다. 특히 군주는 정치에서 정책의 최종 결정권자였지만, 배움을 통해 도덕적 완성을 이루어야 하는 주체이기도 했다. 그에게 군주는 천명에 의해 권력을 위임받아 도덕을 가르

---

87 金貞信, 앞의 책, 2009, 61~65쪽.

88 Peter K. Bol, *op.cit.*, 1993, pp. 160~178. 황제권이 얼마나 제약받았는지는 당대의 두 정치지도자 王安石과 司馬光의 경쟁에서도 분명히 드러난다. 王安石은 1050년대에 이상적 정치시스템을 묘사하면서 황제의 역할을 무시하였고, 1080년대에 신법정권이 만든 정부구조 조정안에서도 정부 각 부처는 황제가 아니라 중서성에 보고하게끔 하였다. 이에 반해 司馬光은 황제가 통제권을 잃어가는 위험에 처해 있다고 경고하면서도 자신의 말을 경청하지 않는 황제를 모시고자 하지 않았다.

89 Peter K. Bol, *op.cit.*, 2008, pp. 125~127.

칠 권리를 지닌 존재가 아니었다. 군주를 평가하는 기준은 군주의 행동이 천리에 의해 인도되었느냐의 여부였다.[90] 주희는 군주를 도덕적 완성을 이루기 위해 끊임없이 일상 속에서 자신을 닦아 나가는 수신의 주체로 여겼다.

조선 전기 집권세력은 재이론災異論에 근거한 '천견사응설'에 입각하여 하늘을 대신하는 군주야말로 가장 하늘을 두려워하는 사람이 되어야 한다고 강조했다.[91] 반면 소학실천자들은 천명의 논리를 배격하며 군주의 권위를 상대화하는 정치론을 지향했다. 그 이론적 지향점은 군주수신론으로 대변되었다. 이처럼 '하늘을 대신하는 군주'의 존재가 소학실천자들에 의해 '도덕적 완성을 이루어 나가는 수신의 존재'로 재인식되는 과정을 다음 사례를 통해 살펴보겠다. 중종 13년 5월에 전국적으로 세 차례나 큰 지진이 있었는데, 우레 소리가 크고 담장이 무너져서 도성 안 사람들이 모두 놀라 당황했고, 늙은 사람들은 이런 지진이 이전에 일어난 적이 없다고 하였다.[92] 중종은 이 사태에 대해 다음과 같이 자신의 마음을 토로했다.

오늘의 변괴는 더욱 놀랍고 두렵다. 내가 사람을 쓰는 데 항상 잘못이 있을까 두려워하고 있는데, 친정이 끝나자 곧 변이 일어났고 또 오늘의 친

---

90 *ibid.*, p. 129. 周公과 唐 太宗은 모두 자신들의 형제를 살해했다. 그러나 주희는 주공의 행위는 표준에서 잠시 벗어난 권도일 뿐 여전히 성인됨을 유지한 반면, 태종은 이기심에 의해 그런 행위를 했다고 주장했다. Wei Cheng-t'ung, "Chu Hsi on the Standard and the Expedient", Wing-tsit Chan ed., *Chu Hsi and Neo-Confucianism*, Honolulu: University of Hawaii Press, 1986, p. 265.

91 金貞信, 앞의 책, 2009, 65쪽.

92 『中宗實錄』 卷33, 中宗 13년 5월 癸丑, "酉時地 地大震凡三度 其聲殷殷如怒雷 人馬辟易 墻屋壓頹 城堞墜落都中之人皆驚惶失色 罔知攸爲 終夜露宿 不敢入處其家 故老皆以爲 古所無也 八道皆同."

정은 보통 때의 친정과는 다른데도 재변이 이와 같으니 이 때문에 더욱 두려운 것이다.[93]

위의 기사는 큰 지진이 연속해서 일어나자 지진의 원인을 규명하기 위해 신료들이 모인 자리에서 중종이 자신이 사람을 잘못 써서 지진이 일어난 것이 아닐까 우려하는 내용이다. 지진 사태에 대한 협의가 진행되는 가운데 대사헌 고형산高荊山은 다음과 같이 말했다.

오늘의 지진은 고로古老들도 모두 평생에 들어보지 못한 것이라 합니다. 사람들이 모두 깔려 죽지나 않을까 두려워하여 불안을 느끼고 있으니 이와 같이 놀라운 일이 어디 있겠습니까? 사중司中의 뜻은 음이 성하고 양이 쇠하면 이런 재변災變이 생기는 것이라 하고, 상께서는 군자를 부르고 소인을 물리치려 하니 또한 지극한 일입니다. 그러나 소인이 다 물러가지 아니하고 몰래 화심禍心을 품고 있기 때문이 아닌가 합니다.[94]

고형산은 지진은 음이 성하고 양이 쇠하면 발생하는 것이라고 하면서도, 동시에 현실정치에서 왕이 군자를 등용하고 소인을 물리쳤지만 소인들이 다 물러가지 않고 남을 해치려는 마음을 품고 있기 때문에 지진이 난 것이라고 말했다. 그리하여 지진 사태는 전혀 다른 차원인 현실정치 문제로 연결되면

---

93 『中宗實錄』卷33, 中宗 13년 5월 癸丑, "上曰 今日之變 尤爲惕懼 常恐用人失當 而親政纔畢 仍致大變 且今日之親政 又非如尋常之親政 而致變如此 尤爲惕懼者此也."

94 『中宗實錄』卷33, 中宗 13년 5월 癸丑, "荊山曰 今日地震 古老皆言 生來所未聞 人皆慮其壓死 不安於居 有若是可驚者乎 司中之意 謂陰盛陽微, 則致此災變 上意欲進君子退小人者亦極矣 然抑恐小人之未盡去 亦有潛藏禍心矣."

서 군자와 소인의 분별 문제로 전환되었다. 다음 날에도 지진이 계속되자 군자와 소인의 분별이 보다 본격적으로 논의되기 시작했다. 중종은 지진과 연결해서 군자와 소인의 문제를 다음과 같이 언급했다.

이번 지진의 변괴는 음이 성하고 양이 쇠해서 그런 것인데, 음은 소인이요 양은 군자인 것이다. 지금은 소인이 있다 해도 술책을 부릴 수가 없겠지만, 당우唐虞 때도 사흉四凶이 있었으니 지금도 소인이 있어 군자를 눌러서 그런 것이 아니냐? 한 가지 일에만 응하였다고 지적할 수는 없지만, 군자를 불러들이고 소인을 물리치는 것은 관계가 매우 큰 것이다.[95]

중종은 지진이 음이 성하고 양이 쇠해서 일어난 것이라 여기고, 음을 소인으로 양을 군자로 보았다. 이는 전날 자연현상을 현실정치와 결부시켰던 고형산 발언의 연장선이었다. 결국 지진의 원인을 음에 해당하는 소인이 성하고 양에 해당하는 군자가 쇠해진 까닭이라고 보았다. 이 원인 규명은 군자와 소인의 문제로 비화되어 군자와 소인을 분별하는 안목에 대한 논란을 불러일으켰다. 유인숙柳仁淑은 이에 대해 다음과 같이 말했다.

대저 군자는 충직으로 임금을 섬기고 신절臣節을 다하여 임금이 그의 말을 듣지 않으면 스스로 물러가버리지만, 소인은 어리석은 자가 아니면 반드시 재간이 있어 자기의 재간을 가지고 백방으로 틈을 보는 것입니다. 그

---

95 『中宗實錄』卷33, 中宗 13년 5월 甲寅, "上曰 今者地震之變 陰盛陽微而然也 陰卽小人 陽卽君子 在今雖有小人 不得施其術也 然唐虞之時 亦有四凶之厠跡 無奈今亦有小人 將乘君子而然耶 雖不指爲一事之應 然進君子退小人 大有所關."

리하여 지금이 나의 술책을 한번 시험해볼 때라 하고, 시험하여 임금이 모
르고 그 술책에 빠지면 반드시 군자를 물리쳐서 국사가 날로 잘못되어가
는 것이니, 이를 잘 살피지 않아서는 안 됩니다.[96]

유인숙은 군자가 충직으로 임금을 섬기지만 임금이 자신의 말을 듣지 않
으면 물러나고, 소인은 술책을 부려 임금을 현혹시킨다고 했다. 그는 군자와
소인을 분별하는 판단력은 결국 군주의 몫이라고 했다. 조광조 역시 유인숙
과 같이 이 판단력을 군주의 몫으로 여겼다. 그는 지진이 일어난 중종 13년 5
월보다 1년여 전에 이미 이 문제를 논했었다. 그에 따르면, 군자와 소인은 구
별하기 매우 어려우니 오직 군주가 깊게 생각해야 한다고 했다.[97] 조광조는
군주의 이러한 어려움에 대한 해결책을 다음과 같이 제시했다.

> 당고黨錮의 화는 모두 혼란한 시대의 일입니다. 한漢나라 환제桓帝, 영제靈
> 帝 당시 조정에는 공론公論이 없으므로 호오好惡와 시비是非가 문란하고 전
> 도되었습니다. 이와 같이 되자 환시宦寺들이 그 틈을 타 논란을 선동하였
> 으니, 비단 난세에만 그런 것이 아닙니다. 송 인종仁宗은 참으로 어진 임금
> 임에도 사마광司馬光 등의 무리가 화를 면하지 못했습니다. 예부터 소인들
> 이 군자를 배척하고자 할 때는 그 명분을 찾기 어려우므로, 반드시 당黨이
> 란 한 글자를 가지고 죄를 꾸며 끌어넣으며 '이들이 붕당을 만들어 조정을

---

96 『中宗實錄』卷33, 中宗 13년 5월 甲寅, "柳仁淑曰 (…) 大抵君子 忠直事君盡節 若人主不
    用其言 則奉身而退 小人非愚暗 必有才幹 將己之才 百計伺隙 以爲今可用其術而試之
    人主不知而入於其術 將必斥逐君子 國事日非 此宜審察."
97 『中宗實錄』卷27, 中宗 12년 정월 己亥, "檢討官趙光祖曰 君子小人 辨之難矣 (…) 故後
    世知人甚難 爲人主者當更體念."

비난한다'고 하였습니다. 그런 후에는 임금이 그 말을 받아들이게 되고 그들은 술책을 부리게 된 것입니다. 성종 초년에는 어진 이를 좋아하고 간언을 받아들이므로 당시의 어진 선비들이 요순堯舜의 정치를 다시 볼 수 있을 것이라 하였습니다. 그리하여 숨김없이 다 말하여 권세를 꺼리지 않았는데, 음흉한 대신이 원한을 품고 남몰래 도모할 생각을 품었다가 마침 폐주廢主를 만나 그가 품고 있던 뜻을 실천하므로 어진 이와 훌륭한 선비들이 일망타진되어 남아 있는 이가 없습니다. 이를 생각할 때면 뼈가 오싹하고 간담이 서늘해집니다. 근래에 와서 조정이 좀 맑아지고자 하나 외부의 의논이 흉흉합니다. 이는 대개 조정이 맑아지면 소인들이 그 뜻을 펴지 못하기 때문입니다. 오직 성학聖學이 고명하시고 뜻을 세움이 독실하심에 힘입은 것입니다. 그러나 한 번이라도 태만하면 물이 젖어들듯 참소讒訴가 들어갈 것입니다. 그러므로 반드시 조정이 정정당당해야만 이러한 걱정이 없을 것입니다. 바라건대 성상으로부터 더욱 심지心志를 굳혀 아랫사람들의 추향趣向을 정하게 하소서.[98]

조광조는 당고의 화가 모두 군주가 올바른 안목을 가지고 있지 못했기 때문에 일어난 일이라고 보았다. 따라서 군주는 학문과 인격이 깊어지고 성숙

---

98 『中宗實錄』卷32, 中宗 13년 2월 辛未, "參贊官趙光祖曰 黨錮之禍 皆昏亂時事也 漢桓靈之時 朝廷無公論 好惡是非 紊亂顚倒 然後宦寺乘時 煽動此論 然非特亂世爲然 宋之仁宗 眞賢主也 司馬光輩猶不得免 自古小人 欲斥君子 而難其名 必以黨之一字羅織 以爲此人等共爲朋黨 非議朝政云 然後人主信聽而得售其術矣 成宗初年 好賢納諫 一時善士以爲堯舜之治 可復致也 於是盡言不諱 不避權勢 凶險大臣 陰懷憤懣 潛有相圖之者 辛遇廢主 逞其蓄積之心 仁人善士 一網打盡 無有遺者 思之至此 骨寒膽喪 近來朝廷 稍欲淸明 而外議洶洶 蓋淸明則小人不得行志故也 惟賴聖學高明 立志純篤 然一有怠惰 則浸潤之譖 得而入焉 必須朝廷堂堂 然後自無此患矣 願自上益堅心志 以定下人之趨向."

해져야 한다고 강조했다. 또한 그는 군주가 이미 성학을 이루었다 해도, 한 번 학문하기를 태만히 한다면 조정은 혼란에 빠질 것이라고 했다. 결국 그의 주장은, 군주가 배우지 않는다면 그 군주는 올바른 질서 속에서 정부구조를 유지할 의무를 실행할 수 없다는 것이었다. 행정적으로 최상의 자리에 있는 군주는 전체적인 위치를 파악할 줄 알아야 하고, 고위 공직에 올바른 사람을 선택하기 위해서나 정책 문제를 판단하기 위해서라도 끊임없는 학문적 단련을 통해 능력과 소양을 갖출 필요가 있었다.[99] 이런 능력과 소양을 갖추기 위해서는 군주 역시 사대부계층과 동일하게 수신을 해야 한다고 강조했다.[100] 조광조는 중종에게 수신의 실천 방법론을 다음과 같이 제시했다.

진강進講한 『대학』이 이제 끝났으니, 성상의 학문은 이미 학문의 종지宗旨를 아신 것입니다. 그러나 사람의 마음이란 한결같지 않아서 방일태타放逸怠惰하기 쉽고 간직하기가 어렵습니다. 또 글을 보는 데 있어서 풍월이나 읊는 경우에는 비스듬히 누워서 볼 수도 있고 흐트러진 자세로 앉아서 볼 수도 있지만 만일 이학理學을 볼 경우에는 의관을 정제하지 않으면 안 됩니다. 반드시 의관을 정제하고 단정히 앉아서 보아야 합니다. 의관을 정제한다는 것은 조사朝士의 경우처럼 반드시 모대帽帶를 갖추어야 한다는 것이 아닙니다. 첩리帖裡는 호복胡服에 가까우니 그것을 입고 글을 보아서는 안 되고, 직령直領 같은 것은 곧 심의深衣이니 그것을 입고 글을 보는 것이 좋

99 『朱熹集』 卷11, 437~449(1162년); 卷11, 450~458(1180년); 卷13, 514~517(1181년); 卷11, 460~487(1188년); 卷12, 489~500(1189년). 통치자를 정부체계의 핵심 부분으로 간주하는 주희의 견해는 대체로 司馬光과 동일했다. Conrad Schirokauer, "Chu Hsi's Political Thought", *Journal of Chinese Philosophy* 5, no. 2, 1978, pp. 127~148.

100 Peter K. Bol, op.cit., 2008, pp. 125~133.

습니다.[101]

이 글은 조광조가 중종에게 학문을 배우고 나서 그것을 유지하는 방법에 대해 말한 것이다. 그는 사람의 마음이 한결같지 않아서 태만해지기 쉽기 때문에 군주가 아무리 학문이 고매하더라도 학문을 게을리 한다면 간직하기 어렵다고 강조했다. 그가 제시한 학문을 유지하는 방법은 '바른 자세로 앉아 글을 보고', '의관을 정제하는 것'이었다. '바른 자세로 글을 보는 것'과 '의관을 정제하는 것'은 김굉필과 그의 문인들 사이에서도 공통적인 실천이었다. 특히 조광조가 중종에게 의관을 정제하라고 했던 이유는 오직 단정히 앉기 위함이었다. 그는 의관을 정제한다고 해서 조사처럼 모대까지 갖출 필요는 없다고 하였다. 다만 호복에 가까운 첩리는 피하고 직령 같은 옷을 입어야 한다고 했다. 첩리는 안에 입는 옷 또는 겹쳐 입는 옷으로 일종의 속옷에 해당하며,[102] 직령은 깃이 곧은 두루마기 형태의 겉옷을 지칭한다.[103] 직령은 갖추어진 옷을 의미하며, 달리 말하면 '의관을 정제하라'는 의미와 상통한다.

---

101 『中宗實錄』 卷31, 中宗 13년 1월 戊午, "參贊官趙光祖 進講大學 今已臨畢 今聖學已知其 爲學之宗要 然人心無常 易於放逸怠惰 難於收斂矜藏 且看書者吟風詠月 則或可偃臥 而觀之 或不正坐而見之 若看得理學 則非正其衣冠則不可 必須先正冠帶 兀然端坐而 看得也 所謂正衣冠者 非謂朝士則必具帽帶也 若帖裏 則近於胡服 不可衣而看書也 如 直領者 所謂深衣也 可衣而看書."

102 장인우, 「조선시대 첩리의 명칭과 유형에 관한 연구」, 『대한가정학회지』 제35권 1호, 1997, 390-391쪽. 문헌에 나타난 첩리는 왕은 물론 士·庶人 모두가 신분에 따라 치마 폭수를 달리하여 착용한 일상복이었으며, 출토 복식 가운데 상당량이 조선 초기에 집중된 것으로 볼 때 당시 첩리가 일반적으로 착용되었음을 알 수 있다. 일상복 가운데 첩리는 신분에 따라 곤룡포와 단령에 답호와 함께 착용한 의례복의 받침옷이었다. 조선 중기까지 첩리라는 명칭이 지니는 의미와 그 착용 역할은 받침옷으로 일치하고 있다.

103 이주영·권영숙, 「조선시대 직령의 유형과 특성」, 『복식』 제53권 6호, 2003, 26쪽.

'의관을 정제하라'는 말이 담고 있는 의미는 '마음의 공부'이다. 다시 말해 마음의 본연의 성을 보존하는 것, 이것을 이른바 '경'이라 했다.[104] 한 가지에 집중하고 우왕좌왕하지 않는 '경'의 공부는 외적인 형태의 격식을 통해서 달성될 수 있었다. 이 관계에 대해 『소학집해』는 다음과 같이 해석했다.

> 무릇 사람의 마음(心術)이 비록 바르다 할지라도 위의威儀가 선하지 못하면 안팎이 일치하지 못하는 것이다. 그러므로 마음을 바로하는 자는 더더욱 위의를 조심하지 않을 수 없다. 그러나 마음이 바르지 않고서는 밖으로 드러나는 위의가 바를 수 없으므로 만약 경敬에 주력하여 근본을 세워야 함을 모른다면 위의라고 하는 것은 헛되이 외양을 꾸미는 것에 지나지 않는다. 어찌 안팎을 합일하는 공부라고 할 수 있겠는가. 소학에 들어오는 자는 반드시 이 점을 알아야 한다.[105]

마음은 위의라는 표정·안색·목소리·말투에 이르는 정미한 감정의 전달 매체를 통해 밖으로 드러난다. 따라서 마음의 본연의 성을 보존하는 것은 외적인 태도의 훈련을 통해 가능하다. 이런 위의의 방식은 일상의 질서에 뿌리를 내린다. 의복·식사와 같은 일상의 예절이 경신敬身의 근본이 되는 이유가 여기에 있었다.[106] 또한 『소학』「경신」은 감색과 보랏빛으로 옷깃을 두르지

---

104 『朱子大全』卷47, 「答呂子約」, "主一無敵 非禮不動 則中有主 而心自存耳."; 『二程全書』 卷15, 「伊川語錄·入關」, "所謂敬者 主一之謂敬 所謂一者 無敵之謂一."

105 『小學集解』, 「敬身」, '明威儀之則', "夫人之心術雖正而威儀未善 則內外猶未一致也 故正心術者 尤不可不謹於威 儀 然必心術正而後威儀之形於外者亦正 使不知主敬以立其本 則所謂威儀者 徒矯飾於外而已 豈內外合一之學哉 此入小學者當知也."

106 宋在倫, 앞의 논문, 1998, 109~110쪽.

않으며 붉은 빛과 자주 빛으로 평상복을 만들지 말아야 한다는 등의 의복 예절과[107] 밥을 뭉치지 말아야 하고 밥을 많이 뜨지 말아야 하며 물을 마시듯이 들이마시지 말아야 한다는 등의 식사 예절까지,[108] 모두 자신을 단속하고 경건한 의식으로 인식되도록 하는 내용으로 가득하다. 수신의 주체는 일상에서 이런 엄숙한 생활습관을 비롯한 외재적 강제를 통해 내면의 도덕적 경지를 완성해 나가야 했다.

『소학』은 학·효·경·충·수신에 관한 추상적인 개념들에 대한 언급보다는 앞에서 본 의복과 식사예절처럼 구체적인 행동양식으로 이루어져 있다. '학'은 아침에 일어나 저녁에 잘 때까지 옷매무새와 띠를 항상 단정히 하는 것이며,[109] '효'는 부모가 계신 곳에 도착하면 숨소리를 낮추고 말소리를 부드럽게 해서 입고 있는 옷이 더운지 찬지를 묻는 것이다.[110] 그리고 충은 군주가 자리에 없을 때도 그 앞을 지나가면 얼굴을 항상 긴장하며 발걸음이 떨어지지 않는 듯 말이 제대로 나오지 않는 듯 하는 것이다.[111] 조광조는 중종에게 이런 『소학』의 가르침을 제시하여 군주를 수신의 길로 인도했고, 한편으로 군주수신에 대한 책무를 자부함으로써 자신과 소학실천자들의 존재 의의를 부각시켰다.

이상 군주수신론을 살펴볼 때, 수신은 군주와 사의 일원화를 꾀하면서 정치권력을 규제하기 위한 도덕적 근거를 제공했다. 이들은 군주를 절대화된

---

107 『小學』,「敬身」, '明衣服之制', "君子不以紺緅飾 紅紫不以爲褻服."

108 『小學』,「敬身」, '明飮食之節', "毋摶飯 毋放飯 毋流歠 毋咤食."

109 『小學』,「立敎」, "夙興夜寐 衣帶必飭."

110 『小學』,「明倫」, "及所 下氣怡聲 問衣燠寒."

111 『小學』,「明倫」, "過位 色勃如也 足躩如也 其言似不足者."

도덕적 질서 아래 종속시킴으로써 군주의 권력이 사권으로 전락하는 것을 막고자 했다. 따라서 이는 군주 중심의 하향적 정치개혁을 거부하고 권력의 분산과 자율의 확대로 나아가는 출발점이 될 수 있었다. 제3부에서는 이런 정치적 구상이 실질적인 정치화로 이어지는 과정을 살펴보겠다.

보론

조선 전기 내수사 폐지 논쟁과 군주의 위상

1. 머리말

16세기에 『소학』을 통해 이상적인 정치와 사회를 구현하고자 했던 조광
조와 그의 무리들, 이른바 '소학의 무리들'은 기묘사화로 축출되기 전에 무려
10가지 개혁을 단행했다. 이들 개혁 가운데는 『경국대전』에 법제화되어 있는
기관들을 없애거나 기존 법제도를 유명무실하게 할 만한 개혁들도 있었다.
그 가운데 내수사內需司 폐지가 존재한다. 내수사는 군주 사가私家의 재산을
관리하기 위해 설치한 관부였다. 이 관부는 세조대 관제 개편과 함께 국가기
구로 승격되었고, 성종대 『경국대전』에 왕실의 사유재산을 관리하는 국가 공
식기구로 기록되었다. 한편 내수사 폐지 논쟁은 태종대에 대두되어 성종대에
본격화되었다. 이 논쟁은 연산군대를 거쳐 중종 11년 내수사의 장리長利를 폐
지시키는 것으로 일단락되었지만, 내수사는 그 이후에도 지속적인 관심 대상
이 되었다.

기존의 내수사 연구는 내수사 자체보다 왕실재정을 다루는 과정 속에서
진행되었다. 내수사 연구의 기초를 형성한 사람은 슈도 요시유키周藤吉之이다.
그는 고려와 조선 초기의 왕실재정을 연구하면서 내수사를 왕실사장고王室私

藏庫라 하여 국가재정과 대립하는 것으로 이해했다.[1] 그에 따르면 왕실재정은 국가재정과 독립된 것이며 내수사는 태종의 본궁에 기초를 두고 발전하여 세종·세조조에는 왕실의 사장고로서 국가재정과 대립하기에 이르렀다고 한다.

이후 내수사 연구는 슈도 요시유키의 논지 위에서 진행되었다. 정현재鄭鉉在와 지승종池承鍾은 조선 초기의 내수사 노비를 논구하면서 내수사의 설치과정과 성격에 주목했다.[2] 이들은 내수사가 왕실의 사장을 관리하는 기구, 즉 사사私司라고 했다. 그 뒤를 이은 송수환宋洙煥은 왕실재정을 논구하면서 내수사의 제도 성립, 운용, 위상 강화 등 내수사에 대한 전반적인 연구를 진행했다.[3] 그 역시 내수사라는 기구가 왕실의 사적 기구라는 기존의 견해를 유지했다. 이들의 선행연구를 통해 왕실재정 전체 속에서 내수사의 성립과 운용, 성격 등이 밝혀졌다. 그러나 기존 연구는 슈도 요시유키의 연구를 이어받아 내수사를 국가재정과 대립하는 사적 기구로만 이해해왔다. 이러한 논의는 내수사가 법제화된 이후에도 끊임없이 논란의 중심이 되었던 이유를 제시하지 못하고 있다.

내수사는 군주의 사적 기구이면서 국가의 공식기구라는 이중적 성격을 지니고 있다. 이는 왕실의 가장家長이면서 국가의 수장首長이라는 군주의 이중적인 성격과도 관련되어 있다. 군주를 바라보는 시각에 따라서 내수사 역시 군주의 사적인 기구이거나 국가의 공식기구로 이해될 수 있다. 그러므로

---

1 周藤吉之,「高麗朝より李朝初期に至る王室財政─特に私藏庫の研究」,『동방학지』 10-1, 1939.

2 鄭鉉在,「鮮初 內需司 奴婢考」,『경북사학』 3, 경북사학회, 1981; 池承鍾,「朝鮮前記 內需司의 性格과 內需司奴婢」,『한국학보』 40, 일지사, 1985.

3 宋洙煥,「조선 전기의 內需司」,『朝鮮前記 王室財政 研究』, 집문당, 2001.

내수사를 국가재정과 대립하는 왕실재정의 일부분으로 파악하기보다는, 내수사, 군주, 국가에 대한 총체적인 이해 속에서 바라보는 시각이 필요하다.

이 글의 목적은 내수사 폐지 논쟁 과정에서 나타난 공公·사私 논의와 이를 둘러싼 왕의 위상에 대한 인식을 살피는 데 있다. 이를 위해 15·16세기에 논쟁이 일단락되는 시기까지 내수사 폐지 논쟁을 추적할 것이다. 그 논쟁 속에서 당대인들이 내수사와 그와 연결된 군주의 위상을 어떻게 바라보았는지, 더 나아가 내수사·군주·국가의 영역을 어떻게 인식하고 있었는지 확인할 수 있을 것이다. 이를 통해 전근대사회에서 '공'과 '사'를 어떻게 이해해야 하는지 단서를 얻을 수 있기를 기대해본다.

2. 내수사의 법제적 이상과 현실

내수사는 조선왕조에서 군주 사가私家의 재산을 관리하기 위해 설치한 관부였다. 여기에서 사가는 국왕이 즉위하기 전 거주하던 가옥을 말하며, 흔히 본궁本宮이라 불렸다.[4] 세종 7년의 기록에 의하면, 군주가 잠저潛邸 시에 거주하던 곳을 시곡時俗에서 본궁이라 불렀다.[5] 함흥과[6] 개성에 각각 존재하던 태

---

4 본궁에 관한 기록들은 다음과 같다. 『成宗實錄』 卷11, 成宗 2년 8월 丁巳, "今後 本宮奴婢 稱內需司奴婢."; 『中宗實錄』 卷2, 中宗 2년 2월 丙子, "新本宮奴婢田畓長利 旣已竝屬內需 司."; 『明宗實錄』 卷1, 明宗 즉위년 8월 丙申, "潛邸時奴婢田畓魚箭 竝移屬于內需司."; 『明 宗實錄』 卷34, 明宗 22년 2월 癸丑, "內需司新本宮奴婢身貢 則非如私家之物." 본궁의 칭 호는 명종대까지도 내수사와 함께 사용되었던 것으로 보인다.

5 『世宗實錄』 卷30, 世宗 7년 11월 丁酉, "潛邸時所御處 俗謂之本宮."

6 『明宗實錄』 卷6, 明宗 2년 閏9월 乙巳.

조와 태종의 본궁을[7] 기원으로 한다. 이 본궁을 기초로 내수사가 성립되었고, 본궁을 관리하는 것이 내수사의 주된 업무였다.[8]

본궁을 기원으로 하는 내수사는[9] 원래 명칭이 내수소內需所였고 이후 그 기능이 확대되었다. 내수소는 세종 5년에 전곡을 관장하기 위해 설치되었는데, 세종이 여기에 '내수지신內需之信'이라는 인신印信을 만들어 권위를 부여했다는[10] 기록이 있다. 이 기록에는 전곡의 출처가 분명하게 나타나지 않지만, 이 전곡은 본궁에 있는 전곡으로 짐작된다. 내수소의 설치는 왕실 규모가 커지고 본궁의 업무 또한 중대하여 이를 감당할 인력과 기구가 필요했기 때문으로 보인다.[11] 내수소는 세조 12년 대대적인 관제개혁으로 국가의 정식 아문이 되었다. 그 내용은 다음과 같다.

> 내수소는 내수사로 이름을 고쳐서 전수典需 하나를 두었는데, 품계는 정5품이고 부전수副典需 하나는 정6품, 전회典會 하나는 종7품, 전곡典穀 하나는 종8품, 전화典貨 하나는 종9품이다.[12]

---

7 『太宗實錄』卷2, 元年 7월 丙午; 卷10, 5년 7월 壬戌; 卷14 7년 8월 丁酉; 卷22, 11년 7월 壬戌; 卷27, 14년 6월 己巳.

8 『燕山君日記』卷21, 燕山君 3년 1월 丙午, "內需司世宗朝以本宮稱號."

9 內需司가 本宮을 기원으로 한다는 점은 周藤吉之·池承鍾·宋洙煥 등 대다수 연구자들이 동의하고 있다.

10 『世宗實錄』卷19, 世宗 5년 1월 己亥.

11 송수환은 태종대 4개 사원의 노비를 처가에서 시납한 것이라 하여 본궁에 소속시킨 일과 세종대 3개 사원의 노비를 외가에서 시납한 것이라 하여 본궁에 소속시킨 일로 왕실 노비가 대량 확보되어 이를 관리할 인력과 기구가 필요했기 때문에 내수소가 설치되었다고 했다. 송수환, 앞의 책, 2001, 240~241쪽.

12 『世祖實錄』卷38, 世祖 12년 1월 戊午.

이와 같이 내수소의 명칭을 내수사로 바꾸고 전수·부전수·전회·전곡·전화 등 5명의 품관을 두었다. 이 조처는 왕실 사재 관리기구인 내수소를 정식 관원을 둔 국가기구로 승격시키는 것이었다. 마침내 내수사는 국가 공식기구로서 『경국대전』에 기록되기에 이른다. 그 내용은 다음과 같았다.

> 내수사는 내용內用하는 미포米布와 잡물 및 노비를 관장한다. 별좌別坐와 별제別提는 모두 2명씩이며 전수·부전수·별좌는 서로 교대하여 임명된다. 서제의 정원은 20명이다. 전회 이하 서제까지의 관원들은 체아직遞兒職이며, 1년에 4도목이 있고, 재직기간이 540일이 되면 품계品階를 높이고 종6품이 되면 관직을 떠난다. 그중 근근勤謹하고 내수사의 일에 정통한 자 3인은 특별한 교지教旨가 있으면 계속 재직하게 하되 체아직遞兒職으로 하며, 화회시재和會試才에 의하여 관직에 임명한다. 전수 1원과 별좌 2원(정5품, 종5품), 별제 2원(정6품, 종6품), 부전수 1원(종6품), 전회 1원(종7품), 전곡 1원(종8품), 전화 2원(종9품)이 있다.[13]

위 기록으로 내수사에 대해 두 가지 사실을 확인할 수 있다. 우선 내수사가 관리하는 물품이 미포, 잡물, 노비이며, 여기에 포함된 물품은 모두 왕실을 위해 사용되었다는 점이다. 이것은 모두 왕실의 사유재산이었으며, 그 수입과 지출은 국가재정과 무관하게 궁중사수宮中私需를 위한 것이었다. 둘째, 내수사 관원은 세조 12년에 비하여 전화 1인과 별좌·별제 각 2인이 증치되었고, 서제 20인이 정식으로 등재되었다.[14] 내수사가 공식적으로 법제화되면서

---

13 『經國大典』衙前 京官職 內需司.

14 송수환, 앞의 책, 2001, 244쪽.

그 기능이 확대되고 세분화되었음을 알 수 있다.

　이처럼 본궁에서 내수소, 내수사로 명칭을 변경한 내수사는 『경국대전』에 공식기구로 명시되었다. 정5품 아문으로서 전체 관료기구 속에 편입되었고 경중각사京中各司의 하나로 취급되었다.[15] 그러나 내수사는 법체제와 다른 실상을 보여주고 있었다.

　　국가에서 관을 설치하고 직을 나누어 대소의 관원으로 하여금 서로 유지하게 함은 대개 체통이 확립되고 정령이 문란하지 못하도록 한 것입니다. 지금의 6조는 즉 주관의 6경으로, 각기 요속을 거느리고 진퇴하며 각 관서 또한 해조의 지휘를 받고 감히 이를 뛰어넘어 처리할 수 없음이 국법입니다. 내수사가 맡은 것은 전곡과 노비입니다. 무릇 국가의 모든 전곡은 호조가 주관하고, 노비는 형조가 주관합니다. 내수사 또한 형조의 소속이온데, 지금 본사의 전곡과 노비의 출납은 해조를 거치지 않고 바로 상주하여 시행하니 자못 체통이 없는 일입니다. 근일 본사가 계청하기를, '함경도 각 고을에 소속된 노비의 신공身貢은 본도가 수납하되 그 가치에 준하여 경창京倉의 곡식과 교환하고, 평안도 각 고을에 있는 곡물도 또한 본도가 수납하되 경창의 미곡을 받아 본사가 쓰도록 하게 하여 주옵소서' 하였으며, 이는 모두 호조가 아는 바 없이 바로 아뢰어 한 것입니다. 조정의 사체가 이래서야 되겠습니까. (…) 청컨대 지금부터는 내수사의 전곡·노비 등 사를 모두 해조의 전계轉啓에 의하여 시행케 함으로써 국가의 체통을 보존하시옵고 (…)[16]

---

15 『明宗實錄』卷24, 明宗 13년 5월 辛酉.

16 『燕山君日記』卷32, 燕山君 5년 3월 丙戌.

위의 내용은 내수사가 외관의 관부임에도 직계直啓로 시행되고 있는 문제를 지적하고 있다. 외관의 공사는 반드시 승정원을 경유하도록 되어 있었는데,[17] 내수사는 이런 공식 절차를 거치지 않았다. 내수사의 절차는 세조대에 체제와 운영의 측면에서 외관적인 요소를 도입하였으나 내관적인 요소를 그대로 유지하고 있었고,[18] 성종대 법체제 아래서도 그대로 지속되었다.

이상으로 볼 때, 즉위 이전 군주의 사저私邸인 본궁에 속해 있던 토지나 노비, 곡물 등의 재산은 즉위 이후에도 여전히 군주의 사유재산으로 존속되었다. 본궁을 기원으로 하는 내수사가 국가의 공식기구로 『경국대전』에 기록된 이후에도 내수사는 법제상 규정된 것과 다른 방식을 취하고 있었다. 국가의 정식 아문임에도 직계 절차로 유지되었고 강화되고 있었다.

3. 내수사 폐지론의 변화와 그 추이

내수사 폐지 논쟁은 내수사가 국가의 공식기구로 법제화된 이후 격렬하게 진행되었다. 방향은 두 갈래였다. 하나는 내수사장리 폐지이며, 다른 하나는 내수사 기구 혁파였다. 이 두 가지 논쟁을 추적함으로써 내수사를 바라보는 시각의 변화를 살펴보고자 한다.

내수사 폐지 논쟁이 본격화되기 전 본궁의 장리 문제를 처음 거론한 사람은 태종 18년 교서교감校書校勘 방문중房文仲이었다. 그의 상소 내용은 다음과 같다.

---

17 『燕山君日記』 卷18, 燕山君 2년 9월 癸酉.

18 『世祖實錄』 卷9, 世祖 3년 10월 壬辰.

천승지가千乘之家에서도 백성들과 이익을 다투는 것을 오히려 하지 않는데, 하물며 나라의 임금이겠습니까? 본궁에 서제書題를 두어 어량魚梁의 세금을 거두지 않는 것이 없으며, 서제로 하여금 관작을 아울러 받게 함은 신의 이해할 수 없는 넷째입니다.[19]

위의 내용은 방문중이 상소에서 지적한 5가지 가운데 본궁에 관한 것이다. 그는 본궁의 서제가 어량의 세금을 거두는 것을 비판했다. 그는 본궁이 거두는 어량의 세금이 백성들과 이익을 다투는 것이나 다름없으며 본궁의 행위는 곧 군주의 행위로 대변될 수 있다고 역설했다. 그러나 태종대 대신들은 방문중의 상소문에 대해 대체로 부정적이었다.

예로부터 제왕 가운데 창업한 자는 모두 집을 바꾸어 나라로 만들고, 그 계체繼體하는 자에게는 그 나라를 전하고, 서자庶子와 측자側子에게는 반드시 잠저와 사재私財를 분급하였습니다. 이제 전하께서 사재를 두심은 대개 이런 예입니다. 그 본궁의 사사로운 장획臧獲으로 사리를 경영하는 바가 비록 혹시 있을지라도 전하가 알 수 있는 바가 아닙니다. 방문중이 망령되게 국군의 지존으로 사리를 영위한다고 하였으니, 그 죄가 넷입니다.[20]

위의 글은 육조에서 태종에게 올린 상소문이다. 방문중이 올린 5가지 항목의 상소문을 조목조목 반박하면서 그 네 번째 본궁의 장리에 관한 논의를 펼치고 있다. 육조에 따르면, 창업의 군주는 적자에게 나라를 전하고 서자와

---

19 『太宗實錄』卷36, 太宗 18년 7월 甲寅.
20 『太宗實錄』卷36, 太宗 18년 7월 甲寅.

측자에게는 잠저와 사저를 분급한다. 따라서 이들은 군주가 사재를 소유하는 것이 전례에 맞고 타당하다고 여겼고, 본궁이 사사롭게 장리를 했더라도 군주가 알 수 없는 일이라고 하였다. 이처럼 본궁의 행위에 대한 방문중과 육조의 관점은 크게 달랐다. 방문중은 본궁의 행위가 곧 군주의 행위라고 이해한 반면, 육조는 군주의 사재 소유는 타당하며 본궁의 행위를 곧 군주의 행위로 볼 수 없고, 오히려 방문중이 국가 지존을 망령되이 한다고 비난했다.

방문중과 육조의 논의는 내수사 폐지 논쟁이 격렬해지기 전에 당대인들이 내수사를 어떻게 인식하고 있었는지 보여준다. 당대인들은 육조 중신들처럼 군주의 사적인 소유를 타당하다고 받아들였으며, 본궁이 사사롭게 장리를 취한 것도 어느 정도 인정하고 있었다. 대다수 사람들은 군주의 사적인 영역까지도 국가의 공적인 영역으로 이해하고 있었던 것 같다.[21]

세종, 세조대를 거쳐 성종대에 이르러 내수사는 기능이 확대되고 전문화되었으며 국가의 공식기구로 법제화되었다. 그와 함께 내수사에 대한 문제제기도 더욱 거세졌다. 당시 왕실에서 사용하는 미곡은 전국에 산재한 왕실 농장의 수확과 고율 장리에 의해 조달되었으며, 이를 관장하는 장리소長利所도[22] 전국에 분포되어 있었다. 내수사장리內需司長利는 년 50% 고율의 현물고리대, 곧 사채로서 당시 식화殖貨의 방편으로 널리 행해졌다.[23] 이 내수사장리 문제

---

21 梁擇寬(「朝鮮前期 王室의 土地所有와 經營」, 『한국사론』 53, 2007, 17~19쪽)도 왕실의 토지경영이 지주경영에 기초하고 있다고 논하면서, 양반 사대부들도 왕의 사재 소유를 인정했다고 해석했다.

22 『成宗實錄』 卷14, 成宗 3년 1월 癸亥. "命革內需司長利三百二十五所 所存二百三十七所." 원래 내수사 소속 장리소는 모두 562개소였던 것 같다. 李秉烋, 『朝鮮前期 畿湖士林派 研究』, 일조각, 1983. 126쪽의 주 37번 참조.

23 世宗·成宗 년간에는 내수사장리의 이율이 년 30%로 낮아지기도 했으나 대체로 50%를 유지했다. 池承鍾, 앞의 논문, 1985, 23쪽의 주 54번 참조.

는 내수사 폐지가 거론되는 주요인이었다. 내수사장리는 성종 6년에 일시적
으로 폐지되었다.[24] 내수사장리 폐지 이전의 내수사에 대한 문제제기를 통해
그에 대한 인식을 살펴보자.

> 홍문관 부제학 이극기李克基 등이 상소하였다. (…) 세째, 내수사를 혁파하
> 자는 것입니다. (…) 국가에서 내수사를 설치한 것은 장획藏獲과 공물貢物을
> 관리하게 하려는 것입니다. 그 토전土田의 수입 가운데 곡물이 외방外方에
> 흩어져 있는 것은, 소재지의 주수主守가 해마다 한 번씩 곡물을 거두었다
> 가 백성들에게 나누어주면서 그 이식利息을 취하고자 하는 것입니다. 무릇
> 궁내에 사용할 것이 있으면 공유의 관사에서 주지 않고 한결같이 저들에
> 게 기다렸다가 주니, 대개 이것은 본시 사유라 하여 진실로 이와 같이 하
> 더라도 해롭지 않을 것이라 여겼기 때문입니다. 신 등이 생각하건대, 왕자
> 는 천지를 한집안으로 삼고 만민을 일체로 삼으니, 촌척의 땅이라도 그 소
> 유가 아님이 없으며, (…) 백성들의 전토에서 나오는 것은 국가의 소유이고,
> 내수사의 전토에서 나오는 것 또한 국가의 소유입니다. 이름이 비록 다르
> 다 하나 그 용도는 모두 국가에 돌아가는 것이니, 과연 공사에 피차의 구
> 별이 있겠습니까.[25]

위의 글은 홍문관 부제학 이극기 등이 상소한 내용이다. 국가가 내수사를
설치한 것은 노비의 신공과 토지 수입을 관리하고 장리를 운용하기 위한 것
이며, 왕실에서 사사로이 소비할 일이 있으면 반드시 내수사의 축적을 사용

---

24 『成宗實錄』 卷52, 成宗 6년 2월 壬寅.
25 『成宗實錄』 卷32, 成宗 4년 7월 己未.

하기 위한 것이었다고 한다. 그리고 이는 왕의 사유재산이므로 국가에 해가 된다고 생각하지 않았고, 내수사에서 나오는 모든 것은 국가의 소유이며 '공'과 '사'가 구별될 필요가 없다고 보았다. 그럼에도 이들이 내수사를 혁파하자고 주장했던 이유는, 왕은 부를 백성에게 축적해야 하는데 '사사롭게' 부를 증식하고 있다는 인식 때문이었다.

내수사장리 폐지 이전, 내수사에 대한 인식은 태종대의 논의와 별 차이가 없다. 다만 당시 대다수 대신들은 왕이 '사사롭게' 부를 증식하려는 장리만은 혁파해야 한다고 여겼다.[26] 결국 이들의 인식 속에서 내수사는 국가재정과 분리되어 존재하는 왕실의 사적인 기구였던 것이다.

내수사장리는 일시적으로 폐지되었다가 성종 13년 11월 다시 회복되었다.[27] 회복된 그해 내수사장리 혁파와 관련된 논의가 무려 15건이다. 그중에는 내수사장리를 혁파하자고 주장하는 사람들도 있었지만, 내수사장리 폐지를 반대하는 사람들도 있었다(〈표 6〉 참조).

내수사장리 혁파를 주장하는 이들은 주로 삼사의 대간들이었으며 내수사장리 부활을 주장하는 것은 주로 삼정승들이었다. 혁파를 주장하는 측은 '왕의 부는 백성에게 간직하는 것인데 왕이 백성들과 이익을 다투고 있으며, 이는 의義와 리利를 분별하지 못하는 것'이라고 하였다. 반면 내수사장리 부활을 주장하는 측은 '대군이 많고, 삼전三殿을 봉양하기 위해서도 필요하며, 흉년을 대비하기 위해서'라고 하였다. 내수사장리 혁파 논쟁을 통해서 볼 때,

---

26 鄭麟趾·鄭昌孫·申叔舟·崔恒·洪允成·曺錫文·金礩·尹子雲·成奉祖는 의논하기를 "내수사의 장리는 지금 또한 혁파하는 것이 가하겠습니다"라고 하였다. 『成宗實錄』卷32, 成宗 4년 7월 己未.

27 『成宗實錄』卷148, 成宗 13년 11월 丙申.

월	일	폐지론자	이유	반대론자	이유
11	정사	안윤손(安潤孫)·김흔(金訢)	이(利)로 다스리는 것	이세좌(李世佐)	부득이함
11	기미	이창신(李昌臣)	민간의 폐단	심회(沈澮)	대군이 많기 때문
11	경신	성건(成健)	어찌 이를 탐하나		
11	신유	류윤겸(柳允謙)	백성과 이 다툼		
11	계해	박형문(朴衡文)·박경(朴璟) 등		노사신(盧思愼)	삼전(三殿)에서 사용
11	갑자	김직손(金直孫)	백성과 이 다툼		
12	을축	이세우(李世佑)·이거(李琚)	장리에 의존 불가	윤필상(尹弼商)	부득이함
12	병인	김흔·이세필(李世弼)	재물을 늘림	이극배(李克培)	부득이함
12	정묘	박형문·이창신	의(義)와 이의 분별		
12	무진			이세좌	흉년 구제 대비
12	경오	성건	의와 이의 문제		
12	병자	박형문·이창신	장리 잘못		
12	정축	이철견(李鐵堅)	사사로이 저축		
12	경진	성건·조위(曺偉)	의가 아님		
12	신사	류자한(柳自漢)·김종직(金宗直)	장리의 미편(未便)		

* 『성종실록』 권148, 성종 13년 11~12월 참조.

성종대의 내수사 인식은 태종대보다 한 단계 진전된 모습이다. 이들은 내수사장리 문제는 왕이 '사사롭게' 부를 증식하는 것이라고 인정하고 있었다. 그러나 내수사 자체는 여전히 필연적인 기구라는 게 일반적인 인식이었다.

내수사장리 문제는 성종을 뒤이어 등극한 연산군대에도 끊임없이 거론되었다. 연산군 1년 8월부터 10년 10월까지 내수사장리 혁파 논의가 무려 36건에 달했다. 폐지를 주장한 것은 주로 삼사의 간원들이었지만, 삼정승들도 내수사장리 혁파 주장에 동참했다. 그 명단은 〈표 7〉과 같다.

이 시기 폐지 논쟁은 성종대와 유사한 논지를 전개하면서도 그보다 더 확대되었던 것으로 보인다. 이제 장리만이 아니라 내수사라는 기구 자체에 대한 문제제기가 등장했다. 그 논쟁점을 다음 내용을 통해 확인해보자.

년	월	일	관직	폐지론자	이유	비고
1	4	甲戌	전창원부사	趙之瑞		
1	5	庚戌	충청도사	金駒孫		
3	4	乙酉	의정부		지나친 물품 반입	
3	7	戊午	장령		사사로이 저장	
6	8	丙申	집의·헌납	柳軒·李孝文		
	8	丁酉	장령·정언	崔亨漢·鄭仁謙		
	8	戊戌	대간			2일 연속
	8	甲辰	장령·정언	崔亨漢·鄭仁謙		
	8	乙巳	장령·정언	崔亨漢·鄭仁謙		
	8	戊申	장령·정언	崔亨漢·孫世雍		
	8	己酉	지평·정언	李云秬·孫世雍		
	8	庚戌	장령·정언	崔亨漢·鄭仁謙		
	8	辛亥	장령·정언	崔亨漢·孫世雍		
	9	癸丑	장령·정언	崔亨漢·孫世雍		
	9	甲寅	장령·정언	崔亨漢·孫世雍		
	9	己未	지평·정언	李云秬·鄭仁謙		
	9	庚辰	장령	申叔根		
	10	壬午	지평	許禎		
	10	乙酉	대사헌	成俔·李禮堅		
	10	丙戌	지평	成仲溫		
	10	戊子	장령·정언	申叔根·鄭仁謙		
	10	己丑	지평·정언	成仲溫·孫世雍		
	10	庚寅	의정부			
	10	庚寅	대사간·시강관	李禮堅·申用漑		
	10	癸巳	지평·정언	申叔根·鄭仁謙		
	10	甲午	대사간·장령	李禮堅·申叔根		
	10	戊申	사헌부·홍문관			
7	1	甲申	대사헌	成俔	나라에 무익, 백성에게 해가 됨.	
7	4	乙巳	전한	金勘	사사로움	기구 혁파 제기
8	11	己卯	정언	吳益念	국가 창고의 궁중 용도 사용불가	

*『燕山君日記』卷5 燕山君 1년~10년 참조.

　　A. 지금 내수사는 어떤 관사입니까. 주나라의 내고나 외고의 제도가 아
니요 바로 당나라의 경림瓊林과 대영大盈의 연장입니다. 대체 정세 이외의
남는 물건을 사탕私帑에 가져다주는 것도 군자는 오히려 또한 그르게 여기
는 것인데, 하물며 이식을 배로 올려 더 징수하여 이익을 취함이 한정이

없으며, 하물며 그것을 수령들에게 맡겨 내주고 징수하기를 전담시키는 것이겠습니까. 이래서 예전의 내수사는 그리 큰 폐해가 없었으나 지금의 내수사는 그 폐해가 적지 않은 것이니, 이는 마땅히 방향을 바꾸어야 할 일이지 늦출 수 있는 일이 아닙니다.[28]

B. 전한典翰 김감金勘이 아뢰기를 내수사는 본디 없어야 하는 것입니다. 삼대의 시대에는 대사농大司農이 돈과 양곡을 맡고, 또 대사도大司徒로 하여금 이를 주재하게 하되, 반드시 재상으로 하여금 그 출납을 알도록 한 것은 군주가 사사로이 쓸 수 없음을 보였던 것입니다. 한나라에 이르러 처음으로 그 실마리를 열었으며, 당나라에는 경림고瓊林庫와 대영고大盈庫를 두었는데, 후세에는 이를 비난하였습니다. 내수사를 비록 개혁은 못할망정 공용公用의 어살을 빼앗어서 줄 필요는 없습니다.[29]

C. 정언正言 오익념吳益念이 아뢰기를 "풍저창豐儲倉과 군자감軍資監은 조정의 경비를 위하여 설치한 것이요, 내수사는 궁중의 사사로운 용도를 위하여 설치한 것입니다. 옛날 당나라 덕종 때 경림고와 대영고란 것이 있었지만, 군주가 사사로운 창고를 가진다는 것은 매우 아름답지 못한 일입니다. 만약 사사로운 용도가 있으면 내수사에서 가져다 쓰는 것이 옳은 일인데, 어찌 조정의 경비로써 사사로운 용도에 제공할 수 있겠습니까. 신이 일찍이 보건대, 간혹 풍저창의 곡식을 옮겨서 내수사로 보내기도 하고, 또 간혹 군자감의 쌀로써 포도나 배 등의 물품을 사서 대내로 들여보내기도 하니,

---

28 『燕山君日記』卷39, 燕山君 6년 10월 戊申.
29 『燕山君日記』卷40, 燕山君 7년 4월 乙巳.

이것은 매우 온당하지 못합니다."[30]

위의 글들은 모두 내수사가 당나라 때 경림고와 대영고 같은 군주의 '사사로운' 창고라고 분명히 인식하고 있다. 그럼에도 이들은 부득이하게 사재를 소유해야 하는 왕의 사정을 이해했다. 다만 왕이 사재를 소유할 수밖에 없다면 이 역시 백성이 생산한 것이기 때문에 과도하게 소비하지 말아야 하며, 국고 물산을 내수사에서 전용한다면 국고가 고갈될 수 있다고 강조했다.

이처럼 연산군대에는 성종대와 달리 내수사장리 문제를 제기하면서도 내수사라는 기구가 당나라 때 경림고나 대영고처럼 '私'적인 창고임이 두루 인식되고 있었다. 또한 이들은 내수사장리 폐지를 주장하면서도 여전히 군주의 사적 소유를 인정하고 있었다. 내수사장리 논의는 성종대와 다른 차원으로 나아가고 있었던 것이다. 이미 대다수 대신들이 내수사장리 폐지에 동의하는 입장이었고, 장리 폐지를 넘어서 내수사를 사적 기구로 인식하는 이들이 늘어났다는 것은, 점차 내수사를 '私'로 인식하기 시작했음을 의미한다.

중종대에 이르러, 내수사 폐지론자들은 장리만 문제가 아니라 내수사 기구 자체가 문제임을 확연히 인식하고 있었다. 중종 초반부터 내수사 기구 폐지론은 더욱 거세졌다. 〈표 8〉을 통해 이를 확인해보자.[31]

내수사 폐지론자들은 내수사장리 문제와[32] 함께 내수사라는 기구 자체의

---

30 『燕山君日記』卷47, 燕山君 8년 11월 己卯.

31 〈표 8〉에서 내수사 기구 폐지론자들은 대체로 간쟁을 주로 하는 관직을 가지고 있지만, 尹殷輔는 1519년 이조참판으로서 반정공신의 녹훈개정을 주청했고, 金駿孫은 金馹孫의 형이며, 慶世昌은 소릉복위를 주장했고, 李淸은 鄭夢周 문묘종사를 주청하고 기묘사화 때 파직되었다. 『中宗實錄』 참조.

32 中宗 11년 6월 壬子 내수사장리가 폐지될 때까지 내수사장리 폐지 논의는 무려 58건이

<표 8> 중종대 내수사 기구 폐지론자와 폐지론의 이유

년	월	일	관직	폐지론자	이유
1	11	을미	사헌부		이런 관청을 무엇에 쓰겠습니까?
2	4	경진	집의	윤은보(尹殷輔)	왕에게는 사사로운 재물 불필요
	7	갑진	대간		사사롭게 간직하지 않음
	7	을사	대간		
	7	을사	홍문관	김준손(金駿孫)	사사로운 곳
	7	병오	대간		왕자는 사사로이 두는 것이 없음
	7	정미	대간		
	7	정미	홍문관	김준손	전하의 사부(私府)
	7	경술	대간		
	11	갑인	대사헌	이유청(李惟淸)	임금의 사재는 부당
5	12	신축	성균관생원	이경(李敬)	
6	5	계축	홍문관	조순(趙舜)	사장(私藏)
7	4	계묘	사간원	경세창(慶世昌)	사사로움
11	1	을유	시독관	이청(李淸)	
	4	무진	지사	신용개(申用漑)	

*『중종실록』권2, 중종 2년~중종 11년 참조.

혁파를 본격적으로 제기하기 시작했다. 그들에게 내수사는 군주의 '사부私府'
였다. 이는 내수사 혁파를 주장하는 글에 잘 나타나 있다.

    A. 대간臺諫이 합사合司하여 아뢰기를 "전번 국사의 잘못은 내수사 때문
입니다. 옛말에 이르기를, '임금은 사사로이 간직한 것이 없고, 부를 백성
에게 간직한다' 하였으니, 임금이 만일 쓸 일이 있을 때는 어느 것인들 쓰
지 못하겠습니까? 옛날 당나라 때 경림·대영 등과 같은 사사로이 간직한
것이 있어 그의 덕에 누가 되고 후세에 비웃음을 남겼으니, 이제 내수사도
혁파해야 하겠습니다."[33]

    올라왔다. 『中宗實錄』卷3, 中宗 2년~11년 6월 壬子 참조.

33 『中宗實錄』卷3, 中宗 2년 7월 甲辰.

B. 홍문관 직제학 김준손 등이 차자箚子를 올리기를 "(…) 내수사는 곧 전하의 사부私府이며, 내수사 사람은 곧 사인私人인 만큼 무릇 일이 있으면 거기를 인연하여 임금에게 알려지게 될 것은 사세상 당연한 일입니다. (…) 대개 왕자의 부는 나라에 간직하고 사사로이 가져서는 안 되는 것이니, 왕자로서 사사로운 명목을 둔다면 어찌 너무도 부끄러운 일이 아니겠습니까. 당 덕종은 경림·대영의 창고 때문에 백성에게 원망을 쌓아 마침내 봉천奉天의 난을 당하였는데, 이제 내수사가 곧 그와 같은 일입니다. 그 재물이 다 백성에게서 나온 것이지만 그 쓰임은 나라에 관계가 없습니다. 별좌別坐다 서제書題다 하는 것들은 거개 다 간사한 소인의 무리들로서 양민과 천민을 함부로 차지하여 노비로 삼고 평계를 부려 이식利息을 늘리며 백성의 재물을 침탈하여 그 폐해가 폐조에 이르러 극도에 달하였습니다. 넓은 소매에 큰 띠를 두르고 스스로 아무개라 칭하면, 비록 높은 벼슬아치나 귀한 가문이라도 바람만 보고도 그 기세에 눌려 감히 대항하는 사람이 없었습니다. 내수사의 폐단이 한결같이 이에 이르렀는데도 혁파하지 않는다면 신 등은 나라의 근심이 다할 날이 없을까 걱정입니다."[34]

A는 임금은 사사로이 간직하는 것이 없고 부를 백성에 간직해야 하는 것인데 지금 내수사를 통해 '사사롭게' 간직하고 있음을 비난하고 있다. 대간들은 군주가 '사사로운' 간직을 해서는 안 된다고 분명히 말하면서, 내수사 역시 군주가 사사로이 간직하는 관부이므로 혁파하자고 말하고 있는 것이다. B는 내수사를 군주의 '사'적인 관부로 규정했다. 그 '사'적인 관부와 관련된 모든 비용은 국가에 관계없이 '사'적인 것으로 쓰인다고 지적한다. 그 쓰임으

---

34 『中宗實錄』卷3, 中宗 2년 7월 丁未.

로 인해서 비리가 자행되는 것 역시 당연하니 내수사 자체를 혁파해야 한다고 주장하고 있다. 이처럼 내수사 폐지론은 내수사의 폐단만이 아니라 내수사 자체의 문제를 지적하는 데로 나아갔고, 그와 긴밀한 관계성을 갖는 군주의 위치·역할까지 제기할 여지를 만들었다.

마침내 내수사 폐지 논쟁은 중종 11년 내수사장리 폐지로 일단락되었다.[35] 그러나 이것이 논쟁의 종식은 아니었다. 내수사라는 기구가 존속하는 한 군주의 사적 소유 문제는 이후에도 지속적인 관심의 대상이 되었다.

이상으로 볼 때, 내수사 폐지 논쟁은 태종대 처음 대두되어 성종대·연산군대에 본격화되고 중종대에 일단락되었다. 성종대 내수사 폐지론은 내수사장리 문제를 거론하면서도 군주의 사적인 소유를 인정하고 있었다. 이 흐름은 연산군대까지도 이어졌지만, 연산군대부터 내수사장리 문제만이 아니라 내수사 기구 자체에 대한 문제제기도 거론되기 시작했다. 중종대에는 내수사가 군주의 사부私府라는 인식이 팽배해 있었다. 이처럼 내수사 폐지론은 시대에 따라 일정한 변화를 겪었고, 내수사에 대한 인식도 달라졌다. 그 인식 속에서 '공'과 '사'를 바라보는 시각의 차이와 군주의 위상을 재고하는 움직임이 포착된다.

4. 내수사 폐지 논쟁과 군주의 위상

내수사 폐지 논쟁은 태종대에 대두되어 법제화된 이후 본격적으로 진행되었다. 그 폐지론의 추이에는 내수사를 바라보는 인식의 변화가 있었다.

---

35 『中宗實錄』卷25, 中宗 11년 6월 壬子.

왕	폐지주장	쟁점	군주의 사유	공·사 인식
태종	장리	장리행위 불가 vs 인정	인정	
성종	장리	장리행위 불가 vs 인정	인정	장리 사 인식
연산군	장리	장리행위 불가	인정	장리·내수사 사 인식
중종	장리	장리행위 불가	불가	장리 사 인식
	내수사	내수사 혁파	불가	내수사 사 인식

* 『태종실록』, 『성종실록』, 『연산군일기』, 『중종실록』 참조.

그 변화는 내수사와 깊은 관련성이 있는 군주를 바라보는 당대의 인식과도 맞물려 있다. 내수사 폐지 논쟁의 변화를 도식적으로 그려본다면 〈표 9〉와 같다.

태종대부터 중종대까지 내수사 폐지 논쟁은 군주의 사유를 인정하는 선에서 내수사의 장리를 '사'로 인식하느냐 또는 내수사 기구까지 '사'로 인식하느냐, 더 나아가 장리와 내수사를 '사'로 인식하면서 곧 군주의 사유를 불가하다고 보느냐로 정리된다. 이 논쟁은 결국 군주의 위상을 '공'과 '사'로 구분지을 수 있는지, 있다면 그 위상을 어느 곳에 위치지어야 하는지로 귀결될 수 있을 것이다. 태종대부터 성종대까지 내수사는 '사'로 인식되지 않았고, 연산군대 일부 대신들에 의해 '사'로 인식되는 과도기를 거쳐 중종대 완전히 '사'로 인식되어 혁파가 제기되기에 이르렀다.

내수사를 '사'로 인식하지 않은 이들의 논리와[36] 내수사를 '사'로 인식하는 이들의 논리는 어떤 차이점이 있었을까. 내수사를 '사'로 인식하지 않은 이들은 내수사가 군주와 왕실의 재산과 물품을 관리하는 기구이면서 『경국

---

36 내수사를 '私'로 인식하지 않았던 사람들은 내수사를 '公'으로 인식했다고 이해할 수 있다. 公과 私는 상대적인 개념이고, 그들이 내수사를 공적 관부로 여겼기 때문에 내수사를 '公'으로 이해했다고 보아도 무방할 것으로 보인다.

대전』에 기록된 국가의 공적 관부라는 점을 근거로 삼았다. 이들은 내수사가 관리하는 물품이 군주와 왕실의 소용을 위해 필요한 기구라는 점에 동의했고 군주의 사유까지도 인정했다. 이것은 내수사의 사적 부분까지도 공적 영역에 포함해서 이해한 것이다. 다시 말해서 내수사와 군주, 그리고 국가는 모두 동일한 맥락에서 이해되었다. 그 바탕은 가족윤리와 국가·사회윤리를 유기적으로 결합하는 유교윤리의 일반론이었을 것이다. 이 일반론은 국가에서의 충과 가정에서의 효를 동일시하는 충효일체를[37] 통하여 임금을 섬기는 '충'과 어버이를 섬기는 '효'가 신하나 자식된 자의 큰 절개이며 도리라고 보았다. 이것은 효로 표현된 사적 유대와 충으로 표현되는 공적 관계가 충돌 없이 유기적으로 결합해야 한다는 유교 일반의 원칙적 입장이었다.[38]

그런데 이런 유기적 결합에 균열이 나타났다. 그 균열은 내수사가 '사사롭게' 장리를[39] 행하고 있다는 비판에서 비롯되었다. 대다수 논자들이 주장한

---

37 『成宗實錄』卷223, 成宗 19년 12월 丙申.

38 이는 '家天下', 또는 '孝治論'으로 이해할 수 있다. 이것은 '孝로서 다스린다'는 의미이다. 漢의 유학은 『孝經』을 통해 종래 효로 상징되는 가족윤리를 군신윤리, 관료윤리의 실천과 관련하여 설명함으로써 가족적 세계를 정치적인 세계로 끌어올린 '家天下'의 정치론을 주장했다. '孝治論'은 주자학이 보급되기 전의 정치론으로 『孝經』의 篇章의 제목이면서 『孝經』 전체를 관통하는 정치론이었다. 이 장은 天子-諸侯-卿大夫의 孝治를 차례로 서술하고 있다. 士와 庶人은 治의 주체가 될 수 없기 때문에 논의에서 제외되었다. '孝治論'과 '家天下' 정치론에 대해서는 板野長八, 『中國古代の人間觀の展開』, 岩波書店, 1972; 日原利國, 『春秋公羊傳の研究』, 創文社, 1976; 尾形勇, 『中國古代の家と國家』, 岩波書店, 1979; 李熙德, 『高麗儒敎 政治思想의 硏究』, 일조각, 1984; 박원재, 『유학은 어떻게 현실과 만났는가―선진유학과 한대 경학』, 예문서원, 2001; 정호훈, 「朱子 『孝經刊誤』와 그 성격」, 『동방학지』 116, 연세대학교 국학연구원, 2002; 김용옥, 『효경한글역주』, 통나무, 2009; 金貞信, 「조선 전기 훈구·사림의 정치사상 비교」, 연세대 박사학위논문, 2009 참조.

39 〈표 6〉과 〈표 7〉 참조.

'사사롭게'라는 제시어가 지시한 것은 공적 관부에서 행할 수 없는 군주의 사적인 축적이었다. 이들은 '왕은 천지를 한 집안으로 삼고 만민을 일체로 삼고 촌척의 땅이라도 그 소유가 아님이 없다'[40]라고 하면서, 왕은 공적으로 모든 것을 소유할 수 있는데도 사사롭게 축적을 행하여 민과 이익을 다투고 있다고 비판했다. 이러한 비판은 군주의 행위로 인해 군주의 사적인 부분이 드러나고 있음을 보여준다. 즉 군주의 지위는 공적인 영역에 속하는데, 군주의 행위로 인해 사적인 영역이 도출되고 있는 것이다. 내수사장리 문제는 군주의 행위로 인해 '공'과 '사'가 구분되어야 한다는 것을 의미했다. 이 문제는 그동안 내수사를 바라보는 인식에 대한 새로운 시각을 제공하고 있었다.

내수사장리 문제는 더 나아가 내수사 자체를 '사'로 인식하는 사람들의 등장으로 이어졌다. 내수사를 '사'로 인식하는 이들은 내수사를 '군주의 사부私府'로 규정했다. 그들은 내수사를 거론하면서 왕은 사사로운 재물이 없어야 하며,[41] 내수사라고 이름 붙이는 것도 부끄러운 일이라고[42] 하였다. 그들에게 내수사는 군주의 사적 재산이며 왕실의 내용內用인 내수內需라는 이름조차 부정되어야 했다. 군주란 공적인 행위를 통해 '공도公道'를 지켜야 할 공적인 지위였다.[43] 여기에는 군주의 행위에서 '공'과 '사'를 분리해야 한다는 사고방

---

40 대다수의 내수사 폐지 요청에서 사용되는 문구이다. 대표적으로 『成宗實錄』卷32, 成宗 4년 7월 己未; 卷91, 成宗 9년 4월 丙午; 卷148, 成宗 13년 11월 辛酉; 『燕山君日記』卷5, 燕山君 1년 5월 庚戌; 卷25, 7월 戊午; 卷40, 燕山君 7년 4월 乙巳; 『中宗實錄』卷6, 中宗 3년 7월 丙午; 卷15, 中宗 7년 4월 癸卯; 卷24, 中宗 11년 2월 癸酉 참조.

41 『中宗實錄』卷3, 中宗 2년 7월 乙巳.

42 『中宗實錄』卷23, 中宗 10년 11월 乙未.

43 『中宗實錄』卷3, 中宗 2년 7월 乙巳.

식이 내재되어 있었다. 이러한 사고방식은 주자학적 사유체계에 근거한다.[44] 주희가 만년의 나이에 완성한 『소학』이 이 점을 분명히 제시하고 있다.[45] 『소학』에서는 부모에 대한 자식의 태도와 신하가 군주에게 갖는 태도가 분명히 달랐다. 비율적인 면에서도 부자관계 38항목 중에 단 3항목만이 부모의 잘못을 말하는 자식의 모습을 그리고 있는 데 반하여, 군신관계 20항목 중에서 군주에게 간언하는 신하의 태도를 보여주는 것은 8항목이나 된다. 다음은 『소학』에서 부모의 잘못을 말하는 자식의 태도와 군주에게 간언하는 신하의 모

---

44 주희는 北宋시대부터 南宋시대까지 여러 사상가들의 생각을 종합하여 자신의 학문세계를 구축했다. 송대 사회의 당면과제는 절대적 권위를 갖고 있는 天子에 대한 재해석과 도덕적인 사회질서로의 재편이었다. 주희는 이 과제를 위해 士大夫를 중심으로 한 정치질서 재편과 지역의 자치적인 자율성 추구에 몰두하였다. 이 논의의 대표적인 연구는 Anthony Sariti, "Monarchy, Bureacracy, and Absolutism in the Political thought of Ssu-Ma Kaung", *Journal of Asian Studies*, Nov, 1972; Robert Hymes, "Lu Chiu-yuan, Academies, and the Problem of the Local Community", *Neo-Confucian Education: The Formative Stage*, University of California Press, 1989; Peter K. Bol, *This Culture of Ours: Intellectual Transitions in T'ang and Sung China*, Stanford University Press, 1992; Alan T. Wood, *Limits to Autocracy: From Sung Neo- Confucianism to a Doctrine of Political Rights*, University of Hawaii Press, 1995; Peter K. Bol, *Neo- Confucianism in History*, Harvard University Asia Center, 2008; 민병희, 「朱熹의 "大學"과 士大夫의 사회·정치적 권력」, 『중국사연구』 55, 중국사학회, 2008; 閔丙禧, 「朱熹의 사회·정치적 구상으로서의 "學"—"功利之學,""空虛之學"과의 대조를 중심으로」, 『동양사학연구』 104, 동양사학회, 2008.

45 경전에 대한 주희의 새로운 이해는 20대부터 시작되어 40대 말년 무렵에 대체로 정리되었다(『論語集註』, 『孟子集註』, 『大學章句』, 『中庸章句』와 각 책의 『或問』이 완성). 그 체계를 완성하고 난 이후 편집한 책이 『小學』이었다. 따라서 『小學』은 그의 사상이 蘊蓄된 책이라고 할 수 있다. 이 책의 핵심 내용은 정치질서 재편의 과제와 지역의 자율성을 바탕으로 한 공동체의 도덕질서 문제이다. 이런 주희의 과제가 중종대 개혁을 지향했던 이들에 의해 주목받기 시작했다. 이에 대한 연구는 宇野精一, 『小學』, 明治書院, 1965; M. Theresa Kelleher, "Back to Basic: Chu Hsi Elementary Learning", *Neo-Confucian Education: The Formative Stage*, University of California Press, 1989; 尹仁淑, 「朝鮮前期 士林의 사회정치적 구상과 小學운동」, 성균관대학교 박사학위논문, 2011.

습이다.

A. 내칙內則에서 말하길 부모에게 잘못이 있으면 기운을 가라앉히고 얼굴빛을 온화하게 하고 목소리를 부드럽게 해서 간할 것이니, 간해서 만약 듣지 않으면 공경을 일으키고 효도를 일으켜서 즐거워하시면 다시 순한 말로 간한다. [부모가] 즐기지 아니하시어 더불어 향당鄕黨과 주려州閭에 죄를 얻게 되거든 차라리 익숙히 간할 것이니, 부모가 화를 내고 즐기지 아니하여서 때려서 피가 흐르더라도 감히 미워하고 원망하지 아니하고 공경하고 효도한다.[46]

B. 벼슬자리에 있는 자가 그 직책을 얻지 못하면 떠나고, 말을 할 책임이 있는 자가 그 말을 시행해 얻지 못하면 떠난다.[47]

A의 내용은 부모의 잘못에 대해서 간곡히 말하는 자식의 모습을 구체적으로 보여주면서, 자식이 간곡히 말해도 부모가 듣지 않으면 따라야 한다고 권한다. B의 내용은 관직에 있는 자가 자기 직무를 수행하지 못하거나 간관諫官으로서 자신의 말이 받아들여지지 않는다면 그 자리에 머물러 있을 이유가 없으니 마땅히 자리에서 물러나야 한다는 것이다. 이는 군주에게 간언하는 신하의 모습을 극단적으로 설명하고 있다. 여기서 주목되는 것은, 군주도 잘못할 수 있다는 전제와 군주에게 반드시 간언을 해야 하는 신하라는 존재의 당위성이다. 그리고 그것이 받아들여지지 않을 때 신하는 군주를 과감히

---

46 『小學』, 「明倫」, 2-22.

47 『小學』, 「明倫」, 2-58.

떠날 수 있다는 것이다.

서로 다른 두 태도는 부자관계의 효가 군신관계에서 충으로 확대되면서 그 기능과 도덕적 의무가 달라졌음을 보여준다. 군신관계의 충은 군주를 도덕적으로 심판하면서도 동시에 군주를 정치적 도덕의 최고 기준으로 존중한다.[48] 군신관계의 충에서 부자관계의 효와 다른 도덕적 의무가 제시되는 이유는 공적인 영역에 속해 있는 군주와 신하 둘 다 공공선을 추구해야 할 당위성이 존재하기 때문이다. 이처럼 주희는 『소학』에서 효와 충의 분리를 논했다. 주희는 충은 충으로서 효는 효로서 실행영역을 분리해야 하며, 그와 함께 '공'과 '사'의 관계도 엄격히 구분해야 한다고 보았다.[49] 군주가 갖는 공적인 요소와 국가가 갖는 공적인 요소를 가家·부父의 사적인 요소와 엄격하게 구분해야 한다는 것이다.[50] 이는 군주를 절대화된 도덕적 질서 아래에 종속시킴으로써 국가권력이 군주의 사권私權으로 전락하는 것을 방어하고자 하는 논리이기도 했다〈그림 2〉 참조).[51]

이러한 논리에서 볼 때, 내수사 기구 폐지론은 국가와 군주를 동일한 범주에서 파악하는 것이 아니라 군주를 국가의 일부분으로 보는 것이었다. 다

---

[48] Wm. T. de Bary, *The Liberal Tradition in China*, Columbia University Press, 1983, pp. 56~57.

[49] 주희는 천하의 일에는 다 理가 있지만 각 사물마다 그 理는 달리 나타난다는 전제하에 君臣之間에는 君臣의 理가, 父子之間에는 父子의 理가 각기 다르게 존재한다고 이해했다. 『朱子大典』 卷14, 「行宮便殿秦箚二」, "天下之事 莫不有理 爲君臣者 有君臣之理 爲父子者 有父子之理."

[50] 이봉규, 「규범의 근거로서 혈연적 연대와 신분의 구분에 대한 古代儒家의 인식」, 『태동고전연구』 10, 1993, 810쪽; 정호훈, 앞의 논문, 2004, 66쪽.

[51] Peter K. Bol, "Government, Society, and State: On the Political Visions of Ssu-ma Kuang and Wang An-Shih", *Ordering the World*, University of California Press, 1993, pp. 142~146; 민병희, 「朱熹의 "大學"과 士大夫의 사회·정치적 권력」, 『중국사연구』 제55집, 2008, 81~84쪽 참조.

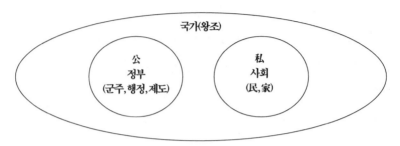

〈그림 2〉 중국 성리학자들의 공과 사 인식

국가(왕조)

公
정부
(군주, 행정, 제도)

私
사회
(民, 家)

* Peter K. Bol, "Government, Society, and State: On the Political Visions of Ssu-ma Kuang and Wang An-Shih", *Ordering the World*, University of California Press, 1993, p. 140 참조.

시 말해, 군주를 국가의 공적 영역 범주에 속하는 것으로 간주했다는 것이다.

내수사 폐지 논쟁의 표면적인 이유는 장리라는 고리대의 폐단이었다. 그러나 내수사는 왕실에 관한 '공'과 '사'의 구분에서 매우 중요한 쟁점이 될 만한 요소를 내포하고 있었다. 군주는 국가를 통치하는 수장의 지위를 가지면서 왕실의 가장 지위도 갖고 있기 때문이다. 군주의 '공적' 성격이 전자와 관련된다면 군주의 '사적' 성격은 후자에서 파생된다. 이 두 가지로 대변되는 입장 차이는 정치적 쟁점으로 변화될 요소를 얼마든지 내포하고 있었다〈그림 3〉 참조).

조선 전기 내수사 폐지 논쟁에서 드러난 군주의 '공'과 '사'에 대한 인식은 내수사를 바라보는 입장에 따라 달랐다. 이 논쟁은 내수사를 '공'으로 인식하는 왕과 일부 내수사장리 폐지론자들, 그리고 내수사를 '사'로 인식하는 내수사장리·기구 폐지론자들의 대립이었다. 내수사를 '공'으로 인식하는 이들은 내수사를 국가의 공적인 제도로 간주했고, 군주의 사유 역시 인정하고 있었다. 반면 내수사를 '사'로 인식하는 이들은 군주의 사유를 인정하고 왕실의 사적인 경로로 사용되는 내수사라는 기구의 존재 자체가 근원적인 문제

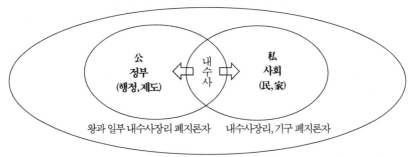

〈그림 3〉 조선 전기 왕과 대신들의 공과 사 인식

公
정부
(행정, 제도)

내
수
사

私
사회
(民, 家)

왕과 일부 내수사장리 폐지론자   내수사장리, 기구 폐지론자

라고 여겼다. 내수사 혁파 주장은 그들의 논리에서 당연한 귀결이었을지도 모른다. 이들의 인식은 중국 성리학자들의 '공'과 '사'에 대한 인식으로 나아 갔지만, 조선의 현실에 그대로 적용되지는 못했다. 그러나 조선 전기 내수사 폐지 논쟁은 전근대사회에서 '공'과 '사' 구분을 실현하고자 했던 하나의 선례가 되었다.

5. 맺음말

조선 전기 내수사는 『경국대전』에 기록된 국가의 정식 기구임에도 끊임 없이 논란의 중심에 있었다. 그 논란은 군주의 위상과도 직접적인 관련성이 있다. 왜냐하면 내수사는 군주의 사가 재산을 관리하는 기구이면서, 왕실에 필요한 물품을 관리하는 기구라는 특성도 지니고 있었기 때문이다. 내수사는 군주의 이중적인 성격이 드러나는 기구였다. 그 이중성은 군주가 왕실의 가 장이며, 동시에 국가의 수장이라는 사실이었다. 따라서 내수사의 존폐 여부 에 대한 입장은 군주의 위상을 이해하는 인식의 지표를 제공할 수 있다.

조선 전기 내수사의 기원은 군주의 사가 재산 관리를 위해 설치한 본궁이었다. 세조대에는 왕실 사재 관리기구인 내수소가 정식 관원을 둔 국가기구로 승격되었고, 성종대에는 국가 공식기구로 『경국대전』에 기록되었다. 그러나 내수사는 외관의 관부임에도 공식적인 절차를 거치지 않고 직계로 시행되었다.

내수사가 국가의 공식기구로 법제화됨과 함께 내수사 폐지 논쟁도 촉발되었다. 쟁점은 내수사장리 폐지 문제였다. 내수사장리 폐지를 거론하는 대다수 사람들은 내수사를 국가재정과 분리하여 존재하는 기구로 이해했으며, 왕실의 사적인 기구로 사용되는 것을 용인하고 인정했다. 그들은 내수사를 '사'로 인식한 것이 아니라, 다만 내수사장리를 '사사로운 축적'으로 이해하고 있었다. 그러나 내수사를 바라보는 인식에는 곧 균열이 생기기 시작했다. 연산군대의 일부 대신들과 중종대에 이르면, 내수사라는 기구 자체가 더 이상 공적인 존재가 아니라 군주의 사적인 재산을 관리하는 사적 기구로 이해되었다. 요컨대 내수사 폐지 논쟁은 내수사를 '공'으로 인식하는 것에서 출발하여 과도기를 거쳐 내수사를 '사'로 인식하는 것으로 귀결되었다.

내수사를 '공'으로 인식했던 이들은 내수사와 긴밀한 관계성을 갖는 군주의 사적 영역도 국가의 공적 영역에 포함시켜 이해했다. 이들은 내수사와 군주, 그리고 국가를 동일한 맥락에서 바라보았다. 즉 '효'로 표현되는 사적 유대와 '충'으로 표현되는 공적 관계가 충돌 없이 유기적으로 결합되고 있었던 것이다. 이에 반해 내수사를 '사'로 인식했던 이들은 '충'은 충으로서, '효'는 효로서 각각의 실행영역을 분리해야 하며, '공'과 '사'의 관계도 엄격히 구분해야 한다고 보았다. 그들은 내수사와 군주, 그리고 국가를 다른 범주로 이해했다. 군주를 국가와 동일시하는 것이 아니라 군주를 국가의 공적 영역에 포함시켰다. 그들은 군주를 절대화된 도덕적 질서 아래에 종속시킴으로써 국가권력이 군주의 사권私權으로 전락하는 것을 방어하고자 했다. 그들에게 군주는 단지 정책의 최종 결정권자이며, 끊임없는 수신修身을 통해 자신의 공적 성격을 유지하면서 공도公道를 실현해야 할 존재였다. 그들은 내수사 기구 논쟁을 통해 군주의 위상을 재정립하고자 했다. 이렇게 볼 때, 조선 전기 내수사 폐지 논쟁은 전근대사회에서 '공'과 '사'의 의미와 함께 '공'과 '사' 구분을 시도했던 하나의 지표가 되었다고 할 수 있다.

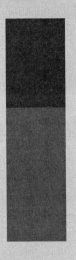

제3부
『소학』 정치이념의 제도화

제1장
소학실천자들의 계모임과 그 정치적 성향

1. 소학계와 죽림칠현의 군주 전제 비판

『소학』은 태종 7년에 권근權近이 올린 「권학사목勸學事目」을 계기로 서울
과 지방의 학교에서 필수과목이 되었고, 과거 시험인 생원시에 응시하기 위
해 익혀야 하는 책이 되었다.[1] 태종 13년에 대사성 권우權遇는 권근이 제시한
'소학 선강의 원칙'을 재확인했다.[2] 그러나 유생들이 『소학』을 어린이들이나
배우는 것이라 하여 소홀히 하자, 조정에서는 『소학』을 학교의 필수과목으로
이수하는 것을 영구한 법식으로 삼도록 다음과 같이 재차 강조했다.

> 예조에서 아뢰길 (…) 지금부터 4부의 생도들로 하여금 모두 『소학』을 습
> 독하게 하고 전념해서 강구하도록 하여 처음과 끝을 융회관통融會貫通한 연
> 후에 각기 그 부의 교관이 그 통부通否를 고시하여 문부에 기록하고 이를
> 성균관에 통보하면 성균관에서는 이 통보를 접수하여서 한결같이 전례에

---

1 『太宗實錄』卷13, 太宗 7년 3월 戊寅.

2 『太宗實錄』卷25, 太宗 13년 6월 丁丑.

의해 많고 적음을 불구하고 시험 선발하여 승보陞補하는 것으로서 영구한 법식을 삼도록 하십시오. (…) 그대로 따랐다.[3]

제도諸道의 관찰사에게 하유下諭하기를, "내가 나라를 다스리는 도리를 생각하건대, 교화보다 앞서는 것이 없으며 교화의 시행은 학교에서 시작되는 것이다. (…) 이제 모든 고을의 유생들은 장유를 논하지 말고 모두 『소학』을 익혀서 젊은이들은 그 글을 외고 어른들은 그 뜻을 통달하여 융회관통한 연후에 사서四書를 읽도록 허락하는 것을 영구한 법식으로 삼도록 하라.[4]

첫 번째 글은 세종 18년에 예조에서 4부 학당의 생도들 모두가 반드시 『소학』을 읽어야 함을 아뢰는 내용이다. 두 번째 글은 성종 7년에 제도 관찰사들에게 교를 내려 『소학』을 타 교과에 우선하여 학습하는 것을 항식으로 운영하도록 명한 것이다. 이처럼 『소학』은 성균관부터 4부 학당, 향교에 이르기까지 모든 학교에서 반드시 이수해야 하는 필수과목이 되었다.

『소학』은 학교의 필수과목일 뿐만 아니라 과거의 시험과목이 됨으로써

---

3 『世宗實錄』卷73, 世宗 18년 閏 6월 庚寅, "禮曹啓 (…) 今四部學堂生徒 不此之顧 以小學爲童稚之學 曾不講讀 每當升補 臨時涉獵 其於進學之基融貫者蓋寡 自今令四部生徒皆習小學 專心講究 首尾本末 融會貫通 然後各其部教官考其通否置簿 以報成均館 成均館傳報 一依前例 不拘多少 試取升補 以爲恒式 (…) 從之."

4 『成宗實錄』卷69, 成宗 7년 7월 甲子, "諭諸道觀察使曰 予惟治國之道 莫先於敎化 敎化之行 必始於學校 (…) 今諸邑儒生 勿論長幼 皆習小學 少者誦其文 長者通其義 融會貫通 然後許讀四書 以爲恒式 又試講誦 第其能否 歲抄以聞 更於閭閻 廣詢可堪師表者 具以名聞 差敎授訓導 期收實效 勿爲文具 使無人不學 無地非敎 皆知孝悌之道 不輟絃誦之聲 以副予轉移風化之意."

적용 범위가 다양하게 확대되었다. 『소학』은 생원·진사시의 복시覆試 전에 보는 학예강學藝講,[5] 4부 학당에서 성균관 하재下齋로 올라가는 승보시陞補試,[6] 이문학史文學과 역학譯學의 취재,[7] 무과의 관시觀試[8] 등에서 고강하는 과목이 되었다. 이런 제도적인 뒷받침과 함께 『소학』의 서책 보급도 광범위하게 이루어졌다.[9]

위의 사례를 통해 공적 차원의 『소학』 교육이 『소학』 학습을 전국 규모로 확산시킬 바탕을 조성했다는 점을 알 수 있다. 그러나 한편으로는 『소학』 교육이 학교와 연관된 과거 시험 공부의 일환으로 전락할 여지도 많았다. 당시의 사회통념 역시 이런 면에 일조하고 있었다. 그렇다면 당대인들은 『소학』을 어떻게 인식하고 있었을까?

예조에서 아뢰길 "(…) 지금의 사부 학당 생도들은 (…) 『소학』은 동몽童蒙

---

5 『世宗實錄』卷31, 世宗 8년 정월 壬戌, "赴生員試者 始令文臣監察 分臺于成均正錄 所考講小學家禮."; 『經國大典』卷3, 「禮典」, 制科.

6 『成宗實錄』卷73, 成宗 7년 11월 癸丑, "禮曹據濟州人曺變殷告狀啓 大典內 成均館生徒二百 生員進士不足 則取四學儒生通小學四書一經者 有蔭嫡子通小學者 曾中文科生員進士鄕漢城試者補之."

7 『世宗實錄』卷47, 世宗 12년 3월 戊午, "詳定所啓諸學取才經書諸藝數目 漢吏學 書詩四書魯齋大學直解小學成齋孝經少微通鑑前後漢吏學指南忠義直言童子習大元通制至正條格御製大誥朴通事老乞大事大文書謄錄."; 『世宗實錄』卷33, 8월 丁丑, "禮曹據司譯院牒啓 在前四孟朔取才 依三館例 以四書詩書古今通略小學孝經前後漢魯齋大學老乞大朴通事 周而復始 臨文講試 去庚子年 並令背誦."

8 『世宗實錄』卷97, 世宗 24년 8월 壬辰, "兵曹啓武科觀試時試取條件 (…) 武經七書四書五經通鑑小學中從自願講考 通一書者取."

9 『世宗實錄』卷30, 世宗 7년 12월 戊子; 卷37, 世宗 9년 7월 丁亥; 卷41, 世宗 10년 9월 丁巳; 『成宗實錄』卷95, 成宗 9년 8월 庚戌.

이 배우는 것이라 하여 평소 강독하지 않다가 승보에 당할 때마다 임시로 대충 습독할 뿐 그것이 진학의 기초인 것에는 융회관통하는 자가 대체로 적은 형편입니다."[10]

조광조가 아뢰기를, 신이 경오년에 생원에 합격하여 성균관에 들어가니, 당시 성균관에 있는 유생들이 모두 의관을 벗고 누워 있었습니다. 혼자 의관을 갖추고 앉아 있으니 사람들이 모두 웃었으며 『소학』을 읽고 싶어도 그곳을 벗어나 읽을 수는 없고 해서 남몰래 보곤 하였습니다. 그러면서 항상 마음속으로 성인이 행하던 일상생활의 도리가 이 지경에까지 이르렀는가 생각하였습니다.[11]

첫 번째 글은 세종대 4부 학당의 생도들이 『소학』을 '어린아이들이나 읽는 책'으로 여겨서 평소에는 읽지 않다가 성균관 승보시 때만 읽는다고 말하고 있다. 두 번째 글은 조광조가 중종에게 천거를 통해 인재를 선발하자고 간하면서 『소학』의 도리를 행하는 사람들이야말로 뽑아 쓸 인재라고 아뢰는 가운데 언급한 내용이다. 이 내용을 통해 알 수 있듯이, 당시 성균관 유생들은 『소학』의 도를 실천하는 자가 드물었다. 결국 『소학』은 평소에 유치한 것으로 여겨 읽지 않다가 시험과 같은 제도적 강제에 의해 마지못해 읽는 책으로 인식되고 있었다.

---

10 『世宗實錄』卷73, 世宗 18년 閏 6월 庚寅, "禮曹啓 (…) 今四部學堂生徒 不此之顧 以小學 爲童稚之學 曾不講讀 每當升補 臨時涉獵 其於進學之基融貫者蓋寡."

11 『中宗實錄』卷32, 中宗 13년 3월 甲子, "光祖曰 臣於庚午年 中生員上成均館 其時居館儒 生 皆赤脫出臥 若獨加冠帶而坐 則人皆笑之 欲讀小學書 而不得出於稠人之中 潛於箱篋 間見之 常自以爲 聖人平常之道 一至此哉."

그러나 이러한 공적 차원에서의 『소학』 읽기는 사적 차원으로 발전할 수 있는 바탕이 되었다. 이는 사적 차원에서 자발적인 책 읽기와 함께 『소학』 공부의 핵심인 '행동'으로 나타났다. 대표적인 경우가 남효온을 비롯하여 강응정·박연 등의 소학계小學契 조직이다. 남효온은 「사우명행록師友名行錄」에서 강응정의 인물됨을 논하는 가운데 소학계에 대해 언급했다. 그에 따르면, 소학계는 성균관에서 수업하면서 알게 된 사람들과 장안의 준걸한 재사才士들이 중심이 되어 향약을 만들기도 하고, 또 월말에는 『소학』을 강론하기도 했던 사적 모임이었다.[12]

남효온이 언급한 소학계를 네트워크 형성 과정에서 만들어진 가변적인 모임으로 생각할 수도 있지만, 이 모임은 어떤 경향성을 갖고 있었다는 점이 두드러진 특징이다. 그것은 성종 9년 기사관記事官 안윤손安潤孫의 언급을 통해 확인할 수 있다.

> 성명聖明하신 주상의 밑에 어찌 붕당이 있겠습니까. 다만 남효온과 강응정·박연 등 약간 명이 소학계를 만들어 '소학의 도를 행한다'고 이름하고 때때로 여럿이 모여서 강론하며, 강응정을 부자夫子라 일컫고 박연을 안연顏淵이라 하면서 혹은 스스로 서로 표방하고, 혹은 기롱하고 업신여기는 것의 말하는 바를 알 수 없으나, 한때의 유생으로 비웃지 아니하는 자가 없었습니다.[13]

---

12 제1부 2장 주 77번 참조.

13 『成宗實錄』 卷91, 成宗 9년 4월 乙卯, "記事官安潤孫啓曰 聖明之下 何有朋黨 但孝溫與姜應貞朴演等若干人作小學契 名曰行小學之道 時時群聚講論 稱應貞爲夫子 朴演爲顏淵 或自相標榜 或譏侮者之所言 未可知也 然一時儒生莫不笑之."

위 기사는 '소학의 도'를 행하는 소학계가 표방하는 목적과 기롱하는 대상이 무엇인지에 대한 의문을 드러내고 있다. 여기서 핵심은 '소학계'의 정치 성향이었다. 대신들은 소학계가 표방하는 목적과 기롱의 대상이 당시의 정치 문제라고 생각했다. 이는 소학계를 붕당으로 몰아갈 근거가 되었고, 빌미가 된 것은 남효온의 상소였다.

성종 9년 4월, 유학 남효온은 당시의 사회적 모순과 정치문제를 거론하는 상소를 올렸다. 그는 모두 8가지를 언급했다. 혼인을 바르게 하는 것, 수령의 선발, 인재의 서용, 내수사 혁파, 무당과 부처를 물리치는 것, 학교 흥기, 풍속 교정, 소릉 추복 등이었다.[14] 이 8가지 중에서 당시 가장 정치적으로 첨예했던 문제가 내수사 혁파와 소릉 추복이었다. 동부승지同副承旨 이경동李瓊仝은 남효온의 상소를 전날 주계부정朱溪副正 이심원의 상소와 동일한 성격으로 파악하고, 그들의 관계에 대해 다음과 같이 언급했다.

> 남효온은 주계부정 심원이 천거한 서생 강응정의 무리인데, 효온의 무리가 일찍이 성균관에 있을 때 스스로 서로 추존推尊하여 강응정을 부자라고 일컫고 박연을 안연이라고 일컫기까지 하며, 그 나머지를 차례로 지목하여 괴이한 행동을 창조했다고 합니다.[15]

이경동에 따르면 남효온은 주계부정 이심원이 천거한 강응정의 무리인

---

14 『成宗實錄』卷91, 成宗 9년 4월 丙午.

15 『成宗實錄』卷91, 成宗 9년 4월 丁未, "同副承旨李瓊仝曰 臣聞孝溫 朱溪副正深源所薦書生姜應貞之徒也 孝溫之輩嘗居館時 自相推尊至以應貞稱夫子 以朴演稱顏淵 其餘以次目之 創爲詭異之行."

데, 그 무리는 성균관에 있을 때 서로 추존하여 괴이한 행동을 했다고 한다. 강응정과 남효온이 함께 소학계를 만들었고, 이심원과 남효온은 교결交結하는 사이였던 것이다. 남효온의 상소에 앞서 제출된 이심원의 상소는 풍속 교정, 수령 선발, 인재 서용, 학교 흥기, 세조의 공신을 쓰지 말 것 등의 내용을 담고 있었다.[16]

남효온과 이심원의 상소에서 주목되는 것은 내수사 혁파와 소릉 복권, 그리고 세조의 공신을 쓰지 말라는 주장이었다. 이 문제는 모두 공적 질서의 확립에 관한 것이었다. 내수사 혁파가 가의 가장이라는 사적인 측면과 국가의 수장이라는 공적인 측면의 문제라면, 소릉 추복과 세조대 공신 중용의 금지는 군신관계에서 충으로 대변되는 공적 문제를 제기하는 것이었다.

내수사 혁파 논의에서 남효온은 군왕의 위치가 천하를 집으로 삼고 사해四海를 궁궐로 삼고 있으니, 자신의 재산을 사사로이 간직하지 말아야 하며, 궁중에서 쓰는 것은 경卿의 녹의 10배이니 녹이 경의 10배가 되면 사사로이 간직하는 것이 없어도 족하다고 했다. 그런데 지금 각 고을에 본궁농사本宮農舍라는 사저私第를 세워 사사로이 곡식과 포백布帛을 비축하여 날마다 백성들과 더불어 매매하여 이익을 취하면서 이것은 국가에 관계되는 것이 아니고 본궁에서 사사로이 간직한 것이라고 둘러대는 것에 대해 비판했다. 이어 그는 성종에게 내수사를 혁파하여 노비는 장례원에 소속시키고 미곡은 호조에 소속시키며 기용器用은 공조工曹에 소속시키고 재백財帛은 제용감에 소속시킬 것을 주장했다.[17] 내수사 문제는 이 책 제2부에서 언급한 『소학』의 정치이념인 공·사구분과 가·국가 부동론에 관련되는 것이므로, 공·사의 구분을 엄격

16 『成宗實錄』 卷91, 成宗 9년 4월 己亥.

17 『成宗實錄』 卷91, 成宗 9년 4월 丙午.

히 하며 공공의 선을 추구하고자 했던 소학실천자들에게 가장 핵심적인 문제이기도 했다. 내수사는 소학실천자들이 정치세력으로서 본격적으로 등장한 중종 11년에 혁파되었다.[18]

내수사 혁파보다 당시의 정치문제와 가장 직결되었던 논의는 소릉 추복과 세조대 공신 중용 금지였다. 소릉 추복에 관해서 남효온은 세조의 즉위를 부정한 사육신 사건과 아무런 관련이 없는 단종의 어머니 권씨 왕후에게 화가 미친 것은 지나친 처사임을 암시했다. 이어서 그는 소릉의 추복을 주장하면서, 단종의 어머니인 권씨 현덕왕후顯德王后의 신주를 종묘에 다시 모시는 것이 부당하다면, 단지 존호만이라도 추복하고 다시 예장禮葬하자고 제안했다. 그리고 글의 말미에 세조가 예종에게 '나의 행적에 국한되어 변통할 줄을 알지 못하면 나의 뜻을 따르는 바가 아니다'라고 훈계한 것을 인용하면서 변통을 호소했다.[19] 남효온의 주장은 일차적으로 전왕대의 잘못을 우회적으로 부정하면서, 그 근본적인 문제인 군신관계를 재고하기 위한 발언이었다. 군주는 도덕적 행위를 해야 하는 보편적 인간임을 인지해야 하고, 신하는 군주의 잘못을 지적하는 것이 신하의 도리임을 인지해야 한다는 것이었다.

세조대 공신 중용 금지를 제안한 이심원은 그 이유에 대해, 공신을 서용한다면 '만약 이들이 어질지 못한 자가 있어서 죄를 범할 경우, 벌을 주면 은혜가 상할 것이고 벌을 주지 아니하면 법을 폐하게 되는 것'이라고 했다.[20] 이 논의는 일차적으로 현존 정치세력을 부정하는 발언이기도 하며, 그 배면

---

18 『中宗實錄』卷25, 中宗 11년 5월 壬子.

19 『成宗實錄』卷91, 成宗 9년 4월 丙午.

20 『成宗實錄』卷91, 成宗 9년 4월 庚子, "深源啓曰 (…) 今殿下以爲勳舊竝錄用之 其用之者 未必皆賢 儻有不賢者 犯罪 則罰之傷恩 不罰廢法."

에 군주와 공신이 갖는 특별한 인연 때문에 공사 구분이 모호해질 수 있음을 경계하는 것이었다.

이 두 문제는 큰 논란을 불러일으켰다. 도승지 임사홍은 소릉 추복에 관한 남효온의 주장이 신하로서 의논할 수 없는 것이라고 비판했다. 그는 이들의 무리를 일컬어 다음과 같이 말했다.

> 이 상소는 [이]심원의 상소와 서로 같습니다. 심원이 경연慶延과 강응정을 천거하였는데 남효온도 경연을 추천하였습니다. 신이 삼가 듣건대, 남효온의 무리에 강응정·정여창·박연 등과 같은 이가 있는데, 따로 한 무리를 만들어 강응정을 추숭하여 부자라고 하고 박연을 가리켜서 안연이라고 하며 항상 소학의 도를 행한다고 이름하여 서로 이론異論을 숭상하니 이는 진실로 폐풍弊風입니다. 한나라에는 당고黨錮가 있었고 송나라에서는 낙당洛黨·촉당蜀黨이 있었습니다. 이 무리들은 예전에 미치지는 못하나 족히 치세에 누가 되므로 점점 커지게 할 수 없습니다. 또 포의布衣로서 국가의 정사를 의논하니 더욱 옳지 못합니다.[21]

도승지 임사홍도 그들의 상소 내용이 유사한 것으로 보아 모종의 유대관계가 있을 것으로 파악했다. 그는 그들이 조직한 소학계 모임에 주목하여, 이 모임을 한의 당고와 송의 낙당·촉당과 같은 붕당에 비유하고 단순한 친목모임으로 여기지 않았다. 남효온과 이심원의 상소는 10일이 지난 뒤 다시 거론

---

21 『成宗實錄』卷91, 成宗 9년 4월 丙午, "士洪啓曰 此疏與深源上疏相同 深源薦慶延姜應貞 孝溫亦薦慶延 臣竊聞之 孝溫之徒有如姜應貞鄭汝昌朴演等 別爲一羣 推應貞爲夫子 指 朴演爲顔淵 常以行小學之道爲名 相尙異論 此固弊風也 漢有黨錮 宋有洛黨蜀黨 此輩不 及於古 然足爲治世之累 漸不可長 且以布衣而議國家之政 尤不可."

되었는데, 조정 대신들은 이들의 의론이 자라나지 못하도록 이들을 붕당의
죄로 다스릴 것을 요청하기까지 했다.[22]

남효온에 의해 제기된 소릉복위는 세조대의 정치적 유산 문제와 연결되
어 심각한 논쟁을 불러일으켰고, 그 논쟁은 연산군 즉위와 더불어 더욱 격렬
하게 부활했다. 소릉복위를 주장했던 김일손은 무오사화 때 사형을 면할 수
없었고, 갑자사화에서는 이미 죽은 지 오래된 남효온의 시체가 능지처참을
당하고 그 아들이 목을 베이는 사태로까지 확대되었다.[23] 소릉 추복은 중종
대에 와서야 이루어졌다. 이 문제는 복위 자체보다 세조의 잘못을 직접적으
로 드러내는 일이었고, 때문에 그만큼 정치적으로 민감할 수밖에 없었다. 이
들은 군주 역시 잘못을 저지를 수 있고, 그래서 군주 또한 사대부와 마찬가
지로 지속적인 수신으로 자신을 닦아야 하는 존재임을 부각시켰던 것이다.
그 수신의 요체는 '소학의 도'였다.

'소학의 도'를 행하기 위해 결성된 소학계의 구성원은 대략 세 부류로 나
눌 수 있다. 그 구성원은 『실록』과 『추강집秋江集』의 내용에서 약간 차이가 있
다.[24] 첫 번째 부류는 김종직의 문인들로, 남효온·김용석·신종호·박연·손효
조·강백진·김윤제이고,[25] 두 번째 부류는 김종직 문인에 해당되지 않는 이들
들로서 강응정·정경조·권주權柱·정석형이며, 세 번째 부류는 다수의 성균관

---

22 『成宗實錄』卷91, 成宗 9년 4월 乙卯.

23 『燕山君日記』卷30, 燕山君 4년 7월 丁未; 卷56, 燕山君 10년 11월 己亥.

24 『성종실록』에서는 강응정·정여창·박연이 소학계 구성원으로 분류되었으나, 『추강집』에
서는 정여창이 포함되지 않았다. 아마도 『실록』은 정여창이 남효온과 함께 김종직의 문
인이면서 자주 교류했기 때문에 소학계원으로 파악했던 것 같다.

25 『佔畢齋集』, 文集 附錄, 「문인록」 참조.

유생들이었다.[26] 대체로 이들의 결합은 김종직의 문인이라는 연결성과 새로운 교유의 장인 성균관 재학 기간의 친구관계로 이어져 있었던 것 같다.[27] 그리고 그 결합은 '소학의 도'와 같은 유사한 학문적 동조를 통해 이루어졌을 것이다. 소학계의 구성원에 속하지 않았지만 상당한 유대관계를 가졌던 이심원과 소학계의 중심인물인 남효온의 상소가 유사했다는 것만으로도, 이들의 소학계는 폐쇄적인 조직이 아니라 개방적인 모임을 형성하며 다각도의 연결망을 가졌던 것으로 추측된다(〈그림 1〉 참조).

김굉필의 정체성은 김종직보다 확고한 소학 실천을 통한 삶이었다. 그의 네트워크에서 공통 연결망은 역시 소학이었다. 김굉필의 정치 네트워크상에서 특히 소학계는 그들의 정치적 경향성 때문에 당대 현실에서 붕당으로 몰리기까지 했다. 이런 사실로 보아 네트워크는 단순한 인맥으로 인한 연결이 아니라 '소학의 도'를 실천하고자 하는 일정한 공통점을 지니고 있었으며, 더 나아가 정치적 실체로 나타나고 있었다고 할 수 있다.

소학계와 유사하게 붕당으로 몰린 또 하나의 모임이 있었다. '소학동자' 김굉필이 속해 있던 죽림칠현竹林七賢이 그것이다. 죽림칠현은 유자광 등이 무오사화를 확대하면서 김종직 문인들과 관련된 인물들을 추적하다 밝혀진 모임이다. 다음은 연산군 4년 8월에 윤필상尹弼商이 아뢴 죽림칠현에 관한 내용이다.

[윤]필상이 아뢰기를, "남양부南陽府 공생貢生 홍유손洪裕孫이란 자가 있는

---

26 『秋江集』卷7, 雜著, 「師友明行錄」 참조.

27 남효온은 자신의 벗인 李宗準을 통하여 또 다른 김종직의 문인인 權景裕와 친교를 맺는 과정을 설명하였다. 『秋江集』卷7, 雜著, 「師友明行錄」 참조.

데, 시문이 능하옵니다. 그러나 그 행동이 심히 괴이하여 나이 젊은 6, 7명과 당을 만들어서 아무개는 정자程子고 아무개는 주자朱子라 자칭하며, 이따금 강가의 인가에 모여 소요건逍遙巾을 쓰고 서로 더불어 떼지어 술 마시며 비방을 하옵니다. 일찍이 과거를 보러 갔는데 제술製述은 아니 하고 종일 술에 취해 회어戱語를 쓰고 나오기도 하였습니다. 이 무리들이 오래 도성 아래 있으면 반드시 후생을 그르치고 말 것이오니, 청컨대 잡아내 먼 지방으로 내치시옵소서."[28]

위의 기사는 홍유손과 그와 관련된 인물들의 모임에 관한 것이다. 홍유손과 동류 6~7명이 당을 이루어 서로 정자와 주자로 칭하며 조정을 비방했다는 내용이다. 이 모임은 성격상 소학계와 상당히 유사하다. 그 유사성은 소학계가 강응정을 부자夫子로 칭하고 박연을 안연으로 칭했던 점이나, 사적인 모임에서 조정을 비방한다는 이유로 조정 내 대신들에게 붕당으로 몰렸던 점에서 찾을 수 있다. 이 모임의 실체는 6일 뒤 기록에 더 구체화되어 '죽림칠현'으로 나타난다. 구성원은 남효온·안응세·홍유손·김굉필·이윤종 등이었다.[29] 죽림칠현의 결성에는 김종직의 문인이라는[30] 연계성과 함께, 성균관 유생으로서의 교유가 바탕이 되었던 것으로 보인다. 그리고 무엇보다 동질의 학문

---

28 『燕山君日記』卷31, 燕山君 4년 8월 癸酉, "弼商啓 南陽府有貢生洪裕孫者 能詩文 然行己甚怪 與年少六七輩爲黨 自稱某也程 某也朱 時會江上人家 着逍遙巾 相與群飮誹謗 嘗赴試 不肯製述 終日沈酗 或書戱語而出 此輩久在都下 必誑誤後生 請尋捕 屏諸遠方."

29 『燕山君日記』卷31, 燕山君 4년 8월 己卯; 『篠叢遺稿』附錄, 「遺事」, "家藏小紀佔畢之門道學文章之士 如金宏弼鄭汝昌南孝溫金馹孫兪好仁洪某李宗準諸賢最其拔萃云 名臣錄先生與南秋江孝溫 辛安亭永僖 結爲竹林羽士 文章行義 爲一世領袖."

30 『佔畢齋集』, 「문인록」 참조.

적 유대가 결성의 중요한 배경이 되었을 것이다. 죽림칠현이 '소학의 도'를 실행하기 위한 모임이었다는 직접적인 언급은 없으며, 어떤 정치현실을 비방했는지 자료상에 언급되지 않는다. 다만 이들 구성원들의 성향을 통해 이 모임이 추구했던 학문과 정치적 방향성을 짐작할 수 있을 것이다.

2. 도계의 과거제도 비판

소학계나 죽림칠현과 유사한 모임은 중종대에도 나타났다. 성균관 유생인 조광조·김식·박훈 등 세 사람은 뜻이 같아서 항상 『소학』을 읽고 그 행실을 계칙戒飭하고 또 논의를 중지하지 않았다.[31] 김식과 조광조의 행실은 성균관 유생 시절에 이미 여러 대신들에게 알려져 있었던 것 같다. 다음은 이들에 관한 사신史臣의 논의이다.

> 사신이 논하길, 이때 생원 김식·조광조 등이 김굉필의 학문을 전수하여, 함부로 말하지 않고 관대를 벗지 않으며, 종일토록 단정하게 앉아서 빈객을 대하는 것처럼 하였는데, 그것을 본받는 자가 있어서 말이 자못 괴이하였다. 성균관이 '그들이 스스로 사성십철四聖十哲이라 일컫는다'고 하여 예문관·승문원·교서관과 통모通謀하여 그들을 죄에 몰아넣으려고 하다가 이

---

31 『中宗實錄』卷22, 中宗 10년 6월 癸亥, "史臣曰三人(趙光祖金湜朴薰)同志 不汲汲於功利 有志聖賢之學 常讀小學 以飭其行 不爲浮議所掩 士林頗愛重之 三人道同志合 而所造各 異 氣質不同 光祖明正切直 湜通達周遍 薰德器夙成."

164 | 조선 전기의 사림과 〈소학〉

루지 못하였으므로 경연관이 힘써 말한 것이다.[32]

위의 기사는 경연에서 선비의 태도를 논하는 것을 본 사신의 이야기다. 먼저 참찬관 김세필이 사장詞章만 일삼는 선비들의 태도를 비판하자 헌납獻納 성세창이 '선비는 머리는 곧게 가지고 발은 무겁게 움직이며 앉는 것은 시동尸童처럼 하고 서는 것은 재계하는 것처럼 해야 하는데 경박한 무리들이 오히려 이런 태도를 이상하게 여긴다'고 했다. 그러자 영사領事 성희안成希顔이 소학계와 그 구성원인 강응정의 일을 예로 들어 부연 설명했다. 즉 사류들이 강응정을 추앙하여 스승으로 삼았는데, 남들이 그를 강부자姜夫子라며 조롱하니 강응정과 그의 무리들이 모두 흩어졌다는 것이다.[33]

소학계의 구성원이었던 강응정만큼이나 김식과 조광조의 태도와 모습 또한 비웃음과 경계의 대상이었던 것 같다. 그것은 여러 대신들이 이들과 그 추종하는 무리를 죄로 몰아가고자 했던 점을 통해서도 알 수 있다. 성종대 소학계와 중종대 김식, 조광조는 그런 점에서 유사성이 있었다. 즉 그들은 '소학의 도'를 실천하고 있었으며, 그들의 행위와 모임은 정치적 조직 결성으로 비춰졌다는 것이다.

조광조는 도계道契라는 모임을 만들어 이자, 그리고 그의 사촌 조광보·조광좌 형제와 자주 모임을 갖고 유대를 다졌다.[34] 도계가 실제적으로 어떤 모

32 『中宗實錄』卷12, 中宗 5년 10월 癸巳, "史臣曰 是時生員金湜趙光祖等 傳金宏弼之學 不放言不脫冠帶 終日危坐 如對賓客 有效之者 言頗詭異 成均館以爲 自稱四聖十哲 通於藝文館承文院校書館 欲致於罪未果 故經筵官力言之."

33 『中宗實錄』卷12, 中宗 5년 10월 癸巳.

34 『陰崖集』卷2, 「答趙秀才」, "向者 言及先子與我交遊之事 而適忽擾 未得仔細 故今書略而言之 吾及孝直(조광조의 字) 與尊先子兄弟 義同兄弟 實作道契 而孝直及我墳山 在龍鄉

임이었는지는 알 수 없다. 다만 이들의 행적을 통해 정치적 성향을 추적해 볼 수는 있을 것이다. 이자는 유년 시절부터 쇄소응대지절灑掃應對之節의 차례가 있었고, 김굉필의 문인인 주계부정 이심원에게 수업을 받았다.[35] 그의 정치 성향은 조강朝講에서 배움에 대해 중종에게 말하는 부분을 보면서 일부 확인할 수 있다. 그는 옛말에 배움이란 그 사람을 가까이 하는 것보다 더 좋은 것이 없는데, 지금 좌우 대신들과 더불어 고금古今의 일을 토론하고 다스리는 도리를 강론한다면 이것이 또한 그 사람을 가깝게 하는 길이라고 말했다.[36] 그에게 정치란 군주 홀로의 독단이 아니라 대신과 함께해야 할 문제였던 것이다. 그가 7년 뒤 과거제도의 방법이 아닌 향거리선법鄕擧里選法의 방법으로 인재를 선발하자고 주장한 것도[37] 우연은 아니었다. 그는 정치를 군주와 대신들이 함께 풀어가는 문제로 여겼고, 대신들은 사장만 일삼는 과거를 통해 뽑을 것이 아니라 성리학적 삶의 태도를 지닌 인물들이 되어야 한다는 생각을 가지고 있었다.

조광보는 중종 2년에 반정공신인 박원종·유자광·노공필을 시해하려는 모의에 연루되어 옥사했다.[38] 이 사건에는 조광보뿐만 아니라 조광조·김식·공서린孔瑞麟·조광좌 등도 연루되었다. 이 모의는 전대의 잘못이 있는 이들이

仲翼兄弟(조광보의 字이면서 조광보·조광좌를 지칭)田莊 亦在龍鄕 在京則無日不會."

35 『陰崖集』, 年譜 참조.

36 『中宗實錄』卷12 中宗 5년 8월 戊子, "御朝講 侍讀官李耷曰 (…) 古云 學莫便乎近其人 今與左右大臣 論難古今 講論治道 則是亦近其人之道也."

37 『中宗實錄』卷27 中宗 12년 1월 辛丑.

38 中宗 2년 參議 柳崇祖, 護軍 沈貞, 掌樂正 金克成과 前承旨 南袞 등이 아뢰어 의관 김공저, 서얼 박경, 유생 조광보, 이장길 등이 박원종·노공필 등을 해치려 한다고 모함했다. 결국 이들은 국문당하여 김공저와 박경이 처형되었고, 여기 연루된 사람들은 죄의 경중에 따라 차등 있게 유배당했다. 『練藜室記述』卷7, 中宗朝 金公著趙光輔之獄.

오히려 반정공신이 되어 계속 조정에 남아 있는 데 대한 반발의 표출이었다. 특히 조광보가 공초供招 과정에서 무오사화를 일으킨 유자광에 대해 분노했던 모습에서도 이를 확인할 수 있다.[39] 그는 이 모의 과정에서 박경·문서구·김식·조광조와도 관계했는데, 이들은 서얼 박경이 학문이 있다고 하여 그에게 학문에 대해 묻기도 했다. 그 내용은 다음과 같다.

신 등(조광보·문서구·김식·조광조 등을 칭함)이 [박]경에게 학문하는 방법을 물으니 경이 말하기를, '학자는 마땅히 『중용』과 『대학』을 읽어야 한다. 학자의 학업이 고명해지지 못하는 것은 과거 공부가 누가 되기 때문이다'라고 하므로, [문]서구가 경에게 묻기를 '예전에는 향리에서 선거하는 법이 있었는데 지금의 과거제도는 파하여야 할 것인가, 자격을 따라 쓰는 법 역시 쓰지 말아야 할 것인가, 서얼 중에 재주 있는 자는 뽑아 써야 할 것인가' 하였습니다. 경의 대답은 '향거리선법은 삼대三代의 정치가 아니니 행할 수 없다. 정말 재주가 있는 자라면 등급을 건너뛰어 등용해야 할 것이다. 우리나라는 귀천의 명분이 매우 엄하지만, 재능이 있는 사람이라면 천하더라도 써야 할 것이다.'[40]

여기서 박경은 학문하는 방법과 과거제도의 문제를 논하고 있다. 그는 학자들이 학문이 뛰어나지 못한 것은 과거 공부 때문이며, 재주가 있는 자라면

---

39 『中宗實錄』卷2, 中宗 2년 閏1월 己巳.

40 『中宗實錄』卷2, 中宗 2년 閏1월 庚午, "臣等問耕 以爲學之方 耕曰 學者當讀庸學 學者所以業未高明者 科擧之學 爲之累也 瑞龜問耕曰 古有鄕擧里選之法 今之科擧可罷乎 循資之法 亦可勿用乎 庶孼有才藝者 可擢用乎 耕答曰鄕擧里選之法 非三代之治 不能行矣 苟有才藝者 當躐等用之矣 我國貴賤名分其嚴 然有才能者 則雖賤亦可用之."

천하더라도 등용해야 한다고 주장했다. 박경과 문서구의 대화는 학자들의 학문하는 방법의 문제점, 그 대안으로 제시된 향거리선법, 그리고 신분이 아니라 능력으로 서용되어야 한다는 의식 등 많은 것을 시사하고 있다.

박경은 김일손과 가까웠고, 김종직과 동향인 경상도 선산 출신 정붕·박영과 더불어 학문을 강론하는 막역한 사이였으며,[41] 문서구는 조광보의 처삼촌이자 김굉필의 문인이었다. 문서구와의 대화에서 박경의 문제의식은 그 자리에 모인 김식·조광조·조광좌에게 상당한 영향력을 미친 것 같다. 김식·조광조는 중종 13년에 과거제도의 문제를 거론하며 현량과賢良科 실시를 주장했는데, 중종 2년 당시 박경의 문제의식과 많은 면에서 일치했다. 이들은 신분이 아닌 능력 위주로 인재를 등용할 것, 과거 시험 대신에 천거제인 현량과를 시행할 것을 주장했다. 소학실천자들의 이런 정치적 경향성은 조광조·이자·조광보·조광좌와 함께한 도계의 모임과 조광보·문서구·김식과의 관계성을 통해 드러나고 있다.

이상과 같이 공적인 차원에서의 『小學』 교육은 『小學』 교육의 양적인 확대를 불러온 게 사실이었다. 그러나 사적이며 자발적인 모임의 대표격인 소학계와 죽림칠현, 그리고 도계의 실체는 공적 차원에서 인식된 양상과는 달랐다. 이들은 같은 책을 공유했고 같은 책을 읽으며 같은 도를 실천하며 학문적 유대감을 공고히 했다. 이런 공통의 배움과 이념을 구체적인 역사적 사실로서 드러낸 소학계·죽림칠현·도계 외에도 많은 사람들이 네트워크로 연결되어 있었을 것이다. 중종대 조광조와 그의 무리들은 산재해 있던 네트워크 연결망을 제도적으로 구축하고자 했다. 그것은 네트워크 관계로 느슨하게 이어져 있던 인재들을 천거에 의해 선발하는 현량과로 나타났다.

---

41 『練藜室記述』卷7, 中宗朝 金公著趙光輔之獄.

제2장
현량과 설치와 그 의미

1. 과거 시험 기준 비판과 현량과 설치

조선 초기에 강경講經·제술의 논쟁이 있었지만,[42] 조선시대 과거제도의 문과 시험 기준은 사실상 제술론을 우위에 두고 있었다.[43] 문과 초시初試의 초장初場에 해당하는 오경사서五經四書의 의의疑義는 문장력에 의해 좌우되는 경향이 많았고, 회시會試의 강경은 기본적으로 암송의 정도를 평가하는 차원을 벗어나지 못했던 것이다. 따라서 문과 응시자들이 기대하는 수준의 경학적 소양을 획득하는 데는 실패하는 경우가 많았던 것으로 보인다.[44] 이러한 시험

---

42 講經·製述論爭에 대해 다음 논저 참조. 李成茂, 「鮮初 成均館硏究」, 『역사학보』 35·36 합집, 1967; 曺佐鎬, 「李朝 經學振興政策의 一面: 특히 科擧의 講經을 중심으로」, 『인문과학』 3, 1974; 朴天圭, 「文科初場 講製是非考: 鮮初 科擧制度의 成立科程에 대한 一考察」, 『동양학』 6, 1976.

43 朴連鎬, 「朝鮮前期 士大夫敎養에 관한 硏究」, 한국 정신문화연구원 박사학위논문, 1994. 116쪽.

44 『中宗實錄』 卷21, 中宗 9년 10월 甲寅, "大司諫崔淑生等上疏 (…) 近來學者 不務師授 爭抄訓詁 以圖記誦 僥倖得第 人皆效之 至於窮鄕僻學 雖昧宗指 若能口誦 謂熟其業 一槪取之 但較生熟 毋論精粗 (…)."

기준은 과거제도 자체에 대한 문제제기 여지를 충분히 남기고 있었다.

과거 시험 기준에 대한 비판은 중종대에 들어오면서 본격적으로 이루어졌다. 두 번의 사화를 지나 반정으로 등극한 중종에게는 무엇보다 정치를 새롭게 이끌어갈 인재가 필요했다. 그 일환으로 중종 초에 과거 외에 천거로 인재를 등용하도록 했지만 제대로 시행되지는 않았던 것 같다. 이는 중종 5년에 권벌이 '합당한 인재를 천거로 등용한다고 하지만 천거로 인재가 임용되지 않는다'고 비판했던[45] 사실로도 확인할 수 있다. 그럼에도 중종 초에는 인재 등용에 대한 본질적인 비판은 아직 일어나지 않고 있었다.

그러나 중종 12년부터 천거에 대한 논의의 양상이 달라지기 시작했다. 그 내용을 살펴보면, '우리나라의 과거가 시詩·부賦로써 사람을 취하기 때문에 대개 심장적구尋章摘句를 일삼는다'[46]거나 '우리나라에서 학술이라고 하면 문학을 가리키고 과거에서도 먼저 송頌·표表로써 사람을 뽑는다'[47]고 하는 등, 문학적 소양이 과거 급제에 관건이 되고 있다는 비판이었다. 그런데 이 비판은 과거 시험 기준에 대한 논의를 넘어 과거제도 자체의 문제로 비화되었다. 시강관 김정은 과거제도 자체를 다음과 같이 비판했다.

> 대저 사람을 쓰는 도리가 덕행을 앞세우고 문예를 뒤로 돌린 후에라야 부박浮薄한 풍습이 저절로 없어져 여러 업적이 모두 빛나게 되는 법입니다. 후세에는 공정한 도리가 밝지 못하여 부득이 과거를 보여 선비를 뽑으

---

45 『中宗實錄』卷12, 中宗 5년 9월 己卯; 中宗 5년 10월 乙未.

46 『中宗實錄』卷27, 中宗 12년 1월 辛丑, "參贊官尹世豪曰 我國設科擧 以詩賦取人 率以章句爲事 無性理之學 以此學校亦不明."

47 『中宗實錄』卷32, 中宗 13년 3월 丁未, "司諫孔瑞麟曰 我國之學 以文華詞藝謂之學術 似與古人所謂學術異也於取人之際 以頌表取之 殿試則須以對策."

므로 비록 옛사람을 높여 벗 삼으며 조행操行이 청렴 고매한 사람이 있더
라도 세상 사람들이 알지 못하게 되는데 모두들 과거한 사람 이외에는 달
리 쓸 만한 사람이 없다 하니 이는 역시 알지 못하는 말입니다. 습속이 이
러하여 문사로 요행히 과거하기만 숭상하고 덕행이 어떠한 것인지를 알지
못하니 이는 한탄스러운 일입니다.[48]

　김정은 조행이 청고淸高한 인물이 과거에 의해 등용되기가 어려운 점을
말하고, 과거 이외의 방법으로 인재를 등용하자는 여지를 제시했다. 이처럼
기존 과거제도의 비판은 과거 외의 방법으로 관리를 선발할 방도에 대한 논
의를 불러일으켰다.[49] 성균관 유생 시절 도계의 일원이었던 참찬관 이자는
중종 13년에 그 논의를 좀 더 구체화시켰다.

　조정에서 인물이 부족하다고 한탄하는 것은 참으로 기이한 일입니다.
한 시대의 인물을 제가 감히 다 알 수는 없습니다만, 어찌 꼭 없다고 말할
수 있겠습니까. 국가에서 인재를 등용하는 길이 너무나 좁기 때문에 많은
인재들이 막혀 있을 뿐입니다. 그러므로 전조銓曹에서 사람 쓰는 것을 책망
하기도 어렵습니다. 지금 대신과 시종으로 하여금 천거에 대한 태도를 분

---

48 『中宗實錄』卷27, 中宗 12년 4월 己巳, "侍講官金淨曰 大抵用人之道 先德行而後文藝然
後 浮薄之風自祛 而庶績咸熙矣 後世公道不明 不得已設科取士 雖有尙友古人 操行淸高
者 而世人莫之知也 皆曰科目之外 他無可用人則此亦不通之言也 習俗如此 崇尙詞律 而
不知德行之何如 是可恨也."
49 『中宗實錄』卷27, 中宗 12년 4월 己巳. 司諫 金希壽는 초야에 숨은 사람 중에 도덕을 지
닌 사람을 수령과 감사가 사방으로 찾아서 추천하자고 주장했으며, 중종은 향거리선법
을 말하며 천거 방법을 제기했는데, 이에 대해 領事 鄭光弼은 德行과 함께 才智를 갖춘
사람을 발견하기 어렵다고 반대의사를 밝혔다.

명하게 하여 재행才行이 뛰어나 등용할 만한 사람을 뽑을 수는 없습니까.
별시도 역시 나라에서 인재를 뽑는 길이지만 한번 이렇게 하면 반드시 유
익할 것입니다.[50]

이자는 별시를 시행하여 인재를 뽑는 게 아니라 천거를 통해 인재를 특별
히 발탁하자고 주장했다. 그가 주장한 천거방법은 재행이 뛰어난 인물의 등
용이었다. 천거제라는 방법은 새로운 것이 아니라 기존에도 시행되었던 관리
등용의 다른 방식이었다.[51] 그러나 대사헌 최숙생은 천거가 과거 급제와 차
별적인 임용으로 이루어지기 때문에 사람들이 이를 천히 여기는 경향이 있
었다고 했다.[52] 이에 중종은 천거한 사람을 과거 급제자와 동등하게 임용하
는 천거제를 시행하자고 주장했다.[53] 이 논의 끝에 참찬관 조광조는 시험 기
준에 대해 아래와 같은 구체적인 제안을 내놓았다.

이자가 아뢴 말은 신 등이 늘 하고 싶었던 것입니다. 외방外方의 경우 감

---

50 『中宗實錄』卷32, 中宗 13년 3월 庚戌, "李耔曰 朝廷有人物不足之嘆 此可怪也 一時人物
臣未敢知也 豈可謂之必無乎 國家取人之路 極爲狹隘 故多數礙滯 而責銓曹用人 亦難矣
無乃令大臣侍從 分明論薦 得才行可用之人 乎 別試 亦祖宗朝事也 然一番如此爲之 甚
有益也."

51 崔異敦은 중종대 현량과를 기존에 행해왔던 천거제의 다른 방식으로 여기고 천거제의
선상에서 현량과를 논의하였다. 崔異敦, 『朝鮮中期 士林政治構造研究』, 일조각, 1994.

52 『中宗實錄』卷32, 中宗 13년 3월 庚戌, "崔淑生曰 人物豈可謂必無乎 但國家必以科擧取
之 然後可任於爲事之地外方遺逸之賢 雖屢薦拔 與科擧所取之人異用 則恐其人以爲賤
而不肯就焉."

53 『中宗實錄』卷32, 中宗 13년 3월 庚戌, "上曰 薦擧之人 以科擧出身例用之 則銓曹必無乏
人之嘆矣."

사·수령이, 경중京中의 경우 홍문관·육경六卿·대간이 모두 재행이 뛰어나 등용할 만한 인재를 천거케 하여 대궐의 마당에 이들을 모아놓고 왕께서 친히 대책對策으로 시험한다면 많은 인물을 얻을 수 있을 것입니다. 이는 우리나라에서 시행한 적이 없는 것이지만, 한의 현량방정과賢良方正科의 뜻을 이은 것입니다. 덕행은 많은 사람들이 추천하는 것이므로 반드시 헛되거나 그릇되는 바가 없을 것이며, 또 대책을 통하여 그 사람이 하려고 하는 방안이 드러날 것이므로 두 가지 다 잃는 바가 없을 것입니다. (…) 우리나라는 국토가 좁아 본래 인물이 적습니다. 거기에다 서얼과 사천私賤을 분별하여 등용하지 않습니다. 중국에서는 귀천을 가리지 않고 오직 골고루 등용하지 못할까 걱정하고 있는데 하물며 작은 우리나라는 어떻겠습니까. 향거리선법의 일은 오래되어 그대로 복원할 수 없습니다만, 만약 이런 방식으로 하면 대현인이라도 얻을 수 있을 것입니다.[54]

조광조가 제시한 것은 복잡한 절차의 과거 시험을 거치지 않으면서 덕행이 뛰어나고 국사를 다스릴 수 있는 재행을 겸비한 인재를 얻고자 하는 방식이었다. 그 방식은 두 단계였다. 1단계는 외방의 경우 감사·수령이, 서울의 경우 홍문관·육경·대간이 덕행이 있는 인재를 천거하는 것이었다. 2단계는 천거된 자들을 전시의 형식을 빌어 대책으로 시험하여 뽑는 것이었다. 천거

---

54 『中宗實錄』 卷32, 中宗 13년 3월 庚戌, "趙光祖曰 李耔所啓之言 臣等每欲爲之 外方則監司守令 京中則弘文館六 卿臺諫 咸薦才行可用之人 聚于大庭而親策之 則人物可以多得矣 此祖宗所不爲之事 此漢之賢良方正科遺意也 德行 衆所薦也 必不虛謬 又於策 見其施設之方 則兩無虧欠矣 (…) 光祖曰 我國壤地褊小 人物本少 而又分庶孼私賤而不用 中原則不計貴賤 而猶慮其不周 況小邦乎 鄕擧里選之事 遠不可復矣 若如此 則至於大賢之人 亦庶幾可得矣."

의 범위는 경중과 외방을 막론하고 누구나 혜택을 받을 수 있도록 했다. 그는 인재 등용에서 지역의 제한을 두지 않았을 뿐만 아니라 신분에 있어서도 개방성을 두었다. 그리고 시험 기준은 추천자에 의한 '덕행'과 국가 정책에 대한 답변에 해당하는 '대책'이었다.

'덕행'은 주희의 언어를 빌린다면 '자율적인 자기훈련을 통한 자득自得'을 말하며, 그 궁극은 '자기 전환'을 의미했다.[55] 조광조와 그의 무리들이 제시한 시험 기준에서 가장 커다란 변화는 바로 이 덕행이라는 '자기 전환'을 이룬 사람을 관리로 임용하겠다는 선언이었다.

'대책' 시험은 과거 전시와 같은 방식으로 치러졌다. 왕이 성현의 글을 빌어 당시의 국사를 처리할 방법을 질문하면 지원자는 그에 대한 자기 생각을 답으로 기술하는 식이었다. 다음의 인용문은 대책 시험이 어떤 것이며 그 의미는 무엇인지 알려주는 자료이다.

> 왕께서 다음과 같은 문제를 내셨다. 공자께서 '만약 내가 등용된다면 단 몇 달이라도 가하지만 3년이면 이룰 수 있다'라고 하셨다. 성인이 어찌 헛된 말을 하였겠는가. 그 규모와 정치를 베푸는 방안에 관하여 시행하기 전에 먼저 작정한 바가 반드시 있을 것이니 이를 낱낱이 헤아려 말할 수 있는가. 주나라 말기는 나라의 기강과 법도가 이미 땅에 떨어졌을 때인데도

---

55 주희는 자신을 위한 배움(『朱子大全』 卷74, 「玉山講義」, "古之學者爲己 今之學者爲人")을 말했다. 이에 대해 Peter Bol은 자신을 위한 배움을 '개개인의 전환(transforms the individual)'이라고 표현했다. 그는 '개개인의 전환'이 '자기 자신을 위한' 또는 '자기 자신을 개선시키는 것'이라고 설명했다. Peter K. Bol, "Chu Hsi's Redefinition of Literati Learning", John Chaffee and Wm. Theodore de Bary eds., *Neo-Confucian Education: The Formative Stage*, Berkeley: University of California Press, 1989, pp. 156~157.

불구하고 공자께서 3년 이내에 이를 바로잡을 수 있다고 하셨다. 그렇다면 그로부터 3년 후의 결과는 어떠하였겠는가. 정말 다스림의 결과를 볼 수가 있었겠는가. 성인이 스쳐 지나가거나 머무는 곳에는 교화가 이루어진다는 묘한 이치를 쉽게 논의할 수는 없다. 내가 덕이 없음에도 불구하고 조종祖宗의 기업을 이어 정치에 임하여 좋은 성과를 소망하여온 지도 벌써 십여 년이 되었으나, 아직도 나라의 기강이 서지도 못하였으며 나라의 법도도 정해지지 못하였다. 그러니 어찌 정치의 좋은 결실을 얻을 수가 있겠는가. 여러 유생들은 공자의 가르침을 배우는 사람들이므로 모두가 요순시대의 이상적인 정치를 이루려는 포부를 지니고 있을 것이니, 입신출세만 원하는 사람들이라 할 수는 없을 것이다. 오늘날과 같은 어려운 시대를 당하여 옛 성인의 이상적인 정치를 오늘에 다시 이룩하기 위해서는 무엇을 어떻게 해야 할 것인가. 이에 대한 대책을 논하라.[56]

위의 시험문제는 조광조의 알성시謁聖試 때 중종이 질문한 내용이다. 군주는 『논어』의 내용을 빌려 이상정치를 실행하기 위해 현실의 우리가 무엇을 해야 할지를 묻고 있다. 이처럼 대책은 현실정치에 대한 각자의 생각을 논술하는 시험이었다. 현량과가 일차적으로 덕행을 행한 자를 천거한 뒤 다시 대책 시험으로 최종 선발하려 했다는 점은 의미가 있다. 그것은 덕행이라는 기

---

[56] 『靜菴集』卷2, 「謁聖試對策」, "王若曰 孔子曰 如有用我者 期月而已 可也 三年有成 聖人 豈徒言哉 其規模設 施之方 必有先定於未行之前者 其可指而歷言之歟 當衰周之末 紀綱 法度 皆已頹圮 而夫子猶以爲三年有成 若過三年 則其治效 當如何耶 亦有可觀其已行之 跡者歟 聖人過化存神之妙 未易容議 予以寡德 承祖宗丕基 臨政願治 于今十年 而紀綱 有所未立 法度有所未定 如此而求有成之效 豈不難哉 諸生 學孔子者 皆有堯舜君民之志 不止於有成而已 當今之時 如欲致隆古之治 何者爲先務 其言之以悉."

준이 경전을 바탕으로 한 자기 자신의 실천적 모습이어야 한다는 전제였다.

중종 13년 6월 현량과의 세부적인 절차가 마련되었다.[57] 이는 조광조가 앞서 언급한 2단계를 기본 골격으로 했다. 1단계는 중앙과 지방으로 나누어지는데, 중앙의 경우 성균관·예문관 등 4관에서 천거를 관장하되 유생이나 조사朝士를 막론하고 성균관에 천거하여 보고하면 성균관에서는 이를 예조에 보고하고, 중추부와 육조·한성부·홍문관에서 인재를 천거하여 예조에 알렸다. 지방의 경우, 유향소가 본읍 수령에게 천거하고 수령은 이를 관찰사에 보고하며, 관찰사는 이를 심사하여 예조에 보고했다. 2단계는 예조에서 천거한 자들을 의정부에 보고하여 계문啓聞한 뒤 국왕이 친히 대책으로 시험했다.[58] 현량과의 시행 절차를 표로 나타내면 〈표 10〉과 같다.

〈표10〉 현량과 시행 절차

* 鄭求先, 『朝鮮時代薦擧制度硏究』, 초록배, 1995, 105쪽에서 재인용.

---

57 현량과 연구에 대해 다음 논저를 참고했다. Wagner, "The Recommendation Examination of 1519", 『조선학보』 15, 1960; 李秉烋, 「賢良科 硏究」, 『朝鮮前期 畿湖士林硏究』, 일조각, 1984; 정두희, 「현량과―이념과 현실의 갈등」, 『조광조―실천적 지식인의 삶, 이상과 현실 사이에서』, 아카넷, 2000.

58 『中宗實錄』 卷33, 中宗 13년 6월 癸酉, "令京外審覈名實而廣薦 京中則四館專掌 勿論儒生朝士 薦報成均館 成均館轉報禮曹 中樞府六曹漢城府弘文館 亦擧所知 移文禮曹 外方則留鄕所報本邑守令 守令報觀察使 觀察使更加詳察 移文禮曹 合取京外所薦 開具姓名行實 報議政府 啓聞後 殿庭親策事 臨時啓稟."

이로써 오랫동안 전개되었던 천거제에 대한 찬반 논란은 종식되고 구체적으로 이를 시행하기 위한 제도가 마련되었다.[59] 조광조가 주장한 천거제는 최종적으로는 식년 과거와 병행되는 별시의 형식을 띠었으며, 천거 대상자에는 유생뿐 아니라 현직 관리도 포함되었다.[60]

이상과 같이 현량과는 덕행과 대책이라는 시험 기준과 함께 지역에 대한 제한을 없앨 뿐만 아니라 신분적으로 개방하기 위한 보편성이라는 범위를 설정했다. 현량과의 1차적 관문은 덕행이었다. 그렇다면 덕을 행한다는 것은 구체적으로 무엇을 말하는 것이었을까. 아래에서는 그 덕행이 무엇이며 덕행의 기준과 결과는 무엇이었는지 알아보고자 한다.

2. 현량과의 『소학』 이념

현량과의 시험 기준은 덕행이었다. 그렇다면 덕행은 무엇이며 그 기준은 어떠했는가. 덕행이 무엇인지 알기 위해서 먼저 덕이 무엇인지 알아야 할 것

---

59 『中宗實錄』에 의하면 천거제의 찬반 논란은 중종 13년 3월부터 6월까지 계속되었는데, 찬성자와 반대자는 다음과 같다. 찬성: 참찬관 조광조, 시강관 김정, 참찬관 이자, 대사헌 최숙생, 侍講官 申光漢, 司經 李希閔, 持平 李淸; 반대: 좌의정 申用漑, 영의정 鄭光弼, 知事 張順孫, 同知事 남곤, 홍문관직제학 성세창(관직명은 처음 현량과를 제기할 때인 중종 13년 3월에 제시된 기록을 따랐다).

60 조광조는 천거제를 과거제와 병행하는 것으로 여겼고(『中宗實錄』 卷32, 중종 13년 3월 甲子 참조), 김정도 현량과를 별시라고 했다(『中宗實錄』 卷32, 中宗 13년 4월 乙酉 참조). 이에 대해서 鄭求先(『朝鮮時代薦擧制研究』, 초록배, 1995, 100~101쪽)과 崔異敦(앞의 책, 1994, 103~104쪽), 그리고 정두희(앞의 책, 2000, 226쪽)도 현량과가 과거제를 폐지하고 현량과로 대체하는 것이 아니라 과거의 일종인 별시의 형태라고 보았다.

이다. 『소학』「가언」주제에 해당하는 첫 문장에 다음과 같은 내용이 있다.

> 시경에 이르길, 하늘이 백성을 낳으니 사물마다 법칙이 있구나. 백성이 모두 천성을 지니고 있어서 이런 덕을 좋아하도다. 공자가 말하기를 "이 시를 지은 사람이 도를 아는구나! 그러므로 사물이 있으면 반드시 법칙이 있고, 백성들은 떳떳한 본성을 지니고 있으므로 이런 덕을 좋아하는 것이 다."[61]

주희는 『소학』외편을 편저하면서 『맹자』에 실려 있는 『시경』의 증민편 烝民篇과 이 편을 해설한 공자의 말씀을 재인용하여 외편의 도입 부분으로 삼았다. 여기서 공자는 이 시의 저자를 '인간 본성'을 이해하는 사람이라고 칭찬했다. 위의 내용은 맹자가 삶의 모든 면과 모든 인간관계는 고정된 원칙을 가지고 있으며, 모두 이런 고정된 원칙을 소중히 하고 이해하고 따라가기 위해 덕스러운 본성을 절실히 닦아야 한다는 점을 언급한 것이다. 따라서 주희가 『소학』「가언」서두에서 말하고자 한 것은, 사람은 타고난 '훌륭한 덕'을 소중히 해야 한다는 것이었다.[62] '훌륭한 덕'이란 누구나 가지고 있는 성품, 『시경』의 표현대로라면 '타고난 본성'을 의미한다. 그 '본성', 즉 덕을 유지하고 갖추기 위해서 어떻게 해야 하는가. 『소학』「선행」은 그 행동방법을 다음과 같이 알려주고 있다.

---

61 『小學』,「嘉言」,"詩曰 天生烝民 有物有則 民之秉彛 好是懿德 孔子曰 爲此詩者 其知道乎 故有物必有則 民之秉彛也 故好是懿德."

62 M. Theresa Kelleher, op.cit., 1986, pp. 237~238.

그 가르침의 내용은 『소학』의 물 뿌리고 쓸며 응대하고 대답하는 데서
부터 시작해 효·제·충·신의 덕목을 수양하며 예와 악에 맞춰 행동하도록
하는 것입니다. 배우는 사람들을 유도하고 격려해 차츰차츰 이런 덕목이
갖추어지도록 하는 데는 모두 절차와 순서가 있습니다. 그 요점은 선한 일
을 실천하고 자신의 몸을 수양해 교화가 천하에 이르도록 하는 것입니다.
그렇게 하면 시골사람도 성인의 도에 도달할 수 있을 것입니다. 학문과 행
실이 모두 여기에 맞는 사람이면 덕을 갖추었다고 볼 수 있습니다.[63]

덕을 행한다는 것은 『소학』의 물 뿌리고 쓸며 응대하고 대답하는 데서부
터 시작하여 오륜을 행하고 예와 악에 맞춰 행동하는 것이었다. 이 실천을
통해 자신의 몸을 수양하는 것이 덕행을 행하는 가장 기본적인 방법이 된다.
그러면 초야의 사람도 성인의 도에 도달할 수 있다는 것이다.

『소학』의 가르침은 외적인 규약이 강하다. 따라서 자신의 몸을 닦고자 하
는 수신의 주체는 일상생활을 신성한 의식이라 생각할 만큼 엄숙한 생활습
관을 몸으로 익혀야 한다.[64] 이런 행위를 통해 외재적 강제는 내면적 덕성의
자발적 동기로 전환되어 도덕적 경지로 나아가는 것이다. 도덕적 경지의 결
과물은 덕행의 기준이 되는 '개개인의 자기 전환'을 말한다.[65]

따라서 주회에게 배움이란 이런 개개인의 자기 전환을 의미했다. 그는 사
람들이 내재적으로 도덕적 원리를 가지고 있음을 알고, 도덕적인 인간이 되

---

63 『小學』,「善行」,"其教自小學灑掃應對以往 修其孝悌忠信 周旋禮樂 其所以誘掖激勵漸摩
成就之道 皆有節序 要在於擇善修身 至於化成天下 自鄉人而可至於聖人之道 其學行皆
中於是者 爲成德."

64 宋在倫, 앞의 논문, 1998, 109~111쪽.

65 Peter K. Bol, *op.cit.*, 1989, p. 156.

는 법과 성인을 향한 배움을 회구하는 개개인의 전환을 하길 바랐다. 그래서 그는 사대부가 되려는 문인들에게 배움을 잘못 가르치고 있는 제도교육에 대해 비난했다.[66] 주희는 『논어』의 글을 통해 진정한 배움을 다음과 같이 제시했다.

> 나는 다음과 같이 들었다. "배움의 길을 걸었던 옛 사람들은 자기 자신을 위해 배움의 길을 걸었다. 그런데 요즘 배움의 길을 걷는다는 사람들은 남들을 위해 배움의 길을 걷는다." 그래서 성인과 현인들은 사람들을 배움의 길로 인도하면서 과거에 급제해 높은 지위와 봉록을 얻기 위한 목적으로 말과 문장을 그럴듯하게 꾸미는 배움을 가르치지 않았던 것이다.[67]

주희는 『논어』 14장 「헌문」에 나오는 '위기지학爲己之學'[68] 한 문구를 가지고 진정한 배움과 과거제도식 배움을 구분했다. 진정한 배움은 자기 자신을 위한, 또는 자기 자신을 개선시키기 위한 배움이며, 이에 반해 과거제도식 배움은 다른 사람을 위한, 또는 다른 사람에게 감명을 주기 위한 배움이라고 했다. 그에 의하면, 그 갈림길은 '도덕적인 실천'이었다. 사람은 본질적으로 인의예지와 오륜의 원칙을 가지고 있는데, 학교는 모두에게 보편적인 배움을 주는 것이라기보다 어떤 측면만을 가능하게 하기를 선호하므로 학교를 통한 과거제도는 사회 안에서 진정한 가치를 지닌 사람들을 구분하는 공정한 수

---

66 *ibid.*, pp. 156~160.

67 『朱子大全』 卷74, 「玉山講義」, "蓋聞古之學者爲己 今之學者爲人 故聖賢敎人爲學 非是使人綴緝言語 造作文辭 但爲科名爵祿之計."

68 『論語』 14장, 「憲問」, "子曰 古之學者爲己 今之學者爲人."

단이 될 수 없다는 것이다. 결국 사람이 도덕적으로 행동하느냐 하지 않느냐가 결정적인 기준이 되어야 한다고 보았다.[69] 주희에게 진정한 배움의 평가 기준은 도덕적인 실천을 통한 '자기 전환'이었다.

그렇다면 덕행을 통하여 '자기 전환'을 이룬 인재를 알아보는 방법, 천거의 기준은 무엇이었을까. 다음은 『소학』 「선행」의 내용이다.

> 명도(程明道) 선생이 조정에서 말하기를 "천하를 다스릴 때 풍속을 바로잡고 현명한 인재를 얻는 것을 그 근본으로 삼아야 하옵니다. 마땅히 예법에 따라 가까이에서 군주를 모시는 어진 선비들과 모든 관직에 있는 사람들에게 명령하여, 마음을 다해 덕업을 갖춘 사표가 될 만한 자를 찾게 하십시오. 그 다음에는 뜻이 독실하고 배우기를 좋아하며 재주가 뛰어나고 행실이 닦인 자가 있거든 돈독한 예를 갖춰 사람을 보내 서울에 모으십시오. 그들로 하여금 아침부터 저녁까지 함께 바른 학문을 강학하여 밝히게 하십시오. (…) 선비를 선발할 때는 무릇 성품과 행실이 단정하고 깨끗하며, 집에 거해서는 효도하고 공경하며, 염치와 예양이 있고, 학업에 밝고 다스리는 도에 통달한 이를 찾아야 합니다."[70]

위의 내용에 의하면, 인재를 선발하는 기준은 그의 행위였다. 성품과 행실이 단정하고 깨끗하며 집에서는 부모에게 효도하고 어른을 공경하며 염치

---

69 Peter K. Bol, *op.cit.*, 1989, pp. 156-160.

70 『小學』, 「善行」, "明道先生言於朝曰 治天下 以正風俗得賢才爲本 宜先禮命近侍賢儒及百執事 悉心推訪 有德業 充備足爲師表者 其次有篤志好學才良行修者 延聘敦遣 萃於京師 俾朝夕相與講明正學 其道必本於人倫 明乎物理 (…) 凡選士之法 皆以性行端潔 居家孝悌 有廉恥禮讓 通明學業 曉達治道者."

와 예양이 있어야 한다는 『소학』 전반의 내용이다.

『소학』「선행」'실입교實立敎'의 내용은 신유가新儒家들이 교육개혁을 통해 인재를 양성하는 방법이었다. 주희는 한유韓愈·정호·정이에 의해 제시된 교육개혁의 관점이 행위에 초점을 맞추고 있었다는 점을 주목했다. 신유가들은 조정이 인재 양성의 길을 모색하면서 도덕적 추구를 중시하지 않는다는 점에 대해 이의를 제기했다.[71] 신유가들의 문제제기는 덕행을 통해 인재를 선발하고자 했던 현량과 주창자들에게도 공유되었다. 따라서 조광조 등은 인재 선발에서 기존 과거제도는 그들의 기대를 충족시킬 수 없다고 여기고, 새로운 방법이자 특수한 형태의 과거 시험인 현량과를 시행하면서 변화를 꾀하고자 했던 것으로 보인다.

이상과 같이 덕행을 통한 '자기 전환'을 시험 기준으로 했던 현량과는 단 한 차례 실시된 뒤 혁파되었다. 이후 천거제를 표방한 과거제도의 개혁이 제기되었지만,[72] 현량과와 같은 개혁은 이루어지지 않았다. 그렇지만 그 실시의 의미는 결코 작지 않다. 다음에서 그 의미에 대해 논의해보고자 한다.

3. 현량과와 그 의미

현량과는 한대의 현량방정과를 모방한 것이었다. 이 제도는 중앙과 지방

---

71 M. Theresa Kelleher, op.cit., 1989, pp. 241~242.

72 尹鑴, 柳馨遠, 丁若鏞, 崔漢綺 등 소위 실학자라고 불리는 사람들이 천거제를 표방한 과거제도 개혁을 주장했지만 개혁은 이루어지지 않았다. 하지만 이들의 주장은 조광조와 그의 무리들이 실시한 현량과와 많은 부분에서 유사하다.

에서 효렴孝廉의 장재長才를 천거한 뒤 대책만으로 관리를 선발하는 것이었다.[73] 조광조가 제시한 현량과가 한대의 현량방정과를 원형 그대로 채택한 것은 아니었지만, 한대처럼 천거를 통해 향촌에서 인재를 찾아내고자 했다는 데 의미가 있다. 현량과 실시는 중앙과 지방의 적절한 관계성, 신분에 대한 개방성, 그리고 조광조와 그의 무리들이 공유했던 '공통의 사상'과도 관련이 있다.[74]

첫째, 현량과는 중앙과 지역사회의 대등한 관계성을 설정하는 매개체였다. 앞서 언급했듯이 현량과의 절차는 두 단계였다. 1단계는 중앙과 지방에서의 동시적 천거였다. 중앙의 경우 4관과 중추부와 육조·한성부·홍문관에서 인재를 천거하여 예조에 보고했고, 지방의 경우 유향소가 본읍 수령에게 천거하고 수령이 이를 관찰사에 보고하면 관찰사는 이를 심사하여 예조에 보고했다.[75] 이 단계에서 지방은 중앙과 똑같은 역할을 수행하고 있었다.

조선 전기 내내 중앙정부는 국가체제를 구축하기 위해 향촌사회와 민을 어떻게 장악·통치해야 하는가라는 문제를 고심하고 있었다. 그 연장선상에 과거제도와 학교교육이 있었고, 이는 곧 중앙정치력의 집중을 통한 지역사회

---

73 鄭求先, 앞의 책, 1995, 100~101쪽.

74 정호훈은 조선 후기에 윤휴가 주대나 한대의 선거법을 원용한 향거리선법을 제시했다고 하였다(정호훈, 『朝鮮後期 政治思想 硏究—17세기 北人系 南人을 중심으로』, 혜안, 2004, 317~320쪽). 주대나 한대처럼 향촌에서 인재를 직접 길러 관료로 선발한다는 윤휴의 방안은 단순한 인재 등용의 차원을 넘어 중앙정부의 향촌 대책, 사회 신분 정책과 관련하여 특별한 의미를 지니고 있다고 보았다. 필자는 그의 논지가 조광조의 현량과와 유사성이 있다고 여긴다. 따라서 그의 논지의 많은 부분, 즉 중앙과 지방에 관계성, 사회 신분 정책을 이 책에 적용했음을 미리 밝혀둔다. 그러나 조선 전기 조광조와 조선 후기 윤휴의 개혁이 같은 방향성을 지닌 것이었는지는 좀 더 논의해봐야 할 것 같다.

75 제3부 2장 주 58번 참조.

의 포용과 통제를 의미했다. 그러나 조광조에게 지역사회는 포용과 통제의 대상이 아니라 대등한 관계로 파악해야 할 장場이면서 주자학적 질서로 재편해야 할 장이었다. 조광조를 비롯한 소학실천자들의 의도는, 주희가 구상했던 향촌자치의 방법인 사창제나 향약 등을 향촌사회에 적용하고,[76] 동시에 주자학적 사회구상의 영향력이 향촌 말단까지 미치도록 하는 것이었다. 주희의 이런 방법이 소학실천자들에게 받아들여졌던 이유는, 중앙의 명령에 의해 지역사회가 움직이는 구조가 아니라, 모든 이들이 스스로 도덕적으로 행동할 때 중앙과 지역사회가 통합될 수 있다고 보았기 때문이었다. 주희가 사대부의 기본적인 책임과 배움의 목적은 도덕·덕행에 있다고 한 말이[77] 조광조 등에게 영향을 준 결과였다.

조광조가 외방과 경중에서 동시에 덕행을 천거의 기준으로 삼았던 것은 주희의 이런 인식과 일맥상통한다. 현량과는 이제 지역사회가 국가 중심의 틀 속에 포용되는 대상이 아니라 자율적인 움직임 속에서 인재를 배출하는 새로운 장이 될 수 있으며, 그 인재들이 지역사회를 중앙과 대등하게 이끌어 나갈 수 있음을 보여주는 방안이었다고 할 수 있다.

둘째, 현량과는 신분에 대하여 일정 정도 개방적인 자세를 담지하고 있었다. 과거제도는 일정한 응시 자격 제한을 지니고 있었다. 그 자세한 내용은

---

76 주희는 중앙집권적이고 획일적인 방식이 아니라 향약·사창·서원과 같은 지역공동체가 자발적으로 수행하는 방안을 모색하였다(Robert Hymes, op.cit., 1989, pp. 440~444). 주희의 이런 구상이 조선 전기 소학실천자들에 의해 실현되었다. 그러나 방향성은 위에서 아래로의 하향적 방법이었고, 국가와 가 사이에 놓여 있는 중간적 위치의 향을 의미했다.

77 Peter K. Bol, "Government, Society, and State: On the Political Vision of Ssu-ma Kuang and Wang An-Shih", Robert Hymes and Conrad Shirokauer eds., *Ordering the World: Approaching to State and Society in Sung Dynasty China*, Berkeley: University of California Press, 1993, pp. 189~191.

『경국대전』 규정을 통해 살펴볼 수 있다.

> 죄를 범하여 영원토록 서용해서는 안 되는 자, 장리贓吏의 아들, 재가했
> 거나 실행失行한 부녀자의 아들과 손자, 서얼 자손은 문과, 생원·진사시에
> 응시할 수 없다.[78]

위의 내용에서 문과, 생원·진사시에 응시할 수 없는 이들은 대체로 범죄를 저질러 관직에 임명되지 못하는 사람, 장리의 아들, 부녀로서 행실이 좋지 못하거나 재가한 사람의 아들과 손자, 양첩이든 천첩이든 그 소생인 서얼과 자손 등이었다. 그런데 향리에 대해서는 문과, 생원·진사시의 응시 제한이 규정되어 있는 반면,[79] 양인 응시자에 대해서는 법제상 아무런 규제가 없었다. 이를 근거로 조선 전기 과거제도가 신분개방적이었다는 논의가 한편에서 제기되었지만,[80] 실질적으로 과거 응시에 신분 차별이 없었다고 말하기는 어렵다.

이 시기 신분제 사회질서에 조응하는 관인 선발방법이었던 과거제는 자신의 수양을 통한 도덕성 회복이나 실천을 중시하는 인재 등용과는 거리가 먼 제도였다. 그런 점에서 기존의 과거제가 아닌 인재 등용은 신분제 질서와 무관한 방법으로 확보될 수도 있었다. 조광조가 제기한 인재 등용의 원칙은 신분제에 일정 정도의 개방성을 적용하여 능력에 따라 등용하자는 것이었다.

---

78 『經國大典』 卷3, 「禮典」 '諸科', "罪犯永不敍用者 贓吏之子 再嫁失行婦女之子及孫 庶孼子孫 勿許赴文科生員進士試 非居本道者 朝士見在職者 勿許赴鄕試."

79 李成茂, 『韓國의 科擧制度』, 집문당, 2000, 195쪽.

80 韓永愚, 「조선 초기 신분계층 연구의 현황과 문제점」, 『朝鮮時代 身分史硏究』, 집문당, 1997, 37~42쪽.

그런 그가 주장한 현량과는 '귀천의 구별 없이 인재를 등용하는 중국의 예를 본받아 우리나라 역시 귀천에 관계없이 대현인이라면 등용해야 한다'는 논리를 바탕으로 했다.[81] 덕행을 실천하는 사람은 누구든지 천거될 수 있었다. 여기에는 그 덕행을 실천하는 사람들을 중앙정계에 집결시키고자 했던 현량과 주도세력의 의도도 내포되어 있었다.

셋째, 현량과는 앞서 언급한 바와 같이 장소와 대상을 망라하여 공통의 배움을 지향하는 사람들의 매개체였다. 현량과는 중종 14년에 실시되었고, 천거와 대책으로 급제자를 배출했다. 이때 천거된 사람이 120인이었으며 그 가운데 급제한 인물은 28인이었다. 이 28인은 대체로 생원 5인, 진사 7인, 유학 4인, 현사자現仕者 10인, 전함관前銜官 2인으로 분포되어 있다.[82] 현량과 급제자의 43% 정도에 해당하는 12명이 이미 관직을 가진 사람이었고, 급제자 중 19명은 서울에 거주하는 것으로 나타났다.[83] 이들 가운데 현량과 장원인 장령掌令 김식, 지평持平 박훈은 급제 이후의 승진이 현저했다는 사실 또한 주목된다(〈표 11〉 참조).

김식은 급제 4일 뒤인 중종 14년 4월 17일에 정4품 장령에서 종3품 성균관 사성으로 올라갔고,[84] 같은 달 28일에는 다시 정3품 당하관인 홍문관 직제학直提學에 승배되었다.[85] 여기까지 승진하는 데 현량과 실시일로부터 겨우

---

81 『中宗實錄』卷32, 中宗 13년 3월 庚戌. "趙光祖曰 我國壤地褊小 人物本少 而又分庶孽私賤而不用 中原則不計貴賤而猶慮其不周 況小邦乎 鄕擧里選之事 遠不可復矣 若如此 則至於大賢之人 亦庶幾可得矣."

82 『國朝榜目』卷6, 中宗 14년 賢良科條;『燃藜室記述』卷8, 賢良科榜目及薦擧條.

83 李秉烋, 앞의 책, 1984, 225쪽; 정두희, 앞의 책, 2000, 235쪽.

84 『中宗實錄』卷35, 中宗 14년 4월 庚辰, "以金湜爲成均館司成 薦擧科第一自掌令超拜."

85 『中宗實錄』卷36, 中宗 14년 4월 辛卯, "金湜爲直提學."

〈표 11〉 현량과 급제자 일람

성명	거주지	전자(前資)	최고관직	네트워크/정치활동	기묘사화 피화
김식	서울	장령	대사성	조광조·박훈·김구(金緱)와 교우관계 / 장리(長利)·기신재(己晨齋) 비판, 소릉 추복 주장, 현량과 실시 주장	절도안치
조우(趙佑)	서울	좌랑	교리	조광조와 교우	파직
이연경(李延慶)	서울	좌랑	교리	이자와 교우, 종제(從弟) 이준경(李浚慶)	고신삭탈
안처근(安處謹)	서울	생원	박사(博士)	안당의 아들, 안처겸·권전·시산정(詩山正)과 교우 / 현량과 실시 주장, 안처겸 옥사 연루	파직
김명윤(金明胤)	서울	진사	찬성(贊成)	조광조와 교우/조광조가 사풍(士風)을 진작시킬 인물로 칭찬	파직
안정(安玒)	서울	생원	주서(注書)	안처근·안처겸·권전과 교유 / 김굉필 문묘배향 상소, 안처겸 옥사 연루	유배
안처겸(安處謙)	서울	진사	학유(學諭)	안당의 아들, 처남 정상(鄭鏛), 권전·이자와 교우 / 정몽주·김굉필 문묘배향 상소, 심정(沈貞)·남곤(南袞) 시해 모의	파직
권전	서울	생원	수찬	조광조와 그의 무리들과 교우 / 김굉필 문묘배향 상소, 소격서 폐지 상소, 심정·남곤 시해 모의	장형
신잠(申潛)	서울	진사	목사	최수성(崔壽峸)·이자와 교우	유배
정완(鄭浣)	서울	정랑	정랑	남효온·김식과 교우	부처
민회현(閔懷賢)	해주	좌랑	정언(正言)	조우(趙佑)·김식·기준(奇遵)과 교우 / 소격서 혁파 주장	파직
안처함(安處諴)	서울	유학	수찬	안당의 아들, 시산정·조광조·김식·한충과 교우 / 향약의 서울 실시 주장	파직
박훈	서울	지평	승지	조광조·김식·김정·김익·이성동(李成童)과 교우 / 소격서 혁파 주장, 『소학』의 중요성 논의, 정국공신 개정 문제 제기	극변안치
김익(金釴)	서울	진사	정언	조광조·박훈·이성동과 교우 / 정국공신 개정 문제 제기	파직
신준미(申遵美)	서울	유학	전적(典籍)	권전·신잠·정상과 교우/안처겸 옥사에 연루	파직
김신동(金神童)	서울	참봉	주부		파직
강은(姜隱)	이천	진사	전적		파직
방귀온(房貴溫)	나주	참봉	정언	조광조와 교우	파직
유정(柳貞)	서울	생원	전적		파직
박공달(朴公達)	강릉	생원	좌랑	김정과 교우	파직
이부(李阜)	서울	유학	정언	조광조와 교우 / 정국공신 개정 문제 제기	파직

김대유 (金大有)	청도	직장	정언	김일손의 조카, 김안국의 천거로 등용, 김식과 교유	파직
도형(都衡)	성주	유학	좌랑	김안국의 천거로 등용	파직
송호지 (宋好智)	서울	정랑	교리	조광조·민회현(閔懷賢)·조광좌와 교우 / 소격서 혁파 주장, 정국공신 개정 문제 제기	고신삭탈
민세정 (閔世貞)	청송	현감	도사(都事)	조광조와 교우	파직
김옹(金顒)	상주	직장	전적	김안국의 천거로 등용, 김식과 교우	파직
경세인 (慶世仁)	서울	진사	저작(著作)	이감(李堪)과 교우 / 소릉 추복 주장	파직
이령(李翎)	진주	진사	전적		파직

* 와그너, 「乙朝 士林問題의 再檢討」, 『전복시학』, 4, 1900; 李秉烋, 『朝鮮前期 畿湖士林派 硏究』, 일조각, 1984; 정두희, 『조광조』, 아카넷, 2000의 표를 종합하여 작성했다.
* 거주지는 와그녀의 표를, 전자·최고관직은 李秉烋·정두희의 표를 그대로 따랐다.
* 네트워크와 기묘사화 피화는 『練藜室記述』卷7, 中宗朝를 참조했고, 정치활동은 『中宗實錄』을 참조했다.

한 달밖에 걸리지 않았다. 박훈은 현량과 급제 이전 지평을 지냈고[86] 급제 후인 중종 14년 9월에 사간원 사간,[87] 10월에 정3품 당상관인 동부승지가 되었다.[88] 이는 정5품직에서 정3품 당상관으로의 승진이며, 반 년 정도가 소요되었다. 이들은 조광조와 성균관 재학 시절부터 뜻을 같이한 친한 사이로서 앞서 중종 10년 6월에 다음과 같이 성균관의 천거도 함께 받았다.

> 안당이 아뢰기를 이제 성균관이 천거한 것을 살펴보니 조광조·김식·박훈 같은 자들입니다. 이들은 진실로 경서에 밝고 행실과 수양이 있는 사람으로서 천거되었으니, 반드시 성균관의 당상관장과 2백 생원들의 뜻에 맞은 뒤에 천거하였을 것입니다. (…) 사신이 논하길, 조광조·김식·박훈은 뜻

---

86 『中宗實錄』卷35, 中宗 14년 1월 乙巳, "朴薰爲持平."

87 『中宗實錄』卷36, 中宗 14년 9월 乙卯, "朴薰爲司諫院司諫."

88 『中宗實錄』卷36, 中宗 14년 10월 丙寅, "朴薰爲同副承旨."

이 같아서 공리功利에 급급하지 않고 성현의 학문에 뜻이 있었다. 항상 『소
학』을 읽어 그 행실을 계식戒飾하고 또 논의를 중지하지 않으니 사림이 자
못 사랑하고 소중히 여겼다.[89]

위의 내용에서 알 수 있듯이 이들은 모두 성균관에서 조광조와 『소학』을
함께 읽고 같은 이념을 공유한 절친한 인물들이었다. 그 외에 권전과 안정은
조광조가 정몽주와 김굉필의 추숭을 둘러싸고 문묘배향 논쟁을 제기했을 때
성균관 유생으로서 배향의 상소를 올리는 데 지도적인 역할을 했고,[90] 또한
권전은 조광조가 주도하여 소격서를 철폐하도록 국왕을 설득하는 데도 적극
동참했다.[91]

현량과 시행 이후 같은 해 말에 발생한 사화까지 7개월 사이에 합격자 28

---

89 『中宗實錄』卷22, 中宗 10년 6월 癸亥, "安瑭啓曰 今考成均館薦舉 則如趙光祖金湜朴薰
等 此固經明行修之人而被薦焉 必合成均館堂上長官及二百生員之意 然後舉之 (…) 史臣
曰 三人同志 不汲汲於功利 有志聖賢之學 常讀小學 以飭其行 不爲浮議所掩 士林頗愛
重之."

90 『中宗實錄』卷29, 中宗 12년 8월 庚戌, "成均生員權磧等上疏 其略曰 (…) 比學周程 誠亦
有級 比功周程 殆有同焉 爾來若千年間 朝著委巷, 名人吉士, 豈無可稱者 然其以道自任
隱然遠紹夢周之緒 深究濂洛之源者 有若金宏弼其人也 宏弼爲人 氣局端方 性行修潔 篤
志聖學 勉力踐實 視聽言動 敬無不在 危坐儼然 即之溫然 教人諄諄 藹見至誠 有就學者
莫不先之以小學大學 規模已定 節目有倫 遭世政亂 間關患難 處之怡如 篤敬做功 如初
不弛 以日以夜 死而後已 游其門者 得聞斯道之杯樸 承其顏者 仰慕斯人之風儀 今之學
者 擬爲山斗 尙知其有以貴德行 而賤文藝 尊經術而抑異端 殿下之欲以明好惡審取捨 整
頓綱紀宣揚風化者 實繇宏弼之力也 (…) 疏入 傳曰 觀爾等疏意 欲以鄭夢周金宏弼 從祀
文廟 明東方萬世之道學 爾意可嘉 當以爾疏 議于朝廷 初 生員安處謙安珽等入館中 首
以鄭夢周金宏弼從祀事倡之 欲於其日定議 諸生以爲 夢周則可無愧矣 宏弼則無顯顯之
事 不可遽論 徐當聞見議之."

91 『中宗實錄』卷34, 中宗 13년 8월 甲午, "成均館生員權磧等上疏 請革昭格署."

명 중 반수가 대간이나 홍문관에 임용되었다. 사화가 발발한 그날 홍문관의 7개 관직 중 5자리, 대간의 11개 관직 중 3자리를 그들이 점하고 있었으며, 이 밖에 성균관 대사성과 승지도 차지하고 있었다.[92] 또한 사화로 인해 김식과 박훈에게는 각각 절도안치, 극변안치라는 중형이 선고되었다.[93] 이처럼 현량과 급제자의 빠른 승진과 조광조와의 연관성, 그리고 기묘사화의 축출 대상이 되었다는 점은 현량과를 이해하는 데 중요한 단서가 된다.[94]

그 단서의 핵심은 조광조라는 인물, 그리고 그와의 연관성이다. 조광조는 중종 10년 안당에 의해 성균관 천거로 등용되어 사화로 사사되기까지 근 4년 동안 소격서 폐지, 내수사 혁파, 정몽주·김굉필의 문묘배향, 현량과 실시, 위훈삭제 등 일련의 정치·사회개혁을 단행했다. 현량과 실시 이후 그해 말에 기묘사화가 발발하자 당대인들은 조광조와 그의 무리를 축출시키는 명목을 다음과 같이 적용했다.

김전金詮·이장곤李長坤·홍숙洪淑 등이 조광조 등의 죄를 조율照律하여 아

---

92 Edward Wagner, op.cit., 1960, p. 37.

93 『中宗實錄』卷37, 中宗 14년 11월 丙午, "上曰 光祖等 初心則雖不欲誤國事 然朝廷如此請罪 不可不罪也 趙光祖金淨可賜死 金湜金絿可決杖一百 絶島安置 尹自任奇遵朴世熹朴薰 杖贖告身盡奪 外方付處."

94 Wagner(op.cit., 1960)와 李秉烋(앞의 책, 1984)는 현량과의 연구를 통하여 현량과가 결과적으로 조광조 세력의 등장에 이용되었다고 보았다. 특히 李秉烋(앞의 책, 1984, 224~229쪽)는 현량과 급제자 28인 거의 모두가 조광조의 당여였으므로 그의 몰락 이전까지는 그들의 승진이 거의 보장되어 있었다고 했다. 정두희(앞의 책, 2000, 236~239쪽)는 이들처럼 강력히 제기하지는 않았지만 이 논의가 타당하다고 여겼다. 요컨대 기존 연구는 현량과와 조광조의 관계를 부정적 시각에서만 논의하고 있다. 그러나 필자는 이와 달리 정치상 세력 확보를 위해서는 당연한 결과였다고 생각하기 때문에 오히려 그 세력 확보가 갖는 의미에 주목하고자 한다.

뢰기를 (…) 조광조·김정·김식·김구 등은 서로 붕비朋比를 맺어 저희에게
붙는 자는 천거하고 저희와 뜻이 다른 자는 배척하여 성세聲勢로 서로 의
지하여 권요權要의 자리를 차지하고 후진을 유인하여 궤격詭激이 버릇이 되
게 하여 국론이 전도되고 조정이 날로 글러가게 하매, 조정에 있는 신하들
이 그 세력이 치열한 것을 두려워하여 아무도 입을 열지 못하였으니 그 죄
는 다 참하고 처자를 종으로 삼고 재산을 관에 몰수하는 데 합당합니다.[95]

사신이 이르길, 연소한 무리들이 『소학』의 도리를 말하며 행동거지도 법
도에 맞게 하려고 힘쓰고 농지거리도 하지 않았다. 성리학에 관한 책을 끼
고 다니는 사람은 명성만 있고 실지는 없더라도 도학하는 사람이라 하였
으므로 문관 및 선비들이 읽는 것은 『근사록』·『소학』·『대학』·『논어』 등의
책뿐이요, 문예의 학문은 일삼지 않아서 문장과 학술은 성종조보다 훨씬
쇠퇴하였다.[96]

첫 번째 글을 통해 당대인들이 조광조와 그의 무리를 '붕비'로 보고 있었
음을 알 수 있으며, 두 번째 글을 통해 이 무리를 묶는 연결고리
가 『소학』이었음이 확인된다. 붕비를 맺은 연소한 무리들이 『소학』의

---

95 『中宗實錄』卷37, 中宗 14년 11월 丙午, "金詮李長坤洪淑 趙光祖等罪啓曰 (…) 其照律曰
趙光祖金淨金湜金絿等 交 相朋比 附己者進之 異己者斥之 聲勢相依 盤據權要 引誘後
進 詭激成習 使國論顚倒 朝政日非 在朝之臣畏其勢焰 莫敢開口 罪皆斬 妻子爲孥 財産
入官卽大明律姦黨條也."

96 『中宗實錄』卷34, 中宗 13년 8월 戊子, "史臣曰 (…) 年少之輩談小學之道 至於動作容止
務欲中度 不爲戲謔之事 挾性理之書者 雖有名無實 而指以爲道學之人 故文官及儒士所
讀 近思錄小學大學論語等書而已 不事文藝之學 而文章學術 則視成宗朝大衰矣."

도리로 말하고 행동했다는 것은, 결국 이들이 당대인들에 의해 '소학의 무리'라 불렸으며, 이들의 죄명은 붕당으로 간주되고 있었음을 뜻한다. '소학의 무리'는 단순히 외적인 말과 행동을 '소학의 도리'로 규제하는 것뿐만 아니라, 공통의 이념을 지니고 있었다. 공통의 이념이란 이들이 같은 책을 읽고 같은 행동을 했다는, 이른바 공통의 배움을 공유하고 있었다는 것을 말해준다. 그 공통의 배움은 '소학의 도'였다. 이처럼 이들은 '소학의 도'라는 공통 이념을 현량과라는 제도적 장치와 결합시켜 자신들의 공론의 장을 만들었다.

결국 현량과는 '소학의 무리들'이 중앙과 지방에 산재해 있는 네트워크의 연결망을 공식화하면서 스스로 권력화했음을 보여주는 좋은 예이다. 도처에서 같은 배움을 공유했던 이들이 개인적인 네트워크로 연결되어 있다가, 공식적인 제도화로 인해 전국적으로 거대한 공통의 사상을 공유하는 집단을 형성할 수 있었던 것이다.[97] 따라서 현량과는 개개인들의 학문적 실천 속에 머물러 있던 배움을 공식적이고 고정화된 제도를 통해 공적 영역의 공공선으로 확장하여 추구하고자 했던 그들의 정치적 매개체였다.

현량과는 자치적, 보편적, 그리고 공통의 배움을 지향하는 의미를 가지고 있었지만, 그 의미를 제대로 실현하기도 전에 기묘사화로 인해 폐지되었다. 현량과가 이미 확립된 과거제도의 관행을 급격하게 깨뜨린 변란으로 인식되었기 때문이다.[98] 이후 제도권에서 현량과와 같은 천거제도의 논의는 없었다. 능력 본위, 시험을 통한 객관적이고 공정한 평가가 과거제의 가장 큰 장

---

97 Christoper Ansell, op.cit., 2006, pp. 75~77.

98 기묘사화 이후 현량과 폐지 문제에서 자주 등장했던 주장이, 현량과가 본질적인 면에서 전통적 과거제를 변란했다는 것이었다. 『中宗實錄』 卷37, 中宗 14년 12월 壬戌, "近來 變亂祖宗之法多矣 如賢良科 乃變亂中之甚者也."

점으로 꼽히게 되었다.[99] 그러나 과거 과목인 경전의 숙지 여부나 문장의 숙달 여부가 개인의 심성과 덕행을 보장하는 것은 아니었다.

개인의 심성과 덕행을 인재 선발의 기준으로 삼자는 주장, 즉 현량과와 같은 과거제도 개혁의 주장은 조선 후기에 접어들어 재야의 실학자들에게서 다시 제기되었다. 17세기 후반 남인계南人系 윤휴는 과거제도 개혁의 대안으로 향거리선법을 제시하며 생원·진사시의 과거를 거치지 않더라도 재능만 있으면 천거로 인재를 선발하자고 주장했다.[100] 그의 주장은 소학실천자들이 제도화했던 현량과와 그 내용이 거의 일치한다. 18세기 정약용丁若鏞은 천거와 과거를 병행하길 주장했다. 인재를 천거하는 기준인 덕행이 추상적이어서 과거법과 함께 사용해야 한다고 여겼기 때문이다.[101] 19세기 최한기崔漢綺는 과거라는 시험방식은 현능賢能을 판별하고 등용하는 기준으로 무용하다고 보고, 천거제를 병행 실시해서 인재 등용의 문을 넓히고 신분 차별을 폐지할 것을 주장했다.[102] 조선 후기 실학자들의 활발한 담론은 16세기 소학실천자들의 담론과 많은 부분에서 닮아 있었다. 이 점은 실학자들의 담론이 아마도 소학실천자들의 담론에서 연원한 것일 수 있음을 시사해준다. 그러나 이들의 주장은 제도권에서 받아들여지지 않았다.

이상으로 살펴볼 때, 현량과는 소학실천자들이 네트워크를 통해 공통의 배움을 지향하는 무리를 모으고자 했던 일종의 정치적 실험장치였다고 볼 수 있다. 그리고 소학실천자들은 이들과 함께 자신들의 정치·사회적 구상을

---

99 朴連鎬, 앞의 논문, 1996, 273~274쪽; 임용한, 앞의 책, 2008, 209쪽.

100 정호훈, 앞의 책, 2004, 317쪽.

101 趙誠乙, 「丁若鏞의 科擧制度 改革論」, 『역사학보』 157, 1998, 76~79쪽.

102 임용한, 앞의 책, 2008, 211~212쪽.

현실에 투영하고자 했던 것으로 보인다. 결국 현량과는 공통의 배움을 지향하는 무리의 네트워크 집결체라 할 수 있다. 현량과가 정치적인 제도개혁을 구현하기 위한 방편이었다면, 향약은 사회적 구상에 해당되었다. 소학실천자들은 정치적·사회적 구상을 동시에 시도하고 있었다. 제4부에서는 그 사회적 구상에 해당하는 향약에 대해 살펴보고자 한다. 그리고 그것이 폐지된 이후 이들의 구상이 어떻게 변모하게 되었는지 검토할 것이다.

제4부
『소학』 이념의 사회화

『소학』 이념의 사회적 확산과 향약

1. 『소학』의 실천과 향약: 송대 향약론

『소학』 「입교」는 가족이라는 사적 영역에서의 교육방법과 내용을 다루고 나서 이 범위를 지역사회라는 공적인 영역으로 확대하여 지역공동체 내의 교육방법을 다루고 있다. 그 방법은 앞의 제2부 1장 '『소학』의 구조와 정치이념'에서 설명했듯이 『주례』에서 발췌되었다. 즉 대사도大司徒가 향대부鄕大夫에 명하여 삼물三物로 향민을 가르쳐 뛰어난 자를 빈객賓客으로 우대하여 국가의 인재로 천거하는 것이다.[1] 그리고 『소학』 외편 「가언」과 「선행」에서는 이런 지역공동체 내의 교육방법을 이론이 아닌 실제의 역사적 사례를 들어 구체적으로 제시했다. 『소학』 「가언」에는 북송 사상가 고령古靈 진양陳襄이 지역사회를 다스리고 교육하는 방법이 제시되었으며, 『소학』 「선행」에는 여씨향약呂氏鄕約이 수록되었다. 『소학』 「가언」의 내용은 지역사회의 상호부조 역할에 주목한 반면, 「선행」은 보다 조직적이고 제도적인 모습의 지역사회를 제시하

---

1 『小學』, 「立敎」, 1~7 참조.

고 있다.[2]

「선행」'실입교'의 8항목 중 5항목이 교육제도 비판과 개혁에 관한 내용
이다. 그 마지막 부분은 학교제도를 넘어서 지역공동체와 그 교육적 필요에
주목하고 있다.[3] 여기서 교육의 목적은 지역공동체 전체의 도덕성이었다. 그
제도적인 실체가 바로 여씨향약이었다. 『소학』「선행」에 실려 있는 여씨향약
의 내용은 다음과 같다.

> 함께 약속을 맺은 사람은 덕행을 쌓는 일을 서로 권면하고, 과실이 있으
> 면 서로 바로잡아주며, 예의바른 풍속으로 서로 사귀며, 어려움이 생겼을
> 때는 서로 돕는다. 선한 일이 있으면 문서에 기록하며, 잘못이 있거나 약
> 속을 위반한 사람이 있어도 마찬가지로 기록해둔다. 세 번 규약을 어기면
> 벌을 주되, 잘못을 고치지 않으면 제명한다.[4]

이 가르침의 내용은 자발적인 연합 또는 공동체 구성원들 사이의 '약속'
으로 구성되었다. 그 약속은 상호권유와 훈계, 사회적이며 의례적인 행동 결
합을 통해 도덕적·사회적 질서 유지에 전념하는 상호 간의 도움으로 규정되
었다. 구성원들은 선하고 악한 행동을 기록하고 보존했으며, 공개적으로 칭
찬하고 비난했다. 구성원들은 향약의 정신과 규칙에 반하는 잘못을 반복할
경우 축출당했다. 따라서 여대균呂大鈞의 향약은 사회적으로 바람직한 행동을

---

2 M. Theresa Kelleher, op.cit., 1989, pp. 238~241.

3 ibid., p. 242.

4 『小學』, 「善行」, '實立教', "藍田呂氏鄉約曰 凡同約者 德業相勸 過失相規 禮俗相規 患難相
恤 有善則書于籍 有過若違約者 亦書之 三犯而行罰 不悛者絕之."

서로 권면하는 규약으로 이루어져 있다. 주희가 여대균의 향약을 『소학』에 수록한 이유 역시, 도덕적인 의무를 가르칠 뿐만 아니라 사회 안에서 제도를 뛰어넘는 대안으로서 그 가치에 주목했기 때문이었던 것 같다.

　『소학』에 실린 여씨향약은 1077년 북송시대 경조부京兆府 남전藍田에 살던 여씨 형제 중 한 명인 여대균에 의해 만들어졌다. 여대균은 왕안석王安石의 보갑제保甲制에 대항하여 국가의 감시와 통치가 아니라 공동체 구성원들에 의한 자발적인 실천을 통해 자율적인 자치를 추구하고자 향약을 만들었다. 이 여씨향약이 유명해진 것은 주희에 의해 추가되고 삭제된 증손여씨향약增損呂氏鄕約 덕분이었다. 증손여씨향약은 주희가 원전의 양을 두 배로 늘리고, 향약의 성격을 바꿀 만한 규칙들도 추가시킨 형태였다. 따라서 여씨향약과 증손여씨향약은 유사하면서도 다른 성격을 가지고 있다.[5]

　그렇다면 여씨향약과 증손여씨향약은 어떤 부분에서 차이를 보이는 것일까. 주희는 4가지 규약 가운데 세 번째 규약 '예속상교禮俗相交', 즉 '예법과 관습에 따라 서로 사귀어라'라는 규정에 몇 가지 항목들을 더 추가했다. 원래 여씨향약은 4가지 규약에 관한 각각의 알맞은 설명을 제시하고 있다.[6] 여씨향약에서 세 번째 규약인 '예속상교'는 공동체 사람들이 결혼과 장례에서 행동하는 법을 규정한 것이었다. 장례가 있을 때는 구성원들이 장례를 의논하여 그 모델을 결정하게 했다. 그리고 다양한 구성원들의 각기 다른 경제상황을 고려하여 가족과 친밀한 정도의 차이에 따라 기부를 계획했다. 여유가 없

---

5 Monika Übelhör, "The Community Compact of the Sung and Its Educational Significance", Wm. T. de Bary and John Chaffee eds., *Neo-Confucian Education: The Formative Stage*, Berkeley: University of California Press, 1989, pp. 372~373. 이 책의 향약 분석은 이 논문에서 많은 도움을 얻었다.

6 『여씨향약』 3-5. 呂氏鄕約은 주희가 跋文한 景嘉定本隨龕徐氏叢書續編에 수록되어 있던 것이 『宋元學案』(臺灣: 世界書局, 1963)에 다시 실려 있다. ibid., p. 375.

는 사람들은 그릇 또는 노동으로 돕게 했다.[7] 여대균은 '예속상교' 규정을 가족의 삶에서 가장 복잡한 행사절차에 관한 것으로 보고, 그 편의성을 위해 위와 같은 약속에 주안점을 둔 것이다.

이에 반해 주희는 '예속상교' 규정에 세 가지 항목을 추가하여 단순한 가족례家族禮를 넘어 지역공동체 내의 예의 범주로 확대시켰다. 좀 더 자세히 살펴보면, 첫째는 '서열과 윗사람에 대한 준수(尊幼輩行)'이다. 주희는 이 조항에서 지역공동체의 서열집단을 3가지 형태로 나눈 여씨향약과 달리 5가지 형태로 나누었다.[8]

> 존자尊者는 자기보다 30살 이상인 사람
>
> 장자長者는 자기보다 10살 이상인 사람
>
> 적자適者는 자기보다 10살 미만인 사람
>
> 소자適者는 자기보다 10살 이하인 사람
>
> 유자幼者는 자기보다 20살 이하인 사람

여기서 주희가 새로 추가한 개념은 '존자'와 '유자'이다. 『여씨향약』보다 나이를 더 세분화한 주희의 의도는, 지역공동체 안에서 상하존비上下尊卑의 기준이 나이에 있는 것으로 보고, 나이에 맞는 예의를 더 세밀하게 구분하고자 하는 것이었다고 생각된다.

---

7 ibid., p. 375.

8 『朱子大集』 卷74, 「增損呂氏鄕約」, "尊幼輩行 凡五等 曰尊者謂長於己 三十歲以上 在父行者 曰長者 謂長於 己 十歲以上者 在兄行者 曰敵者 謂年上下不滿十歲者 長者爲稍長 少者爲稍少 曰少者 謂少於己 十歲以下者 曰幼者 謂少於己 二十歲以下者 本作二十歲."

둘째는 '방문할 때 모자를 벗고 머리를 숙이는 인사형태(造請拜揖)'이다. 이 조항 안에는 거리에서 다른 향약 규원規員을 만나는 방법, 다른 향약 규원을 초대하는 방법, 다른 사람을 방문하여 말에서 내리고 탈 때 어느 쪽으로 하는지 등등에 관한 세세한 규정들이 들어 있다.[9] 이 규정들은 가족 내에서뿐만 아니라 지역공동체 안에서 사람과 사람 간의 예의를 구체적으로 언급한 것이다. 이 규정들은 『소학』 「명륜」에 다음과 같이 수록되어 있다.

> 무릇 손님과 함께 들어가는 자가 문마다 손님에게 사양해서 손님이 침문에 이르거든 주인이 청해서 들어가서 자리를 정돈한 뒤에 나와서 손님을 맞되 손님이 짐짓 사양하거든 주인이 손님을 읍해서 들어간다. 주인은 문에 들어가기를 오른쪽으로 하고 손님은 문에 들어가기를 왼쪽으로 해서 주인은 동쪽 계단에 나아가고 손님은 서쪽 계단으로 나아가되 손님이 만약 등급이 낮으면 주인이 계단에 나아가는 것이니 주인이 짐짓 사양한 뒤에 손님이 다시 서쪽 계단으로 나아간다. 주인이 손님과 더불어 사양해 올라서 주인이 먼저 오르거든 손님이 쫓아서 층계를 건너서 발을 모아 연해서 걸어 올라가되 동쪽 계단에 오르면 오른발을 먼저하고 서쪽 계단에 오르면 왼발을 먼저한다.[10]

---

9 『朱子大全』卷74, 「增損呂氏鄕約」, "禮俗相交 造請拜揖 凡三條 曰凡少者幼者於尊者長子 歲首冬至四孟月朔 辭見賀謝 皆爲禮見 曰凡見尊者長子 門外下馬 俟於外 次乃通名 曰凡 遇尊長於道 皆徒行則趨進揖 尊長與之 言則對 否則立於道側 以俟尊長已過 乃揖而行 或 皆乘馬於尊長 則回避於長子 則立馬道側揖之俟過 乃揖而行若已 徒行而尊長乘馬 則回避 之."

10 『小學』, 「明倫」, "凡與客人者 每門讓於客 客至寢門 主人請入爲席 然後出迎客 客固辭 主人入門而右 客入門而 左 主人就東階 客就西階 客若降等 則就主人之階 主人固辭 然後 客復就西階 主人與客讓登 主人先登 客從之 拾級聚足 連步以上 上於東階 則先右足 上

위의 내용은 손님이 방문했을 때 주인과 손님의 행동과 태도를 아주 상세히 설명하고 있다. 이러한 규정들은 『소학』「명륜」뿐만 아니라 「경신」[11]에도 수록되어 있다. 이것은 주희가 『소학』에 자신의 증손여씨향약을 수록하지 않고 남전여씨향약을 실은 이유를 설명해주는 것 같다.

셋째는 '공식적인 모임과 긴 여행에서 환영과 환송(請召送迎)'에 대한 항목이다. 주희는 향약의 정기모임을 위한 규칙을 긴 문장으로 추가했다. 그는 정기모임에서 다양한 집단의 사람들이 모이는 장소에 들어가는 규칙, 안으로 들어가고 나가는 방법, 자신의 자리를 잡는 방법, 어떤 방법으로 인사를 하고, 그 인사에 어떤 방식으로 응답하는지 등등을 묘사했다.[12] 정기모임에서는 여씨향약의 정기모임처럼 칭찬과 비난, 또는 처벌이 이루어졌을 뿐만 아니라, 궁술弓術을 연습하고, 정치적 문제와 제한된 범위 내에서 주요한 문제들이 논의되기도 했다.[13]

위의 내용들을 비교해볼 때, 여씨향약은 공동체 안에서 사회적, 정서적, 그리고 경제적 어려움을 해결해 나가기 위한 편의성에 실질적인 관심을 두고 있었다. 따라서 여씨향약은 상호의존성과 단결의 감정을 바탕으로 조화로운 공동체 삶을 지향하는 매우 현실적인 덕의 권면을 목표로 했다. 그러나 주희의 증손여씨향약은 『소학』에서 제시하는 예처럼 예에 관한 세세하고 세밀한 규칙들을 제시하고 있다. 이런 예의 규칙은 내면의 태도를 올바르게 하

於西階 則先左足."

11 『小學』,「敬身」, '明威儀之則' 참조.

12 『朱子大全』卷74,「增損呂氏鄕約」, "禮俗相交 請召迎送凡四條 曰凡請尊長 飮食親往投書 曰凡聚會 皆鄕人 則坐以齒 曰凡燕集初坐 別設卓子於兩盈間置 太盃於其上 主人姜席立 於卓東西向 曰凡有遠出遠歸者則迎送之."

13 Monika Übelhör, op.cit., 1989, p. 377.

기 위한 적절한 외적인 표현이다. 주희의 향약은 이 항목을 예의바른 사회적 교제를 위한 자세한 조항으로 확장시켰다. 그는 자신의 수정조항에서 명백한 위계적 차이를 만들려고 했으며, 더 정확히 말하면 이런 차별에 주의를 기울이는 공동체를 만들고자 했다.[14] 그는 원칙적으로 연회와 향약 모임을 위한 규칙을 집성하려 했던 것 같다.

결국 여씨향약이 지역공동체 안에서 삶을 용이하고 편리하게 하기 위한 것이었다면, 주희의 향약은 공동체 안에서 사대부의 사회적 역할을 규정하기 위한 것이었다.[15] 이것은 주희가 추가한 조항들을 통해 알 수 있다. 그가 추가한 조항들은 경제적인 여유가 있는 이들에게 해당되는 것이며, 그가 적용한 심의深衣·사견紗絹과 같은 옷들은 사대부들이 입는 옷이었다.[16] 물론 주희가 일반 백성들을 배제한 것은 아니지만, 나이 차례대로 앉는 규칙은 사대부에게는 적용되지 않았다. 오히려 사대부는 작위의 차례대로 앉는 조항이 있었다.[17] 주희는 향약의 약정約正에 관한 규정에서 자신의 이런 관점을 명백히 했다. 먼저, 여씨향약의 약정 규정은 다음과 같다.

향약은 한 사람 또는 두 사람에 의해 규제된다. 향약의 모든 임원들은

---

14 ibid., pp. 375~377.

15 ibid., p. 378.

16 『朱子大全』卷74,「增損呂氏鄕約」,"禮俗相交 曰凡慶弔贈遺凡四條 曰凡慶禮如常儀 (…) 未易服則率同約者 深衣 而往哭弔之 且助其凡百經營之事 主人旣成服 則相率 素幞頭素襴衫素帶 皆以白生紗絹爲之."

17 『朱子大全』卷74,「增損呂氏鄕約」,"禮俗相交 請召迎送凡四條 曰凡聚會 皆鄕人 則坐以齒 士類不然. 若有親 則別敍 若有他客有爵者 則坐以爵 若有果爵者 雖鄕人亦不以齒 若特請召 或迎勞出錢 皆以專召者爲上客 女婚禮則姻家爲上客 皆不以齒爵爲序."

정숙하고, 올바르고, 청렴한 사람을 향약의 약정으로 선발해야 한다. (…)
이외에도 정기모임을 행할 한 사람을 선택한다. 각각 정기모임의 임원은
사회적인 기준에 관계없이 나이에 따라서, 차례대로 이 직책을 수행할 것
이다.[18]

다음은 주희의 증손여씨향약의 약정 규정이다.

    나이 많고 덕스러운 어른들 중에서 향약 약정을 선택한다. 부정副正과
직월直月은 학식이 있고 정결한 사람으로 한다. 그들로 하여금 정기모임의
예를 행하게 한다.[19]

주희는 여대균과 달리 부정과 직월이 되기 위한 자격으로 '배움'을 강조
했다. 그는 연령과 함께 배움의 문제를 중시했다. 이 점으로 미루어보아 주
희는 사대부에게 지역공동체 내의 도덕적 지도자로서 책임감을 갖게 하려고
했던 것 같다.

이상으로 볼 때, 여씨향약이 공동체 모든 구성원들의 상호도움에 초점을
맞추어 단결과 안정을 추구하고자 했다면, 주희는 사대부를 중심으로 한 사
회의 위계질서를 중시하며 예법 준수를 통해 개인의 도덕적인 실천과 도덕
적인 영향 확대를 강요하고자 했던 것으로 보인다. 그러나 여대균과 주희는
공통으로 지역사회 안에서 공동체 구성원들의 자발적인 도덕적 실천성에 역

---

18 『宋元學案』,「呂氏鄕約」.

19 『朱子大全』卷74,「增損呂氏鄕約」, "洞約擇約正 以齒德爲之 副正直月爲學淨人 使人行會
    日禮."

점을 두었다. 따라서 송대 향약은 지역공동체가 국가의 통치에 의해서가 아니라 제도를 넘어서서 그 교육적인 필요에 의해 운영되고 통치되도록 하는 수단이었던 것 같다. 다음에서 중국의 향약이 조선에서 어떻게 실시되고 투영되었는지를 중심적으로 살펴보고자 한다.

2. 중종대 향약의 전개와 양상

향약은 중종 10년대에 처음 거론되기 시작했다.[20] 향약이 처음 거론된 것은 중종 12년 6월 함양咸陽 유생 김인범金仁範이 여씨향약을 준행하여 풍속을 바꾸자고 한 상소이다.[21] 이에 왕이 전교하여, "초야의 한미한 사람으로 인심과 풍속이 날로 경박하게 되는 것을 탄식하여 천박한 풍속을 바꾸어 당우의 치(唐虞之治)를 회복하려는 것이니 그 뜻이 또한 가상하다"라고 호의적인 반응을 보이고 곧 예조에 내려 보냈다.[22]

---

20 향약에 관한 연구는 상당히 많은데 다음 논저들은 주로 향약의 성립과 성격에 관한 내용들이다. 柳洪烈, 「朝鮮鄕約의 成立」, 『진단학보』 9, 1933; 李泰鎭, 「朝鮮前期의 鄕村秩序」, 『동아문화』 13, 1976; 韓相權, 「16·17세기 鄕約의 機構와 性格」, 『진단학보』 58, 1984; 朴㷱, 「朝鮮中期 士族의 鄕村支配權 確立」, 『朝鮮後期鄕約硏究』, 민음사, 1990; 李成茂, 「呂氏鄕約과 朱子增損呂氏鄕約」, 『진단학보』 71·72, 1991; 李樹健, 「朝鮮시대 鄕村社會의 성장과 鄕約」, 『향사사연구』 제4집, 1992; 金仁杰, 「'栗谷鄕約'의 再論—養民을 위한 人材 육성」, 『한국사론』 54, 2007.

21 『中宗實錄』 卷28, 中宗 12년 6월 甲戌, "咸陽人金仁範上疏 謂 遵行呂氏鄕約以變風俗."

22 『中宗實錄』 卷28, 中宗 12년 6월 甲戌, "傳于政府曰 予觀咸陽儒生金仁範之疏 以草野寒生 傷嘆人心日偸 風俗 日惡 欲變薄俗 而回唐虞之治 其志亦可嘉也 (…) 卿等勿以爲布衣之迂言 而講論移風易俗之方 上下交勵 使人心歸厚 風俗反朴 上有忠厚之風 下無愁嘆之聲 不亦美乎."

다음 달인 중종 12년 7월 예조가 의정부에 보고하기를, 『소학』은 풍속을 바르게 하는 책이므로 이미 많이 인쇄하여 중외에 널리 반포하였다 하고, 이어 여씨향약은 곧 『소학』 중의 한 가지 일이므로 특별히 거행할 필요가 없으니 거행하지 말자고 하였다.[23] 이에 의정부는 여씨향약이 비록 『소학』에 실려 있으나 만약 밝게 효유曉諭하여 특별히 거행하지 않으면 겉치레가 되는 것이니 각도의 감사로 하여금 널리 반포하게 하는 것이 어떻겠냐는 계목啓目을 왕에게 올려 윤허 받았다.[24] 앞서 함양 유생 김인범이 여씨향약 실시 건의로 여씨향약에 대한 관심을 불러일으켰지만, 여씨향약에 대한 예조와 의정부의 의견은 달랐다. 예조는 『소학』이 이미 널리 반포되어 있는데 『소학』의 한 부분에 속하는 여씨향약을 따로 거행할 필요가 없다고 보았고, 의정부는 여씨향약을 각도 감사로 하여금 널리 반포하도록 하자고 주장했다. 결국 여씨향약을 널리 반포하자는 의정부의 의견이 채택되었다.

그런데 여씨향약을 널리 반포하자고 하기 전인 중종 12년 2월부터 이미 김안국은 경상도관찰사로 있으면서 여씨향약을 보급하고 있었다. 사신은 그가 1년간 경상도관찰사로 재임하면서 교화에 치중하여 유생들을 먼저 『소학』을 강독하도록 이끌었고, 『여씨향약』을 인쇄 배포하여 고을 사람들을 권면하고 충신과 효자의 후손을 찾아내 예로 우대하였으며, 모든 일을 자세히 밝히고 옥송獄訟을 분명하게 심리하되, 밤을 새워 아침까지 하면서 지칠 줄

---

23 『中宗實錄』 卷28, 中宗 12년 7월 庚子, "先是 咸陽布衣金仁範上疏 請以藍田呂氏鄕約 化民成俗 啓下禮曹 禮曹報政府云 小學正俗 已令多數印出 廣布中外 呂氏鄕約 是小學中一事 不必別令擧行 請勿擧行云."

24 『中宗實錄』 卷28, 中宗 12년 7월 庚子, "政府啓目乃曰 呂氏鄕約 雖載小學 若不曉諭 別令擧行 則視爲尋常 徒 爲文具 令各道監司 廣布何如 上允之."

모르니 수령들이 두려워하여 감히 방자한 짓을 못했다고 논평했다.[25] 그런데 이 『여씨향약』은 실제로는 『여씨향약언해呂氏鄕約諺解』로서, 김안국이 조정과 상관없이 관찰사라는 직책을 가지고 선산부사善山府使 이희보李希輔의 도움을 받아 간행해 사람들에게 알리고자 했던 것이다.[26] 그는 중종 12년 이후 여씨 향약 보급에서 주목할 만한 인물이 되었다.[27]

중종 13년 4월에 김안국은 자신이 경상도관찰사로 재임하고 있을 때 경상도 내에서 『여씨향약언해』를 인쇄 반포한 사실에 대해 중종에게 자세히 밝혔다. 다음 계사啓辭가 그 내용이다.

> "신이 경상도 관찰사가 되었을 때 도의 인심과 풍속을 보니 퇴폐하기 형언할 수 없었습니다. 지금 성상께서 풍속을 변화시킴에 뜻을 두시므로 신이 그 지극하신 의도를 본받아 완악한 풍속을 변혁하고자 하는데 가만히 그 방법을 생각해보니 옛 사람의 책 중에서 풍속을 바로잡을 수 있는 것을 택하여 거기에 언해를 붙여 도내에 반포하여 가르치게 하는 것이었습니다. 신이 이 책들을 수찬하기로 마음먹고 있으나 사무가 번다하여 미처 자세히 살피지 못하였으므로 착오가 필시 많을 것으로 봅니다. 지금 별도로 찬집청撰集廳을 설치하여 문적을 인출하고 있으니, 이 책들을 다시 교정하고 인쇄하여 팔도에 반포하게 하면 풍화를 고쳐시킴에 조금이나마 도움이

---

25 『中宗實錄』卷27, 中宗 12년 3월 庚寅, "史臣曰 安國 性本聰敏 勤於庶務 一心殉國 其在 嶺南 尤重於敎化 令儒 生先講小學 諄諄誘掖 如見稍知向方者 則必引置左右 慇懃導誨 士皆樂焉 修旌閭頹廢者 治祭壇蕪穢者 印須呂氏鄕約 以勸鄕里 求忠臣孝子之後 優而禮 之 綜核庶事 明辨獄訟 夜以達朝 不知疲倦 守令畏懾 不敢肆行."

26 安秉禧, 「解題」, 『呂氏鄕約諺解』, 단국대학교부설 동양학연구소, 1976, 283~302쪽.

27 李泰鎭, 앞의 책, 1986, 260쪽.

있을 것입니다. 『여씨향약』이나 『정속正俗』 같은 책은 곧 풍속을 순후하게 하는 책입니다. 「여씨향약」이 비록 『성리대전』에 실려 있으나 주해가 없어 우리나라 사람들은 쉽게 이해하지 못합니다. 그러므로 신이 곧 그 언해를 상세하게 만들어 사람마다 보는 즉시 이해하게 하고 『정속』 역시 언자로 번역하였습니다. 농서와 잠서蠶書 등도 의식에 대한 좋은 자료이기 때문에 세종조에 이어俚語로 번역하고 팔도에서 개간開刊하였습니다. 지금 역시 농업을 힘쓰는 일에 뜻을 두기 때문에 신 또한 언해를 붙이게 되었고 『이륜행실二倫行實』은 신이 전에 승지로 있을 때 개간을 청하였습니다. 삼강이 중요함은 비록 어리석은 사람들도 모두 알거니와 붕우형제朋友兄弟의 윤리에 대해서는 보통 사람은 알지 못하는 이가 있기 때문에 신이 삼강행실에 의하여 별도로 뽑아 엮어서 개간하였습니다. (…)" 하니, 전교하기를 경이 경상도에 있으면서 학교와 풍속을 변화시키는 일에 전념한다는 말을 듣고 가상히 여겼다. 또 아울러 이러한 책들을 엮어 가르친다 하는데, 이 책은 모두 풍교風敎에 관계되는 것이라 찬집청에 보내 개간하여 널리 반포하게 하라.[28]

김안국은 「여씨향약」이 『성리대전』에 실려 있으나 주해가 없어 사람들이

---

[28] 『中宗實錄』卷32, 中宗 13년 4월 己巳, "同知中樞府事金安國啓曰 臣爲慶尙道觀察使 觀其道人心風俗 頹弊乃極 今者上方有志於轉移風俗 故臣欲體至意 變革頑風 而竊思其要 取古人之書 可以善俗者 詳加諺解 頒道內以敎之 此等書冊 臣有志修撰 而第緣事務煩劇 未遑詳悉 錯誤必多 今方別設撰集廳 印出文籍 此等書 使之更加讎校 印頒八道 則於淬勵風化 庶有小益也 如呂氏鄕約正俗等書 乃敎厚風俗之書也 鄕約雖載於性理大全 而無註解 遐方之人 未易通曉 故臣乃詳其諺解 使人接目便解 正俗亦翻以諺字 (…) 傳曰 卿在其道 盡心於學校轉移風俗之事 予聞之嘉美 又復撰此等書以敎之 此書皆有關於風敎 其下撰集廳 開刊廣布."

쉽게 이해하지 못하므로, 경상도의 풍속을 변화시키고자 『여씨향약언해』를 작성하여 인쇄 반포했다고 설명하고 있다. 그는 중종에게 『여씨향약언해』를 팔도에 반포하여 풍화를 고취시킬 것을 제안했다. 김안국이 『여씨향약』을 언해본으로 만들었다는 사실은 그것이 일반 서민을 대상으로 했음을 드러낸다. 이는 향후 향약이 조선사회에 어떻게 이해되고 적용되는지 그 방향성을 알려주는 단서가 될 것 같다.

김안국의 『여씨향약언해』는 향약 보급의 출발점이자 중요한 계기였다. 이 점은 이후 향약의 보급 속에서 확인할 수 있다. 그 확인의 첫 출발지는 충청도이다. 경상도에서 인쇄 반포되었던 김안국의 언해본이 2개월 뒤 충청도까지 전파되었다는 사실은 홍문관 응교 한충의 다음과 같은 상소가 알려주고 있다.

신이 보니 충청감사가 『여씨향약』을 간인刊印해서 그 지방의 연소한 선비들을 가르치고 있습니다. 그래서 선비들이 모두 시비와 호오好惡가 무엇인지를 알고 있습니다. 보잘 것 없는 소민들도 모두 악한 짓을 하는 것이 좋지 않다는 것을 알아서 '아무개는 부모에게 불효하다', '아무개는 그 형에게 불공하다' 하면서 배척하여 동류에 끼워주기를 싫어합니다. 신이 고로古老에게 물으니 "예전에는 조정에서 이제 선도善道를 흥기시킨다고 말한 경우에도 그 효과를 본 일이 없었는데, 지금에 와서야 조정에서 한 일을 알 수 있습니다" 하였습니다. 감사가 또 한 고을에서 추앙받는 노숙老宿을 뽑아 도약정都約正·부약정을 삼고 고을을 교화하게 하고 있는데, 풍속을 선도하고 백성을 바로잡는 데는 이보다 더 좋은 법이 없습니다. 신이 시골에서 아이들이 읽는 향약을 보니 곧 김안국이 교정한 언해본이었습니다. 이

것을 널리 인출하여 팔도에 반포하는 것이 가합니다.[29]

　한충은 충청감사가 『여씨향약』을 간인하고 추앙받는 노숙 중에 도약정·
부약정을 뽑는 등 그 보급에 힘쓰고 있다고 전하고, 어린아이들이 김안국의
언해본으로 향약을 읽고 있으니 이것을 인출하여 팔도에 널리 반포하자고
제안했다. 충청도까지 전파된 언해본으로 인해 이제 향약 보급은 전국적인
범위로 확대될 조짐을 보이고 있었다.
　한편, 향약이 중종 13년에 경상도와 충청도에서 활발히 시행되고 있는 와
중에 이에 대한 우려도 나타나고 있었다. 그 우려는 다음과 같이 대략 3가지
로 나눌 수 있었다.

　　① 수령의 권세가 약화될 것이라는 우려.[30]
　　② 향약 실시는 조정의 뜻이 아닌 관찰사의 뜻이라서 감사가 바뀌면 중
　　　단될 것이라는 우려.[31]
　　③ 약정을 신분에 상관없이 나이 서열로 정하기 때문에 다투는 폐단이

29　『中宗實錄』卷33, 中宗 13년 6월 丁亥, "韓忠曰 臣見忠淸監司 刊印呂氏鄕約 以敎鄕中年
少之士 以故士皆知是非好 惡之所趣 雖蠢蠢之民 皆知爲惡之可惡 乃曰 某也不孝於其父
母 某也不弟於其兄 皆欲斥而不齒 臣問古老則曰 向者朝廷雖曰方興善道 而猶未見其效
今而後知朝廷之所爲也 監司又擇其耆老 爲一鄕之所推者 爲都約正副約正 以興勵一鄕
其所以善俗作民之道 無過於此 臣見鄕中小兒所讀鄕約 乃金安國所校諺解者也 須廣印
鄕約 頒于八道可也."

30　『中宗實錄』卷34, 中宗 13년 9월 壬寅, "領事鄭光弼曰 鄕約好則好矣 然聚徒而所爲不善
則邑宰之勢 反爲弱矣."

31　『中宗實錄』卷34, 中宗 13년 9월 辛亥, "(金淨)又曰 臣於外方 見呂氏鄕約 大有關於敎化
(…) 然鄕曲小民不知朝廷 之意 而以爲監司一時之令 故皆曰 今監司遞去 則止之云 雖守
令亦或莫之知也 當申論此意 使知朝廷軫念之意 可也."

생길 것이라는 우려.[32]

①은 영사 정광필鄭光弼의 견해였다. 그는 향약이 관찰사에 의해 주도되고 있기 때문에 지방 조직의 핵심인 수령의 권세가 약화될 소지가 있다고 여겼다. 향약으로 인해 관찰사와 수령의 관계 구도가 변화할 경우 그것이 향후 지역사회에 어떤 영향을 끼칠지는 아직 미지수였다. ②는 대사헌 김정이 전한 우려였다. 향민과 일부 수령들이 향약 실시가 조정의 뜻이 아니라 감사의 뜻인 줄 알고 감사가 바뀌면 사라질 것이라 여긴다는 것이었다. 그는 향약 실시가 조정의 뜻임을 알게 하는 것이 좋다고 권했다.[33] 이는 일정 정도 중앙에 의해 주도되는 강제성을 내비친 것으로서, 이후 향약 보급의 장기적인 측면까지 고려한 것으로 보인다. ③은 영사 신용개申用漑의 견해인데, 그는 향약의 약정이 나이 서열로 정해지기 때문에 종전의 사족에 대한 특별 예우가 사라지면서 나타나게 될 폐단을 우려했다. 이 세 가지 우려는 향약 실시로 인해 향촌사회 질서가 이전과는 다른 방향으로 흘러갈 수도 있다는 점을 보여주는 것이라고 할 수 있다.

그런데 중종 14년 4월에 정언 이인李認은 대사헌 김정의 견해를 더욱 진전시켜, 백성들이 일찍이 하지 않던 것이라서 반드시 따르려 하지 않을 것이니 왕께서 향약을 권장하여 행하지 않는 자는 죄를 주고 잘 행하는 자는 여문閭

---

32 『中宗實錄』卷34, 中宗 13년 9월 辛亥, "領事申用漑曰 (…) 前日 係派不顯者 以爲庶人 而士族之人 則優禮以待之 今則不然 定約之正 而序之以齒 故間有爭忿之弊矣."

33 『中宗實錄』卷35, 中宗 14년 4월 戊辰, "正言李認曰 前者金安國爲監司時 行鄕約于郡邑 風俗化而爲美 但民情其所未嘗爲 則必不肯從 自上當勸之 其不行者科罪 能行者 可表其鄕閭."

門에 정표旌表하게 하자고 간했다.[34] 향약 보급의 강화를 넘어서 실행하지 않는 이들에 대한 강제책까지 주장하고 나섰던 것이다. 논의 끝에 중종은 당시 팔도에 흉년이 든 것과 관련하여 앞서 유시諭示를 내려 농상農桑에 힘쓰도록 했는데도 그렇게 하지 않고 학교의 교화에 대해서도 아직 도리를 다하는 자를 보지 못했다며 여씨향약을 권면하도록 전교를 내렸다.[35]

향약 실시에 있어서 참찬관 김식은 한 향리에만 시행하던 여씨향약을 한 나라에 시행할 때의 문제점을 검토해야 한다고 제기했다. 한 향리와 한 나라는 사세事勢가 다른 법인데, 지금 한 향리의 규모를 가지고 한 나라에 시행하려 하기 때문에 더러 방해가 되고 다투는 일이 있는 것이니, 주나라 때 당정黨正·족사族師·비장比長을 두고 그 규모가 천하에 시행되었던 예를 모방하여 크게 규모를 세울 것을 건의했다.[36] 김식의 제안은 향약을 전국적으로 시행하려면 먼저 그 규모를 확대해야 한다는 것이었다.

한편 중종의 적극적인 향약 장려 전교는 전국적인 범주 안에 '도성'이라는 중심부까지 포함하는지 여부에 대한 논란을 야기시켰다. 그 논의는 중종 14년 5월에 중종의 문제제기로 시작되었는데,[37] 대신들의 의견은 다음과 같이 두 갈래로 나뉘었다.

---

34 주 33번 참조.

35 『中宗實錄』卷35, 中宗 14년 4월 戊辰, "傳曰 近日八道失農 民生困瘁 憂慮罔極 是予未盡自修 而監司亦不得辭其責 前已下諭 使務農桑 而猶不勉焉 學校教化 亦未見能盡其道者 呂氏鄕約 亦可勸勉."

36 『中宗實錄』卷36 中宗 14년 5월 辛亥, "參贊官金湜曰 呂氏以匹夫 不得行於天下 故但施於一鄕耳 成周之時 立其黨正族師比長 以相勸 其規模行於天下 且一鄕與一國 其勢異也 今以一鄕之規模 而欲行於一國 故或阻礙有爭 鬪之事 宜自上倣周之制 大立規模."

37 『中宗實錄』卷36, 中宗 14년 5월 壬子, "上曰 呂氏鄕約甚善 外方則或有行之 京師根本 亦無乃可行乎."

① 서울은 삼공三公 이하가 예법으로 인도하고 형벌로 정제하니, 향촌의
　 일을 도성 안에서 행함은 불가하다.

② 서울에서 향약을 명령하여 시행할 수는 없지만, 향도들처럼 선악을
　 서로 권면하고 경계할 수 있으니 시행해도 좋다.

①은 지사 남곤의 주장이었다. 이유는 다음과 같았다.

> 만일 서울에서 향약을 한다면 매우 사체事體에 어그러집니다. 여씨는 한
> 필부여서 한 향촌에서도 법을 시행할 수 없어 향약이라고 이름한 것이니,
> 대개 한 시대에 뜻을 얻지 못하므로 만들어서 시행한 것입니다. 서울은 삼
> 공 이하가 예법으로 인도하고 형벌로 정제하여 그중에 착한 자가 있으면
> 본래부터 포장褒獎하는 법이 있고 착하지 못한 자가 있으면 또한 법사法司
> 가 금하게 되는데, 도성(輦轂) 아래서 이런 한 향촌의 일을 함은 매우 불가
> 합니다.[38]

남곤의 주장은, 서울은 향촌과 달리 예법으로 인도되고 형벌로 다스릴 수
있으므로 향촌의 일인 여씨향약을 시행하는 것은 적합하지 않다는 것이었다.
이와 유사하면서도 성격이 다른 것이 참찬관 김식의 주장이다. 그는 위에 언
급했듯이 향약의 전국적인 시행에는 문제가 있으므로 이를 보완해서 시행해
야 한다고 인식했다. ②의 논의는 장령 기준의 주장이었다. 그 주장의 이유

---

38 『中宗實錄』 卷36, 中宗 14년 5월 壬子, "(南)袞曰 若於京中爲鄕約 則甚乖事體 呂氏以一
匹夫 不能行法於一鄕 而名之曰約 蓋不得志於一時 設施之也 京都則三公以下 導之以禮
齊之以刑 有其善者 自有褒獎之典 有不善者 亦有法司之禁 朝廷輦轂之下 爲此一鄕之事
甚不可也."

는 다음과 같았다.

비록 명령하여 시행하게 할 수는 없지만, 가령 지금의 향도들처럼 선악
을 서로 권면하고 경계한다면 어찌 불가하겠습니까. 이번에 돈의문 밖 천
예賤隸들이 뜻을 결합하여 착하지 못한 일이 있으면 서로 규탄하여 바로잡
기로 하였는데, 그중에 불손한 자가 한 사람 있어 그의 형을 구타하자, 책
망하여도 고치지 않으므로 그 사람들이 사헌부에 고발하니 헌부가 형장으
로 심문하고 놓아주었습니다.[39]

기준의 주장은, 서울에서 형벌로 다스려도 천예 가운데 악행을 범하는 자
가 있곤 하니, 도성에서도 여씨향약을 시행하여 선악을 서로 권면하고 경계
해 나가도록 하는 게 좋다는 것이었다. 향약의 시행은 위로는 사에서부터 아
래로는 천예에 이르기까지 모든 이에게 적용될 수 있는 것으로서 일종의 '도
덕적 공동체' 형성을 의미했다. 그는 향약의 시행이 어느 곳에서나 누구에게
나 '도덕적인 공동체'를 형성하고 실현할 수 있게 한다고 보았던 것 같다.
이런 논란에 대해서 중종은 "서울에서는 향약을 법으로 시행해서도 안
되고 또한 금지해서도 안 된다"[40]고 하여, 누구의 편도 들지 않았지만 자율적
시행에 대해 긍정적인 입장을 보였다.
한 달 뒤, 중종 14년 7월에 한충은 『여씨향약』 책자를 지방 유향소에 나누

---

39 『中宗實錄』卷36 中宗 14년 5월 壬子, "(奇)遵曰 雖不可敎令而使行之 若如今鄕徒 而以善
惡相勸戒 則豈不可也昨者敦義門外 賤隸之徒結志 欲行有不善之事 則相糾正 其中有一
不遜者 歐打其兄 責之不改 其徒乃呈憲府 憲府刑問而放之."

40 『中宗實錄』卷36, 中宗 14년 6월 庚午, "上曰 (…) 然京城鄕約, 不可設法行之, 亦不可禁止
也."

어주고 경성 안에도 또한 방리方里가 있어 반드시 향약을 시행할 것이기 때문에 경성 5부의 관원으로 하여금 각 동의 약정에게 분급하도록 하자는 건의를 올렸고, 중종이 여기 동의했다.[41] 이를 통해 볼 때, 향약은 외방과 경중에서 시행되고 있었으며, 지방에서는 관찰사가, 경중에서는 5부가 주도하여 시행했던 것 같다. 김안국의 언해본을 시작으로 이제 향약은 도성을 포함한 전국으로 확대되었다. 이때의 향약은 지방에서는 감사가 구박해서 행하고, 경중에서도 조광조가 지적한 바와 같이[42] 강제적으로 이루어지고 있었다. 그럼에도 이때, 즉 중종 14년이 『여씨향약』 보급의 절정기였던 것으로 보인다. 그러나 그 절정기는 길지 않았다.

중종 14년 11월 기묘사화로 현량과 파방과 함께 향약 보급에도 제재가 가해졌다. 향약의 폐단이 본격적으로 거론되기 시작한 것은 기묘사화 직후부터였다. 중종은 향약 사람들이 스스로 형정을 쓰고 법사에 정소呈訴해도 법사에서도 또한 그들이 한 대로 따른다는 보고를 받고, 이는 형정이 아래에 있는 것이라면서 향약의 폐단을 거론했다.[43] 이에 정광필은 향약으로 인해 공장이나 장사하는 사람이 자주 무리로 모이므로 일을 할 수 없는 폐단이 있다면서, 경성에서는 상사喪事에 서로 돕게만 하고 무리로 모이거나 형정을 쓰지는

---

41 『中宗實錄』卷36, 中宗 14년 7월 己酉, "韓忠啓曰 (…) 今呂氏鄕約 亦可皆給 請竝分給於 外方留鄕所何如 上曰 呂氏鄕約者 本爲民也 當如所啓 韓忠曰 京城之中 亦有坊里 必爲 鄕約矣 此冊 令五部官員 分給于各洞約正何如 可之."

42 『中宗實錄』卷37, 中宗 14년 10월 庚午, "(趙)光祖曰 鄕約本意則不如是 今之鄕約 大似迫 促 甚非王道之事也 其故 乃監司 迫而使之行也 京中亦如是 故臣召五部言之矣 治道不可 急迫 當以德優游而使民化之 然後可以言治也."

43 『中宗實錄』卷37, 中宗 14년 11월 庚戌, "上曰 (…) 然近日聞約中之人 自用刑政 至有呈訴 法司 而法司亦從其所爲是刑政在下也 此無乃終至有弊乎."

못하게 하자고 건의했다.[44] 중종과 정광필은 향약이 형정보다 우위에 있다는 것을 문제 삼았다. 이를 통해 역으로 당시 향약의 규약이 형정보다 영향력과 파급력이 강했음을 짐작할 수 있다. 그 후 중종 15년에 접어들어 조광조 등을 치죄治罪하는 과정에서 향약의 폐단과 향약 금지가 본격적으로 거론되었다. 다음은 그에 대한 언급이다.

> 정언 조진趙珍은 아뢰기를 "근일의 일이 기구하고 괴이하였으므로 인심이 올바르지 못합니다. (…) 향약에 이르러서는 김안국이 전라도 감사로 있으면서 선적善籍과 악적惡籍을 상고하여 만약 선적에 실려 있으면 비록 천한 노비라 할지라도 반드시 수령에게 압력을 가하여 그 노비에게 선물을 보내게 하므로 수령이 지탱할 수 없을 지경입니다. 또 향약에 관계된 일이면 반드시 형신刑訊까지 하므로 인심이 어그러졌으니 만약 김안국을 속히 체직시켜 오게 하지 않으면 화가 반드시 닥칠 것입니다. 또 예에는 존비·상하의 구분이 있는데 그 연치만 헤아려 천예로 하여금 도리어 위에 거하게 하므로 아랫사람이 윗사람을 무시하고 천한 자가 귀한 자를 무시하는 폐단이 생겼습니다. 이른바 향약이라는 것은 무상無狀한 무리들을 모으는 것이니 마땅히 금해야 합니다."[45]

---

44 『中宗實錄』卷37, 中宗 14년 11월 庚戌, "(鄭)光弼曰 鄕約 古人有不得行道者 在鄕中相與 爲善之事也 若京中則旣有法司 尤不當爲也 (…) 近聞 工商之人 頻數群聚 不得作業云 此 亦有弊 雖京城 若使之死喪相救而已則可也 毋令群聚 自用刑政亦可."

45 『中宗實錄』卷38, 中宗 15년 1월 癸巳, "正言趙珍曰 近日之事 崎嶇詭異 (…) 至如鄕約 則 金安國爲全羅道監司時 考其善惡籍 若載善籍 則雖奴婢之賤 必侵其守令 使饋遺之 守令 且有不能支焉 事出鄕約 則必至刑訊 故人心橫逆 若安國不速遞來 禍必將至 且禮有尊卑 上下焉 徒計其年齒 使隸賤反居其下 故下凌上賤凌貴之弊生焉 所云鄕約 嘯聚無狀 在所 當禁."

위 내용은 김안국의 죄명과 향약의 폐단에 대한 비판이다. 여기서 확인할 수 있는 사실은 '소학의 도'를 행한 김안국이 전라도 감사로 있으면서 선한 일을 하면 노비라도 신분에 관계없이 선물을 주었고, 향약에 관계된 일이라면 자체적으로 형벌을 가하기도 했다는 것이다. 또한 향약을 실시하면서 나이만 따져 천한 자를 위에 있게 하여 아랫사람이 윗사람을 무시하고 천한 자가 귀한 자를 무시하는 경우도 생겼다고 한다. 이런 점들 때문에 사화를 일으킨 세력들은 향약을 기존 질서를 붕괴시키는 금기 대상으로 여겼다.

이런 폐단에 대한 지적과 더불어, 향약 폐지의 결정적인 명분이 있었다. 조광조 등을 치죄할 때 오부 방리의 향약 무리들이 광화문 앞에 모여 있다가 결죄시決罪時에 달려들어 울부짖어서 장형을 시행하기 어렵도록 형 집행을 방해했다는 것, 빈한한 이들까지 재물을 내게 하고 이들이 재물을 내지 못하면 형장까지 써서 국가의 법령을 무시했다는 것 등이었다.[46] 결국 중종은 향약을 폐지해도 좋다고 하교했다.

중종 15년 1월 향약은 폐지되었다. 그런데 그 후 중종 38년에 향약 실시가 다시 거론되었다. 검토관 김인후金麟厚는 『소학』과 향약을 시행하자고 다음과 같이 제의했다.

기묘년 사람은 한때 한 일이 죄다 옳지는 못하나, 그 본심은 터럭만큼도 나라를 속인 것이 없는데도 마침내 무거운 죄를 입었습니다. 그 뒤에 죄

---

46 『中宗實錄』卷38, 中宗 15년 1월 庚子, "柳灌曰 如是聚會 而人之過惡 皆得言之 至用刑罰 頃日罪彼輩之時 聚會 光化門前 及其決罪時 奔走叫呼 幾不得下杖 儒生亦多聚會 在今昇平時 固無可疑 然則必生變也 隣家患難 不相救 自有其罪 雖無鄕約 自不得不相救也 貧寒而朝不及夕之人 若不能出財救之 至用刑杖 亦甚不可 上曰 至令貧寒之人出財 不可 雖罷之 亦可."

지은 사람 중에는 대역부도大逆不道하여 죽어도 죄가 남을 자라도 세월이 오래되어 혹 복직된 자가 있는데, 기묘년 사람은 오히려 상은上恩을 입지 못하니, 신은 홀로 공정하지 못하다고 생각합니다. 이 뿐이 아니라 그들이 한때 숭상하던『소학』, 향약의 글도 모두 폐기하고 쓰지 않습니다. 『소학』과 향약은 자양紫陽의 주자와 남전의 여씨의 글이며 주자·여씨는 다 성현인데 어찌 그 글이 좋지 않겠습니까. 그런데도 지금의 선비는 속상俗尙에 빠져서 읽어서는 안 될 글이라 하여 버리니 더욱 공평하지 못합니다. 모르는 사람들은 기묘년 사람을 아주 불궤不軌로만 논하므로 지금까지도 이런 말은 사람들이 다 촉범觸犯이라 생각하여 꺼립니다. 그러나 신의 소견은 이러하므로 감히 아룁니다.[47]

김인후는 기묘사화 이후 기묘년 사람들에 대한 논의를 꺼렸던 그동안의 정례定例를 깨고, 기묘년 사람들을 거론하면서 복직을 제의했다. 또한 그들이 숭상했다는 이유로 사화 이후 금서가 되고 폐지되었던『소학』과 향약을 복원하여 실행하자고 주장했다. 김인후의 제의는 조정에서 향약에 대한 논의를 불러일으키는 계기가 되었다.

같은 해 중종은 경·외에서 향사례鄕射禮·향음주례鄕飮酒禮·향약 등이 거행

---

47 『中宗實錄』卷101, 中宗 38년 7월 乙丑, "檢討官金麟厚曰 (…) 己卯之人 其一時所爲之事 雖不能盡是 然其本心則無一毫欺國 而終蒙重罪 其後被罪之人 雖大逆不道 死有餘罪者 日月已久 則或有復職者 而己卯之人 尙不蒙上恩 臣獨以爲未便 非特此也 其一時所尙小 學鄕約之書 幷棄而不用 小學鄕約 紫陽朱子藍田呂氏之書也 朱呂皆聖賢之人 豈其書不 善 而今之儒者 溺於俗尙 以爲不可讀之書而棄之 尤爲未便 不知者 則己卯之人 全以不 軌論之 故當今之時 如此之言 人皆以爲觸犯而諱之 然臣之所見如此 敢以啓達."

되지 않은 사실을 지적하면서 삼공이 논의해 계를 올리도록 명했다.[48] 이에 대하여 좌의정 홍언필은 향음주례·향사례는 오례의주五禮儀註에 실려 있어 행해야 하지만, 지금 백성이 굶주림에 시달려서 이를 시행할 겨를이 없다며, 풍년 들기를 기다려 하는 것이 좋겠다고 말했다. 또한 여씨향약에 대해서는, 한 향리에서 행해지는 것은 괜찮지만 국가적으로 시행하는 것은 조정에 정해진 정령政令이 있으므로 합당하지 않다는 입장을 표명했다.[49] 그의 의견은 중종에게 받아들여졌고, 이후 한동안 향약은 더 이상 거론되지 않았다.

중종 38년에 향약 보급이 거론되었다가 실패로 돌아간 이후, 명종대 주세붕이 향약의 유용성을 거론하며 향약 시행을 다시 제기했다.[50] 이에 자전慈殿은 삼공을 소집하여, 조광조 당시의 향약이 작폐를 일으켰으므로 향촌결계鄕村結契처럼 '환난상구鄕村結契'의 기능만 수행하는 향약을 시행하자고 제의했다.[51] 이런 입장은 조종에서 여전히 전면적인 향약 시행을 꺼리고, 향약의 구

48　『中宗實錄』卷101, 中宗 38년 10월 戊戌, "傳于政院曰 近觀諫院上疏 鄕射鄕飮鄕約等事 皆載法條 而近者京外皆不擧行云 今更申明當否 令三公議啓."；『中宗實錄』卷101, 中宗 38년 11월 辛丑, "上曰 鄕約鄕射鄕飮酒等事 已命大臣 詣闕時議之 今日朝廷皆會 亦可議之乎."

49　『中宗實錄』卷101, 中宗 38년 11월 辛丑, "左議政洪彦弼等議 鄕飮酒鄕射禮載在五禮儀註 固當行之 但今民困於 饑歉 無暇爲酒禮 强令擧行 恐非其時 徐待豐稔而爲之爲當 呂氏鄕約 其勸善禁非之意 行於一鄕 果爲美矣 朝廷自有政令 不可擧其鄕約而施之於國也 答曰 知道."

50　『明宗實錄』卷4, 明宗 원년 8월 甲午, "侍講官周世鵬曰 先王朝 以呂氏鄕約 行之於窮村僻巷 則小民亦有感化 而 向善去惡 但朝廷之上 亦欲行之 而當時之人 多不務小學之實 而或詭異其衣服 或推遷於功名 遺其本而務其末 漸成弊習 故先王廢之 此乃呂民所以用之於鄕曲者 於朝廷之上 則自有禮法 不必行之 村巷之民 雖同天理 而王化未及 若行是約 則不爲無益矣."

51　『明宗實錄』卷4, 明宗 원년 8월 丁未, "召三公 會于賓廳 慈殿傳曰 周世鵬所啓鄕約事 依趙光祖時事 反爲有弊 如鄕村結契 使之患難相救何如 其議啓."

휼적 측면만 부각시켜 실행하고자 했음을 보여준다. 또한 이는 중종이 환난 상구를 강조한 것과 동일한 성격으로서, 향약의 성격이 점차 구휼적으로 변모해가고 있었다는 것도 알 수 있다.[52]

명종대 향약은 전국적으로 실시되지는 않았지만, 개별적인 시행이 용인되어 지역 사정에 따라 새로운 형태의 향촌사회 제 규약들이 제정되고 있었다. 예를 들어, 이황李滉이 입안한 「온계동규溫溪洞規」, 「예안향입약조禮安鄕立約條」, 이이李珥가 입안한 「파주향약坡州鄕約」, 「구림대동계鳩林大同契」 등이 그것이다.[53]

척신 정치가 종말을 고한 선조대에 이르러 예조와 간원諫院을 중심으로 전국적인 향약 실시 논의가 재개되었다. 선조는 "향약을 해속駭俗"[54]이라 하면서 부정했고, 수찬 이경명은 "여씨향약이 일향一鄕의 규약이므로 일국一國에 통행할 수 없다"[55]는 이유로 부정했다. 그러나 간원은 이런 입장을 비판하면서, 향약은 만세통행萬世通行의 법규로서 인정에 합당하고 천리에 부합하므로 사방四方의 근본이며 왕화王化의 시작이 되는 경사京師에서부터 왕명으로 시행하자고 개진했다.[56] 간원의 강력한 향약 시행 주장에 부딪친 선조는 이를 삼

---

52 韓相權, 앞의 논문. 1984, 27쪽.

53 朴焞, 「朝鮮前期 光州 지방의 鄕約과 洞契」, 『동서사학』 5, 1999, 40쪽.

54 『宣祖實錄』 卷6, 宣祖 5년 10월 丙子, "趙廷機柳成龍簡通于柳希春曰 日昨 上答諫院請行鄕約之敎 有曰 駭俗 云云."

55 『宣祖實錄』 卷7, 宣祖 6년 1월 癸巳, "修撰李景明進講 (…) 又按朱子大全答張敬夫書 論鄕約曰 其實難行 蓋呂氏之約 乃與一鄕同心同志之士爲之 非可通行於天下一國也 蓋事雖好 而有精微曲折 非窮理 不能知也."

56 『宣祖實錄』 卷7, 宣祖 6년 8월 丁巳, "院啓 (…) 況在鄕約 乃大賢斟酌增損 爲萬世通行之規 宜於人情 合於天理 非高遠駭俗之事乎 (…) 京師 四方之本 王化之所始 今若命先行之 則丕變之效 庶幾可見 請加深思 亟命擧行."

공대신에게 논의하도록 명했다.[57] 삼공대신 가운데는 간원의 입장을 지지하여 향약 시행을 적극적으로 주장하면서 구체적인 방법으로 동계나 향도조직을 활용할 것을 제시한 측이[58] 있는 반면, 경성의 서당과 팔도의 향교, 촌항村巷에 이르기까지 향약 책자만 분급하자는 소극적인 견해를 표명한 측도 있었다.[59] 선조는 후자의 의견을 채택하여 중외에 향약서를 분급했고, 향약 시행은 개별적으로 결정하도록 했다.[60]

그러나 선조는 간원의 계속적인 요구에 응해 향약 시행을 결정했다.[61] 선조 6년 향약은 전국적으로 실시되었지만, 이듬해 2월에 이이는 먼저 백성을 구제하고 폐단을 개혁하는 행정을 거행한 다음에 향약을 시행할 것을 주장했고, 유희춘柳希春 역시 백성을 몇 년간 구제한 다음에 향약을 시행해야 한다

---

57 『宣祖實錄』 卷7, 宣祖 6년 8월 甲子.

58 『宣祖實錄』 卷7, 宣祖 6년 8월 甲子, "左相朴淳議略 (…) 且我國之俗 內自都下 外暨鄕曲 皆有洞隣之契 香徒之會 私立約條 欲相檢攝 而第以各從己意 粗率無章 不足爲綱紀而藉賴 又其約束不出於朝廷 而私自造立 故强者侮之 惡者壞之 終不能糾正 閭巷父老 恒懷嘆惋 而無如之何也 今若擧行先賢旣定之規 命令一下 則民將從順之不暇 誠以因人心之所欲爲而敎導之也."

59 『宣祖實錄』 卷7, 宣祖 6년 8월 甲子, "判府事李鐸議云 (…) 臣意以爲 命印此冊 多有件數 廣頒中外 京則童蒙學 外 則鄕校至於村巷學長 多數頒給 使學者讀書之暇 亦不可廢此冊 時加覽閱 則人皆知自修之道 民風俗習亦 或因此而向變矣."

60 『宣祖實錄』 卷7, 宣祖 6년 8월 己巳, "傳 呂氏鄕約之書 最切於化民成俗 先爲印出此冊 多 其件數 廣頒中外 京則 童蒙學 外則鄕校至於村巷學長 多數頒給 使人人皆得閱覽 知其 自修之道 或盡從其儀 或略倣其儀 遵而勿廢 行之有漸 以致厚倫成俗之效事 下禮曹."

61 『宣祖實錄』 卷7, 宣祖 6년 9월 己丑, "諫院啓 鄕約之事 論列已久 天聽逾邈 臣等惶惑悶迫 之至 昨日伏見聖批曰 欲一從其議 而爲之耶 欲略從其議 而爲之耶 臣等固知殿下將回天 意 不勝感激焉 夫鄕約之書 旣經兩賢之手 其規模節目 秩然有序 而參酌損益 旣已周備 後之人所憂者 行之不力而已 然其設施之際 適時之宜 在殿下下詢參酌之如何耳 請加三 思 丞從公論 上答曰 如啓 觀此則當有二品以上會議."

고 주장했다.[62] 선조는 이들의 건의를 받아들여 대신과 논의한 이후 향약의 거행을 중지하고 민생이 안정된 뒤에 시행하도록 했다.[63]

이상과 같이 중종 10년대 향약은 경상도에서 김안국의 여씨향약언해 인쇄·반포로 보급되기 시작했고, 이를 계기로 도성을 포함한 전국적인 확장, 즉 일국적 시행을 보게 되었다. 그러나 기묘사화로 인해 소학실천자들이 실시했던 모든 개혁과 함께 향약도 폐지되었다. 향약 보급은 중종 30년대에 다시 재론되었지만, 일향적인 실시와 구휼의 성격만 강조되었을 뿐 실현되지는 못했다. 이런 흐름은 명종대까지 지속되었다. 선조 6년에 이르러 향약은 다시 전국적으로 실시되었지만, 얼마 뒤 그 시행이 다시 정지되었다. 아래에서는 중종대에 처음 실시되었던 향약의 방향과 그 지향점을 논해보고자 한다.

3. 소학실천자들의 향약 시행론의 특징

소학실천자들의 향약 시행론은 조선 전기 향약의 성격과 지방사회의 단면을 이해하는 데 중요한 단서를 제공한다. 중종대에 처음 향약이 경상도에서 실시되고 충청도를 거쳐 하삼도 전역으로, 마침내 도성으로까지 확대되는 과정에서 향약에 관한 여러 논의들이 도출되었다. 그 논의의 핵심을 대략 네

---

62 『宣祖實錄』卷8, 宣祖 7년 2월 丙午, "李珥進曰 請先行救民革弊之政 而後行鄉約 希春曰 請俟救民數年 然後行之."

63 『宣祖實錄』卷8, 宣祖 7년 2월 壬子, "傳于禮曹等曰 鄉約乃化民成俗之要 所當擧行 以爲導率之方 但民生憔悴莫甚於此時 當汲汲救弊 以解倒懸之苦 然後可行鄉約 猝然擧行 恐有難行之患 (…) 且緩急先後 自有其序 養民爲先 教民爲後 先擧養民之政 待民生蘇息 後行之宜當 今則停行."

가지로 나누어서 살펴보겠다.

첫째, 향약의 시행 규모에 대한 논의이다. 즉 일국적이냐 또는 일향적이냐의 문제이다. 남전여씨향약과 주자증손여씨향약朱子增損呂氏鄕約은 모두 일향 차원이었지만, 조선 전기 향약은 경상도를 시작으로 충청도와 하삼도를 거쳐 도성을 포함한 전국적인 시행을 논의하게 되었다. 이 논의에서 참찬관 김식은 두 가지 문제를 제기했다. 한 가지는 규모 확대의 문제이고, 다른 한 가지는 운영상의 문제였다. 전자의 논의는 다음과 같다.

> 여씨는 필부여서 천하에 시행할 수 없기 때문에 한 향리에만 시행했지만 주나라 때는 당정·족사·비장을 두고 서로 권면하게 하여 그 규모가 천하에 시행되었습니다. 또한 한 향리와 한 나라는 사세가 다른 법인데 지금 한 향리의 규모를 가지고 한 나라에 시행하려 하기 때문에 더러 방해가 되고 다투는 일이 있는 것이니, 마땅히 성상께서 주나라 제도를 모방하여 크게 규모를 세우소서.[64]

김식은 송대 향약은 한 향리에서 실시된 것인데, 지금 조선은 한 나라에서 향약을 시행하려 한다고 했다. 원래 향리 규모인 향약은 전국적인 시행을 위해 그 규모가 달라져야 하며, 향약을 그에 맞도록 바꾸어야 한다는 제안이다. 그는 일국적인 향약 시행을 반대한 것이 아니라, 다만 일국적으로 향약을 시행할 경우 각 지역 단위에 맞게 향약의 규모를 확대하는 보완 조치가 필요

---

64 『中宗實錄』卷36, 中宗 14년 5월 辛亥, "參贊官金湜曰 (…) 呂氏以匹夫 不得行於天下 故但施於一鄕耳 成周之時 立其黨正族師比長 以相勸 其規模行於天下 且一鄕與一國 其勢異也 今以一鄕之規模 而欲行於一國 故或阻礙有爭鬪之事 宜自上倣周之制 大立規模."

하다고 주장했던 것이다. 향약의 규모가 전국으로 확대되었을 때 그 운영상의 문제를 다룬 후자의 논의는 다음과 같았다.

> 이는 단지 여씨가 살고 있는 향리의 사람들과 함께 한 것이기 때문에 들어오려 하는 사람은 들어오게 하고 그렇지 않은 사람은 참여하지 않았습니다. 만일 한 나라에 시행하려면 이와 같지 않으니 처음에는 선악을 분별할 것이 없이 모두 참여하여 향약을 같이 하고 향약에 들어온 다음에는 그의 행동을 보아 내보내고 들이고 함이 가합니다.[65]

여씨가 실행한 향약은 향리 사람들과 함께 한 것이기 때문에 참여 여부가 자유로웠지만, 전국적인 시행일 경우에는 관에서 강제로 모두 참여토록 하고 관리해야 한다는 제안이다. 여씨향약의 강점은 자율성이었다. 이 자율성은 자유로운 참여와 함께 참여자들의 도덕적인 의무 부여였다. 그 기준은 선악이었고, 선악의 행위를 기록하여 공동체 안에서 향민에게 포상 또는 배제를 가하는 것이었다. 그런데 이렇게 자율성을 바탕으로 하는 향약이 일국적인 규모로 발전할 경우, 운영상의 문제점은 자연히 도출될 수밖에 없었다. 김식이 가장 우려했던 부분이 이 자율성의 훼손이었다. 자율성 보장의 전제는 자유로운 참여이다. 자유로운 참여자들에 의해 규율이 정해지고 지켜짐으로써 그에 맞는 포상과 처벌이 정당하게 부과될 수 있기 때문이다. 이후 향약은 전국적인 방향으로 나아갔고, 그 방향에서 김식이 주장한 전국적인 규모

---

65 『中宗實錄』 卷36, 中宗 14년 5월 辛亥, "湜曰 此則呂氏 但與所居鄕人爲之 故欲入者入之 不然則不與焉 若行之 一國 則與此不同 初不分別其善惡 而皆與爲同約 入約之後 觀其 行而出入之可也."

확대나 운영상의 자율성 보장에 대한 의견이 어느 정도 반영되었는지는 확인할 수 없다.

그러나 중종대 향약과 관련된 논쟁은 실질적으로 규모의 문제가 아니라 전국적인 시행에 도성을 포함할지 여부로 초점이 바뀌었다. 오히려 전국이냐 향리 규모냐 하는 논의는 후대인 선조대에 활발해졌다. 대사간 허엽許曄을 위시하여 삼사는 팔도 군읍에 모두 향약을 시행할 것을 강력히 주장했다.[66] 이에 반해 이이는 '선양민先養民 후교화後敎化'를 주장했다.[67] 이후로는 각 향리 단위의 개별적 시행이 향약 보급의 보편적 양상이 되었다.

둘째, 향약의 시행주체에 대한 논의이다. 이것은 곧 자율성 보장이냐, 공권의 강제냐는 문제였다. 송대 여씨향약과 주자증손여씨향약 모두 실시 주체는 지역 사대부였다. 여대균은 북송 사상가이며 남전 지역 사대부였다. 그가 향약을 실시한 근본적인 목표는 왕안석이 만든 상호감시조직인 보갑제의 강제성에 대항할 수 있는 지역공동체의 자발성을 키우는 것이었다.[68] 주희는 여대균의 여씨향약이 지닌 '중앙집권화에 대항하는 자발성'이라는 기본적인 관점을 이어받으면서 향약 실시의 주체와 범위를 보다 분명히 했다. 그는 향약 실시의 주체를 그 지역 사대부로 한정했고, 그들을 연령, 덕, 사회적 위치에 따라 차별지었다.[69] 송대 사회는 '사대부사회'였다고 지칭될 만큼 사대부

---

66 『栗谷全書』卷29, 「經筵日記」, 宣祖 6년 9월, "玉堂兩司交章 請令八道郡邑士民 皆行鄕約 累啓不止."

67 『宣祖實錄』卷8, 宣祖 7년 2월 丙午, "李珥進曰 請先行救民革弊之政 而後行鄕約."

68 Robert Hymes, Lu Chiu-yuan, "Academies, and the Problem of the Local Community", Wm. T. de Bary and John Chaffee eds., *Neo-Confucian Education: The Formative Stage*, Berkeley: University of California Press, 1986, p. 442.

69 Robert Hymes, op.cit., 1989, pp. 440~441.

층이 두터웠다.[70] 특히 북송에서 남송시대를 거쳐오면서 그 수가 크게 증가하여 그만큼 관직 획득이 어려워졌다. 관직을 획득하지 못한 사대부들은 지역에서 사대부로서 자신의 정체성을 획득하고자 했다.[71] 주희의 증손여씨향약은 이러한 시대적 요청하에서 등장했던 것이다.

그러나 중종대 향약 보급의 주체는 관찰사, 즉 감사였다. 그들은 조정에서 임명한 지방장관으로서 중앙적 배경을 가진 이들이었다. 주체의 측면에서 보면 향약은 경상도 관찰사인 김안국에 의해 처음 실시되고, 충청감사에 의해 충청 지역으로 확대되었으며, 2년 뒤에는 중종의 명에 의해 전국적으로 실시되었다. 이와 같이 중종대 향약 보급은 중앙을 배경으로 위에서부터 아래로 추진된 하향적 측면이 강했다. 여기서 시행주체가 감사였다는 사실은 두 가지 의미를 지닌다. 하나는 공권력을 배경으로 향약을 널리 알리고자 했다는 점이고, 다른 하나는 중종대 향약 실시가 중국과 달리 지역적인 사의 기반이 빈약한 상황 속에서 이루어졌다는 점이다.

중종대 향약은 결과적으로 향약 자체가 지닌 자율성과 중앙의 영향을 받으며 생겨난 공권성이 모순적으로 공존하는 이중적인 성격을 띠게 되었다. 이 이중성은 향약이 전국적으로 실시된 뒤 많은 문제점으로 나타났다. 중종 14년 조광조의 향약 실시에 대한 비판과 이에 대한 사신의 논평에 향약의 문제점이 지적되어 있다.

조광조가 아뢰었다. "향약의 본의는 이러한 것이 아닙니다. 지금의 향약은 크게 촉박하듯이 하여 심히 왕도王道의 일이 되지 못하고 있습니다. 그

---

70 河元洙, 앞의 논문, 1989, 72쪽.

71 Peter K. Bol, *op.cit.*, 1993, p. 189.

까닭은 감사가 서둘러 행하게 해서입니다. 경중도 또한 그러하므로 신이 오부五部의 관원을 불러 말하였습니다. 치도治道는 급박히 할 수 없는 것으로서 마땅히 덕으로써 여유를 두고서 백성을 교화시켜야 올바른 정치라고 말할 수 있다고 하였습니다." 이에 사신이 논한다. 조광조가 향약을 논한 말은 매우 마땅하다. 사람들이 그 요체를 모르고서 안정安靜하지 못하게 하는데 혹 찬성으로서 도약정을 겸행하는 일까지 있으므로 비난하는 사람이 있으며, 외방에서는 감사가 구박해서 행하므로 역시 혹 소요가 있으니 이것이 어찌 법이 잘못된 탓이겠는가. 시행에 있어서 그 요령을 얻지 못해서 그런 것이다.[72]

향약은 중종 12년 경상도에서 실시된 이후 근 2년 만에 전국으로 확대되었다. 이런 빠른 진전은 중앙의 권고에 의한 지방관들의 강요와 강제로 가능했다. 그렇지만 조광조는 향약 실시에서 이런 관권의 강요와 강제가 문제점이라고 비판했다. 이에 동조하는 사신은 실제로 도약정과 같은 직책을 중앙의 고관이 맡기까지 했다는 사례를 들고 있다.

그러나 향약에서는 이런 공권성의 측면과 함께 향촌의 자발적인 성격도 발견된다. 중종 14년에 중종이 향약의 폐단을 언급하면서, 향약의 사람들이 스스로 형정을 쓰고 법사에 정소해도 법사에서 또한 그들이 한 대로 따른다

---

72 『中宗實錄』卷37, 中宗 14년 10월 庚午, "光祖曰 鄕約本意則不如是 今之鄕約 大似迫促 甚非王道之事也 其故乃 監司 迫而使之行也 京中亦如是 故臣召五部言之矣 治道不可急 迫 當以德優游而使民化之 然後可以言治也 史臣曰 光祖論鄕約之言甚當 人不知其要 使 不得安靜 或至以贊成而兼行都約正之事 人有非之者 外方則監司迫而行之 故亦或有騷 擾 是豈法之過也 行之未得其要而然耳."

는 예를 들며, 이것은 형정이 아래에 있는 것이라고 했다.[73] 그리고 중종 15
년에 사헌부는 향약 폐지를 주장하면서, 형조가 사민徙民 대상자로 도망한 자
를 잡고자 했으나 향약인들이 환난상구를 빙자하여 숨겨주기까지 한다고 비
난했다.[74] 이런 사례들은 향약 구성원들이 스스로 형정을 실시했으며, 국가의
형정이 향약 구성원들에 의해 좌우되고 있었음을 보여준다. 따라서 향촌의
문제를 중앙의 공권력으로 해결하는 것이 아니라, 자율적으로 해결하고자 했
음을 알 수 있다.

셋째, 향약 운영에 따른 지방 향촌사회의 변화에 대한 논의이다. 즉 감사
−수령의 관계, 그리고 향약 기구로 유향소를 대치할 것인지 혹은 양자를 병
치할 것인지에 대한 논의인데, 이는 결국 기존 질서와의 충돌이냐 병존이냐
의 문제와 관련이 있었다.

조선사회에서 지방통치는 전국을 8도로 구획하고 도 내에 하부 행정단위
로 군현을 편제한 도-군현 체제로 이루어졌다. 감사와 수령은 각기 도와 군현
의 정치를 전담했다. 수령은 일선에서 대민통치를 담당했으며, 감사는 수령
의 지방통치를 감독하는 역할이었다.[75] 이때 관찰사와 수령은 행정적으로 상
하관계를 맺어 명령체계로 편제되었다.

조선 초에는 관찰사가 행정상 실책이나 개인적인 과오를 범하면 6조의

---

73 『中宗實錄』卷37, 中宗 14년 11월 庚戌, "上曰 此二人中 當斟酌處之 且鄕約本意 乃德業
相勸 其意固美 然近日閭約中之人 自用刑政 至有呈訴法司 而法司亦從其所爲 是刑政在
下也 此無乃終至有弊乎."

74 『中宗實錄』卷38, 中宗 15년 1월 癸巳, "領事鄭光弼曰 頃者刑曹有捕徙民逃亡者 鄕約之
人 乃敢匿之 拒其捕者 使不得捕 往告曰 患難相救 故乃敢救之."

75 『世祖實錄』卷32, 世祖 10년 3월 癸亥, "守令爲治民 監司爲治守令 上爲治監司 所爲歸重
於民."

힐책을 받았다.[76] 이처럼 관찰사는 중앙의 감독을 받기 때문에 독자적인 행정능력을 발휘하기 어렵다는 점이 지적되어, 세종은 6조에 함부로 감사를 힐책하지 못하도록 명함으로써 감사의 권위를 높여주었다.[77] 이후 관찰사는 상급 기관의 간섭을 받지 않고 오로지 '국왕의 사신使臣'으로서 수령의 규찰과 출척黜陟의 전권을 위임받아 실천하는 위치가 되었다.[78]

'국왕의 사신'인 감사에게는 수령의 지방통치에 대한 감독과 함께 향약 시행의 주도적 역할까지 주어졌다. 감사가 향약 시행을 주도하게 됨으로써 두 가지 현상이 나타날 수 있었다. 하나는 '국왕의 사신'인 감사를 통해 국왕의 직접적인 대민통치가 가능해졌다는 것이다. 그러나 여기에는 감사의 임기가 한시적이라는 제약이 따랐다. 감사의 임기가 1년 단위였던 점으로 보아,[79] 감사는 향약 실시를 주도할 수는 있어도 그 운영을 전적으로 책임지지는 못했을 것으로 보인다. 중종 13년에 감사에 의해 향약 시행이 주도되었던 지역에서 시골 소민들과 수령이 감사가 바뀌면 향약도 그만두게 되는 것 아니냐는 의문을 제기한 것도[80] 이를 짐작하게 한다. 즉 향약 시행의 주도와 운영은 다른 문제였던 것이다. 결국 향약 시행에서 감사는 '국왕의 사신'으로서 공권성은 확보할 수 있었지만 운영권을 가졌던 것은 아니었다고 생각된다.

---

76 『世宗實錄』 卷33, 世宗 8년 7월 戊申, "監司承一方之寄 其任至重不可輕也 今監司一有所失 則六曹輕易致詰."

77 『世宗實錄』 卷33, 世宗 8년 8월 丁巳.

78 李存熙, 『朝鮮時代地方行政制度』, 일지사, 1992, 169쪽.

79 관찰사의 임기는 『經國大典』에 1년으로 명시되어 있으나 자주 논란이 되고 있었다. 중종대에는 鄭光弼 등의 監司―期法 주장과 김정 등의 再期法의 주장이 서로 엇갈렸으나 鄭光弼의 의견이 채택 되었다. 『中宗實錄』 卷33, 中宗 13년 5월 丙寅 참조.

80 『中宗實錄』 卷34, 中宗 13년 9월 辛亥.

다른 하나는 향촌에서 수령의 권한이 약화될 수 있었다는 것이다. 수령의 직접적인 대민통치 방식에 향약 시행으로 인해 변화가 생길 수 있었다. 앞에서 언급했듯이 감사가 수령에게 향약 실시를 독촉하거나, 향약의 무리들이 형정을 쓰고 빈한한 사람에게까지 재물을 거두는 일 등이 있었다. 이런 일들은 감사가 향약 시행을 주도함으로써 수령의 권한이 약화되었음을 보여준다. 향약 운영이 누구에 의해 좌우되느냐에 따라 수령의 권한은 달라질 수 있었다. 따라서 기존의 향권이 향약 시행으로 인해 변화를 보이고 있었다고 할 것이다. 그렇다면 기존의 향권을 변화시킬 향약 기구는 누구에 의해 주도되었을까. 사료상 이 논의는 세 가지 사례로 분류하여 설명할 수 있다.

① 도약정은 유향소 좌수로 삼고, 부약정은 유향별감留鄕別監으로 삼는 경우
② 도약정을 나이 서열로 정한 경우
③ 도약정을 육경의 높은 관원으로 정한 경우

①은 김안국이 도약정을 유향소 좌수로, 부약정을 유향별감으로 삼았던 사례이다. 김안국이 주자증손여씨향약을 저본底本으로 작성한 여씨향약언해본에 수록되어 있는 내용이다. 원래 주자증손여씨향약에서는 나이 많고 덕 있는 사람을 도약정으로 삼고, 학술과 조행이 있는 사람을 부약정으로 삼는다고 했지만, 김안국은 유향좌수를 도약정, 유향별감을 부약정으로 선정했다.[81] 유향소의 좌수나 별감은 모두 재지사족이었으므로, 실질적으로 재지사

---

81 『呂氏鄕約』,「朱子增損呂氏鄕約」, "衆推一人 有齒德者 年高有德行者 爲都約正 約中之 長也 今之留鄕座首 有 學行者 有學術操行者 二人副之 如今之留鄕別監."

족이 향약 기구를 운영했다고 할 수 있다. 김안국의 경우는 향약 기구를 유향소로 대치하는 것이었다.

그러나 이와 대조적으로 유향소·경재소가 아전이나 향리들을 침해하는 폐단이 있어 향약의 도약정·부약정으로 하여금 그 고장 풍습을 검찰하게 하고 유향소·경재소京在所를 혁파하자는 제안도 있었다.[82] 이것은 유향소와 향약의 기구가 한 마을에서 독립적으로 병존하고 있었다는 사실을 알려준다.

②는 감사가 한 고을에서 추앙받는 노숙을 뽑아 도약정·부약정으로 삼는 경우이다.[83] 이 경우에는 나이 많고 덕 있는 일반 민도 도약정·부약정에 선정되었을 것으로 여겨진다.

③은 최숙생의 마을에서 향약을 시행하면서 최숙생을 청하여 도약정으로 삼은 경우이다.[84] 이에 대해서 이계맹李繼孟은 "그대가 육경의 높은 관원으로서 시속에 따라 구차하게 합류하여 마을의 아이들처럼 향중의 도약정을 맡아보는가" 하고 최숙생을 책망하기도 했다.[85] 최숙생은 그 3개월 전에 우찬성右贊成으로서 죄를 입어 1품관에서 3품관品官으로 강등당했는데,[86] 이것으로 보아 그가 높은 벼슬에 있었음을 알 수 있다. 그는 자신의 마을에 향약이 시

---

82 『中宗實錄』卷36, 中宗 14년 6월 乙亥, "仁同訓導殷霖霖又曰 留鄕所京在所 侵虐衙前鄕 吏 甚有弊 請以鄕約中 都約正副約正 糾檢鄕風 而罷留鄕京在等所."

83 『中宗實錄』卷33, 中宗 13년 6월 丁亥, "韓忠曰 監司又擇其耆老 爲一鄕之所推者 爲都約 正副約正."

84 『中宗實錄』卷36, 中宗 14년 5월 甲午; 中宗 14년 10월 庚午, 최숙생이 찬성으로서 도약정을 겸행하자 이를 비난하는 사람이 있었다.

85 『中宗實錄』卷36, 中宗 14년 5월 甲午, "因責淑生曰 君以六卿之尊 循時苟同 同閭里兒輩 主鄕中之約."

86 『中宗實錄』卷35, 中宗 14년 2월 己卯, "近者崔淑生 以右贊成被罪 奪告身四等 以一品之 官 降至三品之階."

행되자 육경의 관원으로서 도약정으로 선정되었던 것이다.

위 세 가지 사례는 향약 운영이 여러 부류에 의해 주도되고 있었음을 알려준다. 재지사족, 노숙, 육경의 관원 등, 이들에 의해 기존 지방질서의 움직임에 변화가 있었을 것으로 짐작된다.

넷째, 향약 운영에서 기존 신분질서의 변화와 관련된 논의이다. 처음으로 향약을 실시했던 김안국은 "주회의 증손여씨향약이 『성리대전』에 실려 있으나 주해가 없어 우리나라 사람들은 쉽게 이해하지 못하는 까닭에 언해를 상세하게 만들어 사람마다 보는 즉시 이해하게 하였다"[87]고 언해본 작성 이유를 밝혔다. 『여씨향약언해』는 한문 원문에 차자구결借字口訣(伊五, 伊尼, 厓, 爲也 등)을 넣는 방식으로 쓰여져, 한글, 한문, 차자구결이 함께 사용되었다. 언해문이 사족층 부녀자와 어린아이들을 포함한 일부 서민을 대상으로 했다면, 한문과 구결은 사족층을 주요 대상으로 한 것이었다.[88] 『여씨향약언해』가 이 모두를 대상으로 하고 있었다면, 결국 향약의 주요 대상에는 사족층의 범위를 넘어 일부 서민까지 포함되었다고 할 수 있다. 그리고 '그 언해본이 충청도 지역까지 전파되어 향중의 어린아이들도 읽었다'[89]라는 사실에서 알 수 있듯이, 언해본 작성이 대중성을 담보했기 때문에 향약이 빠른 시일 안에 보급될 수 있었다.

이 점은 주회의 『증손여씨향약』과 대조를 이룬다. 주회는 그 지역 사대

87　『中宗實錄』卷32, 中宗 13년 4월 己巳, "同知中樞府事金安國啓曰 (…) 鄕約雖載於性理大全 而無註解 遐方之人 未易通曉 故臣乃詳其諺解 使人接目便解."

88　백두현, 「훈민정음을 활용한 조선시대의 인민 통치」, 『진단학보』 제108집, 2009, 284~285쪽.

89　『中宗實錄』卷33, 中宗 13년 6월 丁亥, "韓忠曰 臣見忠淸監司 刊印呂氏鄕約 以敎鄕中年少之士."

부를 향약의 주체로 삼았다. 그가 일반 백성을 배제한 것은 아니었지만 주요 대상은 어디까지나 사대부였다. 주희의 『증손여씨향약』을 언해했던 언해본이[90] 중종대 실시 과정에서 많은 문제점을 노출한 것도, 그 대상의 차이점 때문이었다. 향약 폐단을 논할 때, 천한 노비라 할지라도 선적에 실려 있으면 수령에게 압력을 가해 그 노비에게 선물을 보내게 하였고, 빈한한 사람이 상구를 위한 출재出財를 하지 못해도 형장을 가할 정도였다고[91] 든 사례는 대상의 차이점 때문에 발생하는 당연한 문제들이었다.

결국 소학실천자들은 그들의 정치적 구상에 담긴 보편성을 향약 보급을 통해 그대로 지방사회에 투영했다고 볼 수 있다. 노비라도 향약의 선적에 기재될 수 있었다는 것은 사와 민의 신분적 차별을 배제한 보편적 적용이었다. 향약 운영자들은 기존 신분질서와 무관하게 행동하고 있었다. 이들의 자율성은 향약 규율에 의한 선적의 활용과 형정의 활용을 통해서도 엿볼 수 있다.

이상에서 살펴본 네 가지 논의들은 상당히 복잡한 내용을 담고 있었다. 이 복잡한 논의가 중종대 향약 시행과 운영 과정에서 이루어졌다. 논의의 복잡성은 그 자체로 중종대 향약 시행론의 특징으로 보인다. 중종대 향약은 국가의 공권성, 그리고 도덕성을 지방사회가 지닌 자율적인 움직임 속에 투영하려고 시도했다. 그리고 그 향약이 시행되고 있었던 향에서는 두 가지 방향이 공존하며 이중적인 모습을 드러내고 있었다. 즉 국가의 공권력과 지방사회의 자율성이라는 이중적 특징이다. 따라서 향은 국가의 공적 이익과 가의

---

90 金仁杰(앞의 논문, 2007, 111쪽)은 중종대 향약 보급운동의 기본 교재가 『주자증손여씨향약』을 언해한 『여씨향약』이었으며, 이 언해본이 당시 향약 실시의 방향에 시사하는 바가 크다고 보았다.

91 제4부 1장의 주 45, 46번 참조.

사적 이익 사이의 중재자 위치로 설정되었다고 할 수 있다.[92] 다음에서는 기묘사화로 향약이 폐지되고 『소학』이 금서로 인식된 이후 나타난 부정적인 면과 긍정적인 면을 살펴보고자 한다.

---

92 Wm T. de Bary, *The Liberal Tradition in China*, New York: Columbia University press, 1983. pp. 32~34. Wm T. de Bary는 대중교육에 대한 주희의 관점을 논하면서, 주희는 "국가권력과 가족 이익 사이를 중재하는 공동체 구조에 자발주의 원칙을 통합시키고자 하는데 바로 이것이 지역공동체로 위치지어진다"고 하였다.

제2장
『소학』의 금서 인식과 그 반향

1. 『소학』의 금서 인식

조광조를 비롯한 '소학의 무리들'은 중종 14년(1519) 11월에 기묘사화로 실 각했다. 기묘사화 이전, 대사헌 조광조와 대사간 이성동 등은 연산군대의 총 신들이 많으므로 이들을 용서할 수 없다면서 정국공신의 전면 개정을 요구 했다. 그는 정국공신 2·3등 중에 개정할 자가 많으며, 4등 50여 명은 대부분 공이 없는데도 함부로 기록된 자들이라고 지목했다.[93] 정국공신 가운데 조광 조가 지목한 위훈삭제僞勳削除 인원은 무려 70여 명에 달했다.[94] 조광조를 중 심으로 대간에서는 정국공신의 이름을 거론하면서 범위를 크게 확대시켜 나

---

93 『中宗實錄』卷37, 中宗 14년 10월 乙酉, "大司憲趙光祖大司諫李成童等合辭啓曰 靖國功 臣 歲月雖久 參此功臣者 多是廢主寵臣 論其罪則固不貰矣 雖廢主寵臣 若有功於反正時 則可錄之 此則又甚無功乎 大抵重其功臣 則貪功冒利 而弑君簒國之事 皆在於此 (…) 今 方上下求治之時 以利爲先 而不改正此事 則恐不能維持國家也 此則二三等中尤甚可改 者 故書啓耳 四等則五十餘人 皆無功冒錄者也."

94 『中宗實錄』卷37, 中宗 14년 11월 戊戌, "政府六曹漢城府弘文館 論功臣事 不允 仍請面對 初昏 上御思政殿 引見政府六曹堂上判尹憲府諫院弘文館長官 安瑭等極論功臣猥濫 不 可不改之意 諄復不已 上曰 七十餘人 豈可盡改乎 其公議騰播者則改 可也."

갔다.[95] 그러나 위훈삭제를 단행하기도 전에 기묘사화가 일어나면서 이들은 실각하고 말았고, 그들이 추진해온 일체의 개혁도 폐지되었다. 현량과 파방罷榜은 반대세력에 의해 추진되었는데, 이때 반대세력이 내세운 명분은 대체로 다음과 같았다.

A. 헌납 어영준魚泳濬이 말하길 "(…) 지난번 현량과의 천거 때 천거 받은 자 중 그릇된 자가 많았습니다."[96]

B. 대간이 합계合啓하기를, "현량과는 조종조祖宗朝에서 하던 일이 아닐 뿐 아니라 임금을 속인 것이 많습니다. 신 등이 천거의 단자를 보니 모두가 거짓이었습니다. 전하께서 그것을 보시면 공정치 않다는 것을 아실 수 있을 것입니다. 그 선거에 든 자는 어질지 않을 뿐 아니라 모두가 행실이 변변치 않은 자입니다. (…) 이 과방을 혁파하면 조종의 법을 회복한다고 할 수 있을 것입니다."[97]

이들은 현량과가 공정하게 실시되지 못했으며 조광조와 그 무리들이 사

---

95 『中宗實錄』卷37, 中宗 14년 11월 己亥, "鄭光弼以金壽童名稟之 上良久不答 光祖曰 如是則不可決也 須退而處之 光弼等詣賓廳 以單子書功臣可削者曰 雲水君孝誠 柳洵 金壽童 金勘 雲山君誠 李季男 具壽永 德津君 二等也 申浚 鄭眉壽 朴楗 宋軼 姜渾 韓恂 李蓀 金壽卿 尹湯老 柳溼 張溫 李碩蕃 已上三等也 曁四等全數."

96 『中宗實錄』卷43, 中宗 17년 1월 庚申, "獻納魚泳濬曰 (…) 故頃者 賢良科薦擧時 多有擧非其人者."

97 『中宗實錄』卷37, 中宗 14년 12월 癸酉, "臺諫合啓曰 賢良科 非但非祖宗朝事也 其爲欺上莫甚 臣等取薦擧單子見 之 皆是僞也 若自上見此 則可知不公也 參於其選者 非特不賢而已 皆是無行者也 (…) 罷此則可謂復祖宗之典章矣."

사로운 뜻으로 자신들의 무리들만 선발하는 등 폐단이 발생했다고 강조했다. 중종은 이들의 요구에 응하여 현량과 실시로 배출한 28인의 직첩과 홍패를 환수하고 현량과를 실시 1년 만에 파방시켰다.

'소학의 무리'로 지칭되는 조광조는 사사, 그리고 그와 같은 당여였던 김정·김식·김구·박훈 등은 유배, 정광필·최숙생·김안국·이자 등은 파직 또는 삭탈관직되었다.[98] 이들의 축출은 『소학』 자체에도 영향을 주었다. 다음은 『소학』이 기휘忌諱의 대상에서 금서가 되어가는 과정이다.

> C. 남곤이 아뢰기를, "여염閭閻에서 『소학』을 힘써 행하게 된 것은 다 저들이 주창하였기 때문이므로 저들이 귀양간 뒤로는 무지한 백성들이 '죄 받은 것은 다 『소학』을 행하기 때문이다' 하니 듣기에 매우 미안합니다. 조광조 등이 죄받은 것은 『소학』을 행하기 때문이 아니나 사세가 이렇게 되었으니 죄가 되지 않을 수 없습니다."[99]

> D. 4월 13일 경연에서 구수담具壽聃이 아뢰기를 "기묘년 사류士類들은 그 일이 비록 잘못이 없다고는 할 수 없으나 그 실정을 추구해보면 모두 나라를 위하고자 한 것이었고 털끝만큼도 사사로운 생각은 그 사이에 없습니다" 하였다. 이 해 11월 16일 야대夜臺에서 이준경이 아뢰기를 "『소학』과 『근사록』의 강독이 세상에 엄격히 금지되어 있어서 이 책을 끼고 다니면

---

98 『中宗實錄』 卷37, 中宗 14년 12월 丙子; 『大東野乘』 卷11, 「己卯錄續集」, 坐黨人員條 및 己卯諸賢傳 참조.

99 『中宗實錄』 卷37, 中宗 14년 12월 丙子, "(南)袞曰 閭閻間 務行小學 皆由彼類唱之 而彼類見竄之後 無知細民 皆謂被罪 乃由於行小學之故 聞之心甚未安 光祖等被罪 非行小學之所致 事勢至此 亦不得不爲之罪也."

기묘년의 무리로 지목되는데, 기묘년 사류들은 좋지 못하다 하더라도 이 책이 무슨 죄입니까?" 하였고, 구수담이 아뢰기를 "요즈음 『소학』과 『근사록』은 사람들이 반드시 찢어서 벽을 바르니 이 폐단도 큽니다."[100]

E. 사신은 논한다. 기묘년의 인물들이 '소학의 도'를 숭상하였는데 다스리는 효과를 보기도 전에 뭇 소인들의 모함에 빠졌다. 일단 실패하고 나자 그 책까지도 죄를 주어 폐지했었는데 지금 와서 다시 진강하라는 하교가 있으니 상上께서도 뉘우치고 깨달았다는 것을 알겠다. 그러나 상의 뜻이 확고하지 못해 도를 향하는 생각이 잠깐 열렸다가는 다시 사라지곤 하여 군자를 진퇴하는 것이 무상하니 한탄스럽기 짝이 없다. 기묘년 이후로 『소학』은 세상에서 일체 금기하여 감히 가지고 다니지 못한 지 20여 년이다. 정유년 이후로는 김안국 등이 다시 조정에 돌아와 비웃고 욕하는 것을 무시하고 창언倡言하니 사림 후학 사이에 가끔 따르며 좋아하는 자가 있었다.[101]

C를 통해 『소학』에 관한 두 가지 사실을 다시 한 번 확인할 수 있다. 먼

---

100 『中宗實錄』卷76, 中宗 28년 12월 丁亥, "四月十三日經筵, 具壽聃啓曰 己卯士類之人 其事雖不能無誤 其情, 則 皆欲爲國 而無一毫私念於其間也 是年十一月十六日夜對 李浚慶啓曰 小學近思錄 爲世大禁 若挾此冊 則指以爲己卯之黨 己卯之人 雖不善 此冊何罪 具壽聃啓曰 今者小學近思錄 人必裂而塗壁 此弊大矣."

101 『中宗實錄』卷96, 中宗 36년 11월 甲辰, "史臣曰 己卯之人 崇尙小學之道 而治效未至 群小陷之 一敗之後 幷罪其書而廢之 至是復有進講之敎 亦見天意之悔悟也 然上意不能堅確 向道之念 暫開而復蔽 以致君子進退之無常 可勝嘆哉 又曰 自己卯以後 小學爲世大禁 人不敢挾持者 二十餘年矣 丁酉以後 金安國等再還于朝 犯笑罵倡言 士林後學 間有從而好之者."

저, 『소학』을 주창한 세력들이 조광조와 그의 무리들이라는 점, 그들로 인해 『소학』이 민간에까지 알려졌다는 점이다. 다음으로 사람들은 기묘사화로 축출된 조광조 등의 죄와 『소학』을 연관지어 생각하여 "그들이 '소학의 도'를 행했기 때문에 죄를 얻었다"라고 여기고 있었다는 점이다. 따라서 '『소학』을 읽는 것=죄'로 인식되었음을 알 수 있다. D의 내용은 '『소학』을 읽는 것=죄'라는 인식이 엄격한 금지 단계로 발전하여 사람들이 『소학』과 『근사록』을 가지고 다니기만 해도 기묘인으로 몰릴까 두려워했다는 것이다. E를 통해서는 기묘사화 이후 『소학』에까지 죄를 주어 폐지했다는 점과 『소학』이 금서가 된 지 20여 년이 되어간다는 사실을 알 수 있다. 『소학』의 금서화는 기묘사화 당시 숙청당했던 김안국이 다시 조정으로 돌아와 약간 호전되기는 했으나 중종 말까지 지속되었던 것으로 보인다. 위의 사실들로 볼 때, 『소학』은 일시적으로 기피의 대상에서 금서로까지 인식되는 경향이 있었다.

그러나 명종이 즉위하자 원상院相 이언적李彦迪은 경연에서 어린 명종을 보양輔養하는 방안으로 『소학』을 진강하게 할 것을 청했다.[102] 그리고 문정왕후文定王后가 평소 교육서로서의 『소학』의 가치를 높이 평가하고 있음을 알았던 명종은 사풍을 선도하는 방안으로 「소학교회절목小學敎誨節目」을 마련하여 중외에 효유하도록 예조에 전교하였다(명종 6).[103] 그 외에도 여러 차례 『소학』

『明宗實錄』卷1, 明宗 卽位年 7월 辛巳, "院相李彦迪啓曰 主上幼冲 急先務者 輔養之道 而要必以孝悌爲本 (…) 能行孝悌之道 則殿下亦必爲堯舜之主矣 而孝悌之道 盡在於朱文公小學一書 中宗朝以小學之法 爲必可行於世 故方圖飜譯而印出 使村巷兒女 亦無不解通 而不幸士林之禍慘起 此指趙光祖等 以正學爲一世倡 而被害於南袞沈貞輩之事 其事遂寢, 世俗反以小學 爲無用之書 廢而不講久矣."

『明宗實錄』卷12, 明宗 6년 9월 甲辰, "慈殿又敎曰 然人倫之道 莫備於小學之書 古者人生八歲 皆入小學者以此 也 今之儒生 尙不知有小學之書 況望其學習而有成乎 如此則他日雖齒諸朝列 將焉用之 予意以爲 如古人爲學之有次第 則亦庶幾知禮義廉恥之方

| 조선 전기의 사림과 〈소학〉

을 권장하는 하교가 있었지만[104] 사람들은 여전히 『소학』을 읽으면 화를 당한다고 생각하는 경향이 있었다.[105] 당시 사람들의 인식에서 『소학』은 조광조를 비롯한 그의 무리들을 연상시킬 수밖에 없었던 것이다. 훈척대신勳戚大臣들은 그 경계가 더했다. 그들은 근래 '『소학』이 다시 일어난다'고 하며 『소학』을 희롱하는 뜻으로 사용하기도 했다.[106] 결국 명종 말까지도 '『소학』은 화를 불러일으키는 책'이라는 사람들의 의구심은 쉽사리 불식되지 않았던 것 같다.

그러나 이 같은 흐름은 선조대에 이르러 달라지고 있었다. 선조 즉위년에 이황은 조강에서 『소학』의 중요성에 대해 말하길 "옛날 사람들은 먼저 『소학』을 읽어서 본바탕을 함양했기 때문에 『대학』에서 격물치지格物致知를 말한 것입니다. 후세 사람들은 『소학』을 읽지 않기 때문에 근본이 없어 격물치지의 공효功效를 알지 못합니다. 『소학』은 비단 연소한 사람들뿐만 아니라 장성

矣.";『明宗實錄』卷12, 明宗 6년 10월 丙子, "傳于禮曹曰 (…) 自今以後 其令幼學之士 先習小學 使知聖賢爲敎之法 以爲他日進德修業之本 其敎誨節目 詳悉磨鍊 曉諭中外."

104 『明宗實錄』卷19, 明宗 10년 閏11월 壬午, "傳于政院曰 凡人之初學 莫切於小學 而己卯 年以後 人皆畏怯 謂小學爲生禍之書 廢不肯學 至爲未便 故前者已令勸勉 而未知近日 何以爲之也 其令禮曹 申明勸勉 使人人樂學小學 以敦根本."

105 『明宗實錄』卷12, 明宗 6년 11월 丙戌, "尙震曰 臣於戊寅己卯年間 居泮宮 親見其時之氣 習 徒尙浮薄 無沈潛修善之實 其中不無善人 而浮薄者多 故卒至於敗 及其受罪也 人 以爲小學之過也 議笑已久 故幼學之士 不肯讀之 今雖勸學而時習如此 亦不見讀之者 矣."

106 『明宗實錄』卷29, 明宗 18년 8월 辛未, "(沈通源)又曰 近來有小學之起云 小學之自古不 好也 通源所謂小學之 乃指朴素立之類而言也 今者咫尺天顔 飾辭誣達 自以爲有相糾之 事 其爲欺罔甚矣 小學之 戲語也."

한 사람들도 읽어야 할 책입니다"[107]라고 하여 『소학』 진강을 실현시켰다.[108] 이황 그 자신은 이미 『소학』을 읽고 실천하고 있던 인물이었다.[109] 성균관 대사성의 관직을 제수하는 기사에 덧붙인 사신의 인물평에 따르면, 그는 『소학』으로 자질의 법을 삼았고 종일토록 단정히 앉아 의관이 흐트러지지 않았으며 행동과 언어를 반드시 때에 알맞게 했다.[110] 또 벼슬을 그만두면서 올린 『성학십도聖學十道』 중 제3도에 「소학도小學圖」를 그려넣은 것도 이를 잘 말해 주고 있다.

이상과 같이 『소학』은 기묘사화로 현량과 폐지와 함께 기피의 대상에서 더 나아가 금서가 되었다. 그 시기는 대략 기묘사화 이후 중종 말까지이며, 명종 즉위년부터 그런 인식이 완화되고는 있지만 명종 말까지도 여전히 기피의 대상이었던 것 같다. 그러나 선조 즉위년에 이황에 의해 『소학』은 예전의 입지를 다시 회복한 듯하다. 다음 절에서는 『소학』이 기피되고 금서로 인식되고 있었을 때 『소학』이 제도권 내에서 어떻게 유지되고 있었는지 살펴보고자 한다.

---

107 『宣祖實錄』 卷1, 宣祖 卽位年 11月 乙卯, "李滉臨文啓曰 古人先讀小學 涵養本源 故大學先言格物致知 後人不讀小學 故學無根本 不能知格致之功 小學非但年少所讀 長成之人 亦可讀也 小學之書 流布東土已久 而人無能知其大義 有金宏弼 聚徒講明 其書大行於世 至於己卯年 人皆以小學爲本 不幸 賢人君子陷於罪綱 至今閭巷之間 無讀小學之人 此敎化不明之致也."

108 『宣祖實錄』 卷2, 宣祖 1년, 3월 乙亥.

109 "先生自己卯歲 讀小學已 自講灑掃之節孝悌之道(先生自言 賴靜菴知讀小學書)." 張立文 編, 『退溪書節要』, 北京: 中國人民大學出版社, 1989, 531쪽, 549쪽.

110 『明宗實錄』 卷14, 明宗 8년 4월 己亥, "以李滉(爲人氣質英明 學問高詣 以小學律身 終日端坐 衣冠不解 起居言語 必以其時 深探性理之源 爲一時士林領袖 不樂仕宦 每有歸田之志 上屢起之 故勉仕于朝) 爲通政大夫成均館大司成."

2. 『소학』의 영향과 그 반향

기묘사화로 인해 기피의 대상에서 금서로까지 인식되었던 『소학』이지만, 왕에 의해 공식적인 금서로 지정된 것은 아니었기 때문에 『소학』은 여전히 과거 시험과목이면서 학교교육의 필수과목이었다. 다음 사례들을 통해 공교육체계 안에서 『소학』의 이념이 어떻게 유지되고 있었는지 확인할 수 있다.

A. 오늘날의 선비는 제 생각에는 이치를 탐구한다 하여, 책을 펼쳐도 묵시만 하고 구독口讀의 학습에 힘쓰지 않으며 의논을 높게 하기를 힘쓰고 실학實學을 일삼지 않으므로 이러합니다. 사신은 논한다. 이 말은 이 선비들만을 가리킨 것이 아니다. 근자에 사습士習이 아름답지 못한 데는 유래한 곳이 있거니와, 선비된 자가 밖으로 꾸미기만을 힘쓰고 그 속은 텅 비었으며 남의 잘못을 다투어 드러내되 제 나쁜 것은 엄폐하면서, 스스로 '능히 소학의 도를 다한다' 하고 다시 경전에 대해서 힘쓰지 않으므로, 일세一世의 사풍이 다 그러하다. 아, 한탄스럽다.[111]

B. 요사이 유자儒者들은 다 외면의 일에만 급급하여 마음 다스리는 공부를 한다고 하면서 독서와 제술을 일삼지 않습니다. 그러므로 마음을 열고 이치를 밝히는 학문은 없고 밖을 꾸미고 속을 잊어버리는 폐단이 있으니 또한 잘못이 아니겠습니까. 『소학』 등 여러 글에 어찌 글 읽는 것을 불가

---

[111] 『中宗實錄』卷41, 中宗 15년 5월 壬寅, "左議政南袞曰 今之儒者 自謂探理 開卷默視 不屑口讀之學 務高議論 不事實學 故如此 史臣曰 此言非獨指此儒也 近者士習之不美 有所從來矣 爲儒者 徒務外飾 其腹則空洞 爭揚人過 己惡則輒掩 自以爲能盡小學之道 而不復眷眷乎經傳之間 故一世之士風皆然 噫 可嘆哉."

하다고 한 것이 있겠습니까. 또 어찌 글을 읽지 않고 유용할 수 있겠습니까. 그 폐단이 지금까지 오히려 남아 있어서 선비된 자가 전연 취학就學하지 않습니다. 이것은 다 지나치고 궤격詭激한 풍습이니 진실로 바로잡도록 도모해야 하겠습니다.[112]

C. 국가가 교화를 숭상하고 풍속을 바루며 또 성심으로 이끈다면 선비들의 마음이 자연히 본연으로 돌아갈 것입니다. 대강을 말하면 『중용』·『대학』·『논어』·『맹자』가 어찌 모두 이학理學이 아니겠습니까. 『소학』은 절목에 관한 서적의 하나일 뿐이니, 특별히 권강勸講할 것은 없겠습니다. 요즈음 관중館中에서 나이에 따라 벌여 앉는다는 것을 들었는데 대강은 옳겠습니다마는, 사장師長이 반드시 그렇게 할 것 없다고 하는데 유생이 굳이 하려 하는 것이 옳겠습니까. 대저 유자는 심학心學을 급선무로 삼아야 하고, 앉는 차례는 먼저 힘쓸 필요가 없습니다.[113]

A의 내용은 요즘 선비들이 묵시만 하고 의논을 높게 하며 외면만 꾸미고 다른 사람의 허물을 드러내는 데 급급하다는 비난이다. 이 같은 당시 선비들의 모습은 사장을 배격하고 실천을 중시하여 외관부터 단정히 갖추는 데 힘

---

112 『中宗實錄』 卷42, 中宗 16년 9월 壬子, "領事南袞曰 (…) 近者 儒士皆馳騖於外 名爲做治心之功 而不事於讀書製述 無開心 明理之學 而有飾外 遺中之弊 不亦誤耶 如小學諸書 豈有以讀書爲不可哉 又豈有不讀書 而能有用哉 其弊 至今猶存 爲儒而專不就學 是皆過越詭激之習 固宜速圖以正."

113 『中宗實錄』 卷101, 中宗 39년 1월 乙丑, "大司憲閔齊仁曰 國家崇敎化正風俗 而又以誠心導率 則士心自然還變矣 若言大綱 則庸學論孟 何莫非理學乎 小學特節目中一書 不必另爲勸講矣 近者聞館中序齒之事 大綱則然矣 但師長以爲不必爲之 而儒生强欲爲之 可乎 大抵儒者 以心學爲先務 坐次不必先也."

을 쏟았던 소학실천자들의 모습을 그대로 보여준다. 기묘사화 이후 조광조와 그 무리들의 행위를 모두 배격했던 대신들에게 이미 몸으로 체화된 선비들의 모습은 경계해야 할 행태였다.

B도 A와 유사하게 유생들이 외면의 일에만 힘쓰고 독서와 제술을 힘쓰지 않는다고 말하고 있다. 외면을 따른다는 비난은 반대로 『소학』을 실천하고 있다는 의미가 된다. 『소학』은 외적인 규율을 강조하고 이를 실천하는 것을 우선시하기 때문에, 『소학』을 이해하지 못하는 사람들은 외면만 추구한다고 여겼던 것이다. 또한 독서와 제술을 등한시한다고 하면서 "『소학』에서 책을 읽지 말라고 했느냐"고 묻는 것 역시 『소학』만 읽으며 존숭하고 실천하고 있다는 반증이었다.

C는 『중용』·『대학』·『논어』·『맹자』는 이학의 책이나 『소학』은 절목에 관한 책이므로 강독을 권할 필요는 없다는 점과, 요즘 유생들은 성균관에서 나이에 따라 앉는데 이런 데 힘쓰는 것이 타당하지 않음을 언급한 것이다. 심학에 먼저 힘써야 할 성균관 유생들이 나이 서열에 맞게 앉는 것을 우선시하는 데 대한 비난이었다. 기묘사화가 일어난 지 25년이 지났지만, 이 기사에 의하면 당시 성균관 유생들은 조정 대신들과 달리 실천을 중시하는 삶의 태도를 보여주고 있었다.

위의 세 사례를 통해서 알 수 있는 것은, 기묘사화 이후 『소학』이 금기시되고 기피 대상이 되긴 했지만, 그 이면에서 유생들은 『소학』을 읽고 체화시키고 있었다는 사실이다. 기묘사화 이후 『소학』에 대해서는 이처럼 두 가지 인식이 공존하고 있었다. 『소학』은 법제적으로 관학의 필수과목이며 과거의 시험과목이었다. 그런데 사람들은 『소학』을 읽거나 가지고 다니길 꺼려하며 마침내 금서로 인식하기까지 했다. 앞에서 『소학』의 금서 인식에 대해 언급했듯이, 관학에서 유생들은 『소학』을 읽고 실천하는 행위조차 금기시하는 경향을 보이고 있었다. 이런 모순의 의미는 무엇일까. 법제적으로 공인받은 『소학』이 현실에서는 금서처럼 취급받았던 이유는 『소학』이 갖고 있는 정치적 이념 때문이었다. 이것은 『소학』이 현실 정치운영에서 엄청난 영향력을 행사하고 있었다는 반증으로도 읽을 수 있다.

이상과 같이 기묘사화 이후 20여 년간 『소학』은 정치적인 이유로 금기시되었지만, 당시 유생들은 『소학』을 읽고 실천하고 체화시키고 있었다. 중종대 김인후, 명종대 이언적, 선조대 이황·기대승은 『소학』의 중요성을 깨닫고 장려할 것을 주장하기도 했다.[114] 이것은 많은 학자들에게 『소학』의 정치론과 그 이념이 꾸준히 뿌리내리고 있었다는 의미가 될 것이다. 다음에서 『소학』의 교육적인 확대가 어떻게 사회적으로 확산되었는지 살펴보고자 한다.

---

114 중종 말 김인후는 조광조 등의 복권을 말하면서 그들이 숭상하던 『소학』과 향약도 세상에 알려져야 한다고 말했다(『中宗實錄』 卷101, 中宗 38년 7월 癸亥). 명종대 이언적은 언문 『소학』을 인출하여 국왕에게 進講할 것을 청했다(『明宗實錄』 卷1, 明宗 즉위년 7월 辛巳). 선조대 이황은 朝講에서 『대학』을 진강하면서 『소학』을 유념하여 보기를 강조했다(『宣祖實錄』 卷1, 宣祖 즉위년 11월 乙卯). 기대승은 晝講에서 선조에게 관찰사 宋麟壽가 『소학』을 읽고 나서 성현의 일을 알았다고 말하며 『소학』을 장려할 것을 주장했다(『宣祖實錄』 卷2, 宣祖 1년 1월 壬戌).

제3장
『소학』 교육의 확대와 서원

1. 『소학』서의 간행과 『소학』 이념의 확대

『소학』 편찬은 주희가 『논어집주論語集註』와 『맹자집주孟子集註』를 완성하고 백록동서원을 중건한 이후 유청지의 도움으로 완성되었다.[115] 『소학』 편찬 이후 주희는 "수신의 대법大法은 『소학』에 구비되어 있으며, 의리의 정미함은 『근사록』에 상세하다"[116]고 밝혔다.

그러나 『소학』은 아동들이 독해하기 쉬운 책이 아니었다. 이 책은 방대한 예서禮書의 원문을 직접 수록한 난해한 책이었다.[117] 원대 유학자 오징吳澄도 이 점을 지적한 바 있다.[118] 이런 이유 때문에 『소학』의 주석서가 원대 때부터 등장했다. 허형許衡은 그 자신의 주석서와 함께 몽골인들이 좀 더 쉽게 접

---

115 黃幹 著·姜浩錫 譯, 『朱熹行狀』, 을유문화사, 1975, 153~154쪽. 유청지는 이미 湖南城 衡州에서 두 채의 精舍 형식의 서원을 건립하고 초학들을 위한 교과서를 편찬한 바 있었다. M. Theresa Kelleher, op.cit., 1989, pp. 221~222.

116 『小學』, 「輯說」, "修身大法 小學書 備矣 義理精微 近思錄 詳之."

117 M. Theresa Kelleher, op.cit., 1989, p. 223.

118 『性理大全』 卷43, 學1, 「小學」.

근하도록 하기 위해 『소학』의 축약본인 『소학대의小學大義』를 출판했다.[119] 명대에 간행된 주석서는 하사신의 『소학집성小學集成』(1423),[120] 오눌吳訥의 『소학집해小學集解』(연대미상), 진선陳選의 『소학구독小學口讀』(1473), 정유程愈의 『소학집설小學集說』(1486)이 있다.[121]

주희의 『소학』이 조선에 들어온 것은 고려 말로 추정된다.[122] 기록상 공식적인 등장은 태조 3년에 사역원 제조 설장수가 역과의 시험과목으로 『소학』을 포함시키도록 한 것이 처음이었다.[123] 중국에서 귀화했던 설장수는 『소학』을 중국어로 풀이하여 『직해소학直解小學』을 편찬했다.[124] 이 책은 개국 초에 사역원에서 중국어 통역인을 양성할 때 교재로 쓰였다.[125]

---

119 M. Theresa Kelleher, op.cit., pp. 224~225.

120 原題는 諸儒標題註疏小學集成으로서 饒魯가 주해한 것을 하사신이 輯錄한 것이다. 김주원, 「小學集註(滿文)과 飜譯小學(滿文)연구」, 『알타이학보』 제12호, 2002, 주 3번 참조.

121 위의 논문, 36쪽.

122 忠烈王 16년(1290) 무렵은 안향·白頤正·權溥·李齊賢·崔瀣 등 신흥사대부들의 性理學 도입 단계이다. 안향은 『朱子文集』을 베껴 왔으며, 權溥는 『四書集註』를 간행했고, 忠肅王은 중국 江南에서 1만 권의 서적을 구입하도록 하고 宋 秘閣 소장의 서적을 얻기도 했다. 이렇게 성리학 책들이 들어오면서 『소학』도 함께 들어왔을 것이라고 추측할 뿐이다. 본격적으로 들어온 것은 이색의 『牧隱集』(詩藁 卷17)을 통해서 알 수 있다. 이색은 자신의 아들 李種學에게 『소학』을 공부시켰다고 했다.

123 『太祖實錄』 卷6, 太祖 3년 11월 乙卯, "司譯院提調偰長壽等上書言 (…) 習業生徒 鮮有自願來者 令在京五部及各道 界首府州 擇良家子弟十五歲以下天資明敏者 歲貢一人 一每三年一次考試 勿論是無 本院生徒 七品以下人 但能通曉四書小學吏文漢蒙語者 俱得赴試 習漢語者 以四書小學吏文漢語皆通者 爲第一科 與正七品出身."

124 『定宗實錄』 卷2, 定宗 1년 10월 乙卯, "判三司事偰長壽卒 諱長壽 字天民 其先回鶻高昌人 所撰直解小學行于世且有詩藁數帙."

125 정호훈, 「조선 후기 小學 간행의 추이와 그 성격」, 『한국사학보』 제31호, 2008, 119쪽.

세종 7년에 『소학』의 의미를 익히 알면서도 좋은 책을 구비하고 있지 못했던 점을 인정한 정부는 중국에서 하사신의 『집성소학』(이하 『소학집성』이라 함)을 들여오게 했다. 그 내용은 다음과 같다.

예조에서 계하기를 "사부 학당은 오로지 『소학』의 가르침만을 맡고 있어 거기에 입학한 생도에게 먼저 『소학』을 가르치고 나서 다른 서적을 가르칩니다. 다만 『소학』이란 서적은 경사자집經史子集의 요긴한 말을 모아 편집한 것이기 때문에 이해하기 어려운 곳이 많습니다. 우리나라에서 출판한 『소학』은 음훈과 주해가 미비하고 다만 중국의 『집성소학』은 음훈과 주소와 명물도상名物圖象이 지극히 분명하게 갖추어져 아이들이 쉽게 알 수 있습니다. 청하건대 제용감의 저마포苧麻布를 중국에 들어가는 사신에게 주어 『집성소학』 1백 권을 사오게 하소서."[126]

예조에서는 『소학』이 어려운 책인데 우리나라에서 출판된 책들은 음훈과 주해가 갖추어져 있지 않아 이해하기가 힘들고, 중국의 『소학집성』은 음훈과 주소, 도상까지 갖추어져 있어 아이들까지 쉽게 알 수 있으니 백 권을 사오자고 하였다. 이 책은 10권 5책 규모에 「소학서제小學書題」(1187, 朱熹書), 「소학서목록小學書目錄」, 「소학서도목小學書圖目」, 「도설圖說」(이상 하사신 纂), 「소학지서강령小學之書綱領」, 「소학지서小學之序」(朱熹題辭, 鏡魯註解) 등으로 구성되었다. 특히 도설은 '제자수업도弟子受業圖'를 비롯한 42종의 그림을 입교, 명륜, 경신 편에 맞추

---

[126] 『世宗實錄』 卷30, 世宗 7년 12월 戊子, "禮曹啓 四部學堂 職專小學之敎 其入學生徒 先授小學 乃授他書 但小學之書 蒐輯經史子集要語 多有難解處 本朝刊本小學 音訓註解 未備唯集成小學 音訓註疏名物圖象 極爲明備 童蒙之輩 可以易知 請以濟用監苧麻布 授入朝使臣 買來集成小學一百件."

어 배열함으로써 책의 내용을 쉽게 이해할 수 있도록 했다. 본문에는 본주本註, 고주古註, 표제標題, 찬소標題, 부록 등을 첨부하여 내용을 세밀하게 설명했다.[127] 정부는 이 책 백 권을 구입한 뒤 목판본과[128] 활자본으로[129] 간행하여 보급했다.

『소학집성』이 처음으로 들어온 주해서라면 두 번째로 들어온 주해서는 정유의 『집설소학』(이하 『소학집설』이라 함)이다. 성종 22년 하정사賀正使로 연경燕京에 갔던 김일손이 정유에게서 『소학집설』을 직접 받아 조선으로 돌아와 즉시 간행하여 반포했다.[130] 이 책은 「소학편목小學篇目」, 「소학집설서小學集說書」, 「소학집설범례小學集說凡例」, 「소학집설총론小學集說總論」, 「소학제사小學題辭」, 「소학서제小學書題」, 그리고 본문의 체제로 이루어졌다.[131] 『소학집설』은 정유가 이감李鑑·이승조李承祚 등과 함께 여러 주석을 모아 만들었다. 「소학집설범례」는 이 책의 특징을 잘 보여준다. 여기에 인용된 경전은 모두 주희의 본주를 따르고 미비한 점이 있으면 여러 설로 보충했다고 하였다. 예를 들어 『논어』·『맹자』는 모두 주희의 집주를 따르고 제가諸家의 주해는 상황에 따라 이용했

127 정호훈, 앞의 논문, 2008, 119쪽. 『소학집성』은 현재 서울대 규장각에 소장되어 있다.

128 『世宗實錄』卷37, 世宗 9년 7월 丁亥, "江原道監司鄭孝文 進新刊小學書."

129 『世宗實錄』卷41, 世宗 10년 9월 丁巳, "判府事許稠啓 小學乃格致誠正之本 學者之先務也 今板刓字缺 未得印看 學者病焉 請下臣所曾進集成小學于鑄字所印之."

130 『濯纓集』卷2, 序, 「感舊遊賦後序」, "得禮部員外愈求學焉 程以手撰集說小學及晦翁書一帖與之 觀其序述 抑其人也僕初不知程深淺 試質俚語 而持小學相與以付 范公勤張載中庸不許談兵之意也 然未承一日之雅 忽忽反國 小學一書 僕不自私 旋即刊布國中 學者皆獲程惠矣."

131 현재 서울대 규장각에 여러 소장본이 있다. 그러나 이것은 17세기에 간행된 것인데, 김일손이 간행한 판본을 그대로 활용한 것인지 아니면 다른 판본을 활용했는지 확실하지 않다. 다만 동일한 정유의 『소학집설』로서 내용에는 차이가 없다(정호훈, 앞의 논문, 2008, 주 13, 14번에서 재인용).

다. 의문이 나는 경우는 억지로 자신의 설을 내지 않고, 제유諸儒의 설은 그들이 살았던 시대의 선후에 따라 나누지 않고 경을 풀이한 순서에 따라 제시했다. 또 음은 직음直音을 사용하여 초학자의 편의를 도모하고, 그것이 없는 경우에는 반절을 사용한다고 밝혔다. 본문은 모두 6권으로 나누어져 있다.[132] 이 두 주해서의 체계와 특징을 정리하면 〈표 12〉와 같다.

〈표12〉『소학』과 주해서의 체계와 특징

	주희 『소학』	하사신 『소학집성』	정유 『소학집설』
간행년도	남송(1187)	명대(1423)	명대(1468)
수입	고려 말 추정	세종 7년	성종 22년
체계	소학서제 소학제사 내편 입교 명륜 경신 계고 외편 가언 선행	소학서제 소학서목록 소학서도목 도설 소학지서강령 소학지서 본문	소학편목 소학집설서 소학집설범례 소학집설총론 소학제사 소학서제 본문
특징	경서와 역사서	42종의 그림을 입교·명륜·경신 편에 맞추어 배열	경전은 모두 주희의 본주를 따르고 미비한 점은 여러 설로 보충
언해본		『번역소학(飜譯小學)』	『소학언해』

하사신의 『소학집성』이 도해를 넣어 이해하기 쉽고 대중적인 활용이 가능했다면, 정유의 『소학집설』은 주희의 주를 유지하면서 여러 설을 보충했다는 특징을 지닌다. 따라서 두 주해본은 서로 갖춘 내용이 달랐다. 중종대 소학실천자들이 『소학』을 이해하기 위해 어떤 주해서를 활용했는지는 확인할 수 없다.

그러나 선조대에 이르면 하사신의 『소학집성』을 활용한 사람들도 있었고,

---

132 정호훈, 앞의 논문, 2008, 118쪽.

또 정유의 『소학집설』을 활용하는 사람들도 있었다. 『소학집성』을 활용한 사람들은 윤국형尹國馨, 유희춘, 그리고 조목趙穆이었다. 반면 『소학집설』을 활용은 사람은 성운成運이었다. 이들이 서로 다른 주해서를 어떤 목적, 또는 어떤 이유로 선택했는지, 그리고 그 선택의 배경에 어떤 다른 정치적 성향이 작용했는지는 앞으로 좀 더 연구해봐야 할 문제이다.[133]

한편 한문을 모르는 이들도 『소학』을 볼 수 있도록 하기 위해 두 주해본, 즉 히시신의 『소학집성』과 정유의 『소학집설』을 저본으로 하는 『소학』 언해본이 만들어졌다. 최초의 『소학』 언해본은 중종 13년(1518)에 출간된 『번역소학』이다. 그 1년 전에 홍문관은 여항의 서민과 글 모르는 부녀들을 위해 『소학』을 번역할 것을 중종에게 제의했다. 홍문관의 제의는 다음과 같았다.

홍문관에서 아뢰기를 "(…) 풍속의 무너짐이 이때보다 심한 때가 없는 것도 다 까닭이 있는 것입니다. 성상께서는 심학이 침잠하고 인륜을 후하게 하기를 힘쓰시어 이미 『속삼강행실續三綱行實』을 편찬하도록 명하시고 또 『소학』을 인행印行토록 하여 중외에 널리 반포코자 하시니 그 뜻이 매우 훌륭하십니다. 그러나 『삼강행실』에 실려 있는 것은 거의가 변고와 위급한 때를 당했을 때의 특수한 몇 사람의 격월激越한 행실이지 일상생활 가운데서 행하는 도리는 아닙니다. 그러므로 누구에게나 그것을 요구할 수 없지

---

133 예를 들어 '孝子某奉祀'라는 문구의 경우, 『家禮』의 「喪禮題主」에서는 사람의 왼쪽을 가리켜 말한 것이므로 그림도 사람의 왼쪽에 쓴 것이라고 했고, 『소학집성』에서는 마땅히 神主의 왼쪽에 써야 한다고 했다. 김안국은 『소학집성』이 맞다고 여겼고 퇴계는 『가례』가 맞다고 여겼다(『大東野乘』, 「甲辰漫錄」, "家禮 喪禮題主 其下左榜曰孝子某奉祀 蓋從人左而言 故圖亦從人左而書之 金慕齋先生及許魏兩天使以爲 宜從神主左傍而題之 卽與何氏小學集成 神主左傍之言同也.") 이것은 향후 예학 발달 과정에서 논쟁을 불러일으킬 소지로 작용했을 가능성이 있다.

만, 『소학』은 곧 일상생활에 절실한 것인데도 일반 서민과 글 모르는 부녀들은 독습하기가 어렵게 되었습니다. 바라옵건대 여러 책 가운데서 일용에 가장 절실한 것, 이를 테면 『소학』이라든가 『열녀전烈女傳』, 『여계女誡』, 『여칙女則』과 같은 것을 한글로 번역하여 인반印頒하게 하소서. 그리하여 위로는 궁액宮掖으로부터 조정 경사卿士의 집에 미치고 아래로는 여염의 소민들에 이르기까지 모르는 사람 없이 다 강습하게 해서 일국의 집들이 모두 바르게 되게 하소서. (…)"[134]

『소학』은 『삼강행실』과 달리 누구나 일상생활에서 행해야 할 도리를 가르친 책이지만, 일반 서민과 글 모르는 부녀들이 읽고 이해하기는 어려웠다. 그러므로 『소학』을 한글로 번역하여 출간한다면, 위로는 조정 경사의 집에서 아래로는 여항의 소민들까지 읽고 실천할 수 있게 될 것이라고 강조했다. 중종은 홍문관의 건의에 따라 다음 해인 중종 13년에 『번역소학』[135]을 출판했

---

[134] 『中宗實錄』卷28, 中宗 12년 6월 辛未, "弘文館啓曰 (…) 風俗之壞 莫甚此時 蓋有由矣 聖上沈潛心學 懋厚人倫 旣 命撰續三綱行實 又命印小學 欲廣頒中外 意甚盛也 然三綱 行實所載 率皆遭變 故艱危之際 孤特激越之行 非日用動靜常行之道 固不可人人而責 之 小學之書 廼切於日用 而閭巷庶民及婦人之目不知書者 難以讀習矣 乞於群書內 最 切日用者 如小學如列女傳如女誡女則之類 譯以諺字 仍令印頒中外 俾上自宮掖 以及 朝廷卿士之家 下達于委巷小民 無不周知 而講習之 使一國之家皆正 (…)."

[135] 원래는 戊寅本(中宗 13년, 戊寅年에 출간)이었는데, 명종대(『明宗實錄』卷3, 明宗 元年 6월 甲午)에 책명이 『번역소학』으로 바뀌었다. 현존하는 『번역소학』은 卷8이 고려대학교 도서관에 소장되어 있고, 卷9가 서울대 규장각, 卷10이 국립중앙도서관에 소장되어 있다. 10권 중 3권만 발굴되어 있다(李崇寧, 「小學諺解의 戊寅本과 校正廳本의 比較研究」, 『진단학보』 36, 1973, 80~81쪽). 판본은 을해자 번각본이며 형태사항은 四周雙邊 半匡 23.6×16.0cm, 有界 9行 19字, 上下大黑口 上下內向3葉花文, 有紋, 黑魚尾(申政燁 「朝鮮時代 간행된 小學 諺解本 연구」, 『서지학 연구』 제44집, 2009, 420쪽).

다. 하사신의 『소학집성』을 저본으로 하여 남곤, 조광조, 김정국, 김전, 최숙생 등 16명이 번역에 참여했으며, 모두 10권으로 구성되었다. 권10에는 남곤의 발문이 있다. 그는 발문에서 번역의 이유를 말하길, "나라 사람들이 문자를 해석하는 자가 드물어 배우고 익히기가 어려워서 방언으로 번역 출간하여 비록 어린이나 부녀라 할지라도 이 책으로 깨닫게 하고자 함이다"[136]라고 하였다. 『번역소학』의 특징은 ① 도설이 수록된 하사신의 『소학집성』을 저본으로 했고, ② 원문을 제시하지 않은 채 대문大文만 번역했으며, ③ 주에서 해석될 것까지 넣어 이해 본위로 번역했고, ④ 직역이 아닌 의역을 행했고, ⑤ 한자를 많이 사용하지 않고 모든 한자에 독음을 달아 번역했다는 점이다.[137]

이런 특징을 한마디로 정의한다면, 『번역소학』은 이해를 우선으로 하는 번역이었고, 주 대상은 한문을 알지 못하는 아동·부녀와 여항의 소민이었다는 것이다. 이런 의도는 앞서 언급한 중종 12년 김안국의 『여씨향약언해』와도 연결된다. 『번역소학』과 『여씨향약언해』가 실질적으로 일반 서민에까지 읽혀졌는지는 확인할 수 없지만, 그 의도는 명확하다. 그 이유는 다음 언해본과의 차이점을 통해서 알 수 있을 것이다.

두 번째 언해본은 선조 20년(1587)에 간행된 『소학언해』이다. 『소학언해』는 정유의 『소학집설』을 저본으로 6권으로 구성되었는데, 이산해李山海가 번역 책임을 맡았다.[138] 그는 발문에서 『소학』의 번역과 인출 과정을 밝혔다.

---

136 『飜譯小學』卷10 「跋文」, "國人尠解文字 習學尙艱 如以方言飜而譯之 廣印流布 雖兒童 婦女 開卷使曉 (…)."

137 李崇寧, 앞의 논문, 1973, 82쪽.

138 『소학언해』는 교서관에서 간행했다. 版本은 經書字本이며 형태사항은 四周雙邊 半匡 24.5×16.8cm, 有界 10行 19字, 上下內向3葉花紋黑魚尾이다. 현재 경북대도서관과 도산 서원에 소장되어 있다. 申政燁, 앞의 논문, 2009, 420쪽.

만력萬曆 을유 봄에 교정청을 설치하여 유신儒臣 몇 명을 선발하고 그들로 하여금 구본戊寅本(『번역소학』)을 고치게 하였다. 구본의 쓸데없는 것을 없애고 축자逐字로 해석하여 글의 뜻을 잃어버리지 않는 것을 중요하게 여기도록 하였는데, 이는 모두 임금의 뜻이었다. 다음 해 여름 일을 마쳐서 즉시 이를 진상하니 임금이 가하다고 여기고 예각藝閣에 인출印出을 명하니 모두 천(十百) 건이었다. 그리고 신으로 하여금 그 말미에 발문을 쓰게 하였다.[139]

이산해는 구본인 『번역소학』이 이해하기 쉽도록 의역을 많이 한 것이 문제라 생각하여, 구본의 쓸데없는 것들을 없애고 글자를 좇아 번역하여 문의文意를 잃지 않도록 하는 데 중점을 두었다. 따라서 『소학언해』의 특징은 ① 축자작해逐字作解를 원칙으로 하는 직역에 주안점을 두었고, ② 주는 할주割注로 달아 본문의 내용을 군더더기 없게 하였으며, ③ 주의 설명을 보지 않는다면 이해하기 어려운 곳도 있다는 점이다.[140] 『소학언해』는 한마디로 원문에 충실하고자 했다. 이 점은 『번역소학』과 『소학언해』의 가장 큰 차이점인데, 결국 그 대상 독자층을 달리했기 때문이라고 생각된다. 『소학언해』의 주요 대상 독자층은 글을 읽을 줄 아는 사족과 그의 자제들이었다.

17세기로 접어들면서 『소학』 활용은 보다 본격화되었다. 광해군 4년(1612)에 이이는 『소학제가집주小學諸家集註』(이하 『소학집주』라 함)를 간행한다. 이 책은

---

139 『小學諺解』,「小學諺解跋」,"萬曆乙酉春設校正廳 選儒臣若干人 使之釐政舊本 刪去繫冗 逐字作解 要以不失文義爲重 皆上旨也 翌年夏事訖 卽繕寫投進 上可之 下藝閣印出 累十百件 仍命臣跋其尾."

140 『小學諺解』,「小學諺解凡例」,"戊寅本 欲人易曉 字義之外 幷入注語爲解 故未免有繫冗處 今則刪去枝辭 一依大文 逐字作解 有解不通處則分註解之."

이미 조선사회에서 통용되고 있던 여러 주석을 총망라하고 자신의 주석을
덧붙여 새롭게 구성한 것이었다.[141] 인조반정 이후 정부는 『소학』을 본격적으
로 간행하고 보급했다.[142] 이후 이이의 『소학집주』는 『소학언해』 편찬의 저본
이 되었다.

이상으로 『소학』 주해서와 언해본의 내용을 살펴보았다. 주해서는 실질
적으로 『소학』을 이해하는 참고서와 같은 것인데, 조선 초기에 명나라로부터
『소학집성』과 『소학집설』 두 종류의 책이 들어왔다. 그리고 16세기에는 이
두 주해서를 저본으로 한 언해본이 만들어졌다. 『소학집성』을 저본으로 한
『번역소학』은 독자층을 일반 소민으로 확대하고자 했다. 일반 민까지도 주자
학적 재편 대상으로 보았기 때문이었을 것이다. 그러나 의도와 달리 현실적
으로 어려움이 있었던 것 같다. 따라서 『번역소학』의 의도는 이상에 가까웠
다고 할 수 있다. 그 후에 간행된 『소학언해』는 원문 그대로 번역하는 데 충
실하고자 했다. 이것은 오히려 재지사족에게 『소학』을 일반화시킬 수 있는
계기가 되었고, 더 나아가 독자층이 하층민으로 확대될 수 있는 가능성까지

---

141 『南溪集』 卷86, 年譜, 「栗谷李先生年譜」, "七年己卯 先生四十四歲 小學集註成 先生以
    爲小學是初學急務 而 諸家註解互有得失 使經意不明 乃集衆說 參酌增刪 略補己意 名
    曰小學集註 凡六篇."

142 선조대에도 『소학』 간행과 장려책은 있었다. 선조 29년 예조에서 호조를 시켜 『소학』을
    간행하자고 건의하여 윤허를 얻었고(『宣祖實錄』 卷82, 宣祖 29년 11월 丙申), 선조 39년
    司憲府에서 중외에 『소학』을 장려할 것을 촉구하는 상소를 올려 윤허를 얻었다(『宣
    祖實錄』 卷200, 宣祖 39년 6월 丙午). 그렇지만 그 수량은 확인되지 않으며, 정부 자체의
    적극성도 보이지 않는다. 그러나 인조대에는 『소학』에 대한 정부의 적극적인 권장 의
    지가 엿보인다. 누구의 상소에 의해서가 아니라 정부에서 『소학』·『五倫歌』·『擊蒙要
    訣』 등의 서적을 반포하게 했다(『仁祖實錄』 卷21, 仁祖 7년 8월 己巳). 그리고 인조 7년
    에 정부가 교서관을 통해 『소학』 2백 권을 간행하여 내외 諸臣에게 반포하도록 명했
    다(『仁祖實錄』 卷21, 仁祖 7년 11월 庚子).

제시했다. 민은 한글과 한문이 혼용된 언해를 통하여 자신들을 양반과 동일시하려 하는 양반 지향적 욕망을 표출했다. 『소학』 독서층의 대중적 확대는 양반문화의 저변화로 이어질 가능성을 시사하는 것이었다. 다음에서는 『소학』 이념의 지방적 확대를 서원과 서당을 통하여 확인해보고자 한다.

2. 『소학』 교육의 지방 확대와 서원·서당

백록동서원의 복원은 주희 자신의 이념을 지방사회에 투영하고자 하는 일종의 실험이었다. 1179년에 남강지사로 부임한 주희는 후에 『소학』의 초안을 작성하게 될 유청지와 함께 백록동서원의 옛 터를 찾아내 새롭게 건립했다. 이는 단순한 복원이 아니라 주희의 혁신적인 계획이었다. 그는 28명의 과거 시험 준비생들을 백록동서원으로 불러들여 그들에게 과거 시험 공부가 아닌 자기 자신의 몸과 마음을 닦는 공부를 하도록 했다.[143] 주희의 교육 목적은 「백록동서원게시」에 잘 나타나 있다.

아버지와 자식 사이에 친애함이 있어야 한다. 임금과 신하 사이에 의로움이 있어야 한다. 남편과 아내 사이에 서로의 고유한 역할에 대한 배려와 이해가 있어야 한다. 나이든 사람과 젊은 사람 사이에 적절한 서열이 있어야 한다. 친구 사이에 서로에 대한 충실과 신뢰가 있어야 한다. 이상을 일

---

143 Wing-tsit Chan, *Chu Hsi: Life and Thought*, Hong Kong: The Chinese University of Hong Kong, 1987; "Chu Hsi and the Academies", Wm. T. de Bary and John Chaffee eds., *Neo-Confucian Education: The Formative Stage*, Berkeley: University of California Press, 1989, pp. 397~399.

컬어 가장 기본적인 인간관계에서 마땅히 실천해야 할 다섯 가지 가르침이라 한다.

널리 배우고, 자세히 물으며, 신중하게 생각하고, 밝게 분별하며, 독실하게 실천하라. 이상이 바로 배움의 올바른 질서이다.

충성스럽고 신실한 말을 하고, 독실하고 경건하게 행하고, 분노를 징계하고 사욕을 막으며 개과천선 하라. 이상이 수신의 요체이다.

도덕 원리를 추구할 뿐 이익을 구하려 하지 말라. 참된 길을 밝히고, 결과에 연연하지 말라. 이와 같은 사항이야말로 만사에 임하는 가장 중요한 원칙들이다.

나에 대하여 다른 사람이 그렇게 하지 말아주었으면 하는 일을 다른 사람에 대하여 행하지 말라. 어떤 일을 행하고서도 그 일에서 성공을 거두지 못했거든 그 까닭은 자기 자신을 돌이켜보아 찾아야 한다. 이상은 타인과의 관계에서 기본이 되는 가르침이다.[144]

「백록동서원게시」의 전반부는 사회관계를 강조하고, 후반부는 학문의 올바른 순서를 말하고 있으며, 글의 말미에는 학자가 지녀야 할 마땅한 태도가 언급되었다. 여기에서도 『소학』처럼 교육의 과정이 부모와 자식의 관계에서 성립하는 상호경애로부터 시작되고 있음을 보게 된다. 기본적인 사회관계인

---

144 『朱子大典』卷74,「白鹿洞書院揭示」, "父子有親 君臣有義 夫婦有別 長幼有序 朋友有信 右五敎之目 堯舜使 契爲司徒 敬敷五敎 卽此是也 學者學此而已 而其所以學之序 亦有五焉 其別如左 博學之 審問之 愼思之 明辨之 篤行之 右爲學之序 學問思辨四者 所以窮理也 若夫篤行之事 則自修身以至于處事接物 亦各有要 其別如左 言忠信 行篤敬 懲忿窒慾 遷善改過 右修身之要 正其義不謀其利 明其道不計其功 右處事之要 己所不欲 勿施於人 行有不得 反求諸己 右接物之要."

오륜은 각기 다른 위치에 놓인 사람들에게 공통으로 적용하는 도이다. 그러면서도 학문의 중요성을 강조하는 부분을 보면 일반 민보다는 사대부를 중심에 두었음을 알 수 있다. 글의 말미에 언급된 내용 역시 학자인 사대부에게 적용되는 논의였다.

「백록동서원게시」의 내용은 『소학』의 내용과 중첩된다. 『소학』은 「백록동서원게시」를 확정한 이후 백록동서원 창건에 함께한 유청지의 도움으로 완성되었다. 그러면서 주희는 「백록동서원게시」에서 제시했던 교육 목적을 『소학』에 그대로 적용했다. 그의 교육 목적은 수신과 배려를 통한 상호부조와 같은 정신을 고등교육의 차원으로 확대하여 전개시키는 것이었다.[145] 따라서 「백록동서원게시」는 '소학의 교의' 또는 '축약된 소학본'이라고 말할 수 있다.

중종 38년에 풍기군수 주세붕周世鵬은 백운동서원을 설립했다.[146] 중종 30년대는 혁파된 향약을 재실시하자는 주장, 금서화된 『소학』을 다시 반포해야 한다는 주장이 나오던 시기였다. 그런 가운데 중종 37년에 행부사과行副司果 어득강魚得江은 상소를 올려, 지방에서 유생들이 학문을 닦을 중국의 서원과 같은 교육 장소가 필요하므로 충청·강원·전라·경상도의 사찰을 얻어 재齋를 설치할 것을 요청했다.[147]

주세붕은 군수로 부임한 뒤 피폐된 향교를 복구하기 위해 중종 37년에 향

---

145 Wm T. de Bary, *op.cit.*, 1989, pp. 33-35.

146 초기 서원 설립에 관해서는 이미 많은 선행연구가 축적되어 있다. 필자는 주로 다음 논저들을 참고했다. 柳洪烈, 「朝鮮における書院の成立」, 『靑丘學叢』 29·30, 1937·1939(『한국사회사상사논고』, 일조각, 1980); 渡部學, 『近世朝鮮敎育史硏究』, 東京: 雄山閣, 1969; 이태진, 「士林과 書院」, 『한국사』 12, 국편위, 1978; 정순목, 『韓國書院敎育制度史硏究』, 영남대 출판부, 1980; 鄭萬祚, 『朝鮮時代書院硏究』, 집문당, 1997; 윤희면, 『조선시대 서원과 양반』, 집문당, 2004.

147 『中宗實錄』 卷98, 中宗 37년 7월 乙亥.

교를 이건했다.[148] 그리고 이듬해 안향을 모시는 사묘와 서재를 세우면서 서원을 설립한 이유를 다음과 같이 밝혔다.

무릇 가르침은 반드시 어진 이를 존경하는 것에서부터 시작한다. 그러므로 사묘를 세워 덕을 숭상하고 서원을 세워 배움을 돈독히 한다. 진실로 가르침이란 어지러움을 수습하고 굶주림을 구하는 것보다 급하다. 이제 죽계竹溪에 문성공文成公이 살던 동네에 가르침을 일으키고자 한다면 반드시 문성공에서부터 시작해야 할 것이다. 내가 이곳의 원이 되었으니 한 고을을 맡은 임무를 다하지 않을 수 없다. 따라서 마음과 힘을 다하여서 감히 사묘를 세우며 서원을 설치한다.[149]

그는 기근의 해결보다 우선하는 것이 교육이라는 취지하에, 자신이 수령으로서 관할하는 죽계가 마침 문성공 안향이 살던 곳이므로 이곳을 서원 설립의 시발점으로 삼겠다고 밝혔다. 주세붕은 중국에서 서원이 번성한 까닭이 '도학의 강학처'였다고 보았다.[150] 그리고 안향은 흥학의 공이 큰 인물로,

---

148 『武陵雜稿』卷7, 原集「豊基移建學校記」, "辛丑秋七月 某以太守到豊基 先謁聖廟 廟違邑幾七八里 棟折支撐 將壓王位生無舍 敎無堂 汲無井 浴無川 大懼不任 八月上丁 躬薦時事 慨然欲移建 謀之獻官 僉曰可也 (…) 越明年癸卯春 斷手 殿宇邃而儼 庭墻方而敞 開神門於南旁 達一門于左 由東庭而入 別立明倫堂於廟東 迤南堂前 立左右齋 中開正路立正門於南 爲使賓所由 通小門於左右 兩齋生對揖而出 祇禮于庭 庖廩師舍."

149 『武陵雜稿』卷7, 原集, 「竹溪志序」, "夫敎必自尊賢始 故於是 立廟而尙德 立院而敎學 誠以敎急於已亂救飢也 其言曰 自世俗言之 似無緊要 自今觀之 於人心政體 所係不輕 如今日荒政 便與此事相表裏 嗚乎 晦翁豈欺我哉 今夫竹溪 文成公之闕里 若欲立敎 必自文成始 某以無似 當太平之世 忝宰是邦 於一邑 不得不任其責 遂竭心力 乃敢立其廟而架其院."

150 『退溪集』卷12,「擬與豊基郡守論書院事」, "夫書院何爲而設也 其不爲尊賢講道而設乎."

이색과 정몽주에게 영향을 끼쳤다는 점에서 '동국의 도학지조道學之祖'라 여겼다.[151]

이런 사실로 미루어볼 때, 초기 서원 설립의 목적은 지역성이 강했다. 주세붕은 안향을 모시는 사묘를 죽계에 세운 이유가 그의 출신이 죽계였기 때문이라고 했다. 주세붕 개인이 안향을 동국의 도학지조로 높이 평가해서 사묘를 세운 것이었지만, 굳이 죽계에 세운 것은 안향이 그 지역 출신이었기 때문이었다. 이는 그가 교육 대상을 고려했기 때문이라고 볼 수 있다.

각 지역에는 자치적 성격의 유향소와 사마소司馬所 같은 존재가 있었다. 풍기 지역도 예외는 아니었다.[152] 유향소는 본래 향리 규찰과 향속 교화의 임무를 맡았다. 그리고 때때로 국가의 정책을 수행하기도 했다. 예를 들면 중종대 현량과를 실시할 때 유향소가 인재를 천거하여 수령에게 보고했고,[153] 호적을 작성할 때는 집집의 출생 자녀수를 조사했으며,[154] 한정閑丁을 수괄하고,[155] 지방의 신래침학인新來侵虐人을 적발하여 죄를 다스리는 임무도 담당했

---

151 『武陵雜稿』卷7, 原集, 「竹溪志序」, "至文成公傳 未嘗不喟然興嘆 蓋公之脫賊杖巫 閭閻
之對 學校之勤 繩己之嚴 鑑人之明 考其所造 非大賢而何 (…) 圃隱諸公 皆餘波所漸
逮本朝 禮樂敎化 已覺與三代竝隆 爾來二百四十年 天理之復明 文風之大興 其誰之力
也 如公者 眞可謂東方道學之祖."

152 사림파에만 주목하여 서원을 검토했던 기존 연구(李泰鎭, 「士林과 書院」, 『朝鮮儒敎社
會史論』, 지식산업사, 1989; 鄭萬祚, 「朝鮮書院의 成立過程」, 『朝鮮時代書院硏究』, 집문
당, 1997)와 달리 윤희면(앞의 책, 2004)은 풍기 지역 사림에 주목하여 초기 서원을 논했
다. 필자는 지역 사림에 대한 그의 연구에서 많은 도움을 얻었다.

153 『中宗實錄』卷33, 中宗 13년 6월 癸酉.

154 『中宗實錄』卷96 中宗 36년 11월 丁未, "自今戶籍磨鍊時 京則五部官員 外則留鄕別監
各以其面分授 檢擧各戶生産之數 憑閱隣保 詳加搜刷 俾無漏丁 其有脫漏者 令該曹計
其丁數 以軍籍事目 差減磨鍊 申報本府 轉啓施行."

155 『中宗實錄』卷104, 中宗 39년 8월 己卯, "以忠淸江原全羅三道閑丁搜括御史齎去事目

다.[156] 유향소는 향리를 규찰하거나 악폐를 다스리는 자치적인 성격을 가지면서도 때때로 국가에 의한 공공의 임무와 공적 권력을 수행하기도 하였다. 이런 이중적인 역할은 힘의 가중치에 따라 문제의 소지를 남길 여지가 있었다. 따라서 권력과 사적 이익 사이, 국가와 가 사이, 공동체와 개인 사이에서 힘의 균형을 유지하는 것이 관건이었다. 유향소와 비슷한 역할을 했던 사마소에 대해서는 다음과 같은 언급이 있다.

> 우리나라의 지방 사람으로 생원·진사에 합격한 이들이 각기 관문 가까운 곳에 사마소를 세웠다. 엄연한 하나의 아문으로 유향소를 압도하고 무단을 빙자하여 수령도 능가하기에 이르렀다. 영남과 호남이 가장 심한데 오래된 일은 아니었다.[157]

사마소는 생원·진사에 합격한 사람들이 자기 고을에 세웠는데, 수령을 능가할 만큼 위세가 높았던 것 같다. 생원·진사의 배출 정도에 따라 고을마다 건립 시기가 각기 달랐는데, 대개는 향교 근처에 세워져 있었다. 사마소의 생원·진사들은 과거 공부뿐만 아니라 정치와 향촌 문제에도 관심을 가지고 있었다.[158] 따라서 사마소는 일종의 지역 사족들의 공동집합소 같은 기능을 하고 있었던 것 같다. 이들은 사족으로서 자신의 '정체성'을 이런 모임을 통해

(…) 留鄕所勸農里正等 用情庇護 不以實告者 推考刑問."

156 『中宗實錄』卷97, 中宗 36년 12월 庚辰, "外方各類新來侵虐人 令觀察使守令留鄕所 考察摘發治罪 婚姻奢侈人 亦依此例 考察治罪何如."

157 『增補文獻備考』卷 235, 직관지 22.

158 윤희면, 앞의 책, 2004, 30~31쪽.

정립했던 것으로 보인다.

주세붕이 서원 설립의 목적을 지역성에 두었던 이유는 이런 재지사족을 교육 대상으로 삼았기 때문이었다. 그러나 그는 서원 설립의 목적에서 교육 보다는 지역성에 더 역점을 두었던 것 같다. 서원이 유향소와 사마소를 대신했다는 사료는 없지만, 서원은 유향소가 지닌 국가와 가 사이에 존재하는 향의 중립적·이중적인 역할의 균형성과 사마소가 지닌 지역 사족의 정체성, 이 두 가지 요소를 모두 지닌 장소로 기능할 수 있었다. 이 두 가지 요소는 이후 서원 설립의 출발점이 되었다. 이는 전국 각지에 그 지역 출신자의 사묘가 세워지고 자치적으로 서원이 설립되었다는 점에서도 확인된다.[159]

이처럼 지역성에 더 역점을 두고 설립된 백운동서원의 교육 목적은 과거 공부 위주의 교육이었다. 안현安玹이 작성한 「사문입의斯文立議」에는 다음과 같은 내용이 있다.

> 와서 머무는 사람들이 4~5년이 채 못 되어 모두 이름난 선비가 되고 연 달아 좋은 성적으로 붙으니, 사람들이 이르기를 서원에 들어간 자는 문득 급제한다고 하였다.[160]

주세붕에 이어 안현에 이르러서도 백운동서원의 교육 목적은 과거 위주 였다. 이런 교육 목적은 이황에 이르러 서원 본연의 목적으로 돌아갔다.

---

159 대표적인 경우로 咸陽의 灆溪書院(『明宗實錄』 卷33, 明宗 21년 6월 甲戌)과 永川의 臨皐書院(『明宗實錄』 卷16, 明宗 9년 6월 癸未)을 들 수 있다.

160 『紹修書院謄錄』, 「斯文立議」 제2조, "來栖之人 不四五年 皆爲名士 連捷巍科 人謂入院者便登第."

주세붕의 뒤를 이어 명종 원년부터 2년까지 경상도 관찰사로 재임한 안현은 백운동서원의 경제적 기반을 갖추는 데 주력했다. 그는 어장과 염분을 마련해주고 노비도 소속시켰다.[161] 또한 서원에 필요한 물자를 경상도 내의 각 고을에 수시로 분정하여 서원의 경제적 기반을 충실히 했다.[162]

이황은 명종 3년에 풍기군수로 부임했다. 다음 해 4월 그는 경상감사 심통원沈通源에게 백운동서원에 대한 편액과 토지·노비의 하사를 조정에 요청해주도록 다음과 같은 글을 보냈다.

송나라의 고사에 의거하여 서적을 내려주고 편액을 써서 내려주며 겸하여 토지와 노비를 하사하여 재력을 넉넉하게 해야 합니다. 또한 감사와 군수로 하여금 다만 배양하는 방법과 돕고자 내려준 비품을 관할 검찰하게 할 뿐이지 가혹한 법령과 번거로운 조목으로 구속하지 못하게 할 것을 청합니다. 지금 국학은 원래 현명한 선비가 관여하는 바이지만, 군현의 학교는 한갓 허물만 남아 있고 가르침이 크게 무너져 선비들이 도리어 향교에서 지내는 것을 수치로 여기고 있어 시들고 피폐함이 극심하여 구제할 길이 없으니 한심하다고 하겠습니다. 오직 서원 교육이 오늘날 성하게 일어난다면 학정學政에서 결여된 것을 구할 수 있어 학자가 귀의할 바가 있고 선비의 기풍이 따라서 크게 변화되고 습속이 날로 아름다워져 왕화가 이루어질 것이니 성인의 다스림에 큰 도움이 될 것입니다.[163]

---

161 『企齋集』卷1, 記「紹修書院記」, "其後觀察臣安玹 乃文成之苗裔也 又繼周守而經度之 增置魚鹽之資 俾有役隷而給之 將以永久而不廢 斯甚盛事也."

162 윤희면, 앞의 책, 2004, 42쪽.

163 『退溪集』卷9, 書 1,「上沈方伯書」, "則欲請依宋朝故事 頒降書籍 宣賜扁額 兼之給土田 臧獲 以贍其力 又令監司 郡守 但句檢其作養之方 贍給之具 而勿拘以苛令煩條 至於爲

위의 글에서 이황은, 서원이 피폐한 향교를 대신할 수 있으니 공인된 교육기관으로 오래 존속할 수 있도록 중국처럼 사액해줄 것을 요청하고 있다. 그리고 그는 조정의 서원 정책에 대해서도 언급했다. 즉 감사와 수령이 서원에 대한 경제적 지원에만 힘쓰고 학칙의 구속, 교과의 내용, 서원의 운영 등에는 간섭하지 말라고 했다. 이는 향촌 지역에서 자치적으로 서원을 관리하고 운영할 것을 강조하는 것이었다.

명종 5년 2월에 영의정 이기李芑, 좌의정 심연원沈連源, 우의정 상진尙震, 예조판서 윤개尹漑, 참의 서고徐固 등이 이 문제를 다음과 같이 의결했다.

풍기의 백운동서원은 황해도관찰사 주세붕이 창립한 것인데(주세붕은 풍기 군수로 있을 때 이 서원을 창립했음), 그 터는 바로 문성공 안유安裕(본래 이름은 珦이 있는데 御諱를 피하여 裕라 함)가 살던 곳이고, 그 제도와 규모는 대개 주문공朱文公이 세운 백록동을 모방한 것입니다. 무릇 학령을 세우고 서적을 비치하며 토지와 양식을 공급할 도구를 다 갖추어 인재를 성취시킬 만합니다. 이황이(이황이 풍기군수로 있을 때 주세붕의 뜻을 훌륭히 여기고 오래 전승되지 못할까 염려하여 병으로 사직하고 돌아가려고 할 때 사연을 갖추어 아뢰었기 때문에 삼공이 該曹에게 명령하여 의논하도록 한 것이다) 편액과 서적·토지·노비를 하사해줄 것을 청하였는데, 모두 따라줄 수는 없으나 편액과 서적 2~3건만이라도 특명으로 내려보낸다면 먼 곳의 유생들이 반드시 고무감격鼓舞感激하여 흥기할 것입니다.

郡守而闒茸癃疾如滉者 閤下丞宜擧其曠闕之罪 顯加貶黜 而請於朝 滉竊見今之國學 固爲賢士之所關 若夫郡縣之學 則徒設文具 敎方大壞 士反以游於鄕校爲恥 其刓散之極 無道以救之 可爲寒心 惟有書院之敎 盛興於今日 則庶可以救學政之缺 學者有所依歸 士風從而丕變 習俗日美 而王化可成 其於聖治 非小補也 獻芹之誠 如得上徹 則病退溝壑 死無所憾 不勝區區之願 謹昧死奉書以稟云."

토지의 경우 주세붕이 조치하여 부족하지 않으니 고칠 것이 없습니다. 비록 노비를 지급하지 않아도 사환하는 사람은 마련할 수 있을 것입니다. 또 유생이 글 읽기로는 고요한 곳이 가장 좋습니다. 만일 감사와 수령이 학업을 권장하려고 교육 명령을 번거롭게 내려 단속한다면 오히려 사람들이 자유스럽지 못하여 열심히 공부하고 쉬는 길에 어긋날까 염려되니, 동요시키지 않는 것보다 나은 방법이 없을 것입니다.[164]

이 의결에 따라 백운동서원은 편액과 서적 2~3건을 하사받고 감사나 수령의 간섭을 받지 않는 것으로 가닥이 잡혔다. 그러나 이황이 요청한 토지와 노비의 하사는 이미 주세붕이 조치한 것으로 자체 해결하도록 하고, 편액과 서적은 1개월 뒤 몇 건만 하사받는 것으로 귀결되었다.[165] 이러한 조정의 조치는 서원에 관학과 같은 경제적 지원을 하지 않는 대신 간섭하지도 않는 방침을 취하는 것이었다고 할 수 있을 것이다.

이로써 서원에 대한 관권의 간섭 배제는 어느 정도 확보되었던 것 같다. 원래 이황은 사액을 청원하면서 가혹한 법령과 번거로운 조목으로 구속하지 못하게 해달라고 요청했으나, 그 결과 조정에서는 경제적 지원을 하지 않는

---

164 『明宗實錄』卷10, 明宗 5년 2월 丙午, "豊基白雲洞書院 黃海道觀察使周世鵬所創立 世鵬 豊基郡守時 創此書院 其基乃文成公安裕 名珦, 避諱稱裕 所居之洞 其制度規模 蓋倣朱文公白鹿洞之規也 凡所以立學令置書籍 田糧供給之具 無不該盡 可以成就人才也 李滉 作宰豊基 嘉世鵬之志 恐傳守難久 稱病將歸 具辭啓聞 故命議三公該曹之請賜扁額 書籍土田臧獲 不可盡從 而扁額及書籍二三件 特命下送 則遠方儒生 必皷舞欣感而興起也 土田則周世鵬措置 不爲不足 仍而不改 雖不給臧獲 使喚之人 出於其中 且儒生讀書 貴寂寞之境 若監司守令欲爲勸課 煩其敎令而檢束之 則人不自由 恐乖藏修游藝之道 莫若勿撓之而已."

165 『明宗實錄』卷10, 明宗 5년 3월 己卯.

대신 간섭도 하지 않겠다는 정도의 소극적 입장을 취했다.

그러나 관권의 간섭 배제가 곧 향촌의 자치성 확보라고 볼 수는 없다. 향촌의 자치성을 확보하기 위해서는 무엇보다 향촌 자치를 유지할 수 있는 주체세력의 덕성이 담보되어야 했다. 덕성을 함양하여 자기 전환을 이룬 이들만이 국가권력과 가족이익 사이를 중재할 조정자 역할을 감당할 수 있기 때문이다. 주희의 경우, 이것을 교육을 통해 확보하려고 했다.

이황은 주희의 「백록동서원게시」를 가장 철저히 받아들였다. 그는 백록동서원과 같은 게시를 작성하지는 않았지만, 풍기군수로 부임하여 1년 만에 백운동서원을 사액서원으로 요청했다. 이 점은 그가 주희의 백록동서원과 같은 길을 걷고자 했음을 의미한다. 그는 말년에 나이 어린 선조에게 『성학십도』를 바쳤다. 『성학십도』 제5도에는 주희의 「백록동서원게시」를 도상화한 「백록동규도白鹿洞規圖」와 「백록동규도」를 설명한 「동규후서洞規後敍」가 들어 있다. 「백록동규도」는 오륜과 다섯 가지 학문 순서를 도표로 설명하고 있다. 학문이란 오륜을 배우는 것이며, 이것을 배우는 순서는 넓게 배우고, 자세하게 묻고, 신중하게 생각하고, 분명하게 구별하고, 독실하게 실천하는 다섯 가지라고 했다.[166] 「백록동규도」가 학문의 내용과 방법을 설명했다면, 주희의 발문과 이황의 설명으로 이루어진 「동규후서」는 학문의 목적과 대상에 대한 설명이었다. 이 발문에서 주희는 학문의 목적을 분명하게 말하고 있는데, 그 내용은 다음과 같다.

---

166 『聖學十圖』卷5,「白鹿洞規圖」,"父子有親 君臣有義 夫婦有別 長幼有序 朋友有信 博學 審問 愼思 明辨 篤行右五敎之目 堯舜使契爲司徒 敬敷五敎則此是也 學者學此而已 其 所以學之序 亦有五焉 其別如左."

옛 성현이 사람을 가르쳐 학문을 하게 하는 뜻은 다 의리를 풀이하고 밝혀 그 몸을 닦은 뒤에 미루어 남에게까지 미치게 하려는 것이지, 한갓 넓게 보고 열심히 기억하여 문장으로 이름이나 날리고 녹봉의 이익이나 취하게 하려는 것은 아니었다. 지금 학문하는 사람은 이미 이와는 반대로 되었다. (…) 요즈음 학교에 규약이 있지만, 학자를 대우함이 이미 천박하고 법규도 옛사람의 뜻에 꼭 부합하는 것 같지 않으므로 이제 이 학당에서는 다시는 그것을 실행하지 않는다. 성현이 사람을 가르쳐 학문을 하게 한 큰 단서만을 특별히 취하여 조목별로 나열하여 문 위에 게시한다.[167]

학문의 목적은 자신을 닦아 남에게 미치는 것이라 하고, 요즘의 학문은 과거 시험 준비에 치우쳐 있다고 비판했다. 주희가 말하는 바 '자신을 닦는 것'은 어떤 특별한 방법이 아니라 자기 삶의 구체적 현장에서 오륜의 보편적 인간관계를 정당하게 실현하는 것이다. 그 관계 맺음을 바르게 실현하기 위하여 배움의 다섯 가지 순서를 통해 답을 얻어 행한다는 것이다.[168]

이황은 주희의 학문 목적에 자신의 설명을 덧붙이며 글의 말미에서 학문의 대상을 언급했다. 제왕의 학문이 갖추어야 할 법규와 금지조항이 일반 학자와 다 같을 수는 없지만, 도리·이치에 근본하여 궁리·역행함으로써 심법心

---

167 『聖學十圖』 卷5, 「洞規後敍」, "熹竊觀古 昔聖賢所以敎人爲學之意 莫非講明義理 以修其身 然後推以及人 非徒 欲其務記覽爲詞章 以釣聲名取利祿而已 今之爲學者 旣反是矣 (…) 近世於學有規 其待學者爲已淺矣 而其爲法 又未必古人之意也 故令不復施於此堂 而特取凡聖賢所以敎人爲學之大端 條列如右 而揭之楣間." 주희는 학규를 만든 다음 「學規後敍」를 지었는데, 이 글은 『朱子大全』 卷74에 실려 있다.

168 李光虎, 「李退溪의 『聖學十圖』 硏究」, 『태동고전연구』 제4집, 1988, 16-18쪽.

法의 핵심을 얻으려 한다는 점에서 다르지 않다고 했다.[169] 『성학십도』가 어린 선조에게 올리는 글이므로 군주를 염두에 두고 쓴 것이지만, 그는 학문의 내용과 방법은 제왕과 일반 학자 모두 같다고 여겼다. 따라서 다른 사람을 다스리는 근본은 자기 자신을 닦는 수신을 통해 얻어지는 것이며, 배우는 사람은 제왕이건 일반 학자이건 모두 치인을 위해 수신을 이룩해야 한다고 보았다. 이 점은 주희가 「백록동서원게시」에서 재지사족에게 말하고 싶었던 근본이념이기도 했다. 제왕과 재지사족은 모두 치인治人을 행하는 자들이므로 이를 위해 먼저 수신을 행해야 했다.

『성학십도』의 「백록동규도」에서 제시한 학문의 목적과 내용은 이황이 처음 서원 교육에 관심을 갖게 된 백운동서원으로 거슬러 올라간다. 그는 경상감사 심통원에게 사액 요청을 위해 서한을 보내면서, 다음과 같이 백운동서원 교육의 목적과 내용을 밝혔다.

> 대저 왕궁·국도國都로부터 열군列郡에 이르기까지 학교가 없는 곳이 없는데도 서원에 무슨 장점이 있길래 중국에서 저렇게 숭상하는 것입니까. 그것은 은거하여 뜻을 구하는 사와 강도이업講道肄業하는 무리들이 대개 세속의 어리석은 경쟁을 싫어하는 반면, 책을 싸들고 어디 넓은 들판이나 적막한 물가 중에 선왕의 도를 노래하며 조용한 가운데 천하의 의리를 살피면서 덕을 쌓고 인을 익히는 즐거움을 누릴 데가 없나 하는 생각을 갖고 있기 때문입니다. 그래서 이런 이들이 즐겨 서원에 나아가니 국학이나 향교가 번화한 조시朝市나 성곽 한가운데 있어서 앞으로는 학령學令에 구애받

---

169 『聖學十圖』, 「洞規後敍」, "且帝王之學 其規矩禁方之具 雖與凡學者有不能盡同者 然本之彝倫 而窮理力行 以求得未心法切要處 未嘗不同也 故幷獻是圖 以備朝夕瞽御之箴."

고 뒤로는 이물異物에 마음이 현혹되기 쉬운 조건과 비교해볼 때, 어찌 그 공효가 같을 수 있겠습니까? 이러하기 때문에 비단 공부하는 선비의 입장에서 서원이 국학·향교보다 득력得力하기에 좋을 뿐만 아니라 국가가 원하는 훌륭한 인재를 얻는 데도 반드시 서원이 나을 것입니다. (…) 제가 가만히 보건대, 지금 국학은 원래 현명한 선비가 관여하는 바이지만 군현의 학교는 한갓 허물만 남아 있고 가르침이 크게 무너져 선비들이 도리어 향교에서 지내는 것을 수치로 여기고 있었습니다. 시들고 피폐함이 극심하여 구제할 길이 없으니 한심하다고 하겠습니다. 오직 서원 교육이 오늘날 성하게 일어난다면 학정에서 결여된 것을 구할 수 있어 학자가 귀의할 바가 있고 선비의 기풍이 따라서 크게 변화되고 습속이 날로 아름다워져 왕화가 이루어질 것이니 성인의 다스림에 큰 도움이 될 것입니다.[170]

위 서한에서 이황은 먼저 중국에서의 서원 발달 원인이 그 교육 내용에 있음을 설명하고, 이어 관학을 비판하면서 서원의 필요성을 주장했으며, 마지막으로 조정이 서원을 공인해줄 것을 논하였다. 먼저 그는 중국에서 서원이 발달한 이유를 환경의 영향과 도를 익히고자 하는 주체세력 때문이었다

---

170 『退溪集』卷9, 書「上沈方伯通源」, "夫自王宮國都 以及列郡 莫不有學 顧何取於書院 而中國之所尙如彼 何哉隱居求志之士 講道肄業之倫 率多厭世之囂競 抱負墳策 思逃於寬閒之野 寂寞之濱 以歌詠先王之道 靜而閱天下之義理 以蓄其德 以熟其仁 以是爲樂故樂就於書院 其視國學鄕校在朝市城郭之中 前有學令之拘礙 後有異物之遷奪者 其功效豈可同日而語哉 由是言之 非惟士之爲學 得力於書院 國家之得賢 亦必於此而優於彼也 (…) 滉竊見今之國學 固爲賢士之所關 若夫郡縣之學 則徒設文具 教方大壞 士反以游於鄕校爲恥 其刓散之極 無道以救之 可爲寒心 惟有書院之教 盛興於今日 則庶可以救學政之缺 學者有所依歸 士風從而丕變 習俗日美 而王化可成 其於聖治 非小補也 (…)."

고 짚었다. 그 세력들이 원하는 서원의 교육 내용은 선왕의 도를 익히고 천하의 의리를 살피면서 덕을 쌓고 인을 익히는 것이라 했다. 그 내용은 인의예지가 발현하는 오륜이었다. 이런 교육은 과거 준비를 위한 공부와는 맞지 않는 교육이라고 말했다. 이어서 현재 관학교육의 피폐함을 말하고, 서원의 교육만이 학정의 결여를 구원하고 사풍을 변화시킬 수 있다고 논했다. 마지막으로 서원에 대한 조정의 공인이 필요한 이유를 제시했다. 국가의 공인은 합법적으로 백성들을 설득하기 위한 방편이었다. 비록 서원이 재지사족을 위한 교육을 행한다 할지라도, 그 영향력이 합법적으로 백성에게까지 미치게 하려는 의도가 있었던 것으로 보인다.

그 후 백운동서원은 서원 교육의 전형을 이루게 되었다. 이황은 죽계서원竹溪書院(豊基)·임고서원臨皐書院(永川)·문헌서원文憲書院(海州)·영봉서원迎鳳書院(星州)·구산서원丘山書院(江陵)·남계서원藍溪書院(咸陽)·이산서원伊山書院(榮川)·서악정사西岳精舍(慶州)·화암서원畵岩書院(大邱)·역동서원易東書院 등[171] 명종 말년까지 건립된 서원의 반수 이상에 직·간접적으로 관여했다.[172] 이런 사실로 미루어볼 때 그

---

171 『退溪集』卷4, 詩「書院十詠」, "竹溪書院豊基 竹溪風月煥宮牆 肇被恩光作國庠 絃誦可能追白鹿 明誠誰似導南 康 臨皐書院永川 圃翁風烈振吾東 作廟渠渠壯學宮 寄語藏修諸士子 淵源節義兩堪宗 文憲書院海州 海陽儒學蕩城塵 野草春風燒更新 不向山林思變作 謾將書院謗叢臻 迎鳳書院星州 鳳山儒館極恢張 聚訟賢祠挾謗傷 但願諸賢明此學 聞爭浮議自消亡 丘山書院江陵 人材淵藪古臨瀛 闢學丘山洞石淸 降聖千年名已近 乞靈今日敎將明 藍溪書院咸陽 堂堂天嶺鄭公鄕 百世風傳永慕芳 廟院尊崇 眞不忝 豈無豪傑應文王 伊山書院榮川 地靈人傑數龜城 創立儒宮事亦貞 諱避不須生院號 絃歌猶待樹風聲 西岳精舍慶州 東都賢祀謗何頻 變置眞成學舍新 但使菁莪能長育 涵濡聖澤屬儒紳 畵巖書院大丘 畵巖形勝畵難成 立院相招誦六經 從此佇聞明道術 可無呼寐得群醒 總論諸院 白首窮經道未聞 幸深諸院倡斯文 如何科目波飜海 使我聞愁劇似雲." 이것은 「總論諸院」이라 하여 서원 자체를 詩評한 것이다.

172 鄭萬祚, 앞의 책, 1997, 40~42쪽.

의 서원 교육 이념과 교육 목적은 많은 서원에 영향을 미쳤다고 볼 수 있다.

16세기 말 지방사회에서 서원의 등장은 여러 가지 의미를 가진다. 『소학』 교육의 확대는 이미 16세기의 향약 보급으로 지방사회 곳곳에 미치게 되었다고 여겨진다. 이 향약은 실질적으로 재지사족과 민까지 교육시킬 수 있었던 주자학의 지역사회 교육이자 이념이었다. 서원은 그 바탕 위에서 형성된 향약과 유사한 성격의 교육기관이었다.

향약이 재지사족과 민을 동시에 도덕적인 구성원으로 변화시키려고 노력했다면, 서원은 주자학의 학문적인 교육방법을 적용한 사례라고 여겨진다. 이러한 서원은 네트워크의 구심체였다고 할 수 있다. 산발적으로 존재하는 네트워크 연결망을 서원이 조직적·합법적으로 변화시켰기 때문이다. 따라서 이후 서원이 해야 할 역할은 두 가지였다.

첫째, 서원은 재지사족이 '사'로서의 정체성과 의례적인 행위에 의해 공동체의식을 형성할 수 있는 근거를 제공했다.[173] 재지사족의 '사'로서의 정체성은 배움을 통한 중앙 사대부들과의 동질화이다. 향촌 내에서 확고한 지위를 확보하고 있는 이들은 서원 교육을 통해 자신들의 '사'로서의 정체성과 구별성을 획득하고자 했다. 그리고 한편으로 이런 정체성과 구별성은 곧 중앙 사대부들과의 동질감과 연결성을 확보하고자 하는 것이기도 했다.

한편 그들은 그 지역 사묘에 드리는 제사를 통해 재지사족 간의 연대감을 조성하기도 했다. 풍기의 백운동서원은 안향을, 함양의 남계서원은 정여창을, 영천의 임고서원은 정몽주를 사묘에 모셨다. 이들은 각각 자신의 출신 지역 서원에 모셔졌다. 서원에서 이들을 제향함으로써 각 지역 사족들은 자신

---

173 Linda A. Walton, *Academies and Society in Southern Sung China*, Honolulu: University of Hawaii Press 1999, pp. 150~151.

들만의 공동체의식과 연대감을 가질 수 있었다.

둘째, 서원은 담론의 장이었다. 담론은 어떤 일정한 구성 규칙에 따라 형성된 언어적 집합체이다.[174] 언어는 담론을 형성하기 위해 사용되는 도구이면서 유일한 담론 참여 도구이다. 따라서 같은 언어를 사용하는 사람들은 다른 언어를 사용하는 사람들과 구별되며, 이를 통해 담론에서 자신의 위치를 정의하고자 했다.[175] 서원이라는 장소에서 행해지는 배움의 언어는 소학실 천자들의 담론을 보다 확고히 만들어내고 확대시켜 나갈 수 있게 했다. 서원 교육은 이런 담론을 만들어내고 발전시킬 수 있는 최적의 장소였다. 서원은 집단화의 장소였고, 그 속에서 형성된 언어는 다른 지역과 분리될 수도 있지만 더 확대될 수도 있었기 때문이다.

이렇게 서원은 『소학』 이념의 지방 확대에 실질적인 구심체 역할을 했지만, 서원의 교육 대상은 재지사족에 치우치고 있었다. 재지사족을 넘어 일반 백성들에게 『소학』 이념이 어떻게 수용되고 있는지는 서당 교육을 통해 살펴보는 것이 의미가 있을 것이다.

서당은[176] 향촌 재지사민이 주도세력이 되어 면·동·리를 기본단위로 설

---

174 이정우, 『담론의 공간』, 산해, 1994, 14쪽.

175 Hoyt Tillman, *Utilitarian Confucianism: Ch'en Liang's Challenge to Chu Hsi*, Cambridge: Harvard University Press, 1982, pp. 153~154.

176 사료의 부족으로 조선 전기 서당에 관한 자료를 거의 발견하기가 어려웠다. 서당에 관한 연구는 주로 다음 자료를 참조했다. 渡部學, 『近世朝鮮敎育史硏究』, 雄山閣, 1969; 박문숙, 「이조시대 이후 서당의 역사적 변천에 관한 연구」, 『교육연구』 39, 1972; 鄭麗淇, 「17세기 書堂敎育과 民族意識」, 동국대학교 교육대학원 석사논문, 1980; 丁淳佑, 「18세기 書堂硏究」, 한국정신문화연구원 박사학위논문, 1985; 오경택, 「16세기 서당 설립의 양상과 그 성격에 관한 일고찰」, 북악사학회 월례발표 논고, 2005년 6월; 오경택, 「조선시대 서당 연구의 현황과 과제」, 『전북사학』 제31호, 2007.

립한 초·중등단계의 사학 교육기관이다.[177] 서당이 처음 등장했던 시기는 16
세기로 여겨지며,[178] 학봉鶴峰 김성일金誠一 가문에서 건립한 두 서당을 통해
확인할 수 있다. 서당 건립은 김성일의 부친인 김진金璡과 김성일의 동생인
김복일金復一이 각기 주도했다. 다음에서 이들 두 서당의 실체를 파악함으로
써 서당의 교육 내용과 서당을 통해 『소학』이 어떻게 대중화될 수 있었는지
그 가능성을 타진해보고자 한다.

첫 번째 사례는 부암서당傅巖書堂이다. 김진은 사마시에 합격(1525)하여 하
서河西 김인후와 성균관에서 동문수학했으나, 학업을 단념하고 향리인 임하
현臨河縣에 돌아와 부암에 서당을 설립하고 다음과 같이 교육했다.

> 부암 곁에 서당 일구一區를 구획하였다. 자제와 향당의 몽사蒙士들을 모
> 아 학령을 세워 과정을 엄하게 하고 타일러서 가르치고 압박하지 않으니
> 게으름을 피우지 못했다. 이와 같이 하길 수십 년을 멈추지 않았다. 학도
> 들이 많이 모이고 흥기해서 글 읽는 소리가 악기처럼 경내에 들렸다. (…)
> 비록 어린아이들일지라도 항상 학당에서 학업을 닦도록 하였으며, 여항의

---

177 丁淳佑, 앞의 책, 1985, 9쪽. 渡部學(『近世朝鮮教育史研究』, 雄山閣, 1969)은 려말선초의
齋舍學堂을 서당의 기원으로 보고, 그것이 선초에 소위 安居講學的·書齋的 서당으로
변모했다고 주장했다. 이런 의견은 李秉烋(「麗末鮮初의 科業教育」, 『역사학보』 67집,
1975)에도 계승되었고, 丁淳佑에게까지 이어졌다. 書齋는 주로 과거 공부를 담당했다
는 점에서 서당과 달랐던 것 같다. 『成宗實錄』 卷17, 成宗 3년 4월 癸未.

178 16세기에 설립된 서당은 향촌사회에서 담당하는 역할이 서원과 중복되는 측면도 있었
다. 이는 면리제가 정착되기 이전에 서당이 가지고 있던 과도기적 모습으로 보인다.
예를 들면, 이 시기 서당이 설립될 때 그 구성원과 지리적 기반이 자연촌 단위를 훨씬
넘어서서 여타 사족으로부터 반발이 제기되거나 기존 서원과 알력이 야기되기도 했
다. 오경택, 앞의 논문, 2005년 6월.

습속이나 상인들의 잡스러운 희롱을 따라하지 못하게 하였다. 독서하는 여가에 가끔 아이들을 앉혀놓고 조용히 고인들의 가언과 선행을 교육하였다.[179]

부암서당의 교육 대상은 자제와 향내의 몽사였다. 학령을 마련하여 과정을 엄하게 하기를 수십 년 지속하였다는 것으로 보아 상당히 체계적인 교육이 이루어졌음을 알 수 있다. 이러한 서당의 주요 교육내용은 『소학』이었다.[180] 고인들의 가언과 선행은 『소학』의 외편인 「가언」과 「선행」에 수록되어 있다. 이것은 『소학』이 서당 교육의 실질적인 내용이었음을 말해준다.

부암서당의 주 교육 대상이 자제와 향내 몽사였지만 당시의 지방 평민에게 개방되었을 가능성도 배제할 수는 없다. 이 사실은 김진이 서당 설립의 이유를 밝히면서 "해변 고을 아이들이 의지할 스승이 없어서 어려서는 배우지 못하고 자라서는 경박하고 게을러지므로 고을 일대에 통지하여 서당을 세웠다"[181]고 한 데서도 확인할 수 있다. 그는 서당 교육의 대상으로 해변 고을의 스승 없이 자라는 어린 아동을 지칭했다. 교육기관에서 제대로 수학할

---

179 『聯芳世稿』卷1, 附錄「行狀」, "傅嚴傍 搆書堂一區 聚子弟及鄕黨蒙士 立學令 嚴科程 教誨諄諄不壓不倦 如是 積數十年不輟 學徒多興起 絃誦之聲 聞於一境 (…) 雖幼少者 常令居業學堂 不得輒至閭巷間習爲堳商之戲 讀書之暇時或賜坐 從容歷擧古人嘉言善行."

180 서당의 주요 교재는 16세기에는 주회의 『소학』이었으나, 17세기에는 朴世茂가 찬한 『童蒙先習』으로 바뀌었다(鄭麗淇, 앞의 책, 1980; 오경택, 앞의 논문, 2007, 89쪽). 특히 金璡의 가계도에서 그의 외조부가 閔世卿이며 외조부의 아우가 현량과 출신인 閔世貞이었던 것을 볼 때(『聯芳世稿』卷1, 附錄 「行狀」), 그가 『소학』을 중시했을 것으로 짐작된다.

181 『聯芳世稿』卷1, 附錄, 「行狀」, "海鄕無賴良家子弟 幼不知學長益偸惰 府君(金璡을 칭함)通于縣境 令柳立書堂."

수 없었던 아이들을 교육시키고자 서당을 세웠던 것이었다. 따라서 김진은 이들에게도 서당 교육의 기회를 주고자 하였던 것으로 보인다.

두 번째 사례는 금곡서당金谷書堂이다. 김진의 아들이며 김성일의 동생인 김복일은 예천 덕진동德進洞에 금곡서당을 건립했다. 그는 임하현 천전리川前里에서 나고 자랐지만, 처향妻鄉을 따라서 예천 덕진동으로 이거했다. 그는 당시 금곡서당을 설립한 이유를 다음과 같이 설명했다.

> 군의 동서에 비록 소위 서당이 있을지라도 지리적으로 한쪽에 치우쳐 있고 사적인 기관이다. 배우기를 원하는 사람들이 괴롭지 않음이 없으니, 하나의 서당을 만들어 인재 배출의 장소로 삼으려고 도모하지 않겠는가. 가르침에 있어 그 류를 가리지 않음은 성性의 선함이다. (…) 그런 즉 부로父老로 그 자손을 사랑하는 자가 이 일이 급함을 알지 못하겠는가. 부유한 자는 많이 내고 가난한 자는 적게 내며 산역山役에 밝은 자는 공사를 주관하게 하면 쉽게 공사가 성공될 수 있으니 어찌 조그마한 공사의 비용을 꺼려서 자손의 무궁한 계책을 만들려고 하지 않겠는가.[182]

당시 예천군에 이미 서당이 있었는데도 굳이 서당을 하나 더 설립했던 이유는, 그 서당이 한쪽에 치우쳐 있는 데다 사적인 기관이어서 배우고자 하는 사람들이 불편했기 때문이었다. 금곡서당은 이러한 불편을 해소하고자 설립되었다. 그리고 배우고자 하는 자는 그 부류를 가리지 않고 교육 대상에 제

---

182 『聯芳世稿』卷8,「金谷書堂創立文」, "郡之東西 雖有所謂書堂者 而地偏一方 名私其私 願學之人 莫不病焉 盍 謀所以更搆一堂 以爲作興之所乎 嗚呼 有教無類 性之善也 (…) 然則父老之愛其子孫者 可不知當務之爲急乎 富焉而出其多 貧焉而出其小 又得山人之 彊人意者 以幹其事 則用力易而成功博 豈憚小小功之費 而不爲子孫之無窮之計哉."

한을 두지 않았다. 그러면서 서당 설립에 군내의 모든 부로들이 빈부를 가리지 않고 동참할 것을 제안했다. 이는 사실상 전체 향민의 참여를 권장하는 것이었다.

이를 통해 볼 때, 금곡서당은 교육 대상의 범위를 상당히 넓게 잡고 있었던 것으로 보인다. 배우고자 하는 자의 대상에는 성인 사족도 포함되었던 것 같다.[183] 그 교육내용은 언급하지 않아 정확히 알 수 없으나, 부암서당과 비슷했을 것이다.

이후 금곡서당은 정산鼎山으로 옮겨가서 서원으로 변화했다.[184] 이런 양상을 통해, 16세기 서당 중에는 향촌사회에서의 역할이라는 측면에서 서원과 구분하기 애매한 경우들이 있었던 것으로 이해된다. 이는 면리제가 정착되기 이전 서당의 과도기적 모습으로 보인다.[185]

17세기에 들어서면서 서당의 수는 급격히 증가했고, 18·19세기에는 확고한 동몽교육의 장이 되었다. 이로써 『소학』이 향촌 말단까지 퍼질 수 있는 토대가 마련되었다.

이상으로 『소학』 이념의 지방 확대를 서원과 서당을 통해 살펴보았다. 서원의 건립은 『소학』적 움직임의 지향을 갖고 있었던 네트워크가 서원을 통하여 확대되고, 지식의 질적인 성장을 가져오는 계기가 되었다. 그리고 서당은 주자학적 사유가 일반 백성에게까지 확대될 수 있는 또 하나의 지표가 되었던 것으로 보인다. 서원이 16세기 중엽부터 건립되기 시작하여 17·18세기에

---

183 『聯芳世稿』卷8,「金谷書堂創立文」, "多士藏修之所 或多士養靜之所."

184 『聯芳世稿』卷8,「行狀」, "嘗寓居醴泉之琴谷 爲文勸諭父老 公立書堂於德進洞 爲多士講學之所 後移於鼎山爲書院 興學明教 其功亦偉矣."

185 丁淳佑, 앞의 책, 1985, 17~18쪽.

그 수가 크게 증가했고, 서당 역시 17·18세기에 그 수가 급증했는데, 이는 이 시기에 그만큼 지방사회에서 『소학』 이념, 더 나아가서 주자학적 이념이 확장되는 과정이었다고 생각된다. 이로써 『소학』은 일부 소학실천자들이 읽던 책에서 중앙의 사대부, 재지사족, 더 나아가 일반 평민까지 읽을 정도로 그 독서층의 범위가 확장되고 있었던 것이다.

17세기 단성현 엘리트의 조직 형성과 인적 네트워크

1. 머리말

조선은 중앙집권적 통치방식으로 운영되었다. 그러나 그것은 중앙에 의한 일원적이고 획일적인 통치가 아니라 각 지역의 자율성을 인정하는 체제였다. 그 자율성을 가능하게 한 근거는 각 지역에서 작동하고 있었던 성리학적인 사회 시스템, 즉 향약鄕約이었다. 향약은 지역사회의 자발적인 움직임 속에서 행해지는 공동체 구성원들 사이의 '약속'으로 이루어졌다. 이 약속을 통해서 지역사회는 중앙에서 파견된 관료가 아니라 지역민들이 인정하는 지역 엘리트들의 주도로 운영되었다. 즉 향약은 지역사회가 중앙에 의해 직접적으로 운영되는 게 아니라 간접적으로 운영되도록 하는 방식을 말한다. 그러므로 향약을 통한 지역의 엘리트 조직은 전근대 시기 지방 통치 시스템에서 중요한 비공식적인 근간을 점하고 있었다.

17세기는 지역사회에 향약이 뿌리내리고 정착해 나가는 시기였다. 향약을 주도했던 각 지역의 엘리트들은 중국의 지역 엘리트와 달리 임진왜란 동안 각 지역에서 자발적인 의병 활동을 주도했던 이들이었다. 그들은 중앙의 동의와 지역민들의 인정 속에서 자신들이 주도할 수 있는 조직을 창출해냈다. 그 과정에서 엘리트들은 주로 자신들의 이름이 새겨진 명부인 '향안'을 만들어 누가 이 지역의 질서를 주도하고 있는지 뚜렷하게 명시했다.

향약과 향안에 관해서는 기존의 많은 연구가 축적되어 있다. 향약에 관한 연구는 주로 향약의 성격을 규명하는 데 집중했다. 이 선행연구들을 통해 향약의 성격이 성리학적 지배질서를 위한 정치사회적 운동이었음이 확인되었다.[1] 그러나 기존의 향약 연구는 중앙과 대립하는 향약의 지방자치적 측면만을 부각시켜 설명하고 있다.[2]

한편, 향안에 관한 기존 연구는 향안이 내외향에 모두 신분적 하자가 없어야 입록入錄될 수 있는 폐쇄적인 재지사족의 명단이며 그들의 신분적 권위의 상징이었다고 이해하였다. 그로써 향안은 사족 중심의 향촌 지배질서를 확립하는 데 중요한 역할을 담당해왔다고 파악되었다.[3]

단성향안에 관한 선행연구도 이를 전제하고 있다. 단성향안 연구의 선구자인 가와시마 후지야川島藤也는 사료의 면밀한 분석을 통해 단성향안에 관한

---

1 李泰鎭, 「朝鮮前期의 鄕村秩序」, 『동아문화』 13, 서울대 동아문화연구소, 1976; 李樹健, 「朝鮮시대 鄕村社會의 성장과 鄕約」, 『향토사연구』 4, 한국향토사연구전국협의회, 1992.

2 韓相權, 「16·17세기 鄕約의 機構와 性格」, 『진단학보』 58, 진단학회, 1984; 金武鎭, 「조선 중기 士族層의 동향과 鄕約의 성격」, 『한국사연구』 55, 한국사연구회, 1985; 李海濬, 「朝鮮前期 鄕村自治制」, 『인문학연구』 18, 중앙대 문과학연구소, 1991; 朴焞, 「朝鮮中期 士族의 鄕村支配權 確立」, 『朝鮮後期鄕約研究』, 민음사, 1990; 향촌사회사연구회, 『朝鮮後期 鄕約研究』, 민음사, 1990; 金仁杰, 「'栗谷鄕約'의 再論—養民을 위한 人材 육성」, 『한국사론』 54, 서울대 국사학과, 2007.

3 향안에 관한 연구는 다음과 같다. 四川孝三, 「鄕案について」, 『山本博士還暦紀念東洋史論叢』, 1973; 川島藤也, 「李朝中期における鄕案の構造と役割—昌寧鄕案(1600~1838)について研究序說」, 『第一回國際學術會議論文集』, 정신문화연구원, 1979; 金仁杰, 「조선 후기 鄕案의 성격변화와 在地士族」, 『金哲埈博士華甲紀念史學論叢』, 지식산업사, 1983; 申正熙, 「鄕案研究」, 『대구사학』 26, 대구사학회, 1984; 金龍德, 「鄕規研究」, 『한국사연구』 54, 한국사연구회, 1986; 金鎬逸, 『朝鮮後期 鄕案에 對한 一考察』, 한국정신문화연구원, 1987.

기초자료를 만들어놓았다. 그는 향안 입록자들의 성관姓貫과 관직, 유학인구 등을 밝히고, 그를 통해 향안이 유력 혈연집단有力血緣集團, 즉 귀족적 가문집단에 의해 여러 세대에 걸쳐 일정한 간격을 두고 편찬된 명부라는 결론을 도출하였다.[4] 가와시마 후지야의 연구를 이어받은 최호崔虎 역시 향안이 폐쇄적인 재지사족의 명단이라는 데 의견을 같이한다.[5]

이처럼 기존의 연구는 '대립'과 '폐쇄'라는 이분법적 관점에서 향약과 향안을 바라보았는데, 이 관점은 두 가지 측면을 간과하고 있다. 먼저, 중앙과 지방을 대립적으로 바라보고 있는 관점이다. 향약은 성리학적 사회 시스템의 일환으로, 그 시스템은 국가와 지방이 대립하기보다는 국가라는 전체 틀 속에서 지방의 자율성을 존중하는 방식이다. 지역의 자율성을 유지하기 위해서는 각 지역 엘리트들의 역할이 중요시된다. 둘째, 향안이 폐쇄적 재지사족의 명부라는 관점이다. 향안은 지역 엘리트 조직의 명부이다. 사회조직 자체는 폐쇄적일 수 있지만, 사회조직이 만들어지고 운영되기 위해서는 조직을 폐쇄시키면서도 동시에 개방시켜야 한다. 그 내부에는 개인과 개인 간의 연결을 의미하는 '개방적이면서도 일정한 경향성을 띠고 있는 네트워크'가 작동하고 있었다.

이 글은 기존 연구의 두 가지 관점을 재고하면서 지역 엘리트들이 지역 시스템을 어떻게 만들었는지, 왜 향안 조직을 창출했는지에 대해 단성향안이라는 구체적인 사례를 통해 살펴보고자 한다. 더 나아가, 이 글이 조선 전기 중앙과 지방의 관련성, 그리고 지역 엘리트의 형성에 대해 보다 많은 정보를

---

4 가와시마 후지야, 「『丹城鄕案』에 對하여」, 『청계사학』 4, 한국정신문화연구원청계사학회, 1987.

5 崔虎, 「丹城鄕案에 대한 一考察」, 『又仁 金龍德博士 停年紀念史學論叢』, 1988.

제공하는 데 도움이 되길 기대한다.

2. 단성향안과 조직 창출자들

단성현은 산과 강으로 둘러싸인 작고 소외된 지역이다. 19세기 초기의
『단성현읍지丹城縣邑誌』에 의하면 단성현은 경상남도 서부 지역의 중심지인
진주목에 이웃하여 서울에서 800리 거리였고 9일의 여정이 필요했다고 한
다.[6] 단성현의 역사는 길지만,[7] 현존하는 문서로 볼 때 지방행정단위로서 단
성현에 큰 변화가 있었던 것 같지는 않다. 그러나 임진왜란은 단성 지역에도
많은 영향을 미쳤다. 임진왜란이 일어났을 때 단성은 왜군이 진격한 통로 중
하나였고, 임진왜란 동안 2차에 걸친 진주성전투로 인해 단성 주변에서 격심
한 전투가 벌어져 심한 피해를 입기도 했다.[8] 또한 임진왜란 직후 단성에 남
아 있던 무장한 잔배들이 평정되었다는 기록도 있다. 이로 인해 단성현은 산
음현으로 합병되었는데, 1613년 단성 지역 엘리트들이 조정에 탄원하여 단성
현을 독립된 현으로 복귀시켰다.[9] 그로부터 8년 뒤 그 지역 엘리트들에 의하
여 단성향안이 만들어졌다.

단성향안에는 1621년(광해군 13)부터 1707년(숙종 33)에 걸쳐 약 301명이 기록

---

6 「丹城縣邑誌」, 『慶尙南道輿誌集成』, 慶尙南道輿誌集成 編纂委員會, 1963, 350쪽.

7 신라시대에는 闕城이라 불리다가 고려대 江城에서 丹溪로 개명되었고, 조선 세종대 丹
城이라 불렸다. 「丹城縣邑誌」, 349쪽.

8 가와시마 후지야, 앞의 논문, 1987, 189쪽.

9 「丹城縣邑誌」, 『韓國地理誌叢書: 邑誌 慶尙南道編』, 아세아문화사, 1982, 871쪽.

되어 있다. 향안에는 새 향원鄕員의 이름만 기록되어 있으며, 마지막 향원의 이름 뒤에는 '제際'라는 한자와 그들이 향원에 입록된 연월이 기록되어 있다. 따라서 명부에서는 향원의 성명 외에 본관, 신분, 관직과 같은 세부사항은 전혀 찾아볼 수 없다. 단성향안은 초기와 후기에는 작성연대의 간격이 불규칙했지만 안정기에는 6년 간격이었다.

향안 작성의 특징은 대략 3시기로 구분해볼 수 있다. 첫 번째 시기는 입력 인원이 불규칙하며 기록연대가 짧은 것으로 보아 조직이 창출되는 시기였다고 볼 수 있다. 두 번째 시기는 입력 인원이 일정하고 기록연대도 6년 간격으로 규칙적인 것으로 보아 조직의 안정기로 여겨진다. 세 번째 시기에는 변칙적인 양상이 나타나, 조직 철회기라고 할 수 있다. 이 시기에는 한 해에 두 번씩이나 향안이 만들어졌고, 뒤로 갈수록 변칙적인 양상이 두드러지게 나타났다. 그리고 1707년을 마지막으로 향안은 더 이상 작성되지 않았다.

향안 조직이 형성된 시기는 1621년(광해군 3)과 1625년(인조 3)으로 산정된다. 1621년의 16명과 1625년의 9명은 서로 유사하며, 1630년의 9명과 다른 구분선을 갖고 있다. 1621년과 1625년의 구성원들의 유사성은 우선 직계혈연으로 연결되지 않고 주로 방계혈연으로 연결된다는 점이다. 1630년에 입록된 구성원에서 직계혈연이 나타나고 있는 것과 대조적으로, 1621년과 1625년에는 대부분 방계혈연인 형제관계나 3촌, 4촌관계가 주를 이루었다. 이 점은 비록 4년이라는 간격의 차이가 있었지만 이 두 식년이 향안이 조직되는 시기였음을 알게 해준다. 둘째, 나이의 분포도가 다양하다. 1630년 입록된 9명의 나이는 50대로 균일한 반면, 1621년의 16명은 나이 분포가 84세~44세에 이르고, 1625년의 9명도 75세~44세에 걸쳐 있다. 이러한 나이 분포는 비록 4년의 시간차를 갖지만 서로 유사한 양상을 보인다. 셋째, 의병에 직접적으로 참여한 사람들이 1621년과 1625년에 공통적으로 존재한다. 이러한 여러 유사점으로 보아, 1621년과 1625년의 구성원들은 다양한 연령대와 다양한 관계로 구성되어 있었으며, 1625년의 9명은 1621년의 16명 외에 들어가야 했던 사람들이 빠진 경우로 추정된다. 따라서 향안 조직 창출 시기는 1621년과 1625년으로 보이며, 향안 조직 창출 인원은 모두 25명이다. 〈표 13〉은 향안 조직 창출 시기에 입록한 25명의 기본적인 인적사항과 상호관계성을 파악한 것이다.

〈표 13〉 1621~1625년 단성향안 창출자

연도	순번	이름	나이	본관	과환	관계	의병 참여	학맥	비고
1621	1	이광임	84	합천		이침 조카			
	2	박인량	76	밀양			직접	조식	
	3	김경인	66	상주	1603년 무과				단성향교 창설
	4	이하생	68	성주				오건 최영경	
	5	이유눌	60	성주		이유열 제, 이곡 조카, 이유흔 4촌	직접	이조	
	6	권홍	58	안동				권문임	
	7	이유흔	61	성주		이유눌·이유흔 4촌			
	8	윤경명		무송					
	9	이침	64	합천		이광임 3촌			
	10	유형춘	60	진주		유중춘·유유춘 제, 권도 매제			
	11	권집	53	안동	1601년 생원, 1612년 문과, 1623년 병조정랑	권준 제, 권도 4촌		정구	1614~1623 단성 거주
	12	이유열	52	성주	생원	이유눌 제, 이곡 조카, 이유흔 4촌	직접	이조	
	13	이호	60	합천		이영 제		이천경	
	14	권도	46	안동	1601년 진사, 1613년 문과, 1623년 승정원 주서	권집·권준 4촌, 유형춘·유중춘·유유춘 매제		정구	1613~1623 단성 거주
	15	이곡	46	성주	진사	이유눌·이유열 3촌		최영경	
	16	권준	44	안동	생원, 1613년 문과, 1623년 형조좌랑	권집 형, 권도 4촌		정구	1613~1623 단성 거주

1625	17	양건	75	남원				
	18	한대박	72	면천				
	19	권극행	54	안동	생원		직접	
	20	유중춘	58	진주		유형춘·유유춘 형제, 권도 매제		
	21	양류		남원				
	22	이은		성주				이조
	23	유유춘		진주	1603년 무과	유형춘·유중춘 형제, 권도 매제		1608~ 단성 거주
	24	유현	53	진주				
	25	이영	44	합천		이호 형	이천경	

* 『安東權氏僕射公派譜』, 『陜川李氏世譜』, 『星州李氏景武公派世譜』, 『商山金氏大同譜』, 『密城朴氏拙堂公派譜』, 『茂松尹氏大同譜』, 『晉州柳氏世譜』, 『南原梁氏世譜』, 『淸州韓氏世譜』, 『慶尙道丹城縣戶籍臺帳』(1606), 『倡義錄』, 『南冥別集』, 『德川及門諸賢集』 등 참조.

〈표 13〉을 통해 향안 창출자들의 나이·성관·과환 등의 개인정보와 함께 혈연·혼인·학맥 등 타인과의 관계성을 확인할 수 있다. 먼저 개인정보를 살펴보면, 나이의 경우 확인되지 않는 4명을 제외하면 많게는 84세에서 적게는 44세에 이른다. 앞서 언급했듯이 입록 시기에 4년의 간격이 있음에도 연령분포가 다양하게 나타나고 있다. 또한 나이와 입록 순서가 일치하지 않는 것으로 보아 나이순으로 입록된 것은 아닌 듯하다. 본관의 경우 25명이 대략 9개의 성관으로 구성되어 있다. 그중 성주이씨가 6명으로 가장 많고, 안동권씨가 5명, 합천이씨와 진주유씨가 각각 4명이다. 본관의 비율은 이들의 관계성을 확인해주는 지표가 될 수 있다. 급제자는 진사와 생원 급제자가 6명, 문과 급제자가 3명, 그리고 무과 급제자가 2명이다. 문과 급제자 3명은 관직에 진출했다가 단성으로 귀향했고,[10] 무과 급제자 2명은 관직에 진출하지 않은 채 단성에 계속 남았다.[11] 향안이 작성되던 시기에 이들은 모두 단성에 거주하

---

10 『安東權氏僕射公派譜』, 1934.

11 『商山金氏大同譜』, 1928; 『晉州柳氏世譜』, 1874.

고 있었다. 관직에 진출한 문과 급제자 3명은 안동권씨 가계인데, 이 가계가 대체로 중앙정계와의 연결성을 가장 많이 갖고 있었던 것으로 보인다.

다음으로 타인과의 관계성을 살펴보면, 직계혈연관계는 보이지 않고 방계혈연관계가 주로 나타난다. 진주유씨 3형제, 안동권씨 형제, 그리고 합천이씨 형제로 구성되는 2촌관계가 주를 이루며, 그 외에 3촌과 4촌관계가 있다. 혼인관계는 안동권씨와 진주유씨의 관계가 대표적이다. 특히 타인과의 관계성에서 이 지역과 직접적인 관계성을 보이는 것이 학맥이다. 대체로 남명 조식과 관계된 인물들이 다수를 구성하고 있다. 다음 절에서는 25명의 구성원들이 어떠한 관계성을 갖고 있었는지 구체적으로 그들의 네트워크를[12] 통해 살펴보고자 한다.

3. 향안 조직 창출자들의 인적 네트워크

〈그림 4〉는 향안 조직을 창출한 25명의 구성원들이 어떻게 조직을 창출했는지, 향안에 입록되는 조건은 무엇이었는지 파악하기 위해 네트워크를 그린 것이다. 이 그림은 개인과 개인의 직접적인 관계와 개인을 넘어서는 간접적인 관계 모두를 설명하고 있다. 첫째는 혈연을 통한 직접적인 관계이다.

---

12 Christoper Ansell("Network Institutionalism", *The Oxford handbook of PoliticalInstitution*, Oxford University Press, 2006, pp. 75~77)은 네트워크(Network)가 비공식적·개인적이며, 제도주의(Institutionalism)는 공식적·비개인적이라고 하였다. 이런 모순 의미의 용어인 네트워크와 제도주의를 하나의 개념으로 상정한 이유는 비공식적인 네트워크가 제도보다 더 행동적인 경향이 있기 때문이다. 네트워크 제도주의는 개인과 개인, 개인과 조직, 그리고 조직 간의 상호작용과 교환을 통해 안정적·반복적으로 나타나는 패턴을 제공한다는 점에서 하나의 제도적 장치라고 할 수 있다.

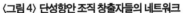

〈그림 4〉 단성향안 조직 창출자들의 네트워크

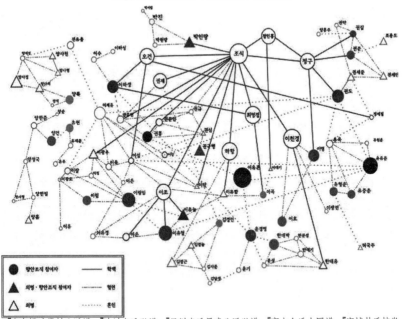

* 『安東權氏僕射公派譜』, 『陜川李氏世譜』, 『星州李氏景武公派世譜』, 『商山金氏大同譜』, 『密城朴氏拙堂
公派譜』, 『茂松尹氏大同譜』, 『晉州柳氏世譜』, 『南原梁氏世譜』, 『淸州韓氏世譜』, 『慶尙道丹城縣戶籍臺帳』
(1606), 『倡義錄』, 『南冥別集』, 『德川及門諸賢集』 등 참조.

혈연관계는 25명의 조직 창출자들의 관계성에서 두드러진 특징이다. 〈표 13〉
에서 언급했듯이, 1621년과 1625년에 입록된 향안에는 직계는 나타나지 않고
방계의 비율이 월등히 높았다. 방계 가운데 형제관계는 1621년 같은 식년에
권집權濮과 권준權浚, 이유눌李惟訥과 이유열李惟說이고, 1621년 유형춘柳亨春과
1625년 유중춘柳中春·유유춘柳有春, 1621년 이호와 1625년 이영이다. 3촌관계는
1621년 이광임과 1625년 이침이며, 1621년 같은 식년에 이유눌·이유열 형제
와 이곡이다. 4촌관계는 1621년 같은 식년에 권집·권준 형제와 권도이다. 이
로서 2촌~4촌에 해당되는 인물들이 조직 창출자 25명 중 50%에 이른다.

둘째는 혼인으로 연결된 관계이다. 혼인관계는 25명의 조직 창출자들 외

의 인물들과 관계를 맺는 경향성이 나타난다. 따라서 혼인관계는 부계혈연관계보다 관계의 폭이 더 확장되며, 간접적인 관계가 더 많았다. 25명 조직 창출자들의 혼인관계에서 가장 직접적인 것은 안동권씨安東權氏 권도權濤와 진주유씨晉州柳氏 유형춘柳亨春·유중춘柳中春·유유춘柳有春 형제의 혼인관계이다. 그 외에는 밀양박씨密陽朴氏 박인량朴寅亮·상산김씨商山金氏 김경인金景認을 제외하고 서로서로 간접적인 혼인관계를 이룬다. 합천이씨陜川李氏 이광임李光任의 외조부는 성산이씨星州李氏 이유눌李惟訥·이유열李惟說의 조부이며, 성주이씨 이하생李賀生은 안동권씨 권홍權澤의 백부 권문현權文顯의 사위다. 성주이씨 이유흔李惟新은 무송윤씨茂松尹氏 윤경명尹景溟·안동권씨 권홍과 매제관계이며, 진주유씨 유중춘은 남원양씨南原梁氏 양륙梁稑의 백부 양사형梁士亨의 사위이다. 그리고 무송윤씨 윤경명과 면천한씨沔川韓氏 한대박韓大朴은 사돈관계이다. 이처럼 이들은 서로서로 혼인관계를 이루고 있는데, 그 혼인관계에는 몇 가지 경향성이 나타난다.

먼저 의병활동과 학맥·혈연과 같은 조건이 나타나지 않은 사람일 경우이다. 이에 해당되는 인물이 무송윤씨 윤경명이다. 윤경명은 조직 창출자 25명 가운데서 학맥, 혈연과 같은 관계성을 갖고 있지 않았으며, 의병활동에도 직·간접적인 참여가 없었다. 그는 성주이씨 이담李曇의 딸과 혼인을 통해 성주이씨 가계와 연결될 수 있었으며, 이담의 다른 딸이 권홍과 혼인하면서 안동권씨 가계와도 연결성을 갖게 되었다. 윤경명에게 혼인은 조직 창출에 참여할 수 있었던 가장 중요한 조건이었다고 생각된다.

다음은 혈연관계 외에는 학맥관계가 약하고 의병활동과 전혀 관련이 없는 진주유씨 유형춘·유중춘·유유춘 형제의 경우이다. 이들 형제는 유옥柳沃의 딸이 안동권씨 권도와 혼인하면서 조직 창출과 깊은 연관성을 지닌 안동권씨 가계와 연결성을 갖게 되었고, 유중춘이 남원양씨 양사형의 딸과 혼인하면서 의병활동으로 유명한 남원양씨 가계와도 연결성을 갖게 되었다. 진주 유씨 가계는 중첩적인 혼인을 통해 향안 조직 창출에서 확고한 지위를 차지하게 된 것으로 보인다.

마지막은 조직창출자들 사이의 중첩적인 혼인관계이다. 중첩적인 혼인관계를 가장 많이 맺은 인물은 권홍이다. 권홍은 성주이씨 이하생, 성주이씨 이유흔, 무송윤씨 윤경명과 혼인관계를 맺었다. 다음으로 많은 혼인관계를 맺은 사람이 성주이씨 이유흔, 안동권씨 권도, 그리고 진주유씨 유중춘이다.

〈그림 4〉에서 혼인 네트워크를 통해 개인과 개인의 관계성도 파악할 수 있지만, 더 나아가서 가계와 가계 간의 긴밀한 유대관계도 확인할 수 있다. 조직 창출 시 가장 많은 성관의 인물들이 참여한 성주이씨와 합천이씨는 서로서로 혼인관계를 맺고 있었다. 특히 진주유씨 가계는 다른 여러 가계와 혼인관계를 맺음으로써 그 유대감을 확장하고 있었다. 이에 반해 단성현의 최고 유력 가계라고 할 수 있는 안동권씨 권집權潗과 권준權浚은[13] 조직 창출 인물들과 전혀 혼인관계를 맺지 않았다. 권집과 권준은 혼인관계를 통해 유대감을 형성하지 않아도 지역에서 유력 가계를 유지할 수 있었기 때문이 아닐까 추정된다.

셋째는 문인들로 연결되는 학맥관계이다. 남명 조식은 청년기를 서울에서 보내고 경상우도로 낙향하여 그곳을 학문의 거점으로 삼고 많은 문인들을 배출했다. 남명학파의 지역적 범주는 진주를 중심으로 했다.[14] 진주 서쪽

---

13 권준과 형 권집, 종형 권도는 문과에 급제한 후 여러 관직을 두루 거쳤고, 단성 주변 지역의 다른 인사들과 교류하며 중요한 행적을 남겼다. 이 때문에 세 사람은 단성 지역의 '三權'이라고 불릴 정도였다. 趙絧, 『龍洲遺稿』 17, 墓碣, 「光州牧使權公墓碣銘」.

14 신병주, 『남명학파와 화담학파 연구』, 일지사, 2000, 67쪽; 「조선 중기 남명학파의 활동과 그 역사적 의미」, 『남명학파 연구의 신지평』, 예문서원, 2008, 87쪽.

에 위치한 단성현은 그중에서도 남명 문인들을 많이 배출한 지역 가운데 하나이다.

단성현의 남명 문인들은 대체로 두 종류로 나누어진다. 하나는 16세기에 활동했던 조식을 직접 찾아가 그의 문인이 된 경우이며, 다른 하나는 조식에게서 수학했던 문인인 오건吳健, 최영경崔永慶, 하항河沆, 이천경李天慶, 이조李晁, 정구鄭逑, 정인홍鄭仁弘을 통해 문인이 된 경우이다.[15] 전자에 해당되는 인물은 이조李晁, 이담李曇, 이대기李大期, 권규權逵, 권문임權文任, 이광우李光友, 이천경李天慶, 박인량朴寅亮이며, 후자에 해당되는 오건의 문인은 이섬李遳, 정세필鄭世弼, 이하생李賀生이며, 최영경의 문인은 이하생, 이곡李轂이며, 하항의 문인은 김경근金景謹, 이유함李惟諴이며, 이천경의 문인은 한대유韓大猷이며, 이조의 문인은 이유열李惟說, 이유눌李惟訥, 이은李垠이며, 정구의 문인은 권도權濤, 권집權濮, 권준權濬이며, 그리고 정인홍의 문인은 양홍주梁弘澍, 이대기李大期이다.[16]

25명의 향안 조직 창출자들 가운데 조식을 직접 찾아가 그의 제자가 된 인물은 박인량뿐이다. 그 외 향안 조직 창출자들인 이하생은 최영경과 오건의 문인이며, 이곡은 최영경의 문인이며, 이유눌·이유열·이은은 이조의 문인이며, 권홍은 권문임의 문인이며, 이호·이영은 이천경의 문인이며, 권집·권도·권준은 정구의 문인이다. 1546년생인 박인량은 조식을 직접 대면할 수 있는 나이였지만,[17] 그보다 연배가 적은 나머지 향안 조직 창출자들은 대체로 조식의 문인을 통해서 남명 조식과 연결되었다. 이로써 25명의 향안 조직 창

---

15 『南冥別集』卷6~卷8, 「師友錄」, 『德川及門諸賢集』. 『南冥別集』에는 鄭仁弘이 제외되어 있다.

16 『南冥別集』卷6~卷8, 「師友錄」, 『德川及門諸賢集』, 『山海師友淵源錄』, 『德川院生錄』, 「東儒學案」.

17 『密城朴氏拙堂公派譜』, 1989.

출자들 중 50%가 남명학맥과 연결되어 있으며, 나머지 인물들 중에서도 일부는 부, 처부, 외조부가 남명학맥과 연결성을 보이고 있다.

남명학맥과의 관련 속에서 살펴봐야 할 또 한 가지는 의병활동이다. 조식이 자신의 네트워크를 확장해갔던 경상우도 지역은 다른 곳에 비해 의병활동이 매우 활발했던 지역이기도 하다.[18] 이 점은 단성 지역의 엘리트들에게서도 두드러지게 관찰된다. 「용사응모록龍蛇應募錄」에 따르면, 의병 창의에 응모한 인물들이 모두 약 300여 명인데 그중에 단성현 출신이 16명이었다고 한다.[19] 이 중 향안 조직 창출에 참여한 인물은 박인량, 이유눌, 이유열, 그리고 권극행이다. 그 외의 인물들은 부, 형제, 숙부, 처부 등이 의병활동에 참여한 간접 참여자였다.

이들 간접 참여자 가운데 앞서 언급한 3가지 조건인 혈연·혼인·학맥 네트워크에 부합하지 않으면서 의병활동 조건만으로 조직 창출에 참여한 이들도 존재한다. 대표적인 인물이 1625년 입록된 면천한씨沔川韓氏 한대박韓大朴과 남원양씨南原梁氏 양륙梁稑이다. 한대박은 형 한대유韓大猷와 한대기韓大器가 모두 의병활동에 참여했고,[20] 양륙은 부 양사의梁士義, 백부 양사원梁士元·양사형

---

18 남명 문인으로 임진왜란 당시 의병을 일으킨 대표적인 사람은 의령의 곽재우, 합천의 정인홍, 고령의 김면, 초계의 이대기 등이다. 이들은 대체로 경상우도에 활약한 의병장들이었다. 남명의 제자들 중에서 의병장으로 총 50여 명이 나왔다고 한다. 金康植, 『壬辰倭亂과 慶尙右道의 義兵運動』, 혜안, 2001, 84쪽; 신병주, 앞의 논문, 2008, 96쪽.

19 「龍蛇應募錄」(郭元甲, 『倡義錄』)에는 의병장 郭再祐 및 領將 尹卓을 위시하여 창의에 응모한 이들의 명단이 거주지와 함께 소개되어 있는데, 단성현 인물은 16명이다. 그에 반해 「丹城壬辰倡義傳」(蔡膺一, 『聯芳輯錄』 5, 黙翁先生 附錄)에는 의병활동에 참여한 단성현 인물이 14명으로 소개되어 있다.

20 『淸州韓氏世譜』, 1986.

梁士亨, 숙부 양사정梁士貞까지 아버지와 그 형제들 모두가 의병에 참여했다.[21] 한대박과 양륙이 조직 창출자로 선정될 수 있었던 것은 조직 창출자 모집 요건에서 의병활동이 중요 조건으로 작용했기 때문으로 여겨진다. 25명의 조직 창출자 가운데 의병활동에 직접 참여했거나 간접으로 참여한 비율은 72%에 이른다. 남명학맥과 의병활동 여부가 조직에 참여할 수 있는 전제 조건이었음을 알 수 있다. 조직을 창출하기 위해 모집한 인물들은 앞서 언급한 세 가지 조건에 부합하는 인물들이었다.

그렇다면 이 세 가지 조건에 부합되는데도 왜 형제 중에 어떤 사람은 향안에 입록되고 어떤 사람은 입록되지 못했을까. 이 경우는 대략 세 가지로 나누어질 수 있다. 첫째는 1621년 향안 조직 창출 전에 사망한 경우이다. 사망의 경우도 두 가지로 나누어지는데, 하나는 향안 창안 전에 사망한 경우이다. 대다수는 이 사례에 해당된다. 안동권씨 세 형제 중 권집과 권준은 1621년 향안에 입록되었지만 권위權澪는 입록되지 않았다. 일찍 사망했기 때문이다. 그의 종형제 권도의 경우도 마찬가지다. 권도의 형제인 권약權瀹은 향안 창안 전인 1590년에 사망하여 향안에 오르지 못했다.[22] 합천이씨 이광임의 두 형도 같은 경우다. 이광우李光佑는 향안 창안 전 1619년에 사망했고, 이광효李光孝도 향안 창안 전에 사망했다.[23] 성주이씨 이유눌과 이유열의 형 이유함도 향안 창안 전 1609년에 사망했다.[24] 다른 하나는 의병 활약 중에 사망한 경우이다. 상산김씨 김경인金景訒의 두 형제가 이에 해당된다. 그의 형인 김경눌金

---

21 『南原梁氏世譜』, 1909.

22 『安東權氏僕射公波譜』, 1902.

23 『陜川李氏世譜』, 2002.

24 『星州李氏景武公派世譜』, 1982.

景訥은 임진왜란 때 의병으로 활약하다 사망했고, 동생 김경근金景謹은 정유재란 당시 사망했다.[25]

둘째는 향안 조직 창출 때 단성 지역에서 다른 지역으로 이거移居한 경우이다. 성주이씨 이하생의 동생 이하성李賀珵은 당시 성주로 이거했고,[26] 밀양박씨 박인량의 형인 박원량朴元亮도 의령으로 이거해서 향안에 입록되지 못했다.[27]

셋째는 출계出系의 경우가 해당된다. 무송윤씨 윤경명의 동생 윤경락尹景洛은 향안 조직 창출 전에 출계되어서 향안에 입록되지 못했다.[28]

이상으로 〈그림 4〉의 네트워크 현황을 분석했다. 이들 향안 조직 창출자들의 선정 기준은 혈연, 혼인, 남명학맥, 그리고 의병활동이었으며 이러한 기준을 통해서 관계성을 맺은 인물들을 중심으로 향안이 조직되었다. 이러한 조건에 모두 부합되는데도 향안에 입록되지 못한 이들은 사망했거나, 이거했거나, 출계한 경우였다. 지금까지 향안조직이 어떻게 이루어졌는지를 확인해 보았다면, 다음에서는 이들이 왜 향안을 조직했는지를 살펴보고자 한다.

4. 중앙정치와 향안조직 형성의 연계성

조선은 성리학을 국가운영 원리로 하는 중앙집권적 통치방식을 택하고

---

25 『商山金氏大同譜』, 2004.

26 『星州李氏景武公派世譜』, 1982.

27 『密陽朴氏拙堂公波譜』, 1989.

28 『茂松尹氏大同譜』, 1985.

있었다. 성리학의 국가 운영 원리는 가족이라는 범주 내에서 '효孝', 사회 공동체인 지역이라는 범주 내에서 '경敬', 그리고 국가라는 범주에서 '충忠'을 근간으로 한다. 이처럼 효에서 경으로, 나아가 충으로 확대되는 것은 외연적 확대일 뿐 효, 경, 충은 각각 기능적으로 다르고 도덕적 의무에 있어서도 분명한 차이가 존재한다.[29] 그중 경敬에 해당되는 사회 공동체는 국가와 가족 사이에 존재하는 지역사회이다. 이 지역사회는 국가와 가족 사이에 존재하면서 이중적인 특성을 지닌다. 즉 지역사회는 국가의 통제기구와 제도들이 행사하는 강제력에 기초한 직접통치 대상이 아니라, 자발적인 사회질서에 기초한 간접적인 통치 대상으로 이해된다. 따라서 지역사회는 중앙집권적인 획일적 통치방식이 아니라 각 지역마다 자율성을 인정하는 통치 시스템으로 운영되는 공간이다.[30] 그 자율적인 통치 시스템이 주희에 의해 만들어진 향약이다. 향약은 공동체 구성원들 사이의 '약속'으로 이루어지며, 그 약속은 구성원 상호 간의 권유와 훈계, 상호 간의 도움, 그리고 구성원들 간의 의례적인 행동

---

29 윤인숙, 「16세기 전반의 鄕約의 성격과 이해—'소학실천자들'의 향약론을 중심으로」, 『한국사상사학』 39, 한국사상사학회, 2011, 66~73쪽.

30 朱熹는 『小學』 「立教」에서 사적인 영역과 공적인 영역을 나누어 다루었다. 공적 영역에 해당되는 지역사회에 대해서 『周禮』의 내용을 발췌했는데, 그 이유는 그가 鄕을 국가의 직접적인 통치 대상으로 보지 않고 간접적인 통치 대상으로 이해했기 때문이다. 지역사회에 대한 그의 이런 인식은 王安石의 新法에 의해 주도된 중앙집권적 획일화에 대한 반작용의 결과로 보인다. 이와 같은 논의의 대표적인 연구는 Wm. T. de Bary, *The Liberal Tradition in China*, Columbia University Press, 1989(표정훈 역, 『중국의 '자유' 전통』, 이산, 1998); Robert P. Hymes, *Statesmen and Gentlemen: The Elite of Fu-chou, Chiang-hsi, in Northen and southern Sung*, Cambridge University Press, 1989; Peter K. Bol, *This Culture: Intellectual Transition in T'ang and Sung Culture*, Stanford University Press, 1992; "Government, Society, and State: On the Political Vision of Ssu-ma Kuang and Wang An-Shih", *Ordering the World: Approaching to State and Society in Sung Dynasty China*, University of California Press, 1993; 윤인숙, 앞의 논문, 2011.

을 통하여 도덕적인 지역사회를 만들기 위한 규정이다.[31]

향약이 16세기에 처음 시도된 것은 『소학』을 중시하여 실천하고자 했던 '소학실천자'들에 의해서이다. 소학실천자들은 중앙에서 정치개혁을 통해 성리학 사회를 구현하고자 했고, 그와 더불어 지역사회에서 향약을 통해 사회개혁을 시도하고자 했다.[32] 중종 12년 경상도관찰사 김안국金安國이 경상도에서 처음 실시했던 향약은 근 2년 만에 전국으로 확대되었다.[33] 중종대 향약은 중앙에서 파견한 관찰사들에 의해 지방사회에 적용되는 형태였다. 그러나 소학실천자들이 기묘사화己卯士禍로 실각한 이후, 향약은 전면적으로 금지되었다.[34] 명종대·선조대에 향약이 다시 실시되었지만, 범위와 내용면에서 중종대와 달랐다.[35]

이처럼 범위와 내용면에서 달라진 향약이 본래 취지대로 전환된 계기는 임진왜란이었다. 임진왜란은 국가로부터 지역사회 스스로가 자생성과 자율성을 공인받을 수 있는 계기로 작용했다. 임진왜란 이후 본격적으로 향약이 실시되고, 이로 인해 조직의 명부인 향안이 만들어졌으며,[36] 향약 실시의 주

---

31 윤인숙, 앞의논문, 2011, 66~73쪽; 「朝鮮前期 鄕約의 구현을 통한 '士文化'의 확산—金安國의 인적 네트워크를 중심으로」, 『대동문화연구』 81, 성균관대 대동문화연구원, 2013, 9쪽.

32 대표적인 것이 내수사 폐지, 소격서 폐지, 향약 실시 등이다. 윤인숙, 「朝鮮前期 內需司 폐지논쟁과 君主의 위상」, 『대동문화연구』 87, 성균관대 대동문화연구원, 2013, 135쪽.

33 『中宗實錄』 卷32, 中宗 13년 4월 己巳; 『中宗實錄』 卷36, 中宗 14년 7월 己酉.

34 『中宗實錄』 卷38, 中宗 15년 1월 庚子.

35 明宗代 향약은 일향적인 실시와 救恤의 성격만 강조되었고 宣祖代 향약은 전국적으로 실시되었지만 얼마 뒤 그 시행이 중지되었다. 『明宗實錄』 卷4, 明宗 원년 8월 丁未; 『宣祖實錄』 卷7, 宣祖 6년 8월 己巳 참조.

36 향안이 작성된 시기는 각 지역마다 약간씩 차이가 있으나 대체로 일치한다. 그 범위는 대략 宣祖 末期부터 肅宗朝 때까지로 볼 수 있다. 金仁杰, 앞의 논문, 1983, 526쪽의 주3

체가 중앙에서 파견한 관찰사에서 지역 엘리트로 전환되었다. 이 지역 엘리트는 임진왜란이라는 국가의 위기사태에서 자발적으로 군대를 조직하여 싸운 전력을 가지고 있는 인물들이 다수였다. 그들은 자신의 사회적 위치와 책임감을 확보하기 위한 치자治者로서의 역할을 국가로부터 부여받고자 했다.[37] 이 역할 부여는 두 가지 조건을 전제로 한다. 즉 위로는 국가로부터 공인이며 아래로는 민으로부터 인정이었다. 의병에 참여했다는 사실은 두 가지 조건을 가능하게 했다. 따라서 이 지역 엘리트들은 국가로부터 민을 다스릴 수 있는 치자의 역할을 공인받았고, 민은 이들을 자신의 치자로 인정했다. 이로써 지역 엘리트들은 국가로부터 지역사회의 자율성을 주관할 향약 조직의 담당자로 복원되었고,[38] 소학실천자들에 의해 주도되었던 중앙정치의 이념을 시스템을 통해 지방사회로 확장하는 역할을 부여받게 된다. 그 시스템이 향약이었고, 그 조직 명부가 향안이었다. 이러한 현상은 17세기의 보편적인 양상이었고, 단성현도 예외는 아니었다.

이런 보편적인 현상이 17세기 전반적인 흐름이었다면, 단성현만의 특수한 현상도 존재했다. 그 특수성은 두 가지의 사례를 통해 확인된다. 먼저, 단성현은 임진왜란의 피해가 가장 컸던 지역 중 하나였다. 1599년(선조 32) 임진왜란 직후, 남아 있던 왜군들과의 전쟁으로 인한 피해가 극심했던 단성현은

번; 손병욱, 「단성 지역 향촌지배층의 형성과 동향」, 『남명학파와 영남우도의 사림』, 예문서원, 2004, 180쪽.

37 Peter K. Bol, *op.cit.*, 1993, pp. 187~192; *Neo-Confucianism in History*, Harvard University Press, 2008, pp. 249~251.

38 朱熹의 향약은 공동체 안에서 사대부의 사회적인 역할을 규정했다. 즉 그는 사대부에게 지역공동체 내에서 도덕적인 지도자의 책임감을 지니게 하고자 했다. 『朱子大全』卷74, 「增損呂氏鄕約」; 윤인숙, 앞의 논문, 2011, 72~73쪽 참조.

독자적인 현으로 남을 수조차 없었다. 이에 단성현은 이웃 현인 산청현으로 병합되었다. 산청현과의 병합은 단성현 사람들을 집결시키는 계기가 되었던 것 같다. 그 결과 1613년(광해군 5) 단성현 사람들은 현의 독립을 탄원하는 탄원소를 제출했고, 그 중심인물이 권준이었다.[39] 권준은 1613년 당시 생원시에 합격하고 그해 증광문과에 합격했지만 관직에 나아가지 않고 단성으로 돌아와 있으면서[40] 이 일에 적극 나섰던 것 같다.

다음은 중앙정치와 관련된 사례이다. 단성향안 조직 창출자들 대다수는 남명의 문인들이었지만, 광해군대 대북정권의 중심인물인 정인홍과는 다른 길을 걸었다. 그 대표적인 사례가 정온구원鄭蘊救援 상소운동이었다. 정온은 정인홍鄭仁弘·정구鄭逑·이원익李元翼 등에게서 사사師事했다. 이들 가운데 정온에게 가장 큰 영향을 준 인물은 정인홍과 정구였으며, 정온은 이들을 통해 남명사상을 체득했다. 1613년 계축옥사癸丑獄事(광해군 5)가 일어났을 때 정온은 영창대군永昌大君을 죽이려는 신료들의 견해에 반대하다가 낙향했다.[41] 1614년 강화부사 정항鄭沆이 위리안치된 영창대군을 살해하자 정온은 「갑인봉사소甲寅封事疏」를 올렸다.[42] 이로 인해 정온은 제주 대정으로 유배되었다. 그를 신구하기 위해서 경상우도 엘리트들이 연대하여 상소운동을 전개했는데, 그 운동을 주도한 것이 단성현 엘리트들이다. 정온이 곤경에 처했음을 알게 된 단성지역 엘리트들은 권도의 집 문상 자리에서 이 문제를 논의하기 시작했다. 이

---

39 『丹城縣邑誌』, 1982, 871쪽.

40 『安東權氏僕射公波譜』, 1902; 鄭蘊, 『東渓集』, 한국문집총간 51, 민족문화추진위원회, 2008.

41 鄭蘊, 『東渓集』, 「年譜」, 한국문집총간 51, 민족문화추진위원회, 2008.

42 鄭蘊, 『東渓集』 卷3, 「甲寅封事疏」, 한국문집총간 51, 민족문화추진위원회, 2008.

유열을 소두疏頭로 해서 몇 명이 한양까지 올라갔지만, 주위의 협박과 권유로 포기하고 돌아오고 말았다. 이때 상소 참여자 명단이 이유열이 당시에 썼던 일기에 남아 있는데, 단성 지역 상소 참여 인사로 이곡, 이은, 권도, 권준階疏, 권집, 권극행, 김응규金應奎 등이 등장한다.[43]

    이 상소운동 참여자들 중에 김응규를 제외한 인물들은 모두 향안 조직 창출자들이다. 이들의 연령대는 40대~50대이고, 성관은 안동권씨, 성주이씨이며, 과환은 생원이나 진사이거나 문과 합격자들이었다. 이들이 실제적으로 향안 조직을 창출했을 것으로 보인다. 이들을 중심으로 치자治者 역할에 부합하는 모집단이 선정되었다. 그 조건은 앞에서 언급한 혈연, 혼인, 학맥, 의병 활동이었다. 그렇다면 이들은 왜 향안 조직을 창출했을까. 앞서 언급했던 대로 그것은 17세기의 보편적인 양상의 일환이기도 했지만, 단성현의 특수한 상황인 자신들의 문제의식에서 비롯된 것이기도 했다. 국가로부터 그 지역의 자율성을 보장받고 이를 그 지역민들이 수용했기에 향약이라는 사회 시스템의 작동이 가능해진 측면도 있지만, 단성현을 독립된 현으로 유지하고자 했던 지역민과 지역 엘리트들의 욕구, 그리고 지역 엘리트들의 정치적 동질성을 확보하고자 하는 동기가 있지 않았을까. 이 둘의 만남이 단성향안 조직을 가능하게 했다고 감히 추측해본다.

5. 맺음말

    단성향안은 1621년부터 1707년까지 작성되고 철안된 단성 지역 엘리트들

---

43 『三梧實記合編』, 「梧齋遺稿」, 「西行日記」, 『光海君日記』 卷148, 光海君 12년 1월 乙巳.

의 명부이다. 단성향안에는 지역 엘리트들의 이름 외에는 기본적인 인적사항이 제시되어 있지 않다. 따라서 무엇보다 자료 분석이 우선시되어야 했기에, 앞의 논의는 3가지 의문점에서 출발했다. 첫째, 단성향안 조직을 창출한 사람들은 누구인가. 둘째, 단성향안 조직을 창출하기 위한 선정 조건은 무엇이었을까. 셋째, 단성향안 조직을 왜 만들었을까. 그리고 이 세 가지 의문점은 곧 단성향안이 17세기 조선사회에 대해 무엇을 말해주고 있는가 하는 답을 도출하기 위한 출발점이기도 하다.

첫째, 단성향안 조직을 창출한 사람들은 1621년과 1625년에 입록된 25명이었다. 이들은 84~44세에 이르는 다양한 연령대를 가지고 있었으며, 성주이씨·합천이씨·진주유씨·안동권씨가 가장 많은 비율이었고, 모두 9개의 성관으로 구성되어 있었다. 25명 중에 진사·생원, 그리고 문과 급제자와 무과 급제자들은 각각 6명, 3명, 2명이었다. 이들 사이의 관계성을 살펴보면, 방계혈연이 다수를 이루는 와중에 혼인관계의 연결도 있었고, 남명 조식을 통한 문인관계가 형성되어 있었다. 또한 이들 중에는 의병활동에 참여한 인물들도 존재했다. 이런 사실들로 볼 때, 급제와 관직이 충분조건은 될지 몰라도 필수조건은 아니었다. 결론적으로 25명은 동일한 성향을 나타내고 있지 않았다.

둘째, 단성향안 조직을 창출한 사람들은 혈연, 혼인, 학맥관계, 그리고 의병활동으로 선정되었다. 필자는 단성향안 조직 창출자들의 선정조건을 파악하기 위해 네트워크 이론을 적용했다. 네트워크는 단성향안 조직 창출자들뿐만 아니라 그들과 직접적인 연관을 맺지 않은 사람들까지 파악하기 용이하기 때문이다. 이 방법은 단성향안 조직 창출자들을 중심에 두고 그들과 직접 연결되는 사람을 찾은 다음에 그들이 거쳐가는 사람들을 찾는 것이다.

단성향안 조직 창출자들은 직계혈연이 아니라 방계혈연으로 구성되어 있었다. 특히 형제관계가 가장 많고, 그 다음이 3촌과 4촌 범주였다. 그런데 형제관계에서도 누구는 입록되고 누구는 입록되지 않은 경우가 있었는데, 이 경우는 이들이 향안 입록 전에 사망, 이거, 혹은 출계했기 때문이었다. 혈연 관계가 아님에도 조직 창출에 선정된 이들 중 다수는 혼인관계를 통한 참여 였다. 대표적인 경우가 무송윤씨 윤경명인데, 25명 중에 무송윤씨는 그가 유 일하다. 윤경명은 중첩적인 혼인을 통해 조직 창출자들 사이에서 확고한 위 치를 확보하고 있었던 것으로 나타났다. 혈연과 혼인 외에 단성 지역과 깊은 관계성이 있는 것은 남명학맥이었다. 남명 조식은 진주권을 중심으로 많은 문인들을 배출하여, 이 지역에는 남명학파가 형성되어 있었다. 조직 창출자 들은 16세기 중반에 활동했던 남명에게 직접 배운 문인보다는 그의 제자들을 통한 사승관계이거나, 자신은 문인이 아니어도 부, 처부, 외조부로 연결된 사 승관계였다. 그리고 마지막은 의병활동이다. 의병활동은 간접적인 참여 비율 이 높았다. 의병활동에 참여했던 대다수 사람들이 그 과정에서 전사한 경우 가 많았기 때문이다. 그로 인해 주로 형제, 조카, 아들이 조직에 참여하는 경 향이 나타났다. 앞의 세 가지 조건에 부합하지 않은데도 조직에 참여한 남원 양씨 양류의 경우는 아버지대 4형제가 모두 의병에 참여했다는 사실만으로 도 조직에 참여할 수 있었다. 단성향안 조직 창출자들 중에는 이 네 가지 조 건에 모두 부합하는 사람도 있었지만, 한 가지 조건에만 부합해도 단성향안 조직 창출자에 선정되었던 것으로 나타났다.

셋째, 단성향안 조직은 17세기 보편적인 현상이면서 동시에 단성현만의 특수한 상황 속에서 만들어진 것이었다. 먼저 17세기 보편적 현상으로서 단 성향안은 16세기 소학실천자들의 향약시행의 연장선상에서 임진왜란 이후 나타난 결과물이었다. 16세기 소학실천자들은 성리학의 국가 운영 원리가 가 족에서 지역사회, 그리고 국가로 확대된다고 이해했다. 가족의 운영 원리는 '효孝'이며 지역사회의 운영원리는 '경敬', 국가의 운영원리는 '충忠'이었다. 그

중에 '경鄕'에 해당되는 지역사회는 국가와 가족 사이에 존재하면서 이중적인 성격을 지니고 있었기 때문에, 국가에 의한 직접적인 지배방식이 아니라 간접적인 지배방식의 대상이 되었다. 이러한 성리학적인 지방 사회 시스템이 향약이었다. 16세기 소학실천자들 가운데 한 사람인 김안국은 관찰사로 있으면서 경상도에서 처음으로 향약을 시행했다. 이후 향약은 근 2년 만에 전국으로 확대되었고, 그 시행주체는 중앙에서 활동했던 소학실천자들이었다. 이들이 실각한 이후 향약도 범위가 축소되고 간소한 형태로 이어지다가 임진왜란 이후 각 지역에서 보편적으로 적용되었다.

임진왜란은 국가의 위기사태에 자발적으로 무장하고 나섰던 지역 엘리트들을 국가가 치자治者로서 공인해주고, 명분을 얻게 해준 사건이었다. 이제 지역 엘리트는 소학실천자들에 의해 주도되었던 중앙정치의 이념을 시스템을 통해 지방사회로 확장시키는 역할을 부여받게 되었다. 그 시스템이 향약이었고, 그 조직 명부가 향안이었다. 이런 현상은 17세기의 보편적 양상이었고 단성현도 예외는 아니었다. 그런 가운데 단성현만의 특수한 상황 조건도 있었다. 임진왜란 이후 극심한 전란의 피해로 인해 산천현으로 병합되었던 단성현을 복원하고자 했던 탄원서 제출과, 광해군대 대북정권의 중심인물인 정인홍에 반대한 정온의 구원상소운동이었다. 전자는 독자적인 현을 유지하고자 했던 지역민들과 지역 엘리트들의 욕구가 집결되는 계기였으며, 후자는 지역 엘리트들의 정치적 동질성을 강화시켰다. 이렇게 보편적 현상과 특수한 현상의 만남을 통해 단성향안이 조직되었던 것으로 이해된다.

결론적으로 단성향안은 국가라는 틀 속에서 지방의 자율성을 인정하는 방식으로 조직되었고, 9개의 성관으로 구성된 조직 창출자들은 4가지 선정조건 중 단 1가지 조건만 부합되어도 조직 창출에 참여할 수 있었다.

결론

    지금까지 조선 전기 소학실천자들의 정치·사회적 구상과 소학운동을 살펴보았다. 이 책은 16세기에 기묘사화로 피화된 인물들이 왜 『소학』을 중시했는지, 그리고 『소학』은 왜 기묘사화 이후 금서로 인식될 만큼 커다란 사회적 영향을 미쳤는지에 대한 질문에서 출발했다. 지금까지 연구는 '사림파'라는 추상적인 집단을 설정하여 '훈구파'와의 이분법적인 구도하에서 논의를 진행시켜왔다면, 이 책은 소학실천자들이 사승·동문수학·성균관 유생·혼인 및 친구라는 폭넓은 네트워크 속에서 관계를 확대시켜 나가는 흐름에 초점을 두었다. 그리고 그들이 『소학』을 통해 어떤 정치·사회를 구상하길 원했고, 또 그것은 어떻게 적용·확대되었는지를 구명하고자 노력했다.

    기묘사화로 피화된 소학실천자들은 네트워크가 확대되는 과정 속에서 성장한 인물들이었다. 소학실천자들의 네트워크는 김종직으로부터 연원한다. 김종직은 아버지 김숙자에게서 『소학』을 배웠고, 그것을 자신의 제자들에게 교육시켰다. 그는 많은 제자들을 양성하였는데, 이를 통해 그들만의 네트워크가 형성되었다. 김종직을 중심으로 한 사승관계 네트워크는 지역사회에 대한 관심을 불러일으켰다. 그의 네트워크는 유향소 복립운동을 추진했다. 성종대 김종직은 유향소의 성격에 중요한 의미를 부여했다. 그는 수령으로 있으면서 향사례와 향음주례를 실시했는데, 이것은 『소학』 「입교」 내용 중 『주례』 대사도조를 활용한 방법이었다. 대사도조의 내용은 향촌에서 삼물과 팔형을 통해 향민을 다스리는 방법이었다. 삼물은 향민에게 가르치고 팔형은 향민을 규제하는 것이다. 김종직과 조위는 삼물과 팔형을 시행하는 기구로 유향소를 지목했다. 그리하여 유향소는 향사례·향음주례를 실행하면서 삼물에 맞는 사람들을 선정하고 팔형에 해당하는 사람들을 배척하는 기구의 의미도 갖게 되었다. 삼물과 팔형을 시행하는 주체는 유향소의 사족이었다. 김종직과 그의 네트워크에 속한 사람들은 유향소 사족에게 그 지역공동체를 삼물과 팔형으로 다스리는 치자의 역할을 부여하려 했던 것이다. 따라서 유향소는 향촌 스스로 도덕적인 공동체의 질서 위에서 자치적인 자율성을 획득하기 위한 기구였다.

　김종직 단계에서의 네트워크가 주로 그의 문인을 중심으로 이루어졌다면, 김굉필은 이 네트워크를 『소학』을 매개로 더 공고화하고 확대시켰다. 김굉필의 소학 실천적 삶은 스스로 '소학동자'를 자처할 만큼 확고했다. 그의 삶의 태도는 김종직과 미묘한 정치적 노선 차이를 드러냈다. 그 대표적인 사례가 '충'에 대한 인식의 차이였다. 김굉필은 스승인 김종직이 단종 복위 문제에 대해 조정에 아무런 건의도 하지 않는 것을 비판했다. 김굉필에게 '충'은 신하가 군주에게 직언하는 것이었다. 『소학』 「명륜」에 의하면, 충은 신하로서 군주의 잘못을 바로잡는 것이다. 이것이 신하가 추구해야 할 도인데, 이러한 '신하의 도'를 충실히 이행하기 위해서는 신하가 일상적인 삶에서 수신해야 하는 것이라고 그는 강조했다. 김굉필에게 군주와 신하는 모두 공적인 존재였다. 양자가 공적인 존재로 계속 남아 있기 위해서는 무엇보다 수신이 중요한 문제였다. 수신의 방법은 우선 외적인 규제부터 시작되었다. 『소학』 「경신」의 내용은 이 외적인 규제를 세세하게 설명한 것이다. 이런 외적인 규제의 의도는 본연의 성인 내면의 절대적 도덕성을 보존하기 위해 일상생활에서 자신을 훈련시키는 것이었다. 그는 이 훈련을 '의관을 정제하는 것'으로부터 시작했다. '의관을 정제하는 것'은 외적인 용모를 바르게 하고 엄숙한 태도를 갖게 한다. 이것은 마음을 바르게 하기 위한 훈련이었다.

　김굉필의 『소학』 실천은 그의 네트워크에 있는 사람들에게 많은 영향을 주었다. 김굉필의 네트워크는 동문수학·성균관 유생·사승·집지제자·집지제자 동지 계열로 확대되었다. 동문수학 계열은 정여창·남효온·김일손·조위 등이었다. 이들은 주로 김종직의 문인이었으며 김종직과 함께 유향소 복립운동을 추진했던 사람도 있다. 성균관 유생 계열은 김굉필이 성균관 유생 시절에 만났던 사람들이다. 이 계열을 중심으로 사적이고 가변적이며 개방적인 일종의 계모임이 결성되었다. 계모임은 정지교부계·소학계·죽림칠현 등인데, 특히 소학계와 죽림칠현은 현실정치를 비판하는 남효온과 이심원의 상소로 인해 중앙정계에서 붕당으로 주목받기도 했다. 사사 계열은 김굉필을 스승으로 섬긴 사람들로, 이현손·윤신·이적 등이 해당된다. 이들은 김굉필에 버금갈 정도로 『소학』적 행위의 준칙을 지켰다. 집지제자 계열은 조광조와 김안국 등이었다. 이들은 모두 김굉필의 학문이 연원이 있다는 소리를 듣고 찾아가 그를 스승으로 섬겼다. 조광조가 중앙에서 정치적인 개혁을 이끌었다면, 김안국은 지방에서 정치적인 개혁을 시도했다. 집지제자의 동지 계열은 편의상 조광조와 직접적인 관련성을 갖는 사람들과 김안국과 직접적인 관련성을 갖는 사람들로 구분될 수 있다. 조광조는 도계라는 계모임을 결성했는데, 그 구성원은 이심원의 제자인 이자와 조광보·조광좌였다. 그 외에 김식·박훈·한충·문서구·박경과도 교류했다. 특히 조광조는 문서구·박경과의 교류에서 많은 영향을 받았다. 김안국은 김정국과 김세필, 그리고 성세창 등과 교유했다. 그런데 조광조 계열과 김안국 계열은 정치적 성향에서 서로 약간의 차이를 보이고 있었다. 따라서 네트워크상에서 이들이 모두 같은 정치적 성향을 보였다고는 말하기 어렵고, 약간의 세부적 차이점은 존재했던 것으로 나타난다. 그것은 지역의 차이라든지 가문의 차이가 아니라 정치사회를 바라보는 관점의 차이였던 것으로 보인다.

네트워크가 관계를 형성하면서 확대되어 나갔다면, 그 관계성을 형성할 수 있었던 근거는 『소학』이었다. 『소학』은 주희의 사상이 농축된 책이며, 그의 책에는 정치·사회에 관한 국가 운영 원리가 축적되어 있다. 송대에는 문치주의 정책으로 방대한 수의 독서인이 출현했고, 이 독서인 중에서 과거를 거쳐 사대부 관료로 등장한 자들이 정치사회의 주도권을 장악했다. 이것은 송대 사회가 전대 사회와 분명히 다른 역사적 의의를 가지고 있었음을 알려준다. 이와 함께 송대 현실에 맞는 새로운 지배원리가 필요하게 되었다. 즉 절대적 권위를 갖고 있는 천자에 대한 재해석과 도덕적인 사회질서의 재편 같은 경우가 이에 해당된다. 송대 지식인들은 방법 면에서 차이가 있을 뿐 대개 같은 생각을 견지하고 있었다. 특히 사마광은 군주를 절대화된 도덕적 질서 아래에 종속시킴으로써 국가권력이 군주의 사권으로 전락하는 것을 방어하고자 했다. 이런 논의는 정이에게서 다시 주희에게로 이어졌다.

주희는 사대부를 중심으로 한 정치질서 재편과 지역의 자치적인 자율성 추구에 몰두했다. 정치질서 재편은 군주의 권위를 도덕적 질서 아래 편입시키고자 하는 새로운 지배원리이며, 지역자치적인 자율성 추구는 향약·서원·사창을 매개로 지역의 자율성을 바탕으로 한 공동체의 도덕적 질서를 확립하기 위한 모색이었다. 그의 국가사회 운영 원리는 주희의 어떤 책보다 『소학』에 가장 잘 녹아 있었다. 『소학』은 내편과 외편으로 이루어졌는데, 내편에는 경서에서 추출한 원리적 측면이, 외편에는 당대·송대의 역사적인 사례가 실려 있다. 그 내용은 정치적인 측면에서 군주의 절대적 권리를 도덕적 질서 아래 편제시키는 방법과, 지역의 자치적인 자율성을 확보하기 위한 지역사회 운영 원리였다.

주희가 『소학』에서 구축한 그의 정치·사회적 관점은 네 가지이다. 첫째, '군주·사보편론'이다. 주희는 『소학』에서 한·당대에 정립된 경전들과 달리 신분차별을 설정하지 않았다. 효의 실천방법은 천자부터 일반서민 모두에게 똑같이 적용되었다. 둘째, '가·국가 부동론'으로 가와 국가가 같지 않다는 논리이다. 주희는 『소학』에서 부모와 군주에 대한 자식과 신하의 태도 차이를 극명하게 보여주었다. 이것은 곧 공과 사의 엄격한 구분을 의미하며, 이런 구분을 통해 그는 국가의 공적 영역에서 공공선을 추구하고자 했다. 셋째, '군주수신론'이다. 정치에서 정책의 최종결정자는 군주였다. 주희는 군주를 도덕적 완성을 이루어야 할 존재로 여겼다. 그는 『소학』「경신」을 통해 군주 수신의 요체와 방법을 아주 구체적으로 제시했다. 넷째, '가·향·국의 설정'이다. 주희는 『소학』에서 가에 해당하는 효와 향에 해당하는 경, 그리고 국가에 해당하는 충으로 이어지는 논리를 설정했다. 향은 가라는 사적 영역과 국가라는 공적 영역 사이에서 중재 역할을 하는 장이다. 이처럼 『소학』은 가·향·국가라는 동심원적 구조로 이루어져 있으면서, 각각의 영역 안에 효·경·충이라는 실천해야 할 당위적 행동양식을 설정했다. 따라서 『소학』의 정치·사회적 구상은 공적 영역 확보와 그 경계를 분명히 구분 짓고자 하는 구상이었다. 그러면서도 추상적이며 관념적인 『대학』과 달리 『소학』은 실제적이고 구체적이며 접근이 용이하며 현실에 실현 가능한 체계로 구성되어 있었다.

『소학』의 이념은 소학실천자들의 개혁론에도 반영되었다. 첫째, 가·국가 부동론은 내수사 혁파로 연결되었다. 내수사는 군주의 사적인 재산을 관리하기 위한 관부이며, 그 운영은 국가재정과 무관한 궁중 사수를 위한 것이었다. 국가의 공적인 위치에 존재했던 군주가 사적인 재산을 소유 관리하는 내수사와 같은 기구를 둔 것은 공·사구분론에 맞지 않았다. 따라서 내수사는 왕실에 관한 공과 사의 구분에서 매우 중요한 쟁점이 될 수 있는 기구였다.

둘째, 군주수신론은 군자·소인 분별로 연결되었다. 중종 13년 5월 세 차례의 지진 발생은 단순히 자연재해로만 인식된 것이 아니라 현실정치의 문제로 비화되었다. 이것은 지진의 발생이 소인의 잔존으로 인한 결과물이라는 견해였다. 결국 군자와 소인을 분별해서 소인을 내쳐야 하는데, 이를 분별할 자는 정치에서 정책의 최종 결정권자인 군주였다. 군주의 분별은 끊임없는 학문적 연단을 통해 능력과 소양을 갖추는 것인데, 그 방법은 수신이었다. 수신의 요체는 '의관을 정제'하는 것이었다. 의관을 정제하라는 말이 담고 있는 의미는 '마음의 공부'이다. 마음의 본래성을 보존하는 것, 이것이 이른바 경이다. 한 가지에 집중하고 우왕좌왕하지 않는 경의 공부는 외적인 형태의 법칙을 통해 달성될 수 있기 때문이다.

소학실천자들은 자신들의 정치이념을 현실에 적용하고 확고하게 하기 위한 방법으로 현량과 실시를 추진했다. 현량과 실시는 개인과 개인의 네트워크 연결과 가변적이고 개방적인 계모임의 구성원들을 중앙정치로 끌어들이고자 하는 제도적 실행이었다. 네트워크는 동문수학·사우·사승·혼인 및 친구관계로 연결된 사람들이었다. 이들의 연결은 가변적이며 개방적이고 규칙이나 규정도 없고 구성원들의 가입도 자유로운 계모임으로 유지되고 있었다. 이러한 계모임은 사회조직과 네트워크의 중간단계로 여겨지는데, 대체로 일정한 정치적 경향성을 띠고 있었다. 대표적인 계모임은 소학계·죽림칠현·도계 등이었다. 소학계는 남효온, 강응정, 박연 등을 중심으로 이루어졌다. 소학계의 존재는 국가의 공적인 문제를 거론한 남효온의 상소로 부각되었다. 이 상소로 인해 남효온과 소학계가 붕당으로 여겨지기도 했다. 남효온의 내수사 혁파와 소릉복위 주장은 군주 전제에 대한 비판과 함께 국가의 공적인 부분의 공공선을 논한 것이었다. 그의 상소는 전날 올린 이심원의 상소와 유사하게 받아들여져, 그들이 활동했던 계모임인 소학계는 위정자들로부터 붕당으로 지목되었다. 죽림칠현도 소학계와 유사한 모임이었다. 이 모임 역시 사적이고 가변적인 모임이었는데, 붕당으로 지목되었다. 이들의 정치적인 활동은 구체적으로 파악되지 않지만, 이 모임은 군주 전제에 관한 정치적인 비판 탓에 붕당으로 지목받아 관련자들이 추국을 당하게 되었다. 도계는 중종대 조광조·이자·조광보·조광좌가 만든 모임이었다. 이 모임의 정치적 성향은 파악되지 않았지만, 조광보의 옥사사건에 연루된 문서구·박경을 통하여 이들의 정치적 성향이 당시 사회의 학문방법과 과거제도를 비판하는 것이었다는 점을 짐작할 수 있다.

현량과는 기존 과거제도의 시험 기준에 문제를 제기하며 새로운 인재 등용 방법을 모색하면서 등장했다. 현량과 실시를 지지하는 세력들은 덕행이라는 자기 수양을 이룬 사람을 관리로 선발·임용하고자 했다. 이들이 말하는 덕행은 본성을 유지하기 위해 물 뿌리고 쓸며 응대하고 대답하는 데서부터 시작해서 오륜을 행하고 예와 악에 맞춰 행동하는 것이었다. 이러한 실천을 통해 자신의 몸을 수양하는 것이 덕행을 하는 가장 기본적인 방법이었다. 현량과는 이런 덕을 실천하고 있는 인재들을 중앙에 등용시키고자 하는 제도로서, 덕행을 실천하고 있는 자는 누구나 천거 대상으로 삼는 것을 원칙으로 했다. 현량과의 의미는 세 가지로 볼 수 있다. 우선, 현량과는 중앙과 지방을 포용관계로 설정하고자 하는 매개체였다. 두 단계의 시험방식이 이를 말해주고 있다. 다음, 현량과는 신분에 대해 기존 질서보다 개방적인 자세를 취하고 있었다. 현량과 지지자들은 하급 관료나 초야에 묻힌 인물, 비천한 신분이라도 대현인이라면 등용해야 한다는 논리를 가지고 있었기 때문이다. 마지막으로, 현량과는 공통의 배움을 지향하는 사람들의 등용을 위한 매개체로 보인다. 현량과로 급제한 인물은 28인이었는데, 이 28인은 현량과 지지자들과 어느 정도 네트워크를 유지하고 있던 인물이 대부분이었다. 때문에 이들 대다수는 기묘사화 때 조광조의 당여라 하여 유배되거나 관직을 삭탈당했다.

소학실천자들은 중앙 정치개혁과 함께 지방사회에서 향약을 실시했다. 주희의 향약은 공적 영역과 사적 영역의 중재 역할을 담당하는 자치적 성격이 강했다. 그러나 중종대 향약이 남송시대처럼 지역 사대부에 의해 향약이 실시되는 것이 아니라 중앙의 과 주도로 이루어졌다는 점은 중국과 다른 특징이다. 그 특징은 여러 가지 논의를 도출했는데, 대략 4가지로 나눌 수 있다. 첫째, 향약 시행 규모에 대한 논의로 전국적인 시행이냐 한 향리 규모의 실행이냐는 것이었다. 중종대 향약은 전국적 시행이었지만, 그 운영에는 여러 방법이 공존하고 있었다. 둘째, 향약 시행주체의 성격에 대한 논의가 있었다. 이는 자율성이냐 공권성이냐는 점으로 귀결된다. 중종대 향약 시행의 주체는 감사였지만 운영은 감사가 책임지는 것이 아니었다. 셋째, 향약 운영에 따른 지방사회의 변화, 즉 기존의 향촌사회의 변화와 관련된 논의였다. 향약의 운영권은 유향소·노숙·고급 관리, 이 세 부류가 함께 공유하고 있었다. 넷째, 향약 운영에 따른 기존 신분질서의 변화에 대한 논의가 이루어졌다. 향약은 기존 향촌사회 신분질서의 변동을 야기했다. 향약의 운영권은 나이 서열에 의해 정해질 수도 있었고, 노비가 선적에 속해 있으면 수령에게 보고하여 상을 주게 한다는 기록을 볼 때, 기존 향촌 신분사회 질서에 변화가 생겨났음을 알 수 있다. 결국 향약의 실시는 중앙의 관리부터 지방의 사족과 일반 민·노비까지 아우르는 주자학적 도덕질서의 재편을 의미했고, 이는 자발적으로 아래에서부터 실시되었던 중국과 달리 중앙에 의해 하향적으로 실시되었다. 이런 일방적인 성격에도 불구하고 각 지역사회는 향약의 규율에 의해 자율적인 움직임을 가지는 이중적인 모습도 나타냈다. 결국 중종대 향약은 국가의 틀 속에서 주자학적 도덕질서로 향을 재편하고자 하는 의도였지만, 이것은 향으로 하여금 국가와 가 사이에서 중재 역할을 하게 만들어 향의 이중적인 성격을 드러냈다고 말할 수 있다.

그러나 기묘사화의 발생으로 현량과와 향약은 폐지되었고, 『소학』은 금서로 인식되었다. 『소학』의 금서 인식은 『소학』이 현실의 정치 운영에서 엄청난 영향력을 행사하고 있었다는 반증이었다. 향약의 실시로 지방사회에 퍼지기 시작한 『소학』 이념은 민까지도 주자학적 도덕 질서에 재편될 수 있게 했다. 주해서와 언해본 작성은 『소학』 이념이 점차 사회화와 대중화 단계로 나아가고 있었음을 의미한다. 조선 전기 『소학』 주해서로는 하사신의 『소학집성』과 정유의 『소학집설』이 있었다. 하사신의 『소학집성』을 저본으로 간행된 첫 번째 언해본은 『번역소학』이었다. 『번역소학』을 편찬한 이유는 나라 사람들이 문자를 해석하는 자가 드물기 때문에 방언으로 번역하여 독자층을 일반 소민은 물론 어린이나 부녀자까지 확대하고자 함이었다. 『번역소학』의 간행에 따른 실질적인 전파 범위까지는 확인하기 어렵지만, 일반 민까지도 주자학적 재편 대상으로 삼으려고 의도했던 바는 알 수 있다. 정유의 『소학집설』을 저본으로 한 두 번째 언해본은 『소학언해』였다. 이것은 이해하기 쉽도록 의역을 많이 했던 『번역소학』의 문제점을 해결하고자 직역에 주안점을 두었다. 『번역소학』과 달리 『소학언해』는 글을 읽을 줄 아는 사족과 그의 자제들을 대상으로 했다. 그러나 이는 한편으로는 양반의 문화로 인식된 『소학』이 하층민에게 파급되는 요소로도 작용했다. 한글이 아닌 한문과 한글이 혼합된 문장은 사실 일반계층에게 스스로를 양반과 동일시할 수 있도록 해주는 문화적 역할을 했기 때문이다.

언해본의 보급이 『소학』 교육 확산의 의미를 담지하고 있다면, 서원은 실질적으로 교육에 의한 『소학』 이념의 확산을 주도했다. 주세붕은 풍기에 백운동서원을 설립했다. 그는 그 지역 출신인 안향을 사당에 모시면서 재지사족들을 통합했다. 이 점은 이후 서원이 자치적인 역할을 할 수도 있음을 의미하기도 했다. 그러나 주세붕의 백운동서원은 과거제식 배움을 추구하는 한계를 가지고 있었다. 이 한계점은 이황이 백운동서원을 사액서원으로 요청하면서 극복된다. 그는 백운동서원의 교육 과정을 주희의 백록동서원의 것을 본받아 확립시켰다. 서원 교육은 이제 더 이상 과거제식 배움이 아니라 자기 전환을 이루고자 하는 주자학적 교육이 되었다. 『소학』은 서원 교육을 통해 그 지위를 확보할 수 있었을 뿐만 아니라 재지사족들에게도 널리 읽히며 독자층의 범위 또한 확대하고 있었다.

지방교육 확대에서 서원이 한축을 형성했다면, 또 다른 한축은 서당이 담당했다. 서원은 16세기 중엽부터 건립되기 시작해 17·18세기에 수가 크게 증가했고, 서당은 17·18세기에 그 수가 급증했다. 이는 그만큼 지방사회에서 『소학』 이념, 더 나아가서 주자학적 이념이 확산되고 있었음을 뜻한다고 생각된다. 이로써 『소학』은 처음에 소학실천자들이나 읽던 책에서 점차 중앙 사대부, 재지사족, 더 나아가 일반 평민까지 독자층을 확장하고 있었다.

마지막으로 본 연구의 몇 가지 한계점을 서술하면서 이 책을 마치고자 한다. 첫째, 주제에 치우친 연구로 인해 15세기 전반의 문제를 파악하지 못했다. 15세기 정치세력과 16세기 정치세력의 연속성과 단절을 동시에 파악하기 위해서는 정치·경제·사상을 총체적으로 파악하는 논의가 필요할 것이다. 둘째, 중국에서 편찬된 5가지 『소학』 주해서, 특히 하사신의 『소학집성』과 정유의 『소학집설』의 구체적인 내용 비교와 함께 이 책들이 16세기 사회에 어떤 영향을 미쳤는지 파악하지 못했다. 선조대에 이르러 정치적 성향이 다른 사람들이 주해서를 다르게 선택했던 점으로 보아도 주희의 『소학』만큼이나 참고서에 해당되는 주해서도 중요했던 것으로 보인다. 셋째, 중종대 향약과 그 이후 시기의 향약을 비교 분석하지 못했다. 향약은 많은 점에서 연구과제이다. 왜냐하면 조선의 향약은 매우 광범위하게, 철저하게 실시되었기 때문이다. 이 점은 중국의 향약과 차이점을 드러내면서 중국의 주자학과 비교하는 척도가 될 수도 있다. 셋째, 동아시아에서 『소학』의 역할을 파악하지 못했다. 『소학』은 중국과 일본에서도 주자학의 입문서로 읽혔던 주자학의 필독서이다. 그런데도 중국과 일본에 비해 유독 한국에서 중시되었다. 이 점은 한국 주자학의 독특한 특징이 될 수 있다. 따라서 중국과 일본에서 『소학』에 대한 인식과 영향이 어떠했는지 비교 분석할 필요가 있다. 이러한 한계들은 앞으로 본 연구자의 과제가 될 것이다.

학생, 윤인숙 박사를 추억하며

"환자의 간이 흩어지고 있습니다. 임종이 얼마 남지 않았기에 의사의 양심으로 투석을 해야겠습니다."

"투석을 하면 어떤 일이 일어날 수 있지요?"

"투석 중에 환자가 임종할 수도 있고, 만일 의식을 잃으면 식물인간이 될 수 있습니다. 호흡장애 등이 일어나면 심폐소생술을 실행해야 해서 그 과정에서 가슴뼈가 부서질 수도 있고 여러 위험한 상황이 일어날 수 있습니다."

"그렇다면 아무래도 환자 자신이 투석 여부에 대한 의사결정을 하도록 하는 것이 좋겠어요."

담당의사가 직접 환자인 윤인숙 박사에게 투석을 해야 할 이유를 설명하고 그녀의 의사를 물었다.

"지금 제가 투석 여부를 결정해야 한다는 것이지요?"

"그리고 투석 중에 제가 임종을 맞을 수도 있고 식물인간이 될 수도 있다는 것이지요?"

윤인숙 박사는 너무도 또렷이 평소대로 이렇게 의사에게 되물었다. 그리고는 몇 가지 조건을 확인하더니 흔쾌히 투석을 받아들였다.

이 대화는 2015년 2월 6일 늦은 오후에 필자를 비롯한 가족, 친척이 모인 가운데 이루어졌다. 윤인숙 박사는 두 분 부모님을 비롯해서 언니와 오빠, 올케 언니들, 그리고 외삼촌인 필자를 두루 돌아보며 걱정 말라는 평안함을 보였다. 그녀는 그날 저녁 투석에 들어갔고, 이튿날인 2월 7일 토요일에 투석을 무사히 마치고 마지막으로 가족들과 대화를 나눴다. 그리고 투석이 완전히 종료된 후 30분 남짓 지나 윤인숙 박사는 거친 호흡을 하면서 의식을 잃은 상태를 보이다가 2015년 2월 8일 새벽 4시 8분에 조용히 숨을 거두고 하늘나라로 갔다. 자궁과 대장이 겹치는 부분에서 종양이 생겨나고 이것이 암으로 발전하면서 생을 마감하게 된 것이다.

윤인숙 박사는 1971년 1월 24일(음력)에 아버지 윤규선 님과 어머니 문온실 님 사이 4남매 중 막내로 태어났다. 위로 언니 하나, 오빠 둘이 있다. 필자는 외조카 윤인숙 박사를 4살 때인 1974년에 처음 만나 세상을 떠나는 그 순간까지 함께할 수 있었다.

그녀는 어려서는 귀여웠고 노래를 잘했으며 사람들을 잘 따랐다. 웃음이 많고 영리했으며 말이 또렷또렷했다. 부모의 영향으로 자유로운 학교생활을 할 수 있었고, 못하든 잘하든 스스로 책임지는 습관을 익혔다. 초중등 시절에는 학업성적이 뛰어난 편은 아니었다. 하지만 어떤 경우에도 위축되거나 뒤로 물러서지 않았다. 늘 당당했고 사리판단이 분명했으며 스스로 무언가를 해내고자 애썼다. 매사에 기초부터 쌓으려 노력했고 성실했다. 더디지만 포기할 줄을 몰랐고, 어떻게든 자신이 의도한 것은 늦더라도 이루어내곤 했다. 자신의 상황을 이해하고자 했고, 무언가 깨달을 수만 있다면 힘들더라도 희생을 감수할 줄 알았다.

윤인숙 박사는 대학 입학이 늦었다. 호기심 많고 혼자 공부하는 사람이 치러야 할 대가라고 할 만한 것이었다. 하지만 그녀는 그 과정에서 낮은 자리에서 바라보는 법과 스스로 책임을 감당하는 법, 전체를 바라보는 방식 등을 배웠던 것으로 보인다. 이런 경험들이 후에 윤인숙 박사가 학문의 길을 가는 데 단단한 초석이 되어주었다.

윤인숙 박사는 서원대 사학과를 졸업하고 성균관대 사학과에 편입학하면서 본격적으로 학문의 길을 걷기 시작했다. 편입에서 오는 어려움도 과거 그녀의 삶의 경험과 어우러지면서 오히려 학문의 열정을 단단하게 만들어주었다. 학부에서 역사를 공부하면서 그녀는 사상사 연구에 관심을 가지게 되었다. 지난날의 역사 자료나 사건들을 중심으로 분석하는 것도 중요하지만, 그런 사건들이 일어나게 된 당시의 사회적 현상을 이해하는 접근방식에 더 끌렸던 것이다. 그래서 공부의 영역에서도 당시 서구에서 주로 활용되던 역사사회학적 연구방식에 주목하게 되었다.

학부와 석·박사과정에서 맺은 인간관계는 그녀가 조선시대 소학실천자들과 그들의 사회적 관계 형성을 분석하는 데 간접적인 영향을 끼쳤다. 박사학위논문 구성 과정에서 조선 전기 사림의 정치사상의 성격과 그들의 사회관계를 집중적으로 분석하여 당시의 사회현상으로 재구성하고자 했던 것도 그녀 자신의 학문경험과 소신에서 비롯된 것임은 두말할 필요가 없다.

『조선 전기 사림의 사회정치적 구상과 소학운동』(성균관대학교 박사학위 논문, 2011)은 윤인숙 박사가 김종직과 김굉필 등을 중심으로 하는 소학실천자들과 그들이 '계'라는 유대관계를 통해 지속적으로 이루어간 사회적 네트워크를 구명하고자 했던 논문이다. 어떤 의미에서 조선 전기의 사림은 '훈구파'를 중심으로 하는 사장 위주의 학문 연구에서 벗어나 새로운 실천유학을 실현하려 했던 선구자들이었다고 할 수 있다. 그들이 자신들의 정치사상을 형성하면서 네트워크를 만들어냈다는 윤인숙 박사의 이론은 조선 전기 사림의 역사적 역할을 훨씬 분명하게 해주는 단초일 것이다. 윤인숙 박사는 조선 전기 사림의 사회적 네트워크를 재구성하는 논리를 구상하고 나서 너무도 기뻐했었다. 필자도 소학실천자들의 네트워크 발견은 박사학위논문으로 손색이 없다고 축하해주었다.

박사학위를 받고 나서 윤인숙 박사는 가끔씩 자신은 오래 살고 싶지 않다고 말하곤 했다. 부모님을 비롯한 주변 사람들은 그저 그녀가 집요하게 연구에 매달리느라 너무 힘들어 푸념하는 것으로 생각했을 뿐이다. 그런데 병이 중해진다고 느끼면서부터 그녀는 아예 자신이 박사학위논문과 인생을 맞바꾼 것 같다고까지 말했다. 그래도 가족들은 학문에 대한 열정이 뜨거웠던 그녀이기에 학위논문에 대한 성취감이 그만큼 크다는 뜻으로만 믿고 싶었다. 하지만 그녀의 박사학위논문은 끝내 자신의 말처럼 스스로의 학문 여정을 정리한 것이 되고 말았다.

2015년 2월 8일 새벽 4시경, 윤인숙 박사는 마지막 숨을 몰아쉬며 온몸을 움직이기 시작했다. 그 움직임은 '내가 소학실천자들의 사회적 네트워크 구성을 발견해냈다'는 외침이었을 것이라고 믿는다. 또 하나, 자신은 한국사학계에 하나의 새로운 관점을 제시할 수 있는 사람으로 살았다는 말을 하고 싶었다고 믿는다. 그리고 시간이 지나면 누군가가 자신의 공부방법을 이어가리라 확신한다고 말하려 했다고 믿는다. 새벽 모두가 잠든 그 순간에 윤인숙 박사는 마지막 숨을 몰아쉬며 진정을 담아 이제는 편안히 가노라고 외쳤다고 확신한다. 그렇게 윤인숙 박사는 고된 인생길을 마감하고 영원한 삶을 향해 떠나갔다.

그녀는 그렇게 사랑했던 엄마와 아빠 곁을 속절없이 떠났다. 그리움에 사무쳐 막내딸을 애절하게 부르며 통곡하는 엄마와 아빠를 부디 기억해주기를 바라본다. 언니와 두 오빠의 한맺힌 이별의 아픔을 이해해주길 기대한다. 윤박사의 죽음에 가슴 아파했던 은사님을 비롯해서 성균관대 선배님들과 후배님들의 진정한 우애를 포근히 담아주기를 기대한다. 우리 모두가 여전히 그녀를 사랑하고 있음을 기억해주리라 믿는다. 그녀의 기대대로 해주지 못했고, 앞으로도 해내지 못할 것만 같아 미안해하는 필자의 마음도 헤아려주기를 고대한다.

끝으로 윤인숙 박사에게 알리고 싶은 소식은, 사회적 네트워크 연구방식이 나름대로 역사학계에서 회자되고 있다는 사실이다. 착하고 끈기 있게 열심히 살아준 생에 엄마 아빠가 감사하고 그리워하고 있다고 말해주고 싶다. 부디 아쉬움과 서운함을 모두 털어버리고, 아프지 말고 늘 평안히 지내기를 바란다. 머지않아 다시 만날 수 있으리라 믿는다.

한편으로 윤인숙 박사의 성균관대학교 역사학과 선배들과 후배들이 중심이 되어 이 책을 편찬해준 것에 대해 모든 유족들이 깊은 감사를 드린다. 출판계가 전체적으로 힘든 중에도 기꺼이 출판을 맡아주신 역사비평사에도 감사를 드린다. 부디 이 책이 우리나라 사학 연구에 유의미한 한 걸음으로 남기를 갈망해본다.

2016년 1월

외삼촌 문태순 박사

부록

참고문헌

1. 사료

연대기

『高麗史』,『朝鮮王朝實錄』,『燃藜室記述』,『宋史』.

법전

『經國大典』.

문집

吉再,『冶隱先生續集』.

金叔滋,『江湖先生實記』.

金宗直,『佔畢齋集』.

金宏弼,『景賢錄』.

鄭汝昌,『一蠹集』.

南孝溫,『秋江集』.

金馹孫,『濯纓集』.

李深源,『醒狂遺稿』.

洪裕孫,『篠叢遺稿』.

崔溥,『錦南集』·『漂海錄』.

趙光祖,『靜菴集』.

金安國,『慕齋集』.

李籽, 『陰崖集』.

金淨, 『冲庵集』.

李滉, 『退溪集』·『聖學十圖』.

柳希春, 『眉巖集』.

李珥, 『栗谷全書』.

尹鑴, 『白湖全書』.

趙穆, 『月川集』.

成運, 『牛溪集』.

朴世采, 『南溪集』.

周世鵬, 『武陵雜稿』.

申光漢, 『企齋集』.

金璡, 『聯芳世稿』.

『二程集』(北京: 中華書局).

『程氏遺書』.

朱熹, 『朱熹集』(北京: 中華書局).

黎靖德 編, 『朱子語類』(北京: 中華書局).

朱熹, 『朱子大全』(台北: 台灣中華書局).

朱熹, 『性理大全』(서울: 保景文化史).

경서 및 기타

『小學』, 『孝經』, 『四書集註』, 『近思錄』, 『周禮』, 『禮記』.

『鄕憲』, 『國朝榜目』, 『大東野乘』, 『增補文獻備考』, 『海東名臣傳』.

『小學諺解』, 『呂氏鄕約諺解』.

『白雲洞紹修書院規』, 『紹修書院謄錄』.

『宋元學案』(台北: 台灣中華書局).

2. 연구논저

저서 및 편저

姜光植,『新儒學思想과 朝鮮朝 儒教政治文化』, 집문당, 2000.

고영진,『조선 중기 예학사상사』, 한길사, 1995.

고영진,『조선시대 사상사를 어떻게 볼 것인가』, 풀빛, 1999.

고희탁,『일본 근세의 공공적 삶과 윤리』, 논형, 2009.

琴章泰,『朝鮮 前期의 儒學思想』, 서울대학교 출판부, 1997.

金燉,『朝鮮前期 君臣權力關係研究』, 서울대출판부, 1997.

김범,『사화와 반정의 시대―성종·연산군·중종과 그 신하들』, 역사비평사, 2007.

김미영,『현대 공동체주의―매킨타이어, 왈저, 바버』, 한국학술정보, 2006.

金星元 校閱,『原本小學集註(全)』, 명문당, 1978.

김수중·이동희·이봉재·한승완·권용혁 지음,『공동체란 무엇인가』, 이학사, 1996.

김용옥,『삼봉 정도전의 건국철학』, 통나무, 2004.

김용옥,『효경한글역주』, 통나무, 2009.

김용옥,『대학·학기한글역주』, 통나무, 2009.

김충열,『한국유학사』1, 예문서원, 1998.

金泰永,『朝鮮性理學의 歷史像』, 경희대학교 출판국, 2006.

金海榮,『朝鮮初期 祭祀典禮 研究』, 집문당, 2003.

김홍경,『조선 초기 관학파의 유학사상』, 한길사, 1996.

동양고전연구회 편,『소학』, 나무의 꿈, 2010.

동양사상연구회,『東亞史上의 王權』, 한울, 1993.

文叔子,『조선시대 재산상속과 가족』, 경인문화사, 2004.

박완식 편저,『大學 大學或問 大學講語』, 이론과 실천, 1993.

裵宗鎬 姜周鎭 편저,『寒喧堂의 生涯와 思想』, 以友인쇄사, 1980.

설석규,『朝鮮中期 士林의 道學과 政治哲學』, 경북대학교출판부, 2009.

成百曉 譯註,『懸吐完譯 小學集註』, 전통문화연구회, 1993.

손동원,『사회 네트워크 분석』, 경문사, 2002.

宋洙煥,『朝鮮前記 王室財政 研究』, 집문당, 2001.

손병규,『조선왕조 재정시스템의 재발견』, 역사비평사, 2008.

梁鍾國,『宋代士大夫社會硏究』, 삼지원, 1996.

윤국일,『신편 경국대전』, 신서원, 1990.

윤희면,『조선시대 서원과 양반』, 집문당, 2004.

윤호창 옮김,『소학』, 홍익출판사, 1999.

이광호 옮김,『성학십도』, 홍익출판사, 2001.

李丙燾,『新修 國史大觀』, 보문각, 1956.

李秉烋,『朝鮮前期畿湖士林派硏究』, 일조각, 1984.

李秉烋,『朝鮮前期 士林派의 現實認識과 對應』, 일조각, 1999.

이상성,『정암 조광조의 도학사상』, 삼인, 2003.

李成茂,『조선양반사회연구』, 일조각, 1995.

李成茂,『한국의 과거제도』, 집문당, 2000.

李樹健,『嶺南士林派의 形成』, 영남대학교출판부, 1979.

李樹健,『朝鮮時代 地方行政史』, 민음사, 1989.

李樹健,『嶺南學派의 形成과 展開』, 일조각, 1995.

이승환,『유교담론의 지형학』, 푸른숲, 2004.

이재정,『조선출판주식회사』, 안티쿠스, 2008.

이정우,『담론의 공간』, 산해, 1994.

李存熙,『朝鮮時代地方行政制度』, 일지사, 1992.

李泰鎭,『韓國社會史硏究—농업기술 발달과 사회변동』, 지식산업사, 1986.

李泰鎭,『朝鮮儒敎社會史論』, 지식산업사, 1989.

임용한,『조선 전기 관리등용제도 연구』, 혜안, 2008.

정두희,『조광조』, 아카넷, 2000.

정두희,『하나의 역사, 두 개의 역사학』, 소나무, 2001.

鄭萬祚,『朝鮮時代書院硏究』, 집문당, 1997.

정성희,『김종직—조선 도학의 분수령』, 성균관대학교출판부, 2009.

정진영,『조선시대 향촌사회사』, 한길사, 1988.

정호훈, 『朝鮮後記 政治思想 硏究―17세기 北人系 南人을 중심으로』, 혜안, 2004.

조남욱, 『정여창―조선조 실천유학의 선구자』, 성균관대학교출판부, 2003.

曹佐鎬, 『韓國科擧制度硏究』, 범우사, 1996.

주자사상연구회 역, 『주서백선』, 혜안, 2000.

주영하·옥영정·전경목·윤진영·이정원 지음, 『조선시대의 책의 문화사』, 휴머니스트, 2008.

車柱環, 『韓國道敎思想硏究』, 서울대출판부, 1984.

최선혜, 『조선 전기 지방사족과 국가』, 경인문화사, 2007.

崔英成, 『韓國儒學思想史 Ⅱ. 朝鮮前期篇』, 아세아문화사, 1995.

崔異敦, 『朝鮮中期 士林政治構造硏究』, 일조각, 1994.

韓永愚, 『朝鮮前期 社會思想硏究』, 지식산업사, 1983.

韓永愚, 『朝鮮時代 身分史硏究』, 집문당, 1997.

한형조, 『주희에서 정약용으로』, 세계사, 1996.

韓亨周, 『朝鮮初期國家祭禮硏究』, 일조각, 2002.

공구서

溝口雄三·丸山松幸·池田知久 편저, 김석근·김용천·박규태 옮김, 『中國思想文化事典』, 민족문화문고, 2003.

檀國大學校 東洋學硏究所, 『韓國漢字語辭典』, 檀國大學校出版部, 1996.

장지영·장세경 지음, 『이두사전』, 정음사, 1976.

諸橋轍次, 『大漢和辭典』, 東京: 大修館書店(修訂版), 1984~1986.

錢玄·錢興奇, 『三禮辭典』, 南京: 江蘇古籍出版社, 1998.

번역서

大濱晧 지음, 이형성 옮김, 『범주로 보는 주자학』, 예문서원, 1997.

島田虔次 지음, 김석근·이근우 옮김, 『주자학과 양명학』, 까치, 1986.

마루야마 마사오 지음, 김석근 옮김, 『日本政治思想史硏究』, 통나무, 1995.

미우라쿠니오 지음, 김영식·이승연 옮김, 『인간주자』, 창작과비평사, 1996.

미조구치 유조 지음, 정태섭·김용천 옮김, 『중국의 공과 사』, 신서원, 2004.

守本順一郎 지음, 김수길 옮김, 『동양정치사상사』, 동녘, 1985.

蕭公權 著, 崔明·孫文鎬 譯, 『中國政治思想史』, 서울대학교출판부, 1998.

쓰치다 겐지로 지음, 성현창 옮김, 『북송도학사』, 예문서원, 2006.

黎靖德 편저, 허탁·이요성·이승준 역주, 『朱子語類』 3·4, 청계, 2001.

竹內照夫 지음, 이난희 옮김, 『四書五經—동양철학의 이해』, 까치, 1991.

하라 다케시 지음, 김익한·김민철 옮김, 『직소와 왕권』, 지식산업사, 2000.

히라 다시케키(平田茂樹) 지음, 김용천 옮김, 『과거와 관료제』, 동과서, 2007.

戶川芳郎 외 지음, 조성을 외 옮김, 『유교사』, 이론과 실천, 1990.

마이클 샌델 지음, 김선욱 외 옮김, 『공동체주의와 공공성』, 철학과 현실사, 2008.

마이클 샌델 지음, 이창신 옮김, 『정의란 무엇인가』, 김영사, 2010.

미셸 푸코 지음, 이정우 옮김, 『지식의 고고학』, 민음사.

벤자민 슈월츠 지음, 나성 옮김, 『중국 고대사상의 세계』, 살림, 1996.

비탈리 에이·루빈 지음, 임철규 옮김, 『중국에서의 개인과 국가』, 현상과 인식,
    1988.

시라 밀스 지음, 임경규 옮김, 『현재의 역사가 미셸 푸코』, 앨피, 2008.

사라 밀즈 지음, 김부용 옮김, 『담론』, 인간사랑, 2001.

월터 J. 옹 지음, 이기우·임명진 옮김, 『구술문자와 문자문화』, 문예출판사, 1995.

제이스 류 지음, 이범학 옮김, 『왕안석과 개혁정치』, 지식산업사, 1992.

진영첩 지음, 표정훈 옮김, 『진영첩의 주자강의』, 푸른역사, 2001.

일본어

渡部學, 『近世朝鮮敎育史硏究』, 東京: 雄山閣, 1969.

宇野精一, 『小學』, 東京: 明治書院, 1965.

佐野公治, 『四書學史の硏究』, 東京: 創文社, 1983.

중국어

束景南, 『朱熹年譜長編』, 上海: 華東師範大學敎出版社, 2001.

徐復觀, 『周官成立之時代及其思想性格』, 臺灣: 學生書局, 1980.

徐英時, 『朱熹的歷史世界: 宋代士大夫政治文化的研究』, 臺北: 允晨, 2003.

李紱, 『朱子晚年全論』, 北京: 中華書局, 2000.

張立文 編, 『退溪書節要』, 北京: 中國人民大學出版社, 1989.

영어

Ari Daniel Levine, *Divided by a Common Language: Factional Conflict in Late Northern Song China*, Honolulu: University of Hawaii Press, 2008.

Alan T. Wood, *Limits to Autocracy: From Sung Neo-Confucianism to a Doctrine of Political Rights*, Honolulu: University of Hawaii Press, 1995.

Brian E. Mcknight, *Village and Bureaucracy in Southern Sung China*, Chicago: The University of Chicago Press, 1971.

Cho-yun Hsu, *Ancient China in transition-An Analysis of Social Mobility 722-222 B.C.*, California: Stanford University Press, 1965.

Dainel K. Gardner, *Learning to be a Sage: Selection from the Conversations of Master Chu, Arranged Topically*, Berkeley: University of California Press, 1990.

Dainel K. Gardner, *The Four Books: The Basic Teachings of The Later Confucian Tradition*, Indianapolis: Hackett Publishing Company, Inc, 2007.

Fung Yu-Lan, Edited by Derk Bodde, *A Short History of Chinese Philosophy*, New York: The Free Press, 1948.

Hilde De Weerdt, *Competition Over Content: Negotiating Standard for the Civil Service Examination in Imperial China(1127-1279)*, Cambridge: Harvard University Asia Center, 2007.

Hoyt Tillman, *Utilitarian Confucianism: Ch'en Liang's Challenge to Chu Hsi*, Cambridge: Harvard University Press, 1982.

Hoyt Tillman, *Confucian Discourse and Chu Hsi's Ascendancy*, Honolulu: University of Hawaii Press, 1992.

Linda A. Walton, *Academies and Society in Southern Sung China*, Honolulu: University of

Hawaii Press, 1999.

Martina Deuchler, *The Confucian Transformation of Korea: A Study of Society and Ideology*, Cambridge: Harvard University Press, 1992.

Michael Kalton, *The Neo-Confucian World View and Value System of Yi Dynasty Korea*, Ph.D.diss., Masseachusetts, Harvard University, 1977.

Morten Schlütter, *How Zen Became Zen*, Honolulu: University of Hawaii Press, 2008.

Peter K. Bol, *This Culture of Ours: Intellectual Transitions in T'ang and Sung China*, Stanford: Stanford University Press, 1992.

Peter K. Bol, *Neo-Confucianism in History*, Cambridge: Harvard University Asia Center, 2008.

Rhodes Binder & Rockman by eds., *The Oxford handbook of Political Institution*, Oxford: Oxford University Press, 2006.

Robert P. Hymes and Conrad Schirokauer, *Ordering the World*, Berkeley: University of California Press, 1993.

Robert P. Hymes, *Statesmen and Gentlemen: The Elite of Fu-chu, Chiang-hsi, Northern and Southern Sung*, New York: Cambridge University Press, 1986.

Wm. Theodore de Bary, *Neo-Confucian Orthodoxy and the Learning of the Mind-and-Heart*, New York: Columbia University Press, 1981.

Wm. T. de Bary, *The Liberal Tradition in China*, New York: Columbia University Press, 1983.

Wm. Theodore de Bary and JaHyun Kim Haboush, *The Rise of Neo-Confucianism in Korea*, New York: Columbia University Press, 1985.

Wm. T. de Bary and John Chaffee, *Neo-Confucian Education: The Formative Stage*, Berkeley: University of California Press, 1989.

3. 연구논문

고영진, 「조선사회의 정치·사상적 변화와 시기구분」, 『역사와 현실』 18, 1995.

고영진,「조선 중기 鄕禮에 대한 인식의 변화」,『국사관논총』제81집, 1998.

권향숙,「주희의 公과 私—溝口雄三의 주희 公·私관 비판적 검토」,『철학연구』
　　　제30집, 2002.

김기주,「『漂海錄』의 저자 崔溥 연구」,『전남사학』제19집, 2002.

김남이,「家系·師友관계를 통해 본 15세기의 지식인 남효온」,『동양한문학연구』
　　　제26집, 2008.

김범,「조선 전기 '훈구·사림세력' 연구의 재검토」,『한국사학보』15, 2003.

金範,「朝鮮王朝實錄에 나타난 '勳舊'의 用例와 그 분석」,『동방학지』134, 2006.

金東仁,「아동용 교재로서의『孝經』과『小學』」,『청계사학』2, 1992.

김윤곤,「濯纓 金馹孫의 現實認識과 그 對應」,『조선사연구』제15집, 2006.

金仁杰,「'栗谷鄕約'의 再論—養民을 위한 人材 육성」,『한국사론』54, 2007.

金貞信,「朝鮮前期 士林의 '公' 認識과 君臣共治論—趙光祖·李彦迪의 學問·政治
　　　論」,『학림』제21집, 2000.

金貞信,「朝鮮前記 勳舊·士林의 政治思想 比較」, 연세대학교 박사학위논문, 2009.

김주원,「小學集註(滿文)과 飜譯小學(滿文) 연구」,『알타이학보』제12호, 2002.

金駿錫,「朝鮮前期의 社會思想—『小學』의 社會的 機能 分析을 중심으로」,『동방
　　　학지』29, 1981.

金忠烈,「한국 유교의 道統과 金宗直의 위상」,『佔畢齋 金宗直의 道學思想과 儒
　　　學思想의 位置』, 점필재 김종직 선생 학술회의 자료집, 2002.

金泰永,「佔畢齋의 自我意識과 歷史意識」,『佔畢齋 金宗直의 道學思想과 儒學思
　　　想의 位置』, 점필재 김종직 선생 학술회의 자료집, 2002.

金勳埴,「麗末鮮初 君主修身論의 性格」, 서울대학교 석사학위논문, 1983.

김훈식,「15세기 민본이데올로기와 그 변화」,『역사와 현실』창간호, 1989.

金勳埴,「寒暄堂 金宏弼에 대한 조선시대의 평가와 그 의미」,『동방학지』, 2006.

金恒洙,「16세기 士林의 性理學 理解」,『한국사론』7, 1981.

金恒洙,「16세기 經書諺解의 思想史的 考察」,『규장각』10, 1987.

金恒洙,「조선 전기 三綱行實圖와 小學의 편찬」,『한국 사상과 문화』19, 2003.

金海榮,「中宗朝의 昭格署 革罷 論議에 대한 一考察」,『경상사학』6, 1990.

민병희, 「朱熹에 있어서 形而上學과 經世의 관계—太極 개념과 太極圖의 해석을 중심으로」, 『역사문화연구』 제28집, 2007.

閔丙禧, 「주희의 사회·정치적 구상으로서의 "學"」, 『동양사학연구』 104집, 2008.

閔丙禧, 「朱熹의 "大學"과 士大夫의 사회·정치적 권력—制度에서 心의 "學"으로」, 『중국사연구』 제55집, 2008.

민병희, 「성리학과 동아시아사회—그 새로운 설명 틀을 찾아서」, 『사림』 제32호, 2009.

민병희, 「북송시기 보편원리의 추구와 사대부의 권력기반—邵雍, 王安石, 程伊를 중심으로」, 성균관대학교 동아시아학술원 국제학술회의, 2010.

朴焞, 「朝鮮前期 光州지방의 鄕約과 洞契」, 『동서사학』 5, 1999.

朴洋子, 「朱子의 書院觀—특히 "白鹿洞書院揭示"를 중심으로」, 『동방학지』 88, 1995.

朴連鎬, 「朱子學의 根本培養說과 朝鮮前期의 「小學」 敎育」, 『청계사학』 2, 1985.

朴連鎬, 「朝鮮前期 士大夫敎養에 관한 硏究」, 한국정신문화연구원 박사학위논문, 1994.

朴連鎬, 「朝鮮前期 鄕校政策의 性格과 限界」, 『교육사학연구』 제8집, 1998.

朴翼煥, 「麗末鮮初 留鄕所의 지방자치적 기능과 성격 변화」, 『국사관논총』 제55집, 1994.

裵基憲, 「16世紀 鄕村支配秩序와 留鄕所의 性格」, 『대구사학』 제35집, 1988.

백두현, 「훈민정음을 활용한 조선시대의 인민통치」, 『진단학보』 제108집, 2009.

백승종, 「조광조와 김인후, 이상세계를 현실로 가져오다」, 『조선의 통치철학』, 푸른역사, 2010.

송웅섭, 「김종직 문인 그룹에 대한 연구」, 『조선시대 문화사 하』, 일지사, 2007.

송웅섭, 「김종직 문인 그룹 형성 무대로서의 '서울'」, 『서울학연구』 제31호, 2008.

宋在倫, 「朱熹 禮學의 思想的 形成」, 고려대학교 석사학위논문, 1998.

송재윤, 「家族, 儀式, 善政」, 『주자가례와 동아시아 문화교섭』, 한국학 국제학술대회, 2009.

宋俊浩, 「李朝 生員進士試의 硏究」, 『국회도서관』 10, 1970.

辛聖坤,「唐宋變革期論」,『講座 中國史 Ⅲ』, 지식산업사, 1989.

申政燁,「朝鮮時代 간행된 小學 諺解本 연구」,『서지학연구』 제44집, 2009.

申千湜,「朝鮮初期 成均館 運營과 敎育改革에 관한 硏究」,『관동사학』 3, 1988.

申千湜,「朝鮮前期 鄕校의 敎科運營과 財政」,『명지사학』 10호, 1999.

申解淳,「朝鮮前期 內需司 書題에 대한 小考」,『史學論叢: 溪村 閔丙河敎授 停年
　　　紀念』, 1988.

梁鍾國,「宋代 士大夫社會의 形成過程과 發展形態에 관한 연구」, 고려대학교 박
　　　사학위논문, 1992.

梁擇實,「조선 전기 왕실의 토지소유와 경영」,『한국사론』 53, 2007.

오금성,「중국의 과거제와 그 정치사회적 기능」,『과거』, 일조각, 1981.

오경택,「16세기 서당 설립의 양상과 그 성격에 관한 일고찰」, 북악사학회 월례
　　　발표 논고, 2005.

오경택,「조선시대 서당 연구의 현황과 과제」,『전북사학』 제31호, 2007.

吳洙彰,「조선 후기 정치운영 연구의 현황과 과제」,『韓國中世史會 解體期의 諸
　　　問題』(上), 한울, 1987.

尹炳熙,「朝鮮 中宗朝 士風과『小學』—新進士類들의 道德政治 具現과 관련하
　　　여」,『역사학보』 103, 1984.

윤인숙,「朝鮮初期『小學』 수용과 인식의 변화」,『동양고전연구』 제20집, 2004.

윤인숙,「『小學』의 성격과 정치론, 그 적용」,『사림』 제35집, 2010.

李光虎,「李退溪의『聖學十圖』 硏究」,『태동고전연구』 제4집, 1988.

李範鶴,「宋代 朱子學의 成立과 發展」, 서울대학교동양사학연구실 편,『講座中國
　　　史 Ⅲ』, 지식산업사, 1987.

李秉烋,「麗末鮮初의 科業敎育」,『역사학보』 67집, 1975.

李秉烋,「朝鮮前期 士林派의 推移 속에서 본 金宏弼의 歷史的 座標」,『역사교육
　　　논집』 제34집, 2005.

이봉규,「규범의 근거로서 혈연적 연대와 신분의 구분에 대한 古代儒家의 인식」,
　　　『태동고전연구』 10, 1993.

이상성,「寒暄堂 金宏弼의 道學思想」,『동양고전연구』 제26집, 2007.

李成茂, 「呂氏鄕約과 朱子增損呂氏鄕約」, 『진단학보』 71·72, 1991.

李樹健, 「朝鮮時代 小學敎育에 대하여」, 『영남대학교 논문집』 2, 1969.

李樹健, 「朝鮮시대 鄕村社會의 성장과 鄕約」, 『향사사연구』 제4집, 1992.

李樹健, 「濯纓의 정치·사회사상과 道學思想」, 『민족문화연구총서』 20, 1998.

李崇寧, 「小學諺解의 戊寅本과 校正廳本의 比較硏究」, 『진단학보』 36, 1973.

이승환, 「朱子 心性論의 사회철학적 함의」, 『宋代心性論』, 아르케, 1999.

이승환, 「한국 및 동양 전통에서 본 공(公)과 공익(公益)」, 『철학과 현실』 50호, 2001.

이승환, 「도학파와 사공학파의 공적 합리성에 관한 논쟁—주희와 진량을 중심으로」, 『동서철학에 나타난 공적합리성 논쟁』, 철학과 현실사, 2005.

이원명, 「조광조의 이상과 현실세계」, 『열정으로 산 사람들 (1)』, 서울여대출판부, 2003.

이주영·권영숙, 「조선시대 직령의 유형과 특성」, 『복식』 제53권 6호, 2003.

李鍾殷, 「昭格署硏究」, 『한양대 비교문화연구』 7, 1988.

李泰鎭, 「朝鮮前期의 鄕村秩序」, 『동아문화』 13, 1976.

李炫知, 「朱溪君 李深源의 삶과 시세계」, 『한국한시연구』 제11호, 2003.

이현희, 「小學의 諺解에 대한 比較硏究」, 『한신대학교논문집』 5, 1988.

장인우, 「조선시대 첩리의 명칭과 유형에 관한 연구」, 『대한가정학회지』 제35권 1호, 1997.

鄭杜熙, 「朝鮮 成宗代 臺諫을 배출했던 主要家門에 관한 檢討」, 『한국관논총』 12, 1990.

鄭萬祚, 「朝鮮時代의 士林政治—17세기의 政治形態」, 『韓國思想의 政治形態』, 일조각, 1993.

鄭萬祚, 「17世紀 政治史의 理解方向」, 『한국의 철학』 22, 1994.

정성희, 「조선 道統論의 비판적 검토—金宗直을 중심으로」, 『유교사상연구』 제31집, 2008.

丁淳佑, 「18세기 書堂硏究」, 한국정신문화연구원 박사학위논문, 1985.

鄭然粲, 「小學諺解 校正廳本의 傍點表記—聲調의 變化와 그 樣相」, 『진단학보』

37, 1974.

鄭在永, 「『飜譯小學』 권3·4에 대하여」, 『서지학보』 제44호, 2000.

鄭在薰, 「朝鮮前期 儒教政治思想 研究」, 서울대학교 박사학위논문, 2001.

鄭鉉在, 「鮮初 內需司 奴婢考」, 『경북사학』 3, 1981.

鄭豪薰, 「17세기 北人系 南人學者의 政治思想」, 연세대학교 박사학위논문, 2001.

정호훈, 「朱子 『孝經刊誤』와 그 성격」, 『동방학지』 116, 2002.

정호훈, 「朝鮮後期 새로운 政治論의 展開와 孝經」, 주자사상연구회 엮음, 『朱子
　　　　思想과 朝鮮의 儒子』, 혜안, 2003.

정호훈, 「16·7세기 『警民編』 간행의 추이와 그 성격」, 『한국사상사학』 제26집,
　　　　2006.

정호훈, 「조선 후기 小學 간행의 추이와 그 성격」, 『한국사학보』 제31호, 2008.

조성을, 「정약용의 과거제도 개혁론」, 『역사학보』 157, 1998.

池勝鍾, 「朝鮮前記 內需司의 性格과 內需司奴婢」, 『한국학보』 40, 1985.

최상용, 「정치가 정도전을 생각한다」, 『정치가 정도전의 재조명』, 경세원, 2004.

崔先惠, 「조선 초기 태조·태종대 醮祭의 시행과 왕권강화」, 『한국사상사학』 제17
　　　　집, 2001.

崔英成, 「一蠹 鄭汝昌의 生涯와 學問過程 -諸家記術을 중심으로」, 『동양철
　　　　학연구』 제38집.

최이돈, 「16세기 사림 중심의 지방정치 형성과 민」, 『역사와 현실』 제16호, 1995.

河元洙, 「宋代 士大夫論」, 서울대학교 동양사학연구실 편, 『講座中國史 Ⅲ』, 지식
　　　　산업사, 1989.

韓寬一, 「朝鮮前期의 『小學』 教育研究」, 중앙대학교 박사학위논문, 1992.

韓相權, 「16·17세기 향약의 機構와 性格」, 『진단학보』 58, 1984.

黃金重, 「朱子의 工夫論 研究」, 연세대학교 박사학위논문, 2000.

황금중, 「성리학에서의 『小學』·『大學』 교육과정론」, 『한국사상과 문화』 17, 2002.

홍순민, 「정치세력과 정치운영」, 『한국역사입문』 ②, 풀빛, 1995.

Edward W. Wagner, 「李朝 士林問題에 관한 再檢討」, 『전북사학』 4, 1980.

영어

Anthony Sariti, "Monarchy, Bureacracy, and Absolutism in the Political thought of Ssu-Ma Kaung", *Journal of Asian Studies*, Nov, 1972.

Conrad Schirokauer, "Neo-Confucians Under Attack; The Condemnation of Wei-hsüeh", John Haeger eds., *Crisis and Prosperity in Sung China*, Arizona: The University of Arizona Press, 1975.

Daniel Gardner, "Modes of Thinking and Modes of Discourse in the Sung: Some Thoughts in the Yu-lu("Records of Conversations") Text", *The Journal of Asian Studies*, 50:3, Aug. 1991.

Daniel Gardner, "Confucian Commentary and Chinese Intellectual History", *The Journal of Asian Studies*, 57:2, May. 1998.

M. Theresa Kelleher, "Back to Basic: Chu Hsi Elementary Learning", Wm. T. de Bary and John Chaffee eds., *Neo-Confucian Education: The Formative Stage*, Berkeley: University of California Press, 1989.

Monika Übelhör, "The Community Compact of the Sung and Its Educational Significance", Wm. T. de Bary and John Chaffee eds., *Neo-Confucian Education: The Formative Stage*, Berkeley: University of California Press, 1989.

Patricia Ebrey, "Conceptions of the Family in the Sung Dynasty", *Journal of Asian Studies*, 43, 1984, pp. 219~245.

Peter K. Bol, "Chu Hsi's Redefinition of Literati Learning", Wm. T. de Bary and John Chaffee eds., *Neo-Confucian Education: The Formative Stage*, Berkeley: University of California Press, 1986.

Peter K. Bol, "Government, Society, and State: On the Political Vision of Ssu-ma Kuang and Wang An-Shih", Robert Hymes and Conrad Shirokauer eds., *Ordering the World: Approaching to State and Society in Sung Dynasty China*, Berkeley: University of California Press, 1993.

Peter K. Bol, "On the problem of contextualizing ideas: reflections on Yu Yingshi's approach to the study of Song Daoxue", *The Journal of Song-Yuan Studies* 34, 2004.

Robert Hymes, "Lu Chiu-yuan, Academies, and the Problem of the Local Community", Wm. T. de Bary and John Chaffee eds., *Neo-Confucian Education: The Formative Stage*, Berkeley: University of California Press, 1986.

Robert M. Hartwell, "Historical Analogism, Public Policy, and Social Science in Eleventh-and-Twelfth-Century China", *The American Historical Review*, 76-3, 1971.

Tu Wei-ming, "The Sung Confucian Idea of Education: A Background Understanding", Wm. T. de Bary and John Chaffee eds., *Neo-Confucian Education: The Formative Stage*, Berkeley: University of California Press, 1986.

Wing-tsit Chan, "Chu Hsi and the Academies", Wm. T. de Bary and John Chaffee eds., *Neo-Confucian Education: The Formative Stage*, Berkeley: University of California Press, 1986.

Wm. Thodore de Bary, "Some Common Tendencies in Neo-Confucianism", David S. Nivision and Arthur F. Wright eds., *Confucianism in Action*, California: Stanford University Press, 1959.

Wm. Thodore de Bary, "Chu Hsi's Aims as an Educatior", Wm. T. de Bary and John Chaffee eds., *Neo-Confucian Education: The Formative Stage*, Berkeley: University of California Press, 1986.

찾아보기